中華古文物鑑藏系列

劉良佑 主編

陶瓷

——史前～五代

李知宴 著

幼獅文化事業公司 印行

國立中央圖書館出版品預行編目資料

陶瓷：史前～五代／李知宴著. --初版.
--臺北市：幼獅，民 85
面；　公分. --(中華古文物鑑藏系列)

ISBN 957-530-886-7(精裝)

1. 陶瓷-古物-中國-歷史

796.6092　　　　84013670

中華古文物鑑藏系列

陶瓷——史前～五代

企　畫：幼獅文化公司編輯部
主　編：劉良佑
著　者：李知宴
責任編輯：林泊瑜
校對者：林泊瑜・黃麗香
出版者：幼獅文化事業公司
發行人：李鍾桂
公　司：臺北市重慶南路一段六六之一號三樓
電話：(〇二)三一一二八三二
郵政劃撥：〇〇〇二七三七—三
門　市：幼獅文化廣場
●臺北衡陽店：臺北市衡陽路六號 ☎(〇二)三六二三四〇六
●展示中心：臺北市松江路二一九號 ☎(〇二)五〇三五八五八轉七三四
●臺中逢甲店：臺中市逢甲路二之一號 ☎(〇四)四五一九四一四
●高雄復興店：高雄市復興二路一五七號 ☎(〇七)三〇一一三三〇
排　字：文盛電腦排版股份有限公司
印　刷：欣佑彩色製版印刷股份有限公司
定　價：二〇〇〇元
出　版：中華民國八十五年三月初版
行政院新聞局核准登記證局版臺業字第〇一四三號

90017
ISBN 957-530-886-7(精裝)

「中華古文物鑑藏系列」總序

中國是世界古文明國家之一，悠久的歷史、遼闊的土地和豐饒的物產，以及不同民族多樣的人文景觀，交織出燦爛輝煌的中華文化，也留下了無數的珍貴資產。其中最令人目眩神馳的各種古文物，不但早已在人類藝術史上大放異彩，它們所蘊涵的先民智慧，更是令人贊歎不已；睹之怎能不令人油然而生歷史情懷？

然而隨著社會型態與生活方式的急遽變遷，國人卻已逐漸忘卻先民締造的優雅文化。是由於時空的阻隔？還是由於無從認識、了解而產生的漠視與輕視呢？經過不斷的思索，我們終於找到了答案，那就是——從沒有人配合著現代人的環境與生活，以淺明易解的方式，正確而完整地把中華文化的精髓傳達給廣大的群衆。也鮮有人告訴我們只要用自己的眼、自己的心去感受藝術，任何人都具有感受美的天賦，都能培養出品賞藝術的能力，就像先民一樣，以平凡素樸的心，自然就能渾然天成的創造出精巧無比的藝術品，也能無礙的享受藝術所帶來的喜悅。

雖說藝術並非生存所必須，然而，少了它，整個歷史文化將呈現一片死寂與空白，個人生活也將因之單調無趣。基於此，身爲炎黃子孫且從事文化工作的我們，自應責無旁貸的負起這傳承歷史與美化人生的文化使命。我們也深深體會到從時代洪爐中所淬鍊出的人，要有建設時代、開創新局的抱負；從社會的賜與中成長茁壯的人，當具關懷文化、回饋人群的心願。因此，我們精心策畫了「中華古文物鑑藏系列」，結合了海內外古文物方面最權威的專家共同撰寫，除了幫助讀者培養品賞古文物的素養，增加精緻生活的素質外，也提供文物收藏者作爲鑑別參考之用，當然，這更是展現中國人高深智慧與追求眞、善、美的一大創舉。

做爲一個文化機構，幼獅公司的一貫目標即是「以服務散播書香，以書香美化社會」。我們衷心希望這套「中華古文物鑑藏系列」，能爲現代人開啓一扇認識歷史的大門，引領讀者步入泱泱華夏的文化殿堂。

幼獅文化事業公司編輯部　謹識

中華民國八十一年五月

編序

中國人一向是個好古敏求的民族，遠在春秋戰國時代，當時的人們，對於文物藝術品的價值到底何在？就曾經引起了一系列的論證。從流傳下來的古籍中，我們發現，當時對文物價值的看法，不外乎兩種：一種是以孔子為代表的儒家思想，認為人世間之物，不僅有生活上實用的價值，也有精神上的意義。好比鐘、鼓、玉、帛等等，就不能僅僅從實用的價值方面去看，因為一個國家社會的安定和發展，除了功利的架構之外，道德和禮樂的內在連繫，甚至更為重要。因此文物所具有的造型、紋飾、色彩往往具有形而上的精神意義。當然，就那個時候的情況來看，孔子的觀念，有相當高理想化的成分。在大部分的百姓，日日生活於戰爭的陰影下，如何溫飽都是問題的時候，稍晚於孔子的墨子和韓非子，不免對孔子的觀念有所反駁，認為費財勞力又不足以利人的文物，實在不應當視之為什麼寶物。而且就實際的觀點來看，一個瓦缽的功用，顯然比一個玉杯要強。

從上面兩種不同的觀點來看，我們認為這是基於不同的思想層面所發展出來的兩種看法。從今天社會的背景來看，這個爭吵了幾千年的「玩物喪志論」和「禮儀教化論」，都已經不合時宜了。一方面，現代社會的發展，促使文物藝術品成為一種新興的投資理財工具，只要處理得當，比土地和房屋更加寶貴。另一方面，事實證明歷代流傳下來的文物，為政治和教化服務的作品，畢竟是極少數的，透過對文物的研究和鑑賞，不但可以充實現代人的休閒生活，更能鑑往知來，對今天文物藝術的發展，具有借鏡的作用。因此，為了服務社會大眾，幼獅文化公司編輯部乃規劃出版這一套「中華古文物鑑藏系列」，以推廣文物鑑藏的知識和興趣。

由於文物鑑藏，是因應現代文物流通及真偽鑑定的需要而新興的一門學術，因此它是一種以文化史為基礎，結合考古學、民俗學、美學，以及現代科學的各種檢測技術所形成的一種綜合性知識。為了滿足以上的要求，本叢書在編輯的方向上，對於文物歷史的考據、出土文物的引證、參考圖片的欣賞等等方面，都作了通盤的考量，希望透過本叢書各冊的陸續刊行，能對文物藝術品的愛好者，提供一些實質上的幫助。

本叢書的撰寫，首次結合了臺灣、大陸和香港三地的學者，共同參與了這項艱鉅的工作。儘管兩岸學術界因長久的分隔，在思想和觀念上難免有些不盡相同之處，但在誠信互動的基礎上，終能使學術交流向前踏出了穩定的一步。謹在此對參與此項工作的同仁致謝，同時也請社會賢達給予批評指教。

劉良佑

自序

在中國陶瓷發展史上，史前至五代階段的陶瓷有重要意義。一萬多年前，我們的祖先發明了製陶術，結束了漫長的舊石器時代生活，翻開了新石器時代的歷史篇章。在中國遼闊的大地上，各個新石器文化氏族的人們，製作了大量陶器生活用具。不斷地改善著生活方式，豐富著生活內容。陶刀、陶鐮、陶紡輪、陶網墜等生產工具，促進了社會生產力的提高，加速了歷史的發展進程。陶器發明到進入金屬時代的幾千年，超過舊石器時代上百萬年的發展歷程。各類精美的陶器表現出中華民族祖先高度的智慧、藝術愛好和精神境界。進入金屬時代以後，陶器製作仍然在繼續發展。戰國時代起發明了釉陶，美麗的低溫釉使陶器絢麗多彩。到唐代，著名的三彩釉陶，形象地再現了大唐社會政治、經濟、文化、藝術、中外交流等各個方面的欣欣向榮的景象。時至今日，陶器仍然在社會生活的某些方面發揮作用。

中國是世界上最早發明瓷器的國家，被稱為瓷器的祖國。在商朝後期發明了原始青瓷，戰國後期開始出現黑瓷。漢代，浙江、江蘇等南方地區陸續出現水準高低不齊的製瓷作坊。大約在東漢後期，瓷器擺脫原始狀態，進入早期瓷器階段。三國兩晉南北朝，瓷器工藝取得了許多新成就，南方的青瓷和黑瓷不但生產地域擴大，而且藝術水準很高。北方建立了自己的瓷窯體系，發明了白瓷。中國瓷器生產布局更加合理，高溫釉上彩、高溫釉下彩開始出現。瓷器在造型、胎釉和裝飾上體現了中華民族的工藝風格。隋唐五代，瓷器生產進入繁榮時期，以州命名的各大瓷窯體系競展風姿。南方以越窯為代表的青瓷，北方以邢窯為代表的白瓷，體現了製瓷工藝的高度成就。瓷器已進入於以皇室為首的最高統治集團的生活圈子，和金銀珠寶一樣成為人們追求的高級奢侈品。越窯青瓷的精品被皇室稱為「祕色瓷」，邢窯白瓷上刻上皇帝御庫「大盈庫」的名字。隨著海外貿易的發展，中國瓷器廣泛輸出到世界許多國家和地區，對世界瓷器工藝的發展產生積極的影響。史前至五代陶瓷是中國陶瓷史的前半部，其意義不同凡響。

本書是幼獅文化公司「中華古文物鑑藏系列」中的一本。《陶瓷——宋、元、明、清》一本已由劉良佑教授完成並於一九九二年出版。我是在劉教授和幼獅文化公司的鼓勵下，按照上述系統完成的，寫作中吸收考古學的成果，對這個階段陶瓷鑑別也作了初步分析。由於本書篇幅限制極嚴，很多問題闡述不到，加上本人學識淺薄，錯誤之處一定很多，望各位專家學者指正。

李知宴

目錄

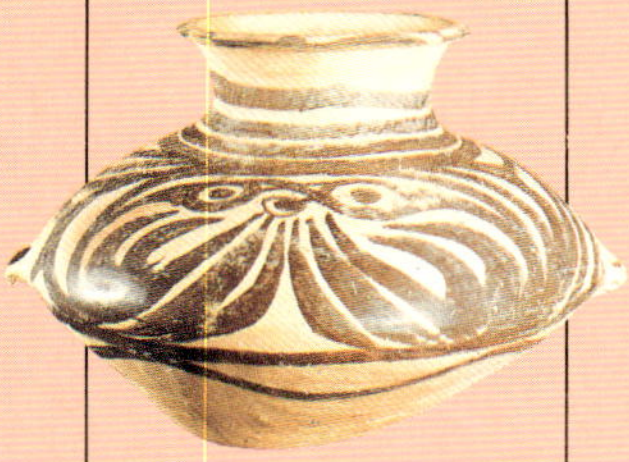

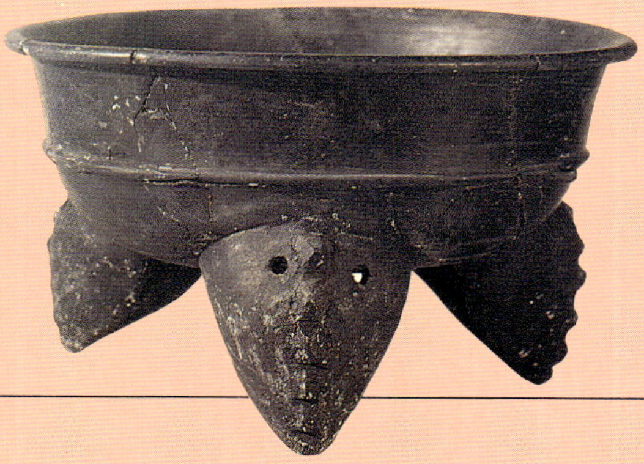

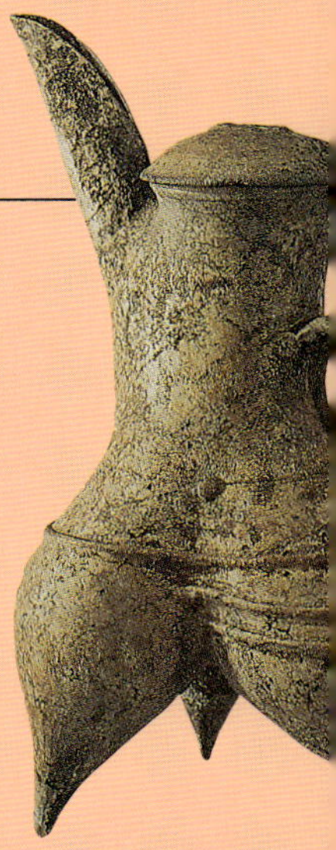

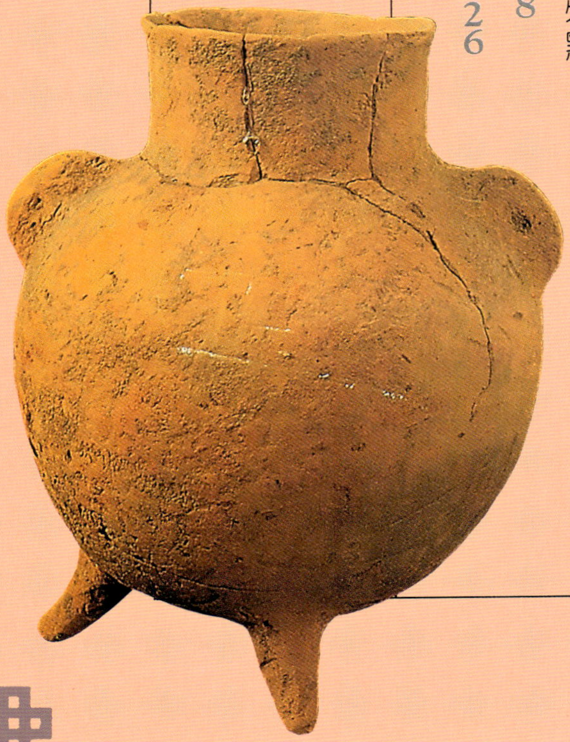

第一章　史前各原始文化陶器的特徵

史前的陶器藝術，最能體現中國遠古文化的豐富和光輝燦爛。在中國大地上，一萬多年前，人們已經開始使用陶器。母系氏族社會繁榮時期至父系氏族社會，陶器使用相當普遍。人們製作的陶器，已頗能滿足當時社會各方面的需要。不同的造型和精美的裝飾，體現了各個氏族文化的內涵，表現出人們高度的智慧和創造才能。

那麼中國在什麼時候開始使用陶器的呢？經過考古工作者不懈的努力，終於證明了中國在一萬年前左右已經開始使用陶器。因為年代在一萬年以上，又出土陶器碎片的文化遺址發現了不只一處。從早期新石器時代到新石器晚期遺址，發現了六千多處，出土了許許多多藝術風格獨特的陶器。鑑定史前陶器主要應分清中國不同區域，不同時間史前文化各系列的獨特性，製陶原料性質，工藝習慣和美學特徵。

本章將把經過科學發掘的典型文化的陶器系統地介紹，配合彩色圖片、線圖和表格，解剖史前陶器的種類、特徵和淳樸稚拙的藝術風格。

第一節 中國最早的陶器

本節要介紹距今一萬年左右史前文化遺址出土的陶片資料，和距今七、八千年早期新石器時代文化的陶器，並分析其工藝特點，作為探討中國什麼時候開始使用陶器這個問題的參考。

一、一萬年以前的陶器

現在有兩處考古遺址出土了工藝最原始的陶器資料，對探索中國陶器開始出現的時代極有幫助。

1. 南莊頭遺址的最新發現

南莊頭遺址在河北省徐水縣高林村鄉的南莊頭村，遺址面積約二萬多平方公尺，在去掉二公尺多厚的黑色淤泥後，發現了文化堆積層。試掘中出土了大量獸骨、鹿角、禽骨、木炭和人們使用的骨器、角器、石器。令人十分驚異的是，還發現了少量工藝極其原始的陶器殘片。一九八六年至一九八七年的多次試掘考察中，發現了大量文化遺物，其中有十五個陶片。探方一出土十三片，探方二、三各出土一片（彩圖一）。

在探方一所出的十三件陶器碎片中，有十二片夾砂深灰陶，一片夾雲母褐陶。胎壁厚約零點八至一公分，有兩片可能是陶罐的口沿，特徵是平方脣，腹壁較直，口沿下有不規整的堆狀凸起一條，似為附加堆紋，內壁好像黏附有使用時留下的烟狀痕迹。還有一個似為罐腹的殘片，這類陶片共三片，可能是一個陶器破碎後散落下來的，陶色為褐色，表面比較光滑。

探方二，一個灰坑底部出土一片，為

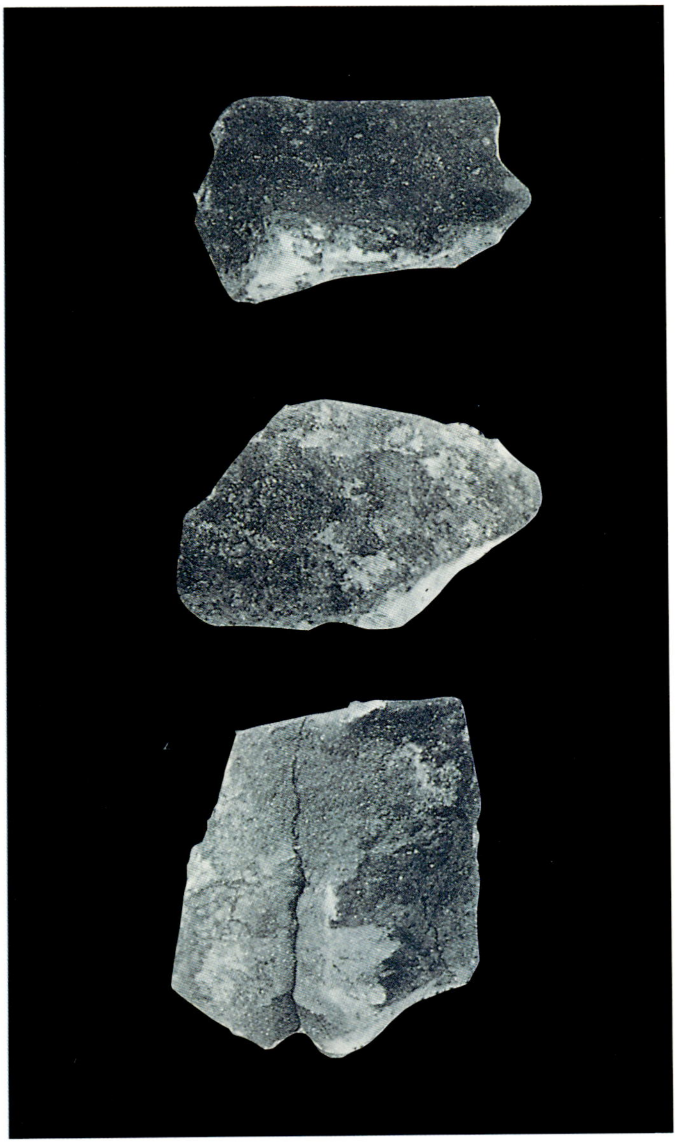

彩圖一　河北省徐水縣南莊頭遺址出土陶片

夾砂紅陶，器表有剝落的現象，長、寬不足零點五公分。

探方三出土一片，是圜底缽一類器物的腹部殘片，脣沿薄而尖，一端略微彎曲，殘長四點二公分，最厚處一公分，沿下有乳狀突起，係夾砂褐陶，質地疏鬆。

與上述陶片同出的有石器、穀物加工工具、石磨盤、磨棒。骨器主要是骨錐和角錐。角錐是用鹿角磨成的。有人工鑿割成的木板、木棒，以及大量的雞、鶴、狼、狗、家豬、麝、馬鹿、麅、麋鹿、斑馬、鱉、水生動物的遺骨。

北京大學考古系碳十四實驗室反覆多次做了年代測定，對遺址內的木頭、木炭、淤泥所做的測定，該遺址年代分別為九千八百七十五年加減一百六十年；九千六百九十年加減九十五年；九千八百一十年加減一百年；一萬零五百一十年加減一百年；九千九百八十年加減一百年；一萬零八百一十五年加減一百四十年；九千八百五十年加減九十年。由此清楚地顯示該文化遺址，人們製作的陶器距今有一萬年左右①。

2. 江蘇省溧水縣神仙洞裏的發現

江蘇省溧水縣白馬場廻峰山，一九七四年採石工人發現了岩石裂隙，裏面有兔、鼠、熊、馬等動物化石和人們生活遺物的堆積，引起考古學家們的注意。一九七七年進行了科學發掘，發現一塊小陶片、人體骨骼化石、哺乳動物化石。一九七八年的發掘中，又發現一個直徑約半公分的陶器殘留物，係褐色夾砂陶。前次發現的那塊小陶片，長二點五公分，寬一點八公分，厚約零點五公分。此陶片一面是顏色較深的褐黑色，一面為黃褐色。表面略微有些腐蝕剝落的現象，中心顏色較深，為紫紅色，在放大鏡下可以觀察到黏附在陶壁上的一些炭微粒，是使用時烟薰上去的。有一定抗壓強度和硬度。陶片有一定弧度，可能是一個圜底缽腹部的殘片。

根據中國社會科學院考古研究所兩次精心做的碳十四年代測定，該遺址年代為一萬一千二百年加減一千年，即距今約一萬年左右。古生物學家根據哺乳動物化石存在的年代分析、地質學家根據古氣候變化特徵分析，該遺存距今在一萬年左右②。

除以上兩條資料以外，北京中國科學院古脊椎動物和古人類研究所的林一樸先生提供的資料，有黑龍江省滿洲里扎賚諾爾地方發現細石器文化遺存，在堆積的最下層，有人骨化石、哺乳動物化石、打製石器，同時出土的有工藝也很原始的陶器碎片，其年代距今有九千年以上。這些資料對探索中國陶器的起源都有積極的意義。

二、早期新石器時代陶器

華北地區首次被認識的早期新石器時代陶器，是河北省武安縣磁山文化的陶器。該文化年代距今八千年至七千年之間。有種粟農業，有家畜家禽飼養和漁獵經濟，有穩定的定居生活。製陶是人們最早的創造性勞動。

磁山文化的陶器種類，有橢圓形盂、小口雙耳小壺、侈口深腹罐、尖錐形三足鼎、四足鼎、侈口圜底缽、碗、杯等（圖一）。以素面陶居多，少數陶器作有裝飾紋樣。紋飾有繩紋、畫紋、連續排列的折弧紋和平行的篦紋，有些腹部有類似乳釘的對稱的泥突。僅發現的一片彩陶是用黑彩繪的平行折線紋（圖一・16）

在華北平原西邊，早期新石器時代文化是裴李崗文化。最先發現於河南新鄭的裴李崗，類似遺址在新鄭、密縣、登封、鄢陵、長葛和郟縣等地均有發現。

裴李崗文化的人們，生產的陶器有小口雙耳三足壺（彩圖二）、敞口深腹罐、圈足鼎、盆形鼎、薄胎束頸罐。素面陶比較多，紋飾比較簡單，只有小窩點紋、畫紋、乳釘紋等（圖二）。

經碳十四年代測定磁山、裴李崗文化的年代均為七八千年左右，都處於黃河下游巨大沖積扇的頂端，時間接近，製陶工

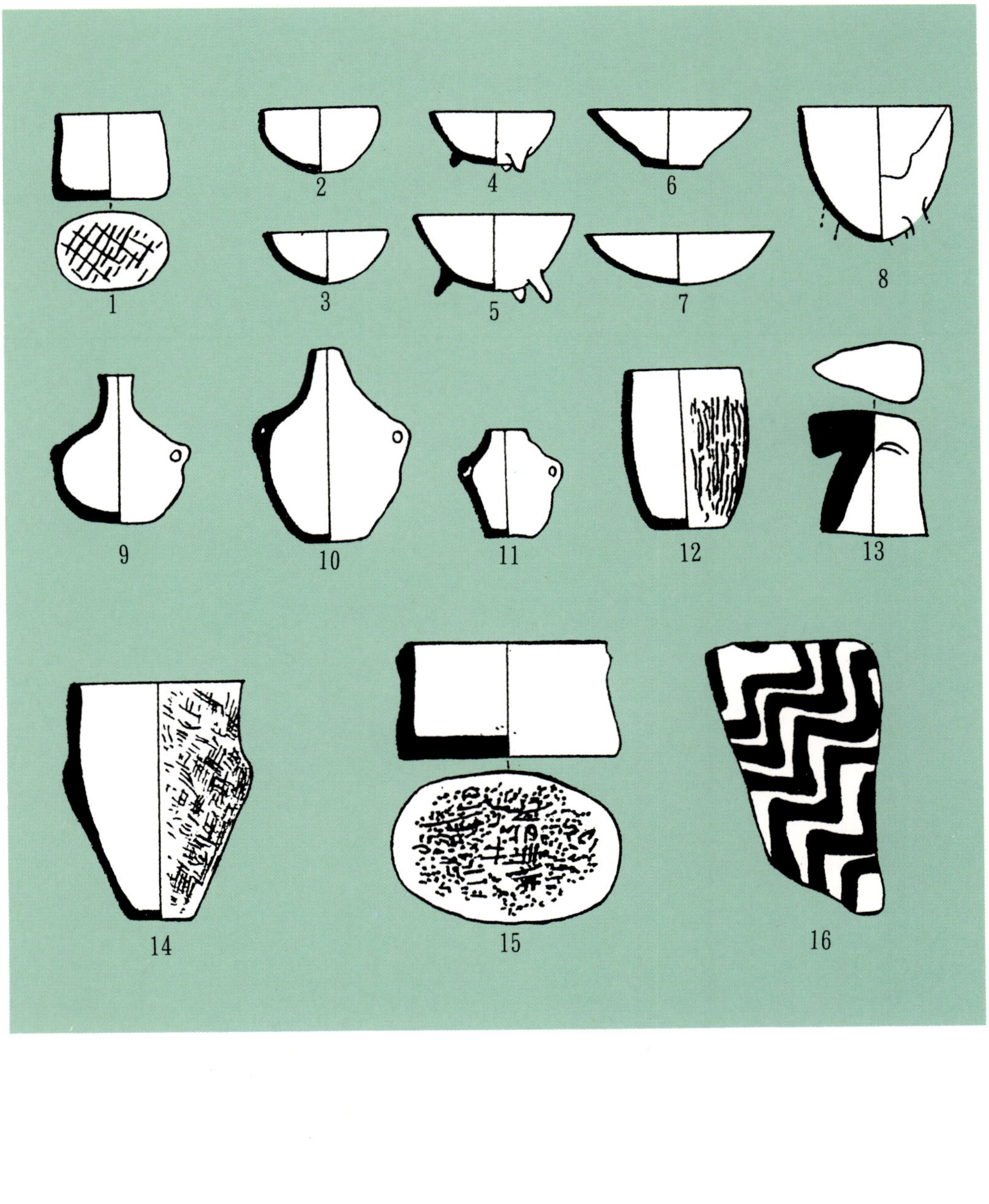

圖一　磁山文化陶器　1～3缽　4、5、8鼎　6、7碗　9、10雙耳瓶　11、雙耳罐　12、罐　13、支座　14、甕　15、盂　16、彩陶片（資料來源：拙著《中國陶瓷》）

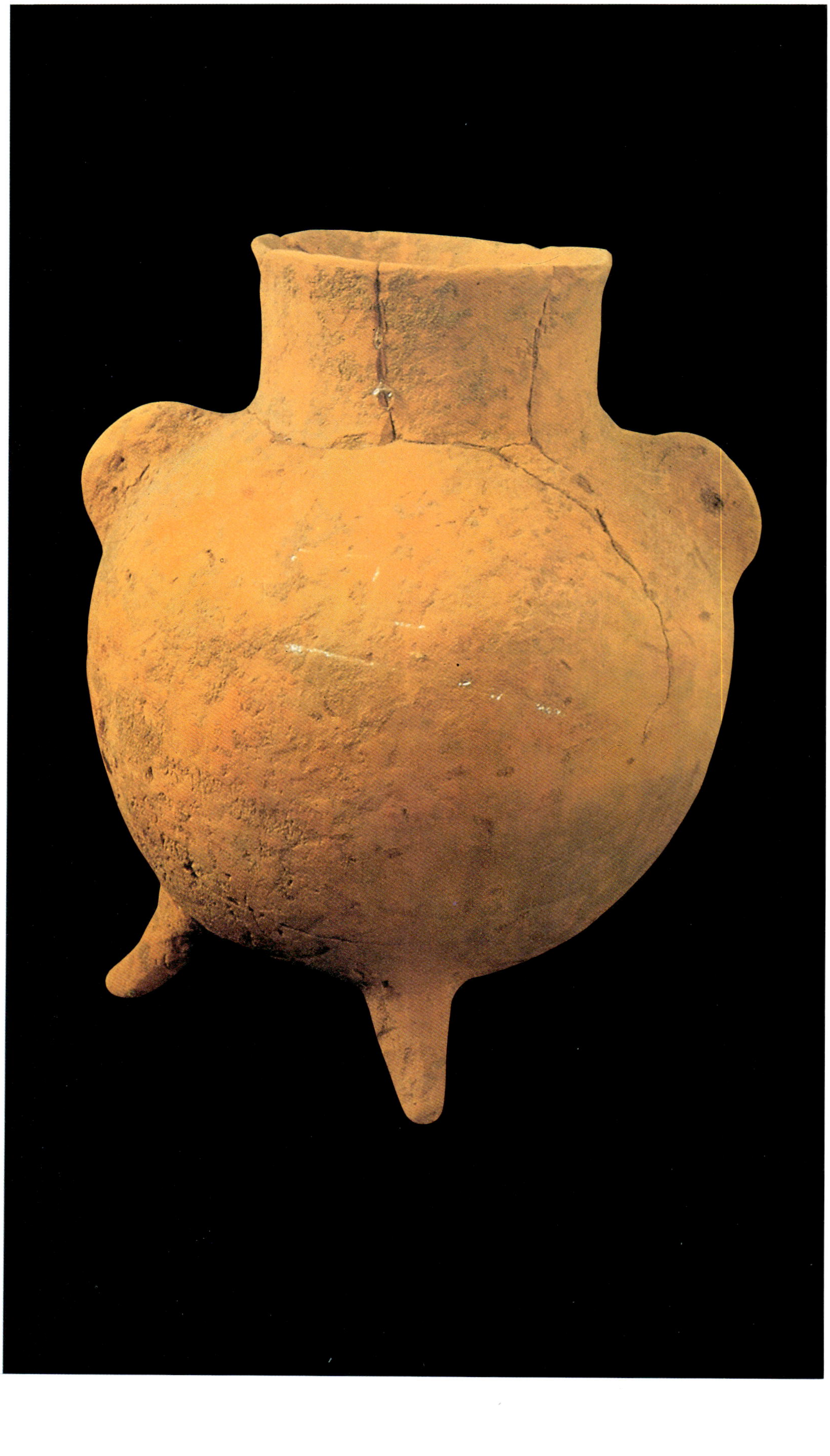

彩圖一　紅陶雙耳三足壺　裴李崗文化　高一三・九公分，口徑六・〇公分　一九七九年河南省新鄭裴李崗文化遺址出土　中國歷史博物館藏

藝和其他文化內涵有許多一致的地方，在一些學者的論文中將它們合起來稱為磁山・裴李崗文化。

在關中及其周圍地區，早期新石器時代遺存還有許多，如陝西華縣老官臺、元君廟、寶雞北首嶺、西鄉李家村、河南洛寧等地。

江南大地，早期新石器時代遺存也發現不少，如江西省萬年縣的仙人洞洞穴遺存的下層，發現的陶器有罐、壺、豆等，工藝很原始，胎厚、含砂，有的砂粒達一公分粗，質地鬆軟，在地下破碎十分厲害，很難對上完整的器形。據碳十四年代測定，時間為西元前六千八百七十五年加減二百四十年，也就是說距今有八千多年。因為是石灰岩洞穴遺址，碳十四測定時間偏早，考古學家們估計，其年代在七千多年比較合適③。

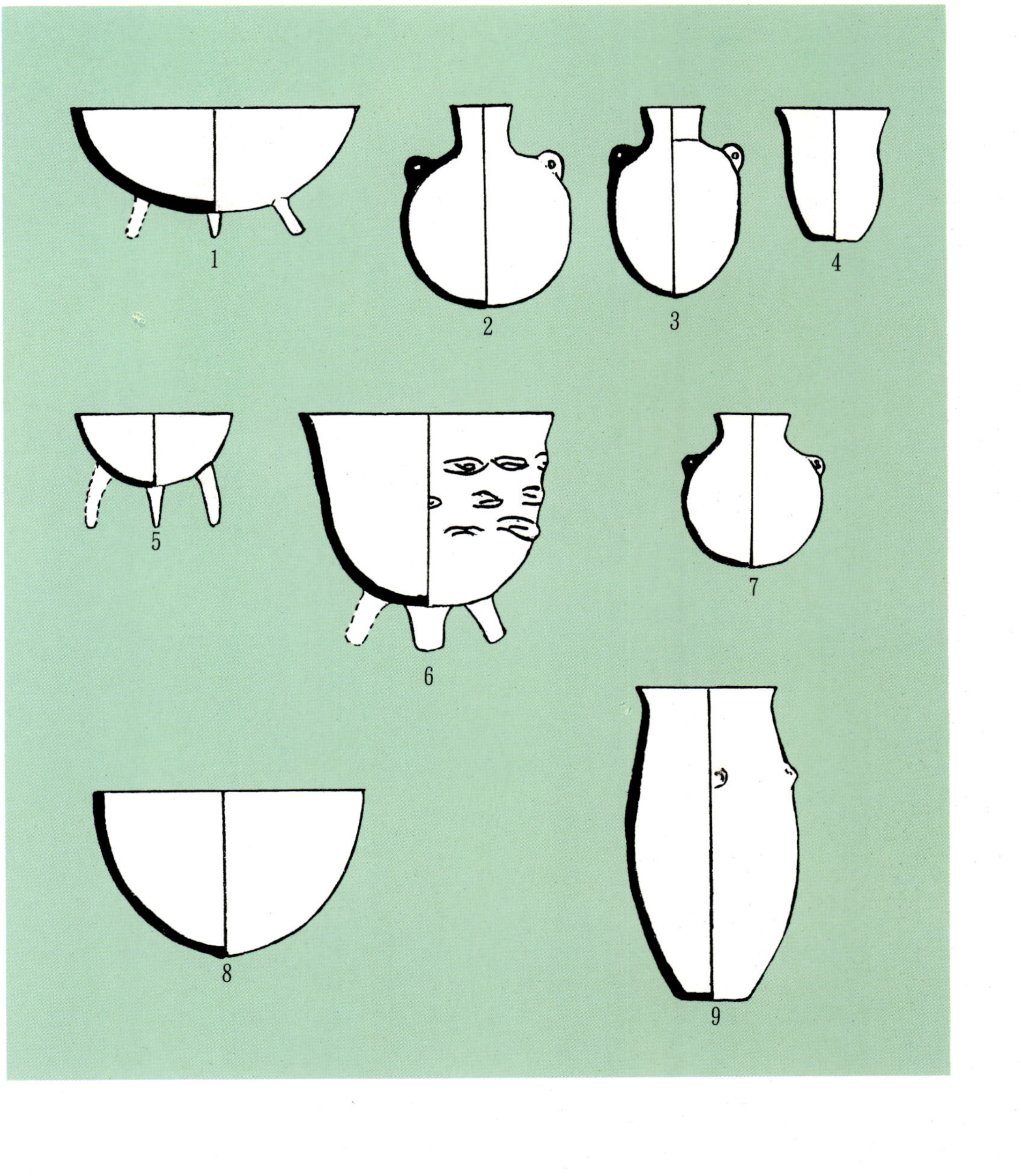

圖一　裴李崗文化陶器　1、5、6鼎　2、3、7壺　4、罐　8、缽　9、夾砂陶罐
（資料來源：拙著《中國陶瓷》）

三、早期新石器時代陶器的特點

從以上敍述可以看到，早期新石器時代文化，都在七千年以上。農耕經濟在社會生活中占重要地位，還有採集、狩獵和捕魚，開始了定居生活。製陶技術已經發明，生產的陶器數量和品種都很少，尚未在經濟生活中占重要地位。陶器的主要特點，可以歸納為以下幾點：

第一，製陶工藝的原始性自不待言，能做出的器物很少，遠遠不能滿足人們日常生活的需要。黃河流域的黃土地帶，陶土容易找到，社會經濟發育比較早，製陶工藝進步也比較快，到磁山・裴李崗文化時期，生產的陶器就比較多了。南方品種少，要到六千多年前的河姆渡文化時期才有明顯的進步。

第二，陶器表面比較粗糙，很少有裝飾。從有紋樣的器物分析，其裝飾主要是為了加固坯體而在成型時做出來的。如器物外壁、內壁上多有繩紋，外壁的繩紋是用綁繩子的陶拍子拍打出來的。成型時內壁要用陶墊模頂住胎壁，要使陶墊模不黏住胎壁，也要纏上繩子，坯泥很濕潤，陶墊模用力一頂，器壁自然也會有繩紋。其他錐刺紋、篦紋、刻畫紋都是為了在焙燒坯體時，便於胎體內氣體排出體外，用尖錐、篦齒狀工具做出來的。泥坯有這些紋樣，氣體排除不傷表層薄膜，不鼓泡、不破裂。而這些做出的紋理排列有序，形成一定的圖案效果，也具有裝飾作用。起伏的附加堆紋，乳釘似的小泥餅，主要是為了加固腹部而做上去的。萬年縣仙人洞的陶器，有在繩紋上再刻畫大小方格紋，有的在口沿上戳出一兩行圓窩紋，有少數在繩紋、圓窩紋上塗硃紅。在磁山還有一片以黑褐彩畫出平行折線紋的彩陶作品，這是目前發現的中國最早的彩陶。在裴李崗文化遺址還發現初具輪廓的羊頭、豬頭等陶塑品，這是人們在製陶上表現出的一種愛美意識。

第三，陶器質地，主要是夾砂陶，極少出現泥質陶。北方黃土地帶的河谷沈積土，一般都含砂，又細又均勻，適合製陶，不必摻粗砂。有的地方，人們為了增強坯體的強煅性，摻一些砂，質地也不顯得很粗。南方地區土質板結，必須在採來的泥土中摻細砂、粗砂、焦化的稻殼末、燒過的蚌殼末、焦化的植物碎葉、碎莖等羼和料，來改造陶土的性質。有的砂料很粗，成型方法完全是手捏，沒有形成製做陶器完整的工藝系列。顏色為紅褐色，或褐灰色。胎壁厚薄不勻，器物內壁常常出現凹凸不平的現象。

第四，陶器的燒製大多數是露天架火燒。像南莊頭、神仙洞那樣的陶器，燒得很不成熟。磁山・裴李崗的人們開始了用窯燒陶。在裴李崗發現一座殘破的橫穴窯，結構很小，沒有明確的火膛和窯箅結構。燒成氣氛均為氧化焰，顏色均為紅褐色，但窯爐氣氛控制不佳，顏色不漂亮，燒成溫度一般在攝氏七百至九百度之間[4]。

第二節 仰韶文化的陶器

仰韶文化最早發現於河南省澠池縣仰韶村遺址而得名。該文化的中心地區在黃河及其主要支流渭水、汾河、洛河匯集的中原地區。北邊到長城沿線及河套地區，南邊到鄂西北，東邊到豫東，西邊到甘肅、青海接壤地帶。經過科學測定，該文化年代距今為七千年至五千年。

仰韶文化的彩陶絢麗多姿，表現了黃河流域先民的聰明才智，展現了中國歷史上母系氏族社會繁榮至衰落時期，製陶工藝的成就和藝術特色。根據考古學家對該文化的分期、分類研究，每個類型都有一定的時間、地理界限和藝術風格。

第一期，時間約在七千年至六千五百年前。有半坡類型，主要分布在渭水中下游、漢水中上游、河套、豫西、晉南、隴東等地。下王崗類型，主要在江漢流域北部，是仰韶文化早期最南端的一個類型。

第二期，時間約六千五百年至六千年左右。有史家類型，地域與半坡一致。後崗類型，主要分布河北省南部和河南省北部。

第三期，時間約六千年至五千六百年左右，有廟底溝類型。主要分布在關中、晉南、豫西一帶。

第四期，時間約五千六百年至五千年左右。有西王村類型，主要在渭水流域、陝北、晉南和豫西。秦王寨類型，主要分布在黃河以南地區，也有稱大河村類型。大司空村類型，主要在洹河和漳河沿岸地區。

半坡類型典型的陶器有缽、盆、蒜頭壺、甕、細頸瓶、船形壺等。裝飾花紋有繩紋、平行直線紋、三角紋、弦紋、錐刺紋、指甲形紋。彩繪簡潔，優美和諧，與器形、陶色配合得體，有長短直線、橫線組成的圖案，有弧線三角紋、圓點、波折線條組成的幾何紋。在器物上經常作主題內容的花紋有魚紋、鹿紋、羊紋、蛙紋、人面紋和各種植物形象，彩色以黑彩為主，少數作紅彩。即紅地黑彩或淺黃地醬紅彩（圖三，彩圖三～七）。

下王崗類型：常見的器形有鼎、缽、盆、罐、碗、壺、尖底瓶等。有的器形和半坡類型相似。彩陶多在紅陶和橙黃色陶器上施彩，即所謂紅地紅彩，也有灰地紅彩的。紋樣有三角紋、條帶紋、斜十字紋、葉紋、渦紋、方格紋等。

史家類型，陶器種類和花紋與半坡相近，只是彩陶中增加了旋律性較強的弧線和圓點組成的幾何圖案，以及經過提煉以後，用誇張手法畫出的鳥魚合璧的形象，藝術性很強。

後崗類型，典型器物有碗、缽、鼎、壺、罐、缸、竈等。彩陶花紋有寬帶紋、曲折紋、平行斜線組成的三角紋、網紋等。彩色有紅彩和黑彩。

廟底溝類型，仰韶文化到廟底溝類型時期，製陶工藝得到高度發展，常見的器形有碗、盆、雙唇小口尖底瓶、平底瓶、

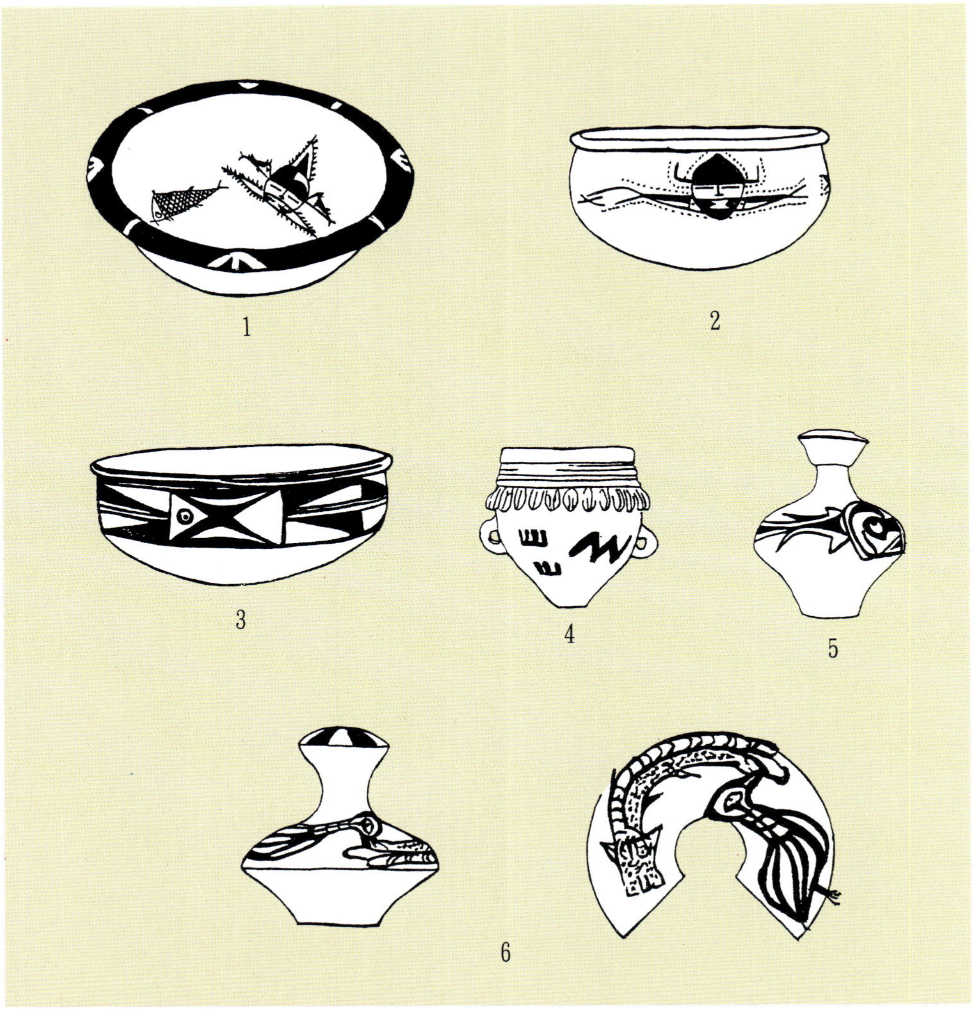

圖二　仰韶文化半坡類型彩陶器　1、2人面魚紋彩陶盆　3、變形魚紋彩陶盆
4、彩陶雙耳罐　5、魚紋小口瓶　6、猛禽啄魚圖彩陶瓶
（資料來源：《彩陶與彩繪陶》）

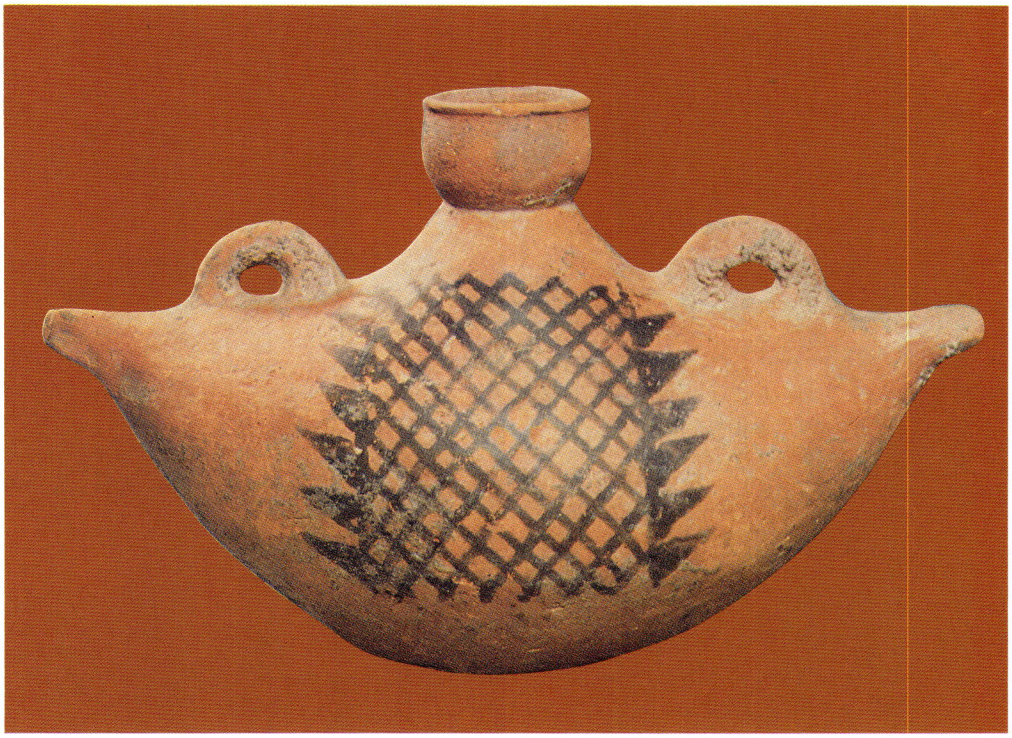

彩圖三　彩陶雙耳網紋船形壺　仰韶文化半坡類型
高一六・五公分　中國歷史博物館藏

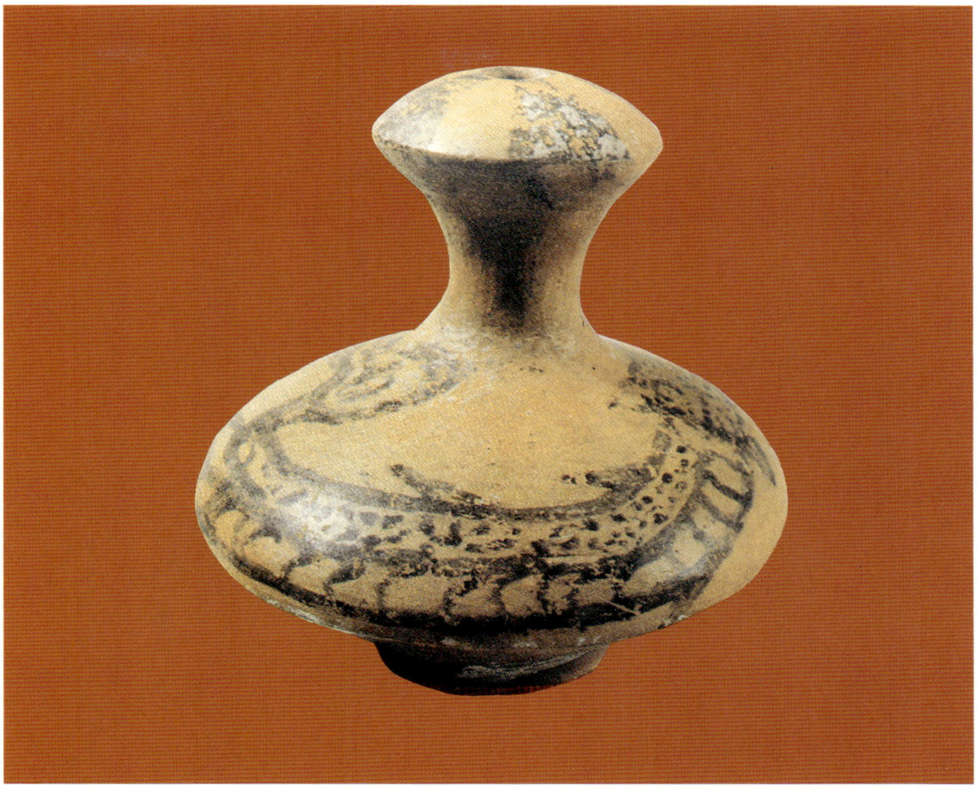

彩圖四　彩陶魚鳥紋細頸瓶　仰韶文化半坡類型
高二一·六，口徑二·一公分
一九五八年陝西省寶雞市北首嶺出土　中國歷史博物館藏

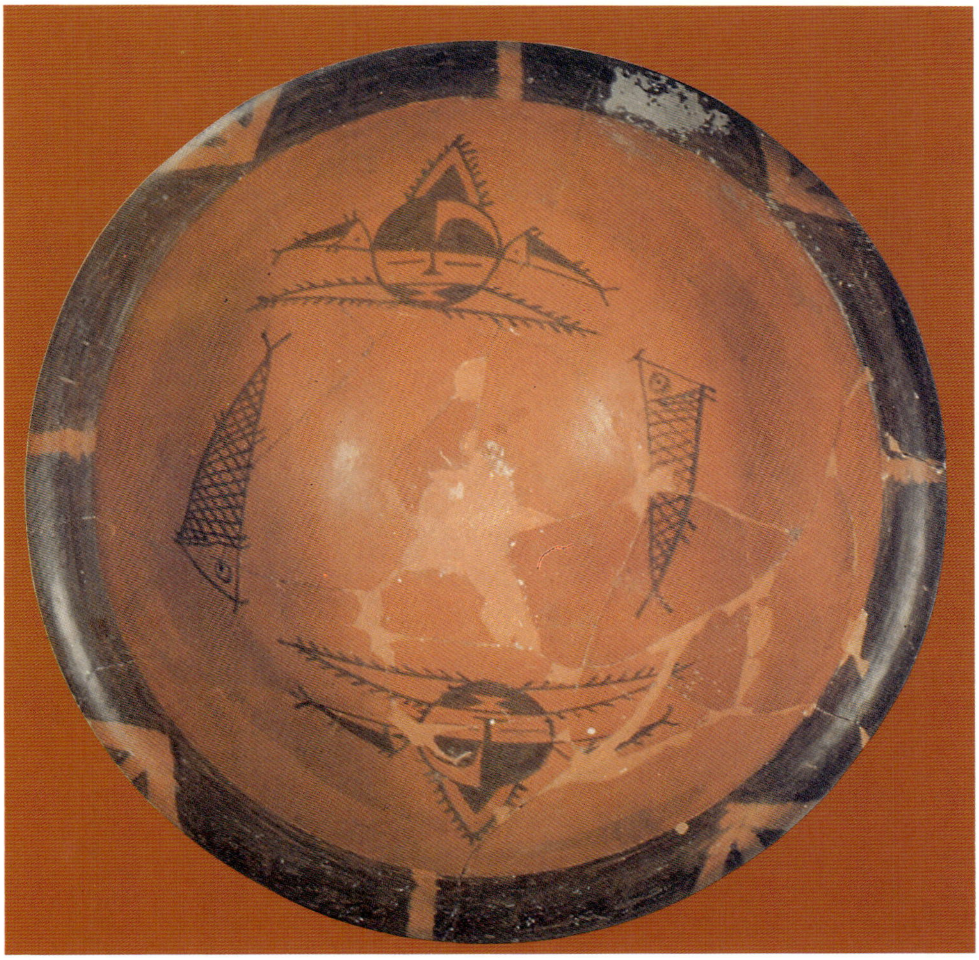

彩圖五　人面紋、魚紋彩陶盆　仰韶文化半坡類型　口徑四〇·八公分
西安半坡遺址出土
中國歷史博物館藏

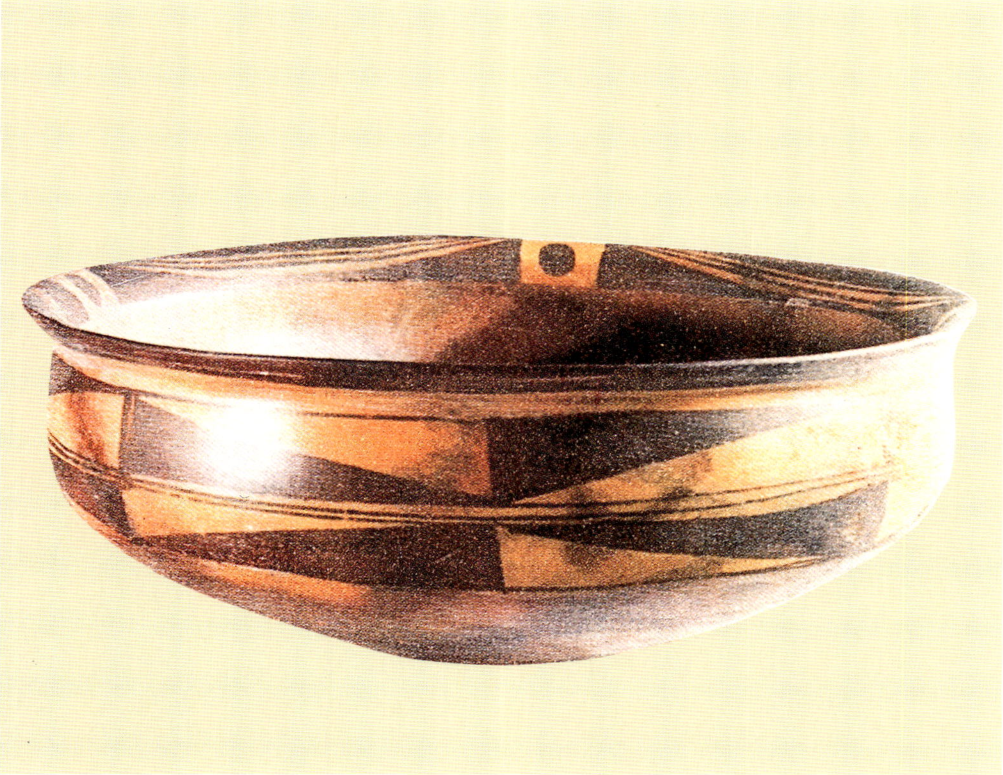

彩圖六　幾何紋彩陶盆　仰韶文化半坡類型
高一五公分，口徑三七・三公分　北京故宮博物院藏

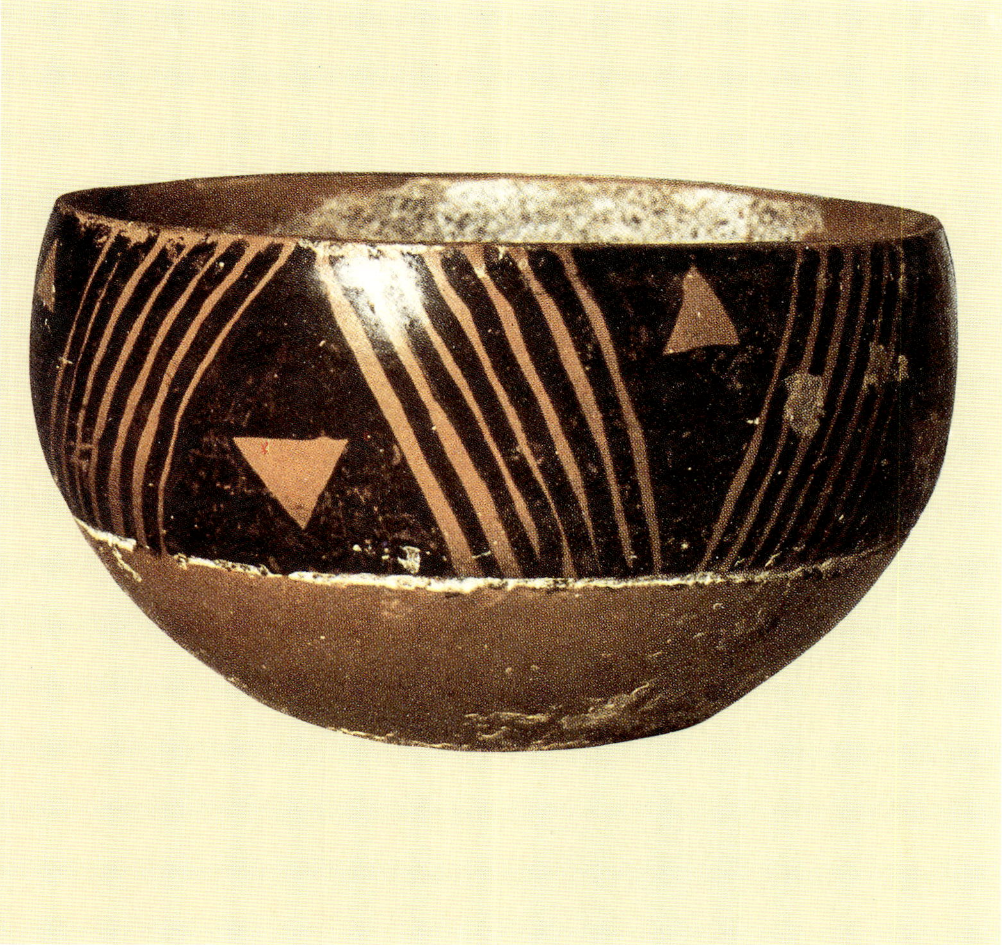

彩圖七　平行直線紋三角紋彩陶缽　仰韶文化半坡類型　口徑一五・五公分
西安半坡遺址出土　西安半坡博物館藏

寬肩小平底甕、鉢、人形瓶、葫蘆形雙耳瓶、罐、大口缸、折沿盆形甑、釜形鼎、竈等。造型奇特，形體碩大的鴞尊有很高的藝術價值（彩圖八）。裝飾花紋有繩紋、線紋、附加堆紋，這些都是在成型過程中做出的。經過修坯，稍加晾乾以後就畫彩繪，有在坯體上直接畫彩，也有施白色陶衣稍加壓磨後畫彩兩種。前者為紅地黑彩，後者為白地黑彩。紅地黑彩如人形瓶、斂口壺、蛙紋罐、葫蘆形雙耳瓶等即是，人形瓶以弧線紋構成圖案。白地黑彩如河南陝縣廟底溝出土的弧線圓點紋曲腹盆，是在紅陶上施白色陶衣，然後用紅色和黑色弧線勾畫成三角紋、圓點紋，圖案效果活潑精緻（彩圖九）。河南臨汝縣閻家村出土的紅陶甕上，以黑彩和白彩畫出鸛魚石斧圖。在開闊的地上豎立起一個石斧，石斧在上，柄在下，一個碩大的鸛鳥，圓瞪雙眼，強壯有力的喙上叼著一條僵死的魚。這和一般圖案不一樣，可能意味著氏族社會，強大氏族部落和弱小氏族部落

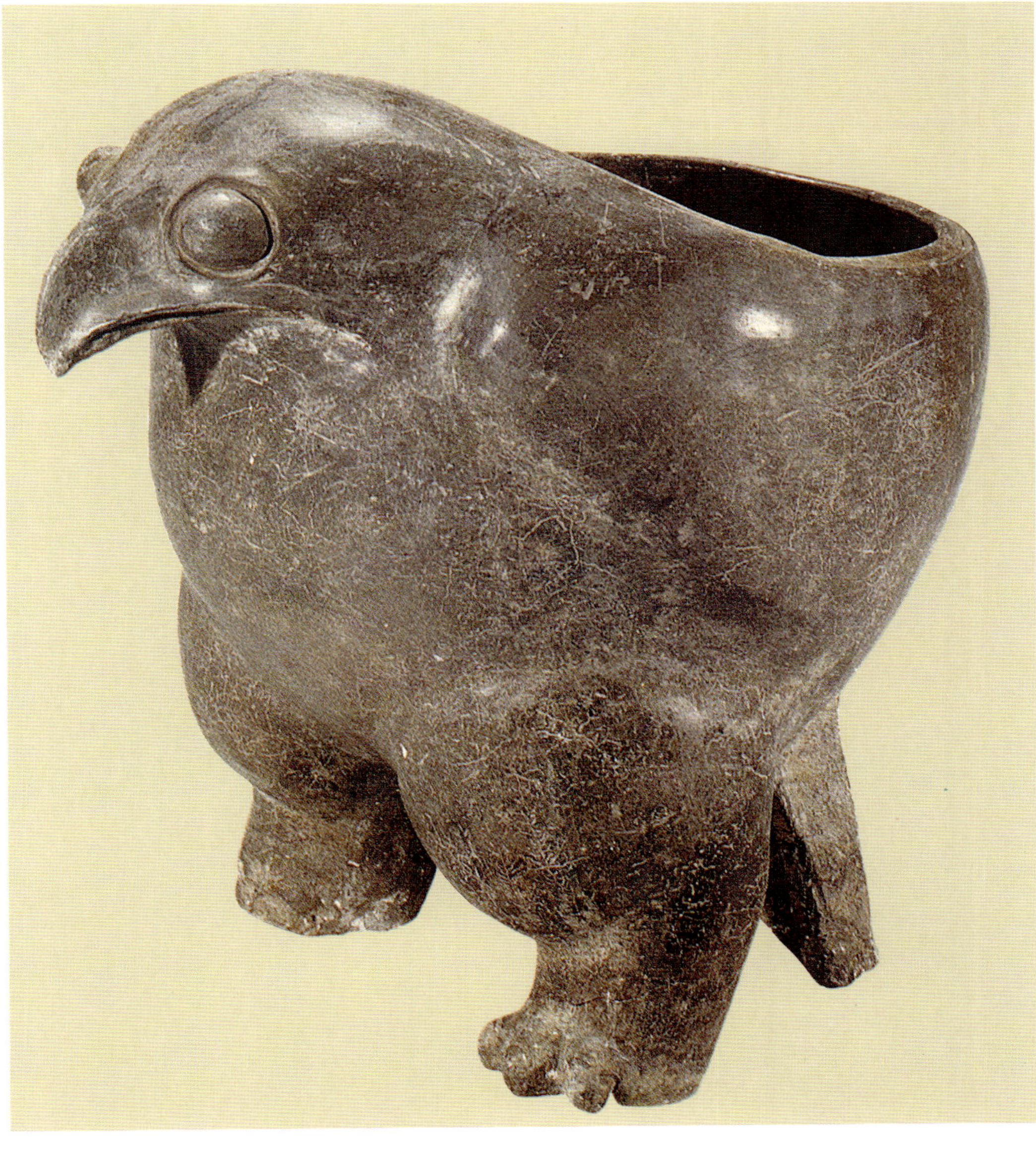

彩圖八　黑陶鴞尊　仰韶文化廟底溝類型　高約三六公分　陝西省華縣太平莊出土　中國歷史博物館藏

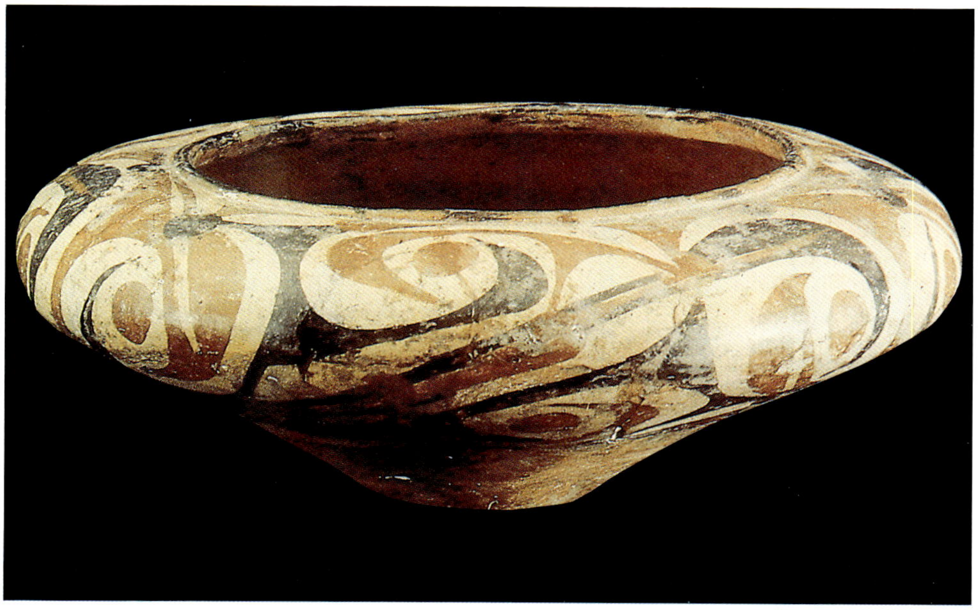

彩圖九　彩陶弧線圓點紋曲腹盆　仰韶文化廟底溝類型
高二〇・〇公分，口徑三三・三公分
河南省陝縣廟底溝出土　西安半坡博物館藏

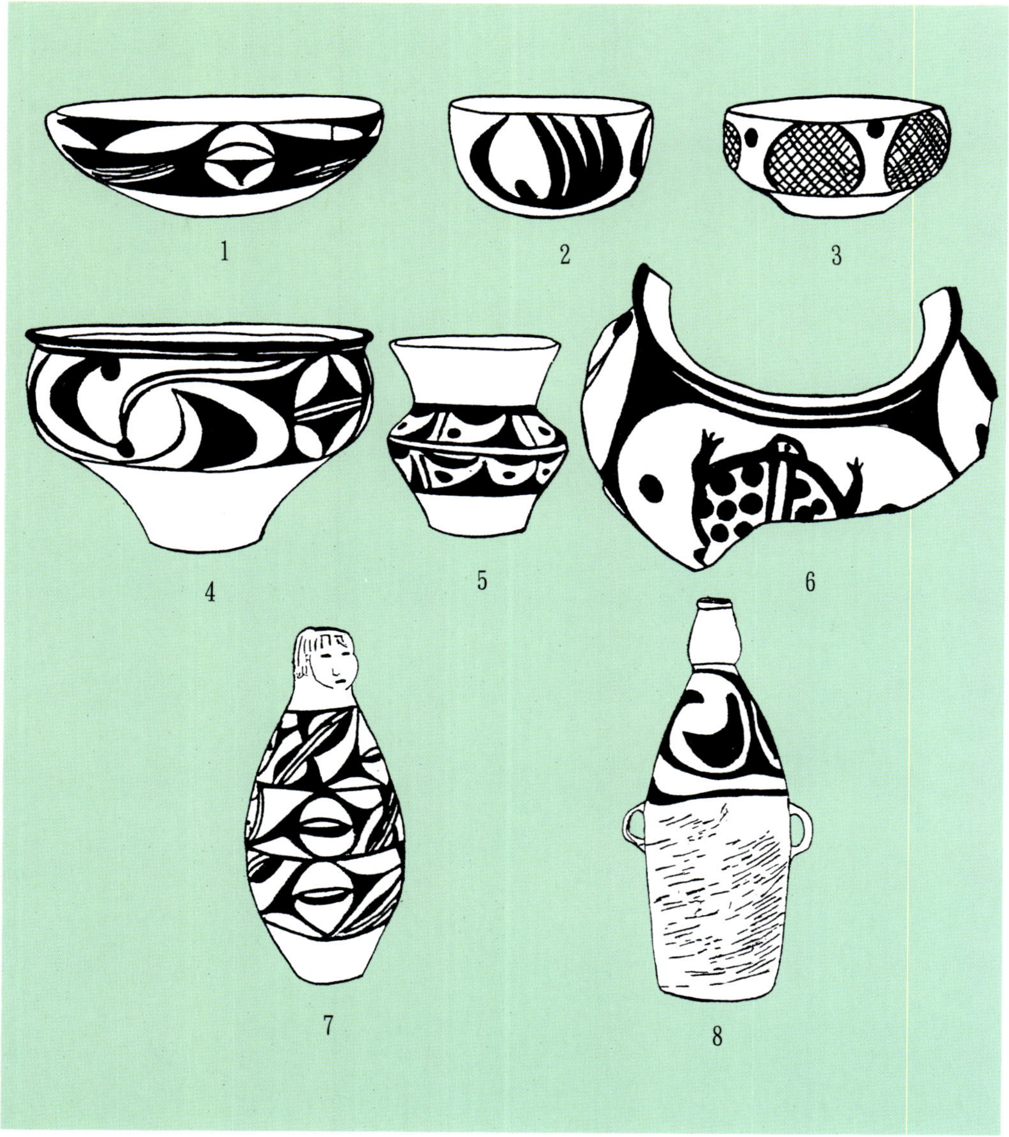

圖四　仰韶文化廟底溝類型彩陶器　1、2碗　3、缽　4、盆　5、壺　6、罐
7、人形瓶　8、葫蘆形雙耳瓶（資料來源：《彩陶與彩繪陶》）

之間的權力之爭（彩圖一〇）。其他紋飾還有鈎葉、圓點、垂幛、豆莢、花瓣、網格紋等。動物形象流行鳥紋、魚紋、蛙紋和壁虎（圖四）。

西王村類型，典型器物有寬沿淺腹盆、圈足碗、鏤孔豆、長頸凹腰尖底瓶、雞冠耳罐、帶流罐、深腹甕等。紋飾有繩紋、籃紋、附加堆紋、方格紋等。彩陶有在淺紅地上繪深紅彩、紅地白彩等。

秦王寨類型，代表性器物有折腹盆、斂口缽、平底碗、折腹鏤孔豆、侈口長頸壺、侈口尖底瓶、折肩罐、罐形鼎、盆形鼎等。紋飾有附加堆紋、拍印的方格紋、籃紋和鏤孔等。彩繪紋飾有網紋、寬帶紋、平行條紋、鋸齒紋、波浪紋、六角星形紋、弧線三角紋、類似蘭草的一種草葉紋、X形紋、S形紋等。色彩很豐富，有紅、紫、灰、黑等色。有的一件器物只畫一種色彩，有的一件器物上多種色彩並用。有的直接畫在胎壁上，有的在白色陶衣上作畫。河南鄭州大河村遺址出土一件秦王寨類型的彩陶深腹缽，斂口，上腹扁圓，下腹瘦長，平底，在口和上腹施白色陶衣。用黑彩作畫，畫出弦紋、弧線三角紋、睫毛紋、平行豎線紋組成的圖案（彩圖一一，圖五）代表了該類型的特色。

大司空村類型，典型器物有直口折腹盆、淺腹盆、缽、碗、罐等。紋飾有籃紋、細繩紋、方格紋，還有畫紋和戳印紋等。彩陶上的紋飾有弧線三角紋、曲線紋、波浪紋等組成的圖案。在各個圖案單元裏綴以葉紋、S形紋、同心圓紋和睫毛紋等。和其他幾個類型不同的是，紅陶沒有灰陶數量多，彩繪也做在暗褐色的坯胎上，以黑彩和紅彩畫出（圖六）。

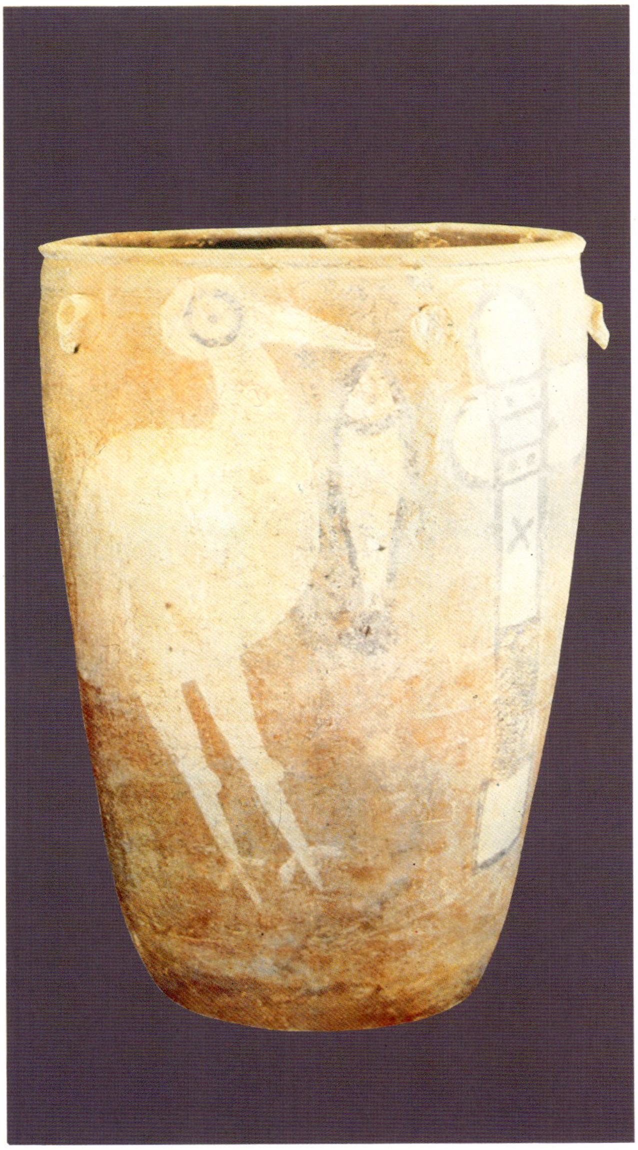

彩圖一〇　彩陶鸛魚石斧紋甕　仰韶文化廟底溝類型　高四七・〇公分，口徑三二・七公分
河南省臨汝縣閻家村出土　中國歷史博物館藏

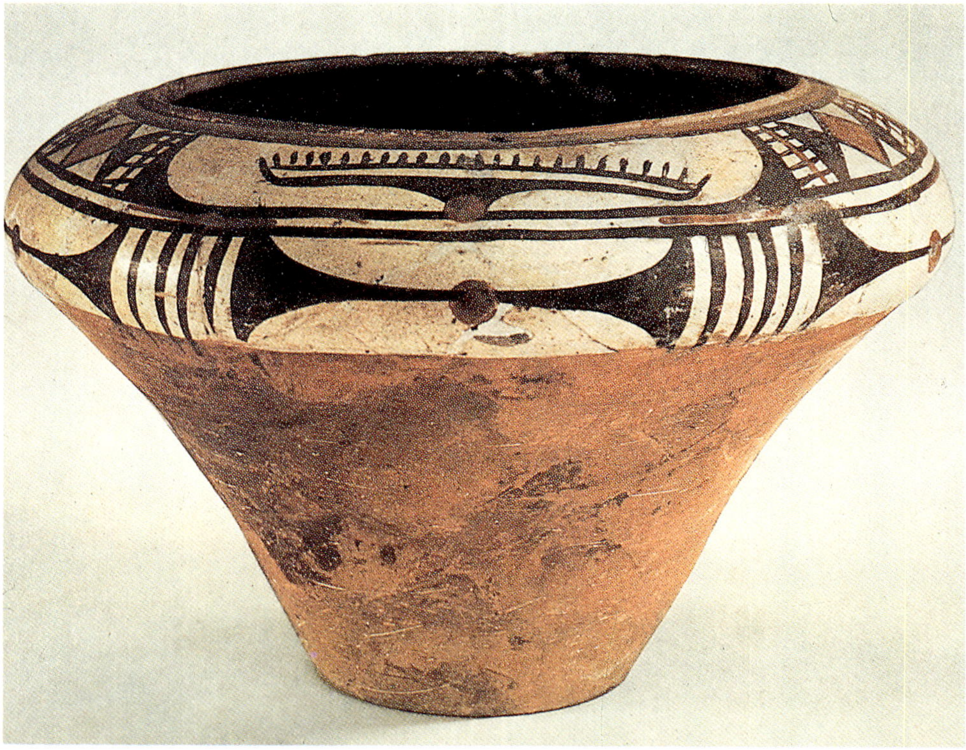

彩圖一一　白衣彩陶缽　仰韶文化秦王寨類型　高二一公分
鄭州大河村遺址出土　鄭州市博物館藏

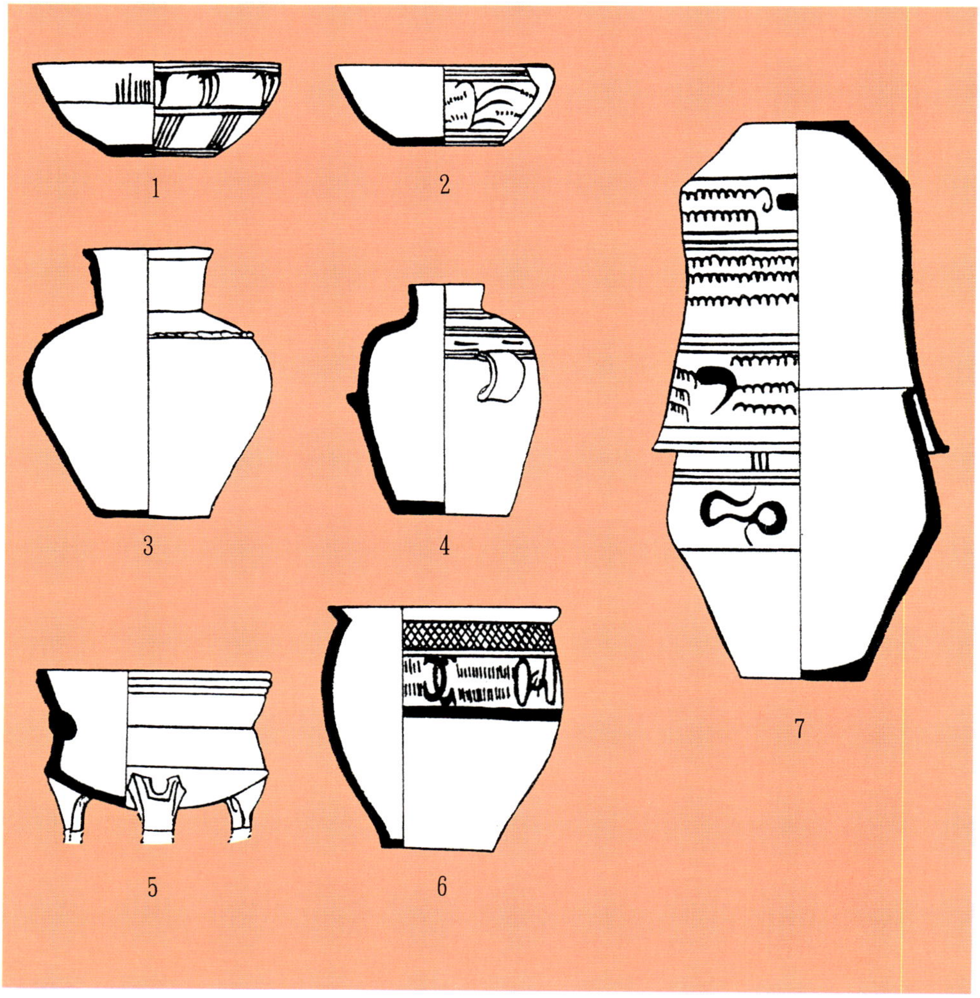

圖五　仰韶文化秦王寨類型陶器　1、2彩陶碗　3、4壺　5、鼎　6、罐
7、上為深腹盆、下為罐（資料來源：《彩陶與彩繪陶》
、《新中國的考古發現和研究》）

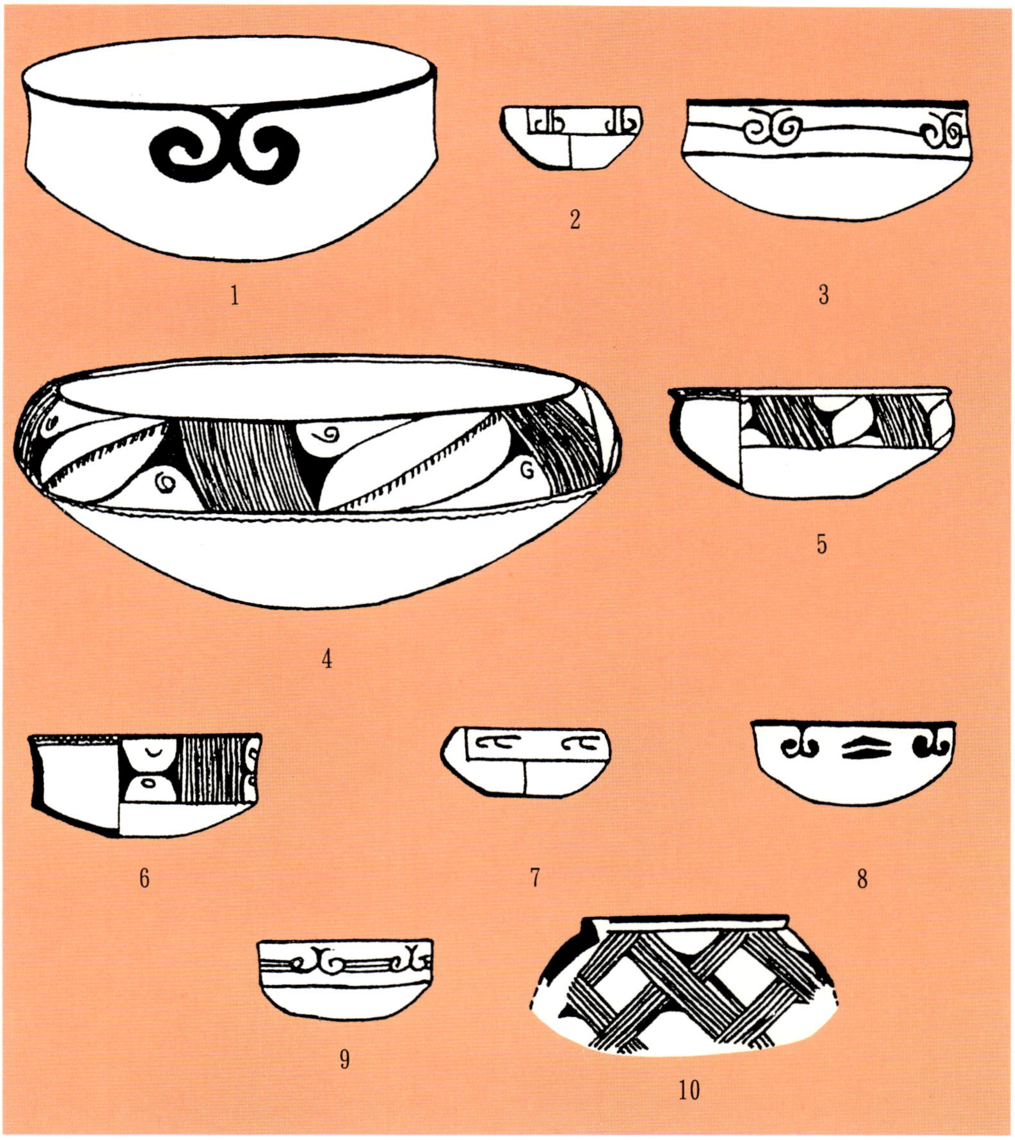

圖六　仰韶文化大司空村類型彩陶器　1、直口盆　2、4、5、7缽　3、6、8、9盆　10、罐
（資料來源：《彩陶與彩繪陶》）

仰韶文化製陶工藝有以下幾點是突出的：

第一、陶土經過選擇，避免了鬆散性太強的砂質土和板結的膠質土，採掘的是河旁沈積土。同時，也已經有了粉碎、淘洗、摻入羼和料和捏練等道工序。由於處於手工製陶階段，結構簡單的小器皿便用手捏成型。從一般生活用具胎壁露出的痕迹看，大量採用泥條盤築成型法成型；從器物口沿的規整和細細的紋理來看，已經發明了慢輪修整，這種修整坯面的原始轆轤，後來廣泛地用來製坯，就稱為輪製法。

第二，陶器出現或粗或細的繩紋、籃紋、刻畫紋、錐刺紋、戳印紋是在陶坯成型之後做出來的。陶坯成型後質地鬆軟，不緻密，鬆散性很大，為了增強成型的穩定性，用綁上繩索，或刻上籃紋的陶拍子，拍打滋潤的坯體，就印出了上述紋理。刻畫和錐刺紋都是用尖錐狀工具做出來的。戳印紋就是把圖案刻在陶具上捺印出來的。有的器物分段製作，然後黏接起來，為了使坯體牢固，用泥條加固，是為附加堆紋。凡此種種，都是為了製陶需要而做上去的。人們受愛美意識的驅使，每道工序都做得符合規律，有美學韻味，在陶器上成為一種極好的裝飾。

第三，彩陶有很高的藝術價值。彩陶上的圖案，是自然與人物景觀的抽象，表現了史前社會人們的藝術才華和精神信仰。彩陶絕大多數是泥質細陶，少數是夾砂陶。彩繪的顏色有黑色、棕紅色、土紅色和白色。畫彩時多數用一種彩色，也有用兩種彩色或多種彩色。醬紅或赭紅是自然界的赭石，即鐵的氧化物（Fe_2O_3），黑色有人主張是含鐵分很高的紅土⑥。為尋找彩陶的顏料，考古工作者作了許多艱苦的努力，終於發現史前文化遺址附近的泥土中，有一種圍繞小礫石、砂粒而形成的鐵錳結核。泥土中鐵錳等礦物質很多，在雨水沖刷過程中，流動游移，就圍繞小礫石、砂粒而形成一種黑褐色鬆散的複合物。這種物質經過粉碎，去掉礫石、砂粒，再經碾磨、淘洗、沈澱，就可以調成一種畫陶的原料，畫在陶坯上，經過壓磨，入窯經攝氏八百至九百度高溫焙燒，就成為黑色或黑褐色彩繪。這種色彩含蓄穩定，與陶色相配很和諧，很優美。白色是不含金屬呈色物質的白黏土和瓷土。

在半坡和北首嶺等地的史前文化遺址、墓葬中都發現過盛有顏料的小陶罐、石硾、石磨和調色用的石塊，上面沾有紅色顏料⑦。至於繪畫工具，根據彩陶上面圖畫流暢的線條，婉轉的筆鋒，估計已經有了用動物的毛，或韌性特別強的植物的芒，紮成類似今天的毛筆一樣的工具來繪畫。

第四，仰韶文化彩陶有一個發展和衰落的過程。半坡類型彩陶，花紋有人面紋、魚紋、鹿紋等動物形象和植物形象，構圖簡單，質樸。到史家類型各類圖案趨向複雜，魚、鳥、蛙一類形象，手法比較熟練，很寫實。廟底溝類型彩陶很成熟，有很多組合圖案運用得很嫻熟。如成組的象徵菊科、薔薇科花卉的圖案在彩陶上組織得十分精美。鳥類花紋比較簡化，趨於抽象，但很生動。秦王寨類型的彩陶則明顯簡化，但不乏精美之作。仰韶彩陶是從現實生活中提取素材，經過提煉、組合、誇張，以形寫意，寄情於陶，有很高的藝術水準。

第三節 中原龍山文化和山東史前文化的陶器

仰韶文化之後，黃河中游地區興起一種史前文化叫中原龍山文化。包括廟底溝二期文化、河南龍山文化、陝西龍山文化和陶寺類型。山東地區有以精美的熠熠發光的黑陶為主要特徵的一種史前文化，稱為龍山文化。名稱雖然相同，但兩者的淵源、內涵、發展方向均各不相同。中原龍山文化由仰韶文化發展而來，山東龍山文化由大汶口文化發展而來，現在分別加以介紹。

一、中原龍山文化陶器

中原龍山文化的年代在西元前二千八百年至西元前二千年之間。前期為廟底溝二期文化，後期為河南龍山文化、陝西龍山文化、陶寺類型。生活用陶器以灰陶為主，陶器上常見的裝飾花紋以繩紋、籃紋和方格紋為主。在製陶工藝方面和這個時期陶器特徵有以下幾點：

第一，前期，製陶以手製為主，開始發明輪製法做陶。手製法做陶是泥條盤築法成型。工藝熟練，先用泥條盤成器底，然後盤器身，最後兩者黏接起來，口沿部分用慢輪修飾，一些精巧規整的器形用快輪成型。廟底溝二期文化是最早採用輪製成型的文化之一。人們日常生活用陶，有碗、缽、杯、單耳杯、扁壺、尖底瓶、盆、斝、鼎、缸、澄濾器等。其中大口深腹罐、鼎、小口尖底瓶等器物直接繼承仰韶文化同類器形而來，有許多仰韶文化的特點。紋飾有籃紋、繩紋、附加堆紋。彩陶上的紋飾以菱形紋、網紋為主。燒成溫度在攝氏八百四十度左右。有灰陶、紅陶和黑陶，以灰陶為主。

第二，後期，即河南龍山文化、陝西龍山文化和陶寺類型。陶器品種很豐富，很實用。胎體也比較薄，器形比較優美。為什麼能做出這樣多的器形，而且能做得如此優美？一個重要的原因是輪製技術進步了，泥條盤築技巧更嫻熟，在陶器製作上發揮了更大的功能。

從陶器的顏色看，灰陶在人們生活中大量使用，黑陶比仰韶時期有所增加，紅陶則有所減少。常見的器物有單耳杯、筒形杯、雙腹盆、圈足盤、扁壺、壺、雙耳罐、碗、豆、三耳罐、盉、斝、鬶、鼎、甑、甕、碾磨器、簋形器、釜、竈等（彩圖一二）。以河南登封王城崗遺址河南龍山文化層出土的陶器來看，碗、缽一類器形胎體比較薄，線條簡潔優美，和今天日用器皿的造型已沒有多大差別。鼎類器物的夾砂陶，胎體也做得很薄，工藝處理也很簡單，只是把陶罐下面安上三個很小的足。彩陶極少，主要是為製作需要而拍打出來的繩紋（圖七）。

第三，中原龍山文化製陶工藝的進步表現在採用多種工藝做出很複雜的器形，如長流鬶，腹體部分用輪製成型法做出；三個碩大的奶頭狀足是用陶模製作的，即將泥料貼在陶模外壁拍打擠壓成型後取下來；長長的流和結實的柄則用手捏成型，然後把它們黏接起來。其他斝、鼎、甑的製作，工藝也很複雜。

二、山東史前文化和陶器

山東史前文化有大汶口文化和山東龍山文化。

大汶口文化，是以山東寧陽大汶口遺址命名的，主要分布在山東南部、江蘇淮北丘陵地區、魯西平原，河南的中部也有分布。這種史前文化開始時間為西元前四千三百年，到西元前二千四百年左右，為一種新型文化即山東龍山文化所代替，時

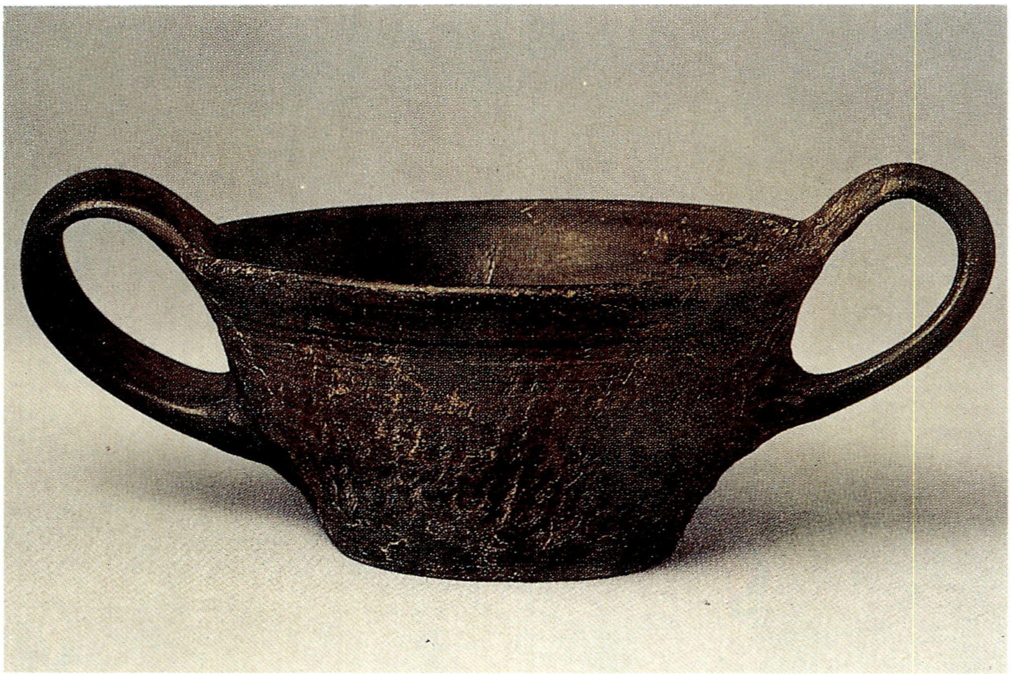

彩圖一二　黑陶雙耳杯　高六・四公分，橫徑一四・〇公分
河南省澠池縣仰韶村出土

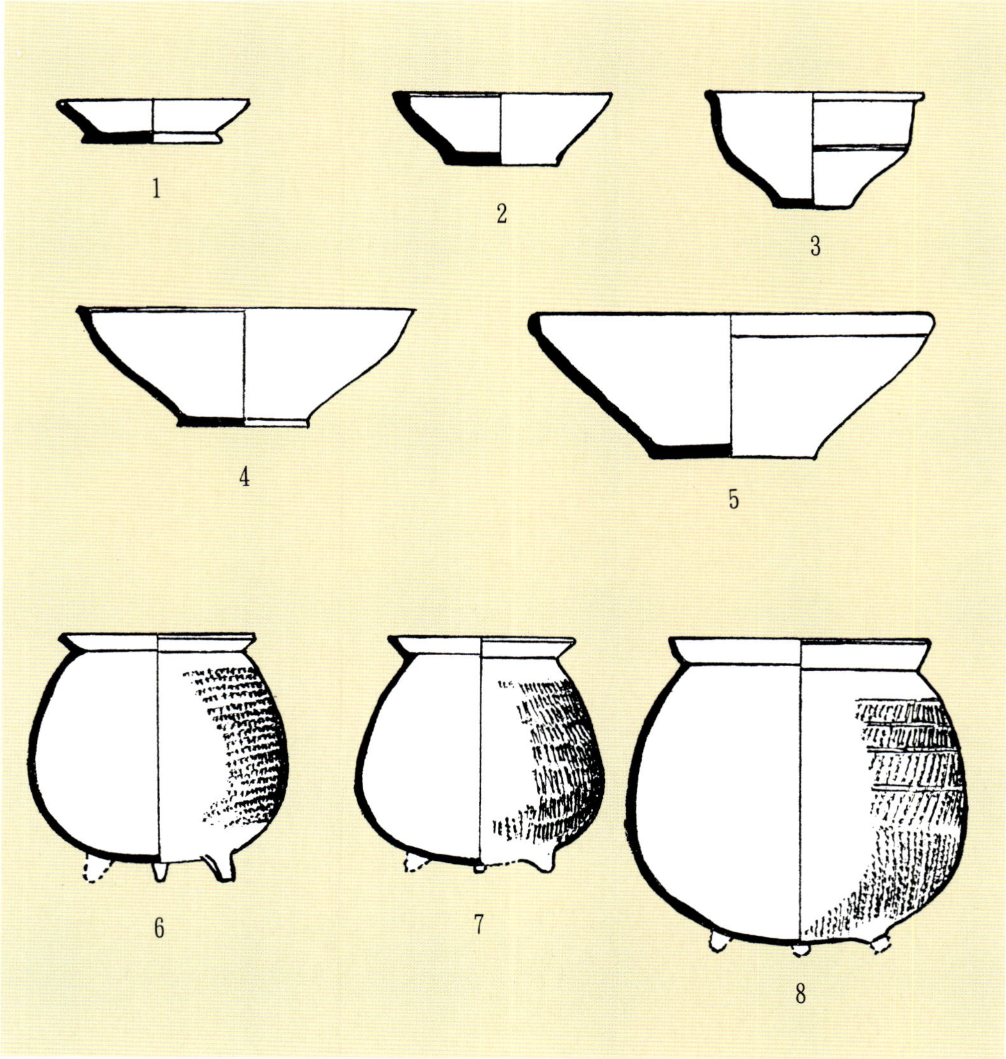

圖七　河南龍山文化陶器　1、盤　2～4碗　5、缽　6～8鼎
（資料來源：《登封王城崗和陽城》）

間跨度為一千九百多年。在這漫長的時間裏，經濟型態和製陶手工藝都發生明顯的變化。

西元前四千三百年至西元前三千五百年左右為大汶口文化早期，此時製陶工藝為手揑和泥條盤築法成型為主，工藝不熟練，製作的器物種類很少，器形簡單。紅陶數量最大，灰陶次之，黑陶只是一些胎體較厚的黑皮陶。生產得最多的器物有缽形鼎、豆、罐形鼎、盆形鼎、觚形器等。陶器燒得不夠成熟，很多器物火候不高，有生燒現象。

彩陶器物不多，以盆、缽、罐為主，還有豆、弧形器等，弧形器柄瘦長刻畫弦紋。彩陶的作法是，有的就在胎體上直接畫彩，有的先施白陶衣，有的施紅陶衣，胎面打磨光滑，然後在上面畫彩，有的器物只畫條紅帶或黑帶，有八角星紋、花瓣紋、圓點鈎葉紋等（彩圖一三）。這類陶器和河南地區仰韶文化近似，但沒有仰韶彩陶那麼豐富，那麼精采。

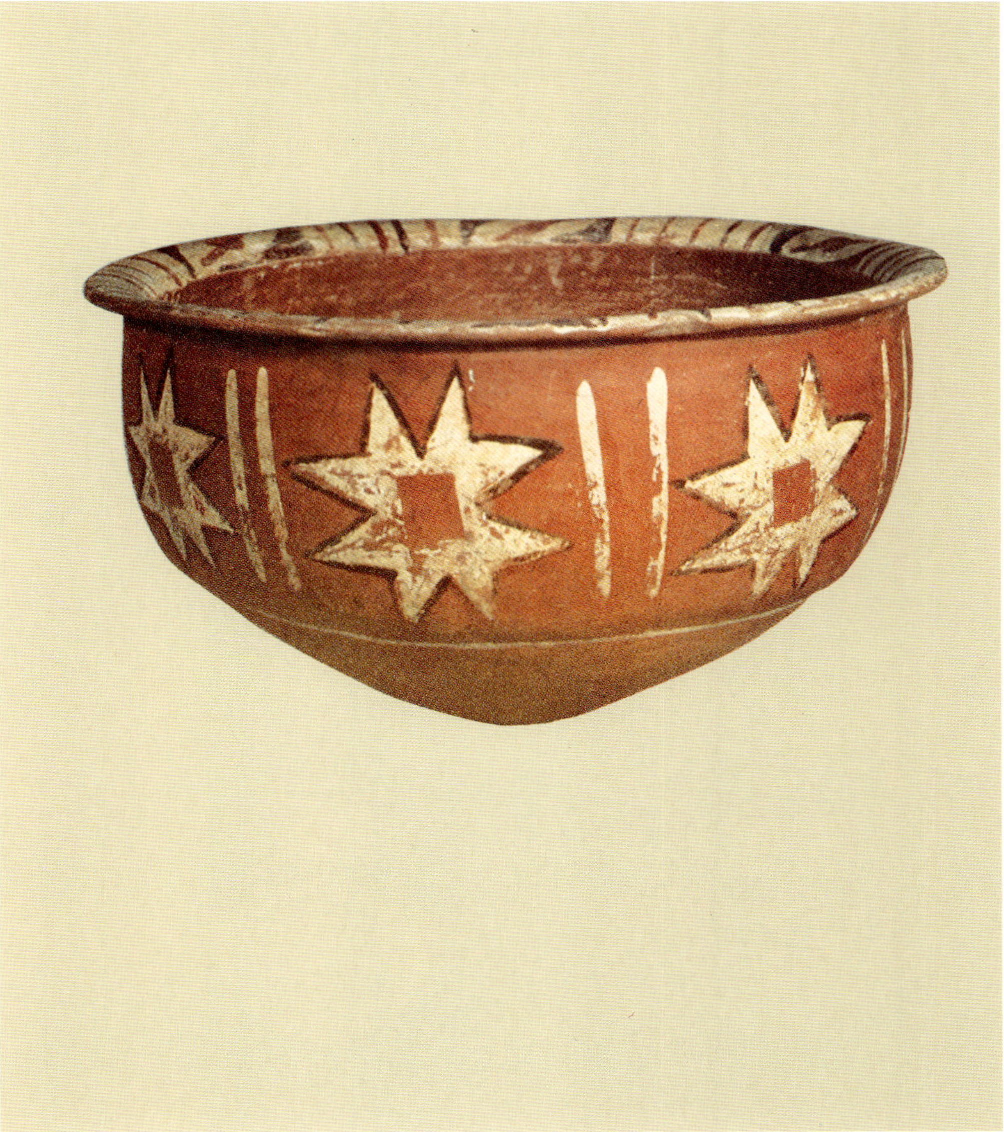

彩圖一三　彩陶八角星紋彩陶盆　大汶口文化　高一八·五公分，口徑三三·八公分
江蘇省邳縣大墩子出土　南京博物院藏

西元前三千五百年至西元前二千八百年左右為中期。在邳縣大墩子遺址發現一座墓葬，出土有五塊為死者陪葬的顏料。從陶窯在遺址的分布來看，社會上已經出現了專門從事製陶的生產者。在山東曲阜的西夏侯遺址下層墓葬中出現了輪製痕迹明顯的陶器，說明採用輪製法製陶僅僅是初步的，有輪製法就說明製陶工藝有提升。中期陶器以灰陶為主，黑陶比例增加，水準提高，胎體做得較薄，質地也細膩多了。紅陶和彩陶繼續生產，數量減少，藝術水準很高。器物種類有鼎、壺、盉、尊、鬶、豆、揹壺等，不但造型渾圓飽滿，而且採用誇張手法來構圖。如鬶做出實足，口安槽形流，肩安藤形柄，形狀奇特優美。陶豆誇張的足上鏤刻出十分精美的三角形孔組成圖案。此時也生產質地細膩的白陶，彩陶則不僅器形優美，並以熟練的技巧畫出折線紋、菱形網紋、三角形紋等（圖八）。

圖八　大汶口文化彩陶　1、折線紋菱形紋揹壺　2、折線紋雙耳壺　3、折線紋菱形網紋雙耳壺　4、折線紋菱形紋揹壺　5、弧線三角紋單耳杯　6、7折線紋菱形紋雙耳壺
（資料來源：《中國新石器時代裝飾藝術》、《膠縣三里河》）

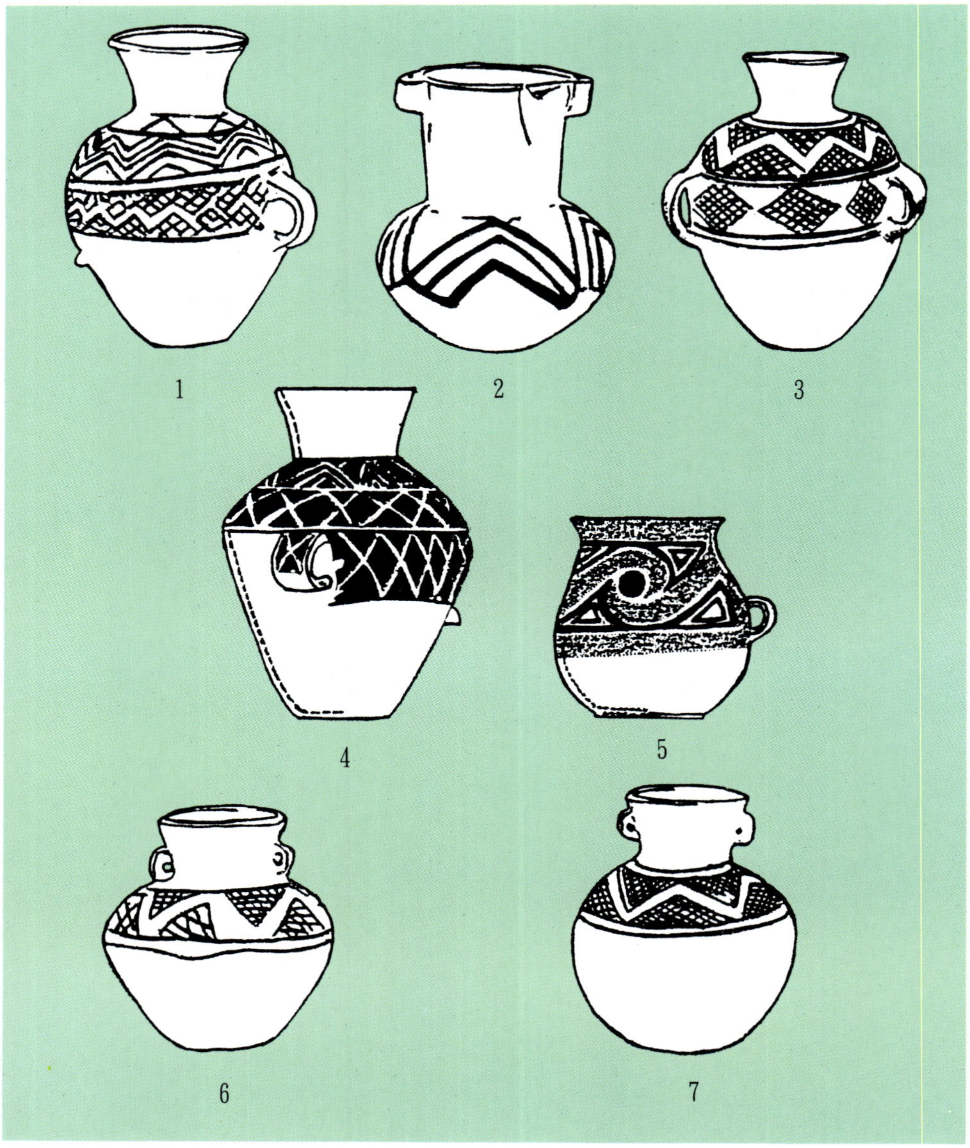

西元前二千八百年至西元前二千四百年左右，進入大汶口文化晚期。製陶工藝在繼續提升，紅陶數量下降，灰陶、黑陶生產較多，白陶大量生產。有的遺址統計，白陶占出土陶器的百分之十八。有的灰陶作品上刻有文字，這可能是漢字的祖先（彩圖一四）。造型能力增強，有的生活用具塑造成動物形象，如紅陶獸形壺（彩圖一五）、黑陶獸形盉（彩圖一六）、豬形鬹、狗形鬹（圖九）。輪製技巧臻於成熟，許多生活中實用器皿都用輪製成型，或成型後在陶輪上再加工。器形做得比以往都複雜，豆、鬹、盉、鼎、揹壺等，皆形態莊重典雅，氣概不凡（圖一〇）。山東省安邱縣景芝鎮一座大汶口文化後期墓葬出土的黑陶鏤孔高柄杯，做得胎薄精美，打磨光亮，柄上有精細的鏤孔，和山東後來龍山文化的蛋殼黑陶沒有什麼區別（彩圖一七）⑧。白陶用北方黏土或坩土做原料，器物燒成溫度較高，都胎薄規整，經過打磨，不但器形好看，而且還有悅目

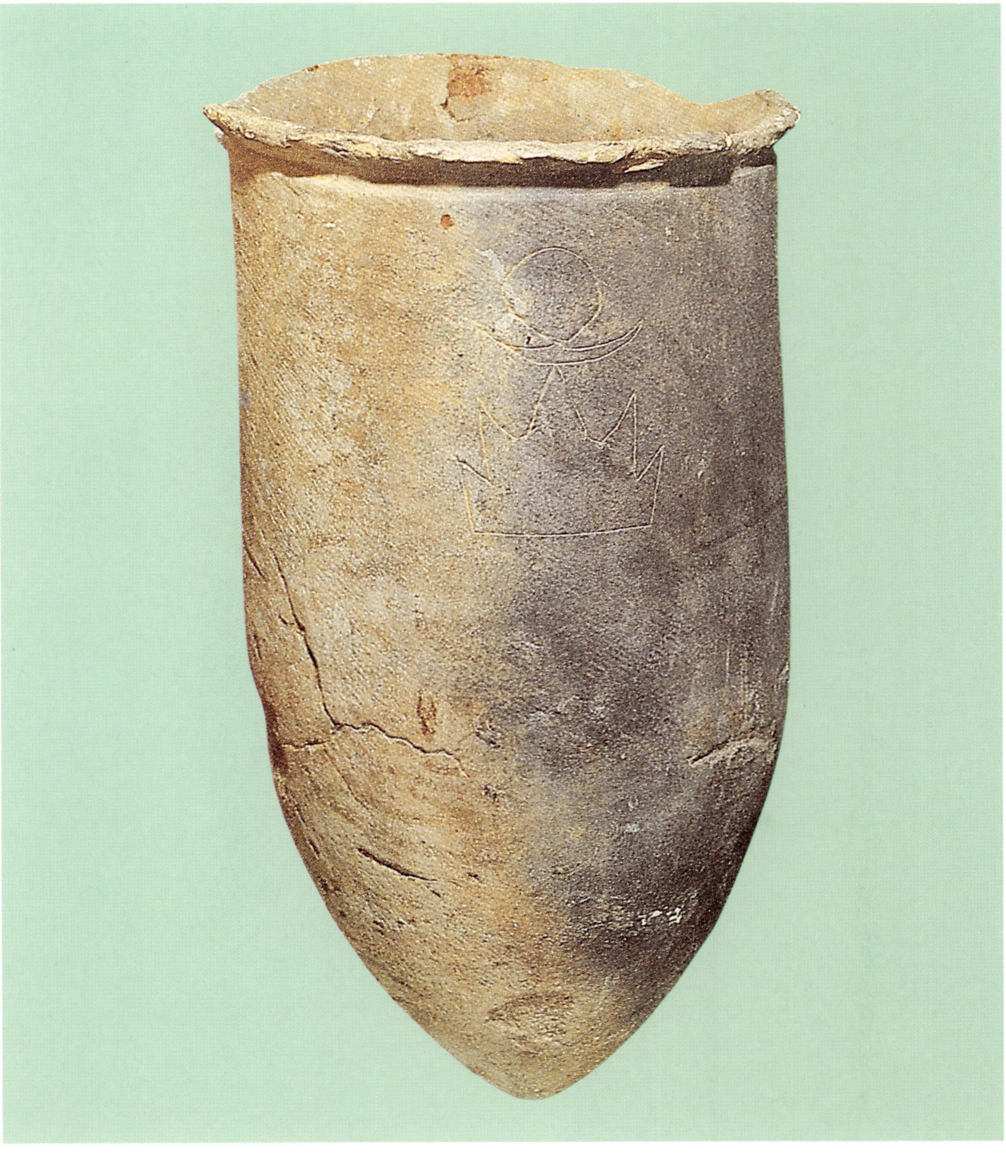

彩圖一四　灰陶刻文尊　大汶口文化　高五九・五公分，口徑三〇・〇公分
山東省莒縣陵陽河出土　中國歷史博物館藏

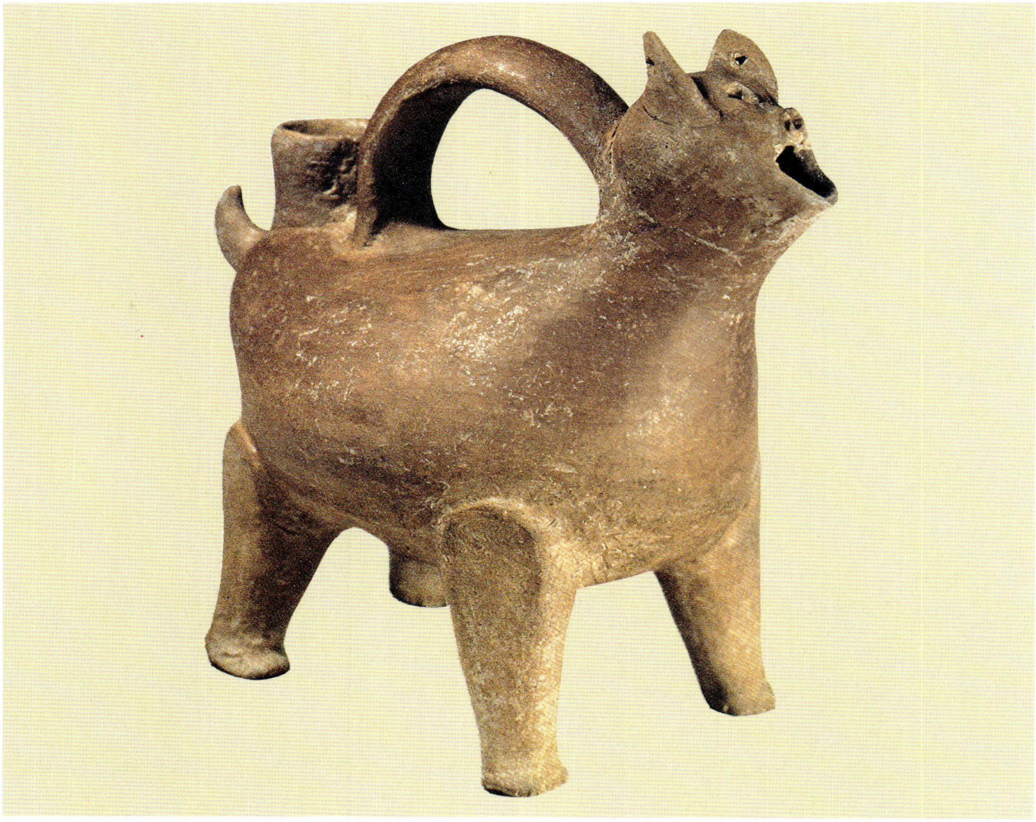

彩圖一五　紅陶獸形壺　大汶口文化　高二二・六公分　山東省博物館藏

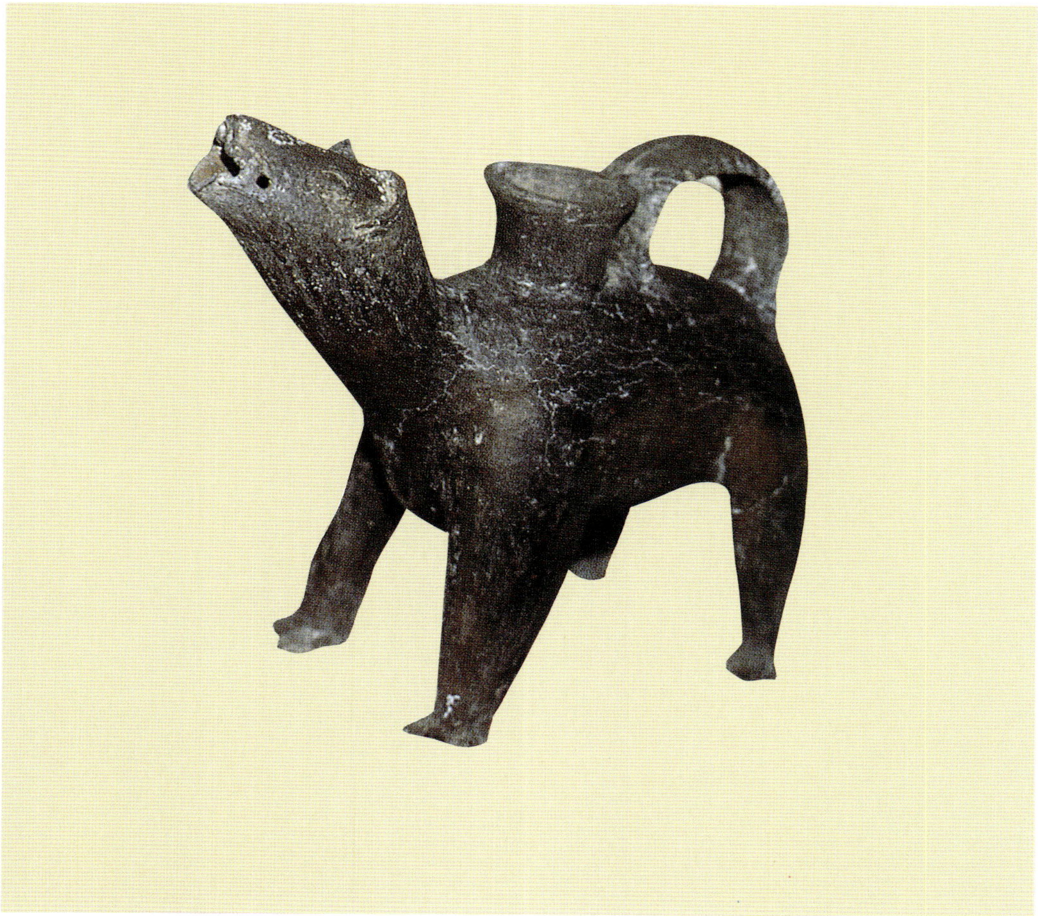

彩圖一六　黑陶獸形盉　大汶口文化　山東省膠縣三里河二六七號墓出土

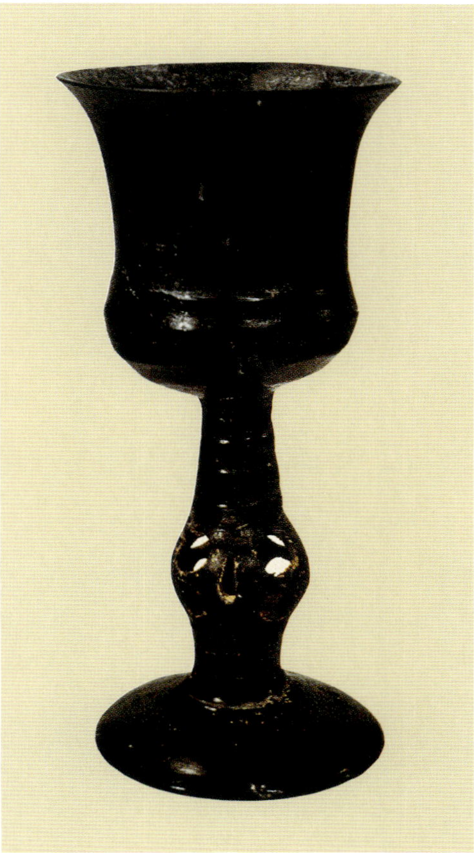

彩圖一七　黑陶鏤孔高柄杯　大汶口文化後期　高一九・二公分
山東省安邱縣景芝鎮一號墓出土

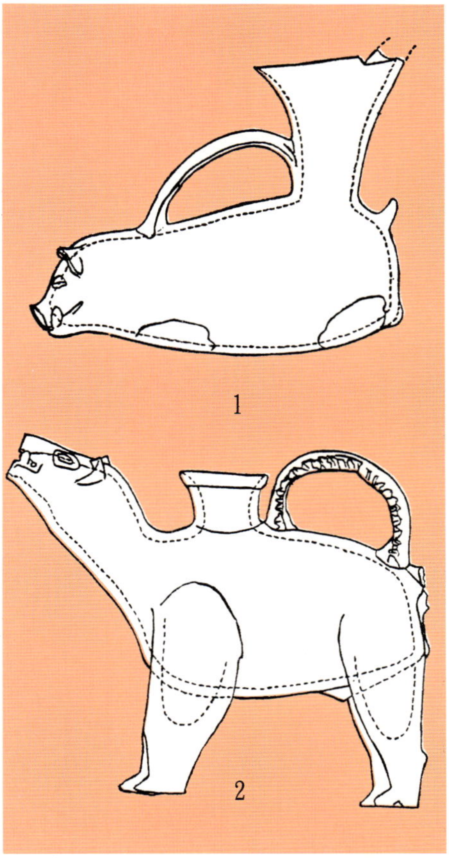

圖九　大汶口文化陶器　1、豬形鬹　2、狗形鬹（資料來源：《膠縣三里河》）

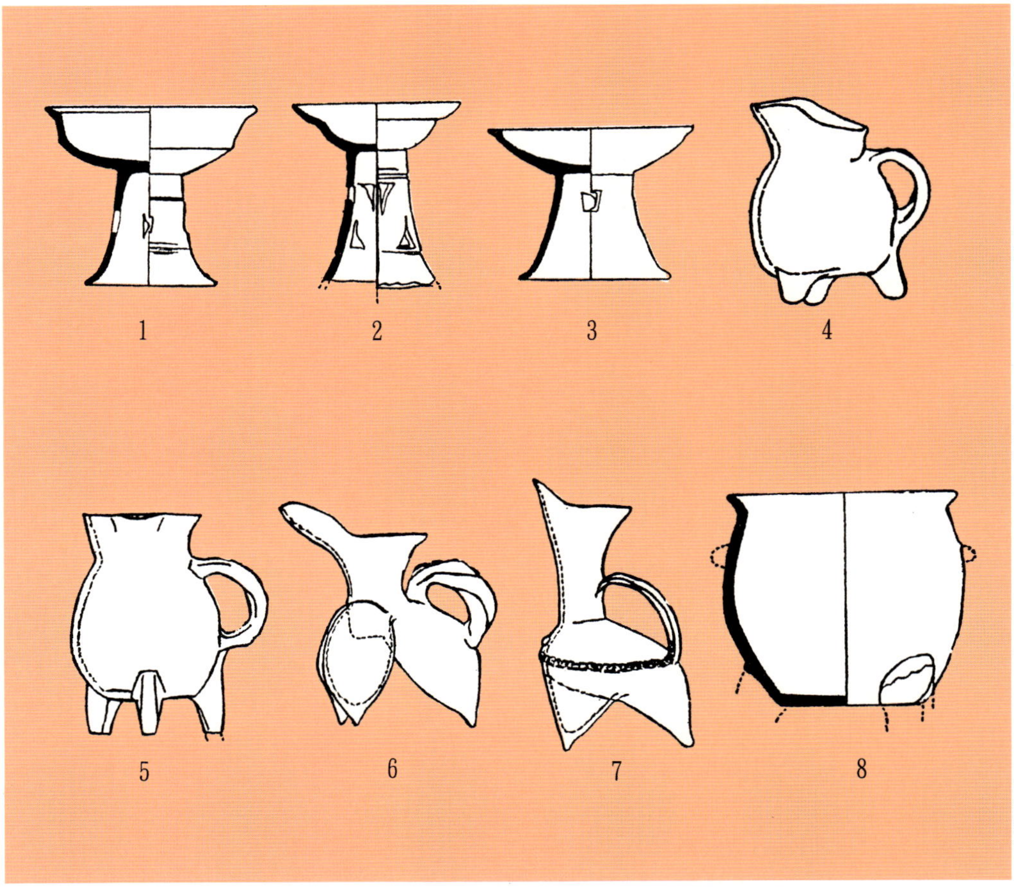

圖一〇　大汶口文化陶器　1〜3豆　4〜7鬹　8、鼎
（資料來源：《膠縣三里河》）

的光澤。白陶有的潔白，有的略微發黃，有的略顯粉紅。出現這些情況，主要不是原料本質上的差異，是燒成氣氛影響所致。

山東龍山文化，一九二八年首先發現於山東濟南章丘縣的龍山鎮而得名。該文化從西元前二千四百年至西元前二千年，時間跨度為四百年。龍山文化是繼大汶口文化發展而來，陶器生產上的主要成就，是把大汶口文化晚期開始的輪製技術發展得更加完善，操作更熟練，器形更規整，稜角分明，精巧優美。中國土地上史前陶藝到龍山文化真正算是完備起來。薄胎陶器的器壁，有的只有零點五至一公釐，經過攝氏九百度以上高溫焙燒，沒有任何變形和燒裂的現象；而在這樣薄的器物上還能做出弦紋、刻畫紋和鏤孔，實在令人驚嘆，人們稱讚它為「蛋殼陶」（彩圖一八，圖一一）。一向認為夾砂陶只能做一些簡單粗糙的器皿，而龍山文化卻能做出結構複雜而有氣魄的柱足鬹（彩圖一九）。

以白陶製品來說雖然沒有大汶口文化晚期數量多，但工藝上也已成熟，因為白黏土或坩土鬆散較大，沒有一般陶土那樣容易成型，而山東龍山文化的白陶鬹卻和紅陶鬹、灰陶鬹一樣精緻（彩圖二〇）。

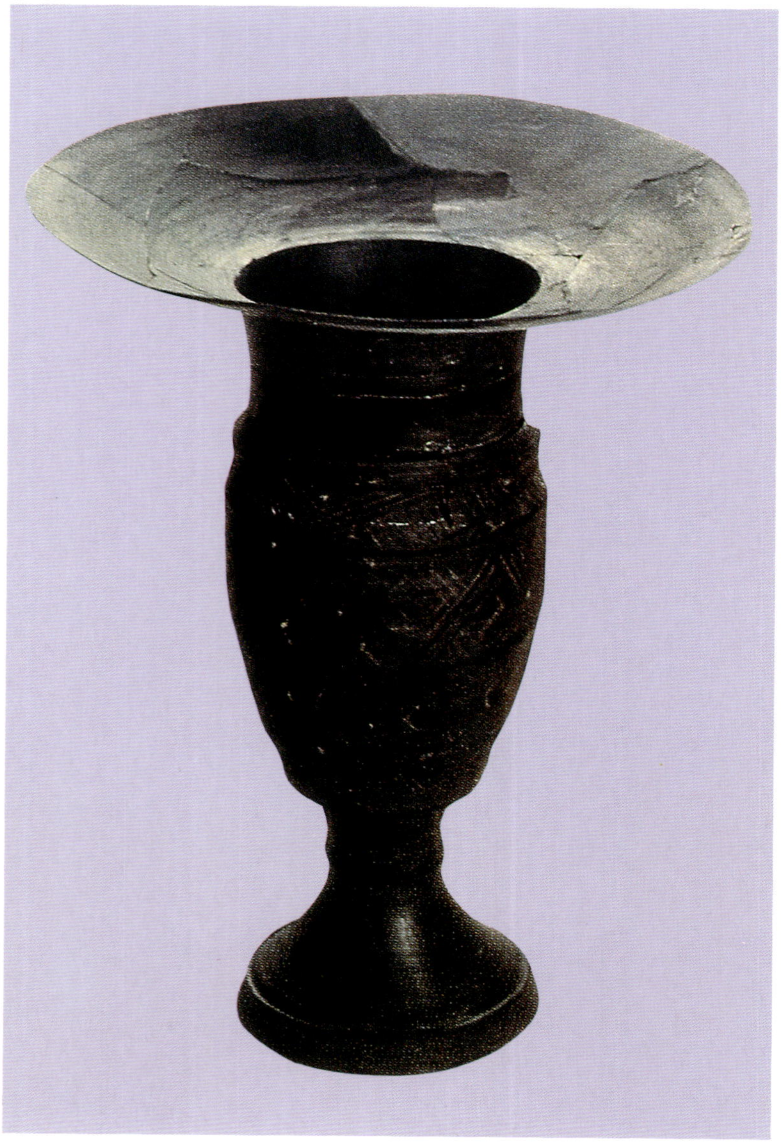

彩圖一八　黑陶刻花高柄杯　山東龍山文化　高二〇．〇公分　山東省膠縣三里河出土　中國歷史博物館藏

山東龍山文化製作的陶鬹，造型奇特，盛水用的腹和三個袋足，在器物下端，流和頸也十分誇張，很像伸頸張嘴禽鳥的頸和喙，結實的柄，有的做成繩索狀，有的做成藤條狀，腹部的附加堆紋和凸弦紋

圖一一 山東龍山文化蛋殼黑陶高足杯（資料來源：《膠縣三里河》）

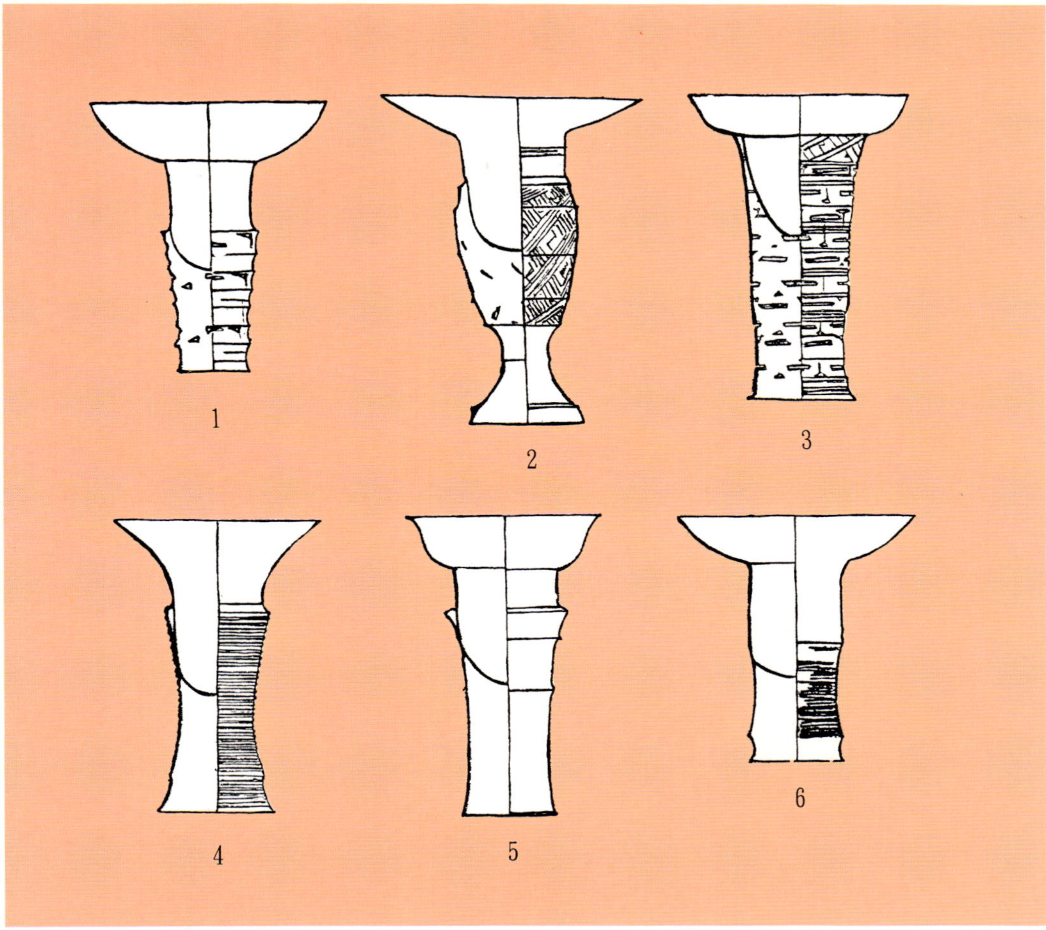

彩圖二〇 白陶鬹 山東龍山文化 高三一・〇公分 山東省維坊出土

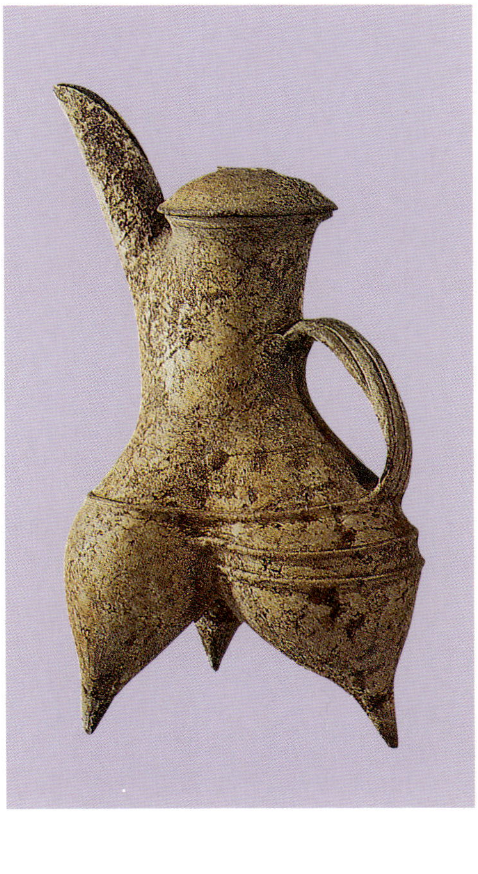

彩圖一九 夾砂紅褐陶柱足鬹 山東龍山文化 高二九公分，口徑九公分 山東省日照兩城鎮出土

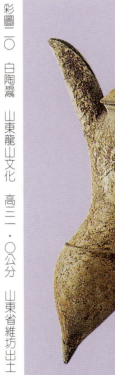

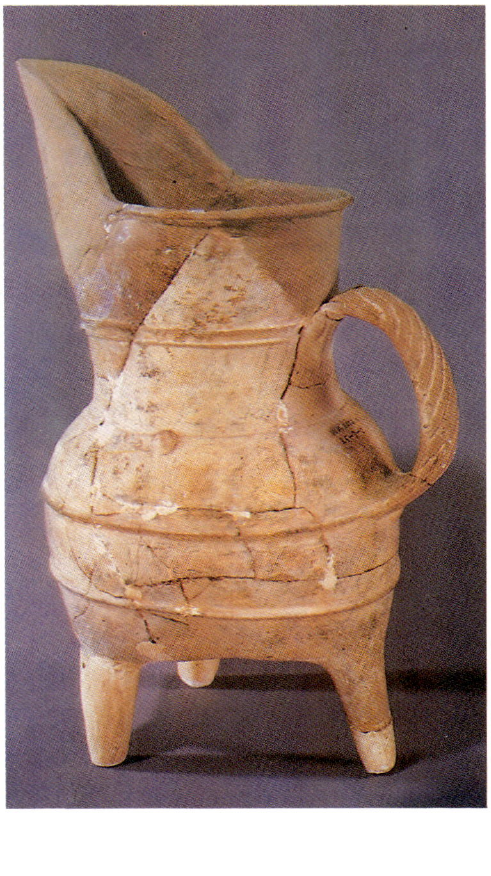

則使得器形更加活潑（圖一二，1～5）。日用陶器的黑陶鼎，胎體比較厚，也比較拙實，腹體很淺，三足出奇的壯碩，幾乎和鼎體相等，體現了史前文化在這個地區出現的風格（彩圖二一）。山東膠縣三里河出土的黑陶雙耳陶壺，從蓋頂到器足，規矩準確，一絲不苟，工藝之精真是無可挑剔（彩圖二二）。其他日常生活中用得最多的器物如單耳杯、雙耳杯、甗、扁腹罐、盆、盉、鼎、甕（圖一二，6；圖一三），做得很簡潔，主要注重實用性，其次才在實用基礎上求得造型美。從製陶工藝和實用工藝美學角度來看，這是一大進步。它要求製陶者技巧熟練，而這種熟練技巧的取得一定要長期經驗的積累，專人專工來製作。從生產性質來看，製陶手工業已經從氏族經營轉向以家族為單位來進行了。

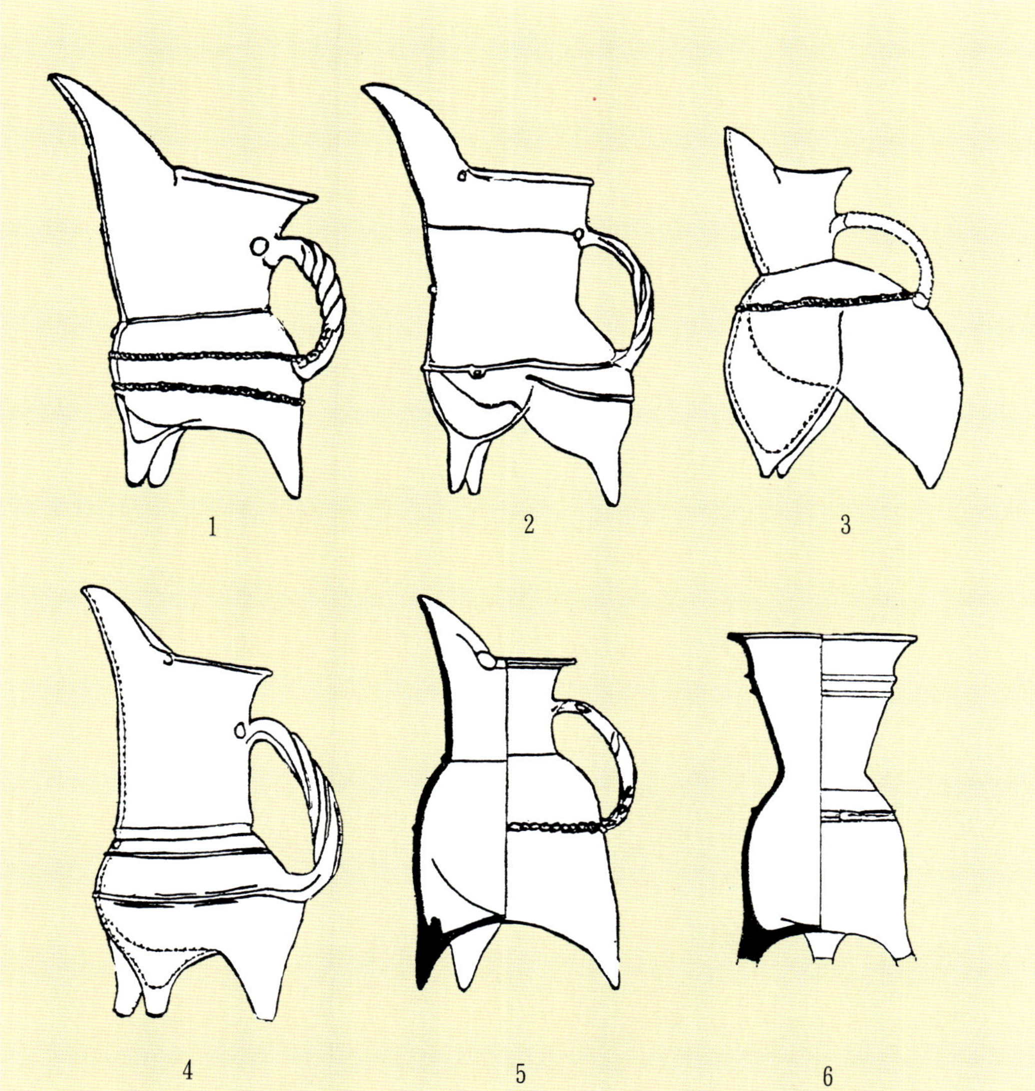

圖一二 山東龍山文化陶器 1～5鬹 6、甗（資料來源：《膠縣三里河》）

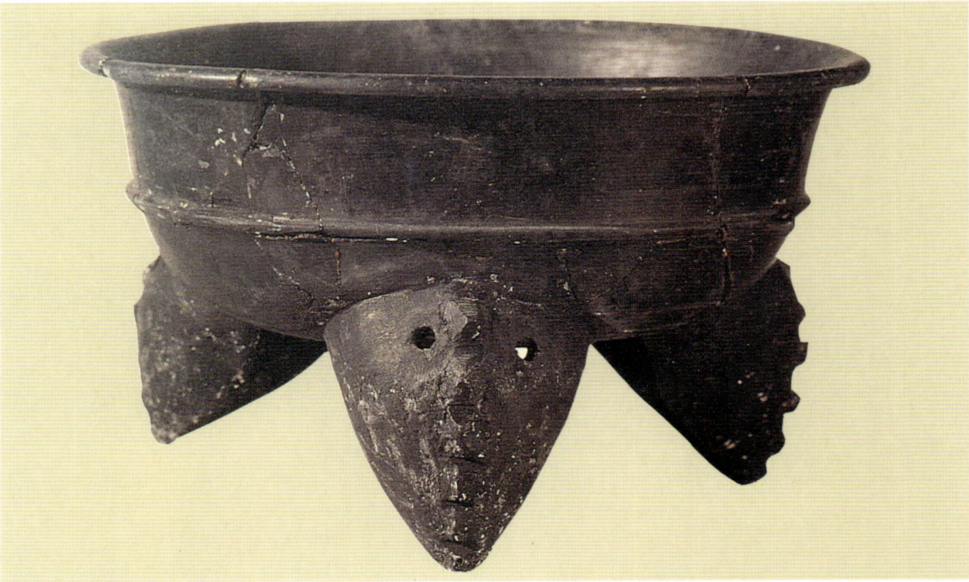

彩圖二二　黑陶三足鼎　龍山文化　高一六・〇公分，口徑二六・六公分　山東省日照兩城鎮出土　南京博物院藏

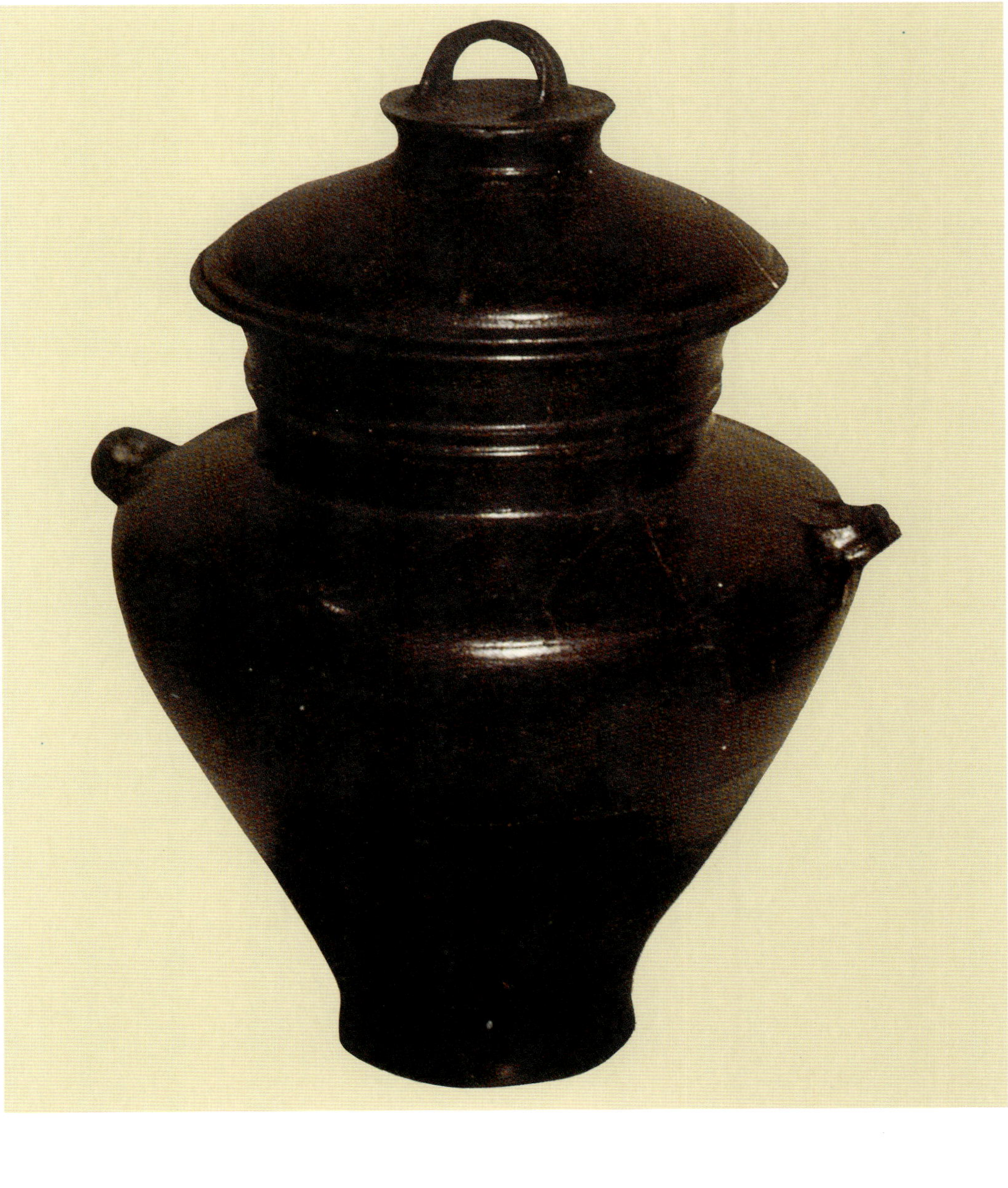

彩圖二三　黑陶雙耳壺　山東龍山文化　山東省膠縣三里河出土

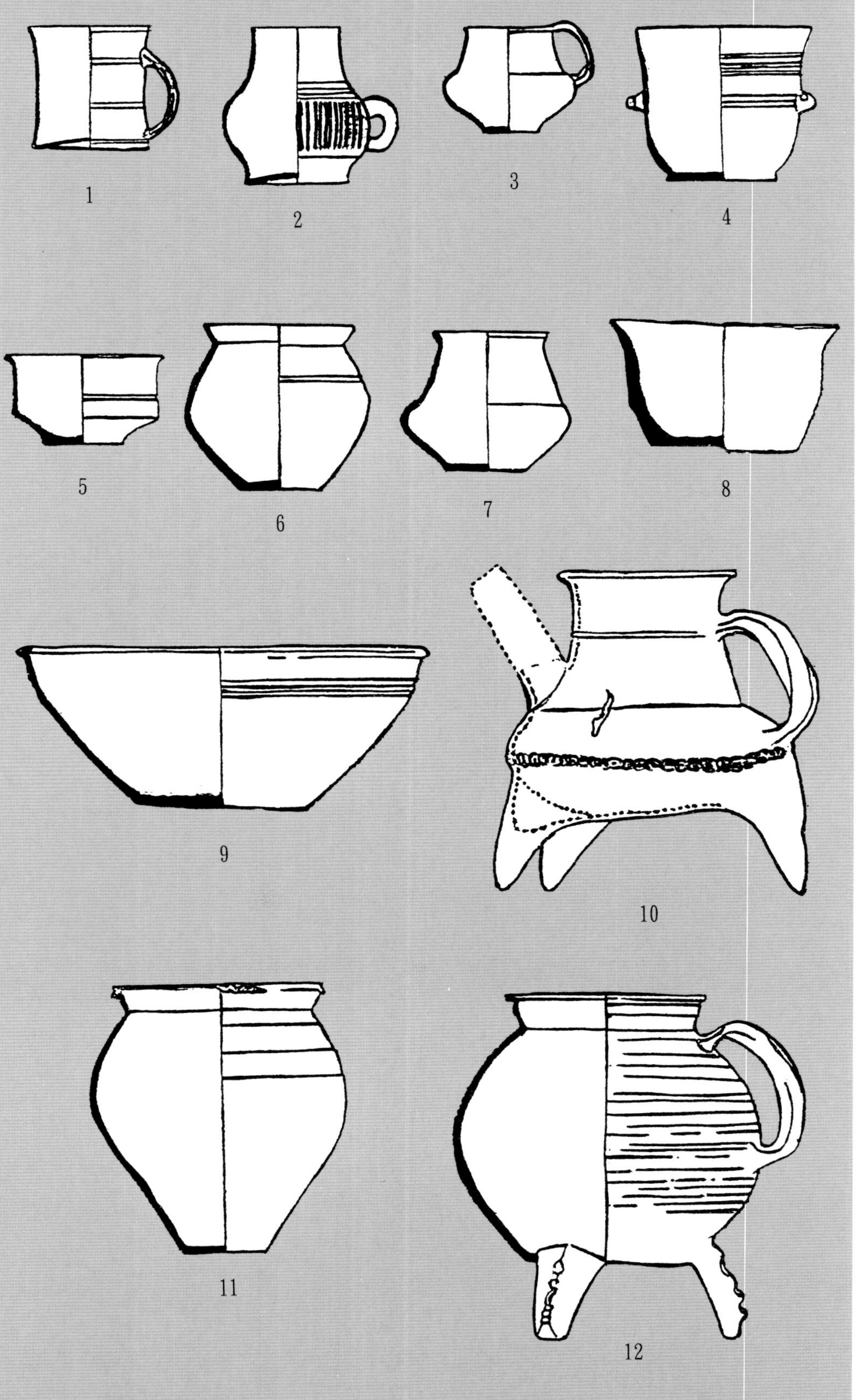

圖一三　山東龍山文化陶器　1～3、單耳杯　4、雙耳杯　5、盆　6、罐　7、扁腹罐　8、9盆　10、盉　11、甕　12、鼎（資料來源：《膠縣三里河》）

第四節 黃河上游史前陶器的特徵

黃河上游黃土地帶，即甘肅、青海廣大地區，史前彩陶藝術享譽世界。最主要的史前文化是馬家窯文化。二十世紀二十年代，首先在甘肅臨洮的馬家窯發現這種史前文化的遺址，四十年代命名為馬家窯文化。它是仰韶文化廟底溝類型在甘青地區發展起來的一個分布廣闊的地方文化，也叫甘肅仰韶文化。該文化的中心地帶在隴西平原。東起隴東山地，西到河西走廊和青海東北部，北到甘肅北部和寧夏南部，南抵四川北部和甘南山地，年代約為西元前三千三百年至西元前二千零五十年，是黃河上游新石器時代晚期的一種文化。

馬家窯文化的居民，特別擅長製作彩陶。從文化遺址出土的各類陶片統計，有的遺址彩陶占出土陶器總數的二成到五成。墓葬出土陶器統計，彩陶有的占到八成。馬家窯文化延續時間達一千三百多年。社會生活、經濟發展和製陶工藝的演變，很顯示出明顯的階段性。經過幾十年的探索，該文化可以分為石嶺下、馬家窯、半山、馬廠、小坪子五個類型。這五個類型代表了馬家窯文化從早到晚的五個階段。依年代順序排列：石嶺下是西元前三千八百一十三年至西元前三千三百年；馬家窯類型是西元前三千三百年至西元前二千九百年；半山類型是西元前二千六百五十年至西元前二千三百五十年；馬廠類型是西元前二千三百五十年至西元前二千二百五十年；小坪子類型是西元前二千九百年至西元前二千六百五十年。這五個類型清楚地顯示黃土地帶光輝燦爛的彩陶藝術，由中原仰韶文化擴展到大西北黃土高原的甘青地區，現在將五個類型陶器特徵作簡要介紹。

1. 石嶺下類型陶器

在馬家窯文化中石嶺下類型時代較早，陶器以紅陶為主，有磚紅色陶和淺紅色陶兩類，還有灰陶。裝飾比較質樸，構圖比較疏朗。基本上都在器物外壁作畫，很少在內壁作畫，筆道比較粗，以各種形式的漩渦紋、鳥紋為多。以甘肅省天水市楊家坪遺址出土的一件雙耳彩陶罐來說，胎色為淺紅色，侈口，尖脣外折，肩部豐滿，腹部很扁，下腹較瘦而短，頸和肩部繪四道粗弦紋，在肩至腹中部最鼓的部位以粗而流暢的線條畫出兩隻鳥，嘴喙相對，眼睛鼓得大大的，羽毛豐滿，毛絨絨的，好像剛從外面飛回窩裏，抖摟絨毛，親切嬉戲一樣，生動有趣（彩圖二三）。

2. 馬家窯類型陶器

此類型的陶器多數有彩繪花紋，只有少數無彩，彩繪多畫在泥質陶上，夾砂陶不畫彩。製陶手工成型，即用泥條盤築法成型，修刮精細，打磨光亮，陶質比較細，紅色較淡。畫圖的顏色用橙黃色和黑色，都比較淡雅。和石嶺下類型相比，圖案內容比較多，也比較精細。最精采的圖案是旋律性極強的漩渦紋、水波紋、圓圈紋、圓點紋，這些內容在一件作品上有機地

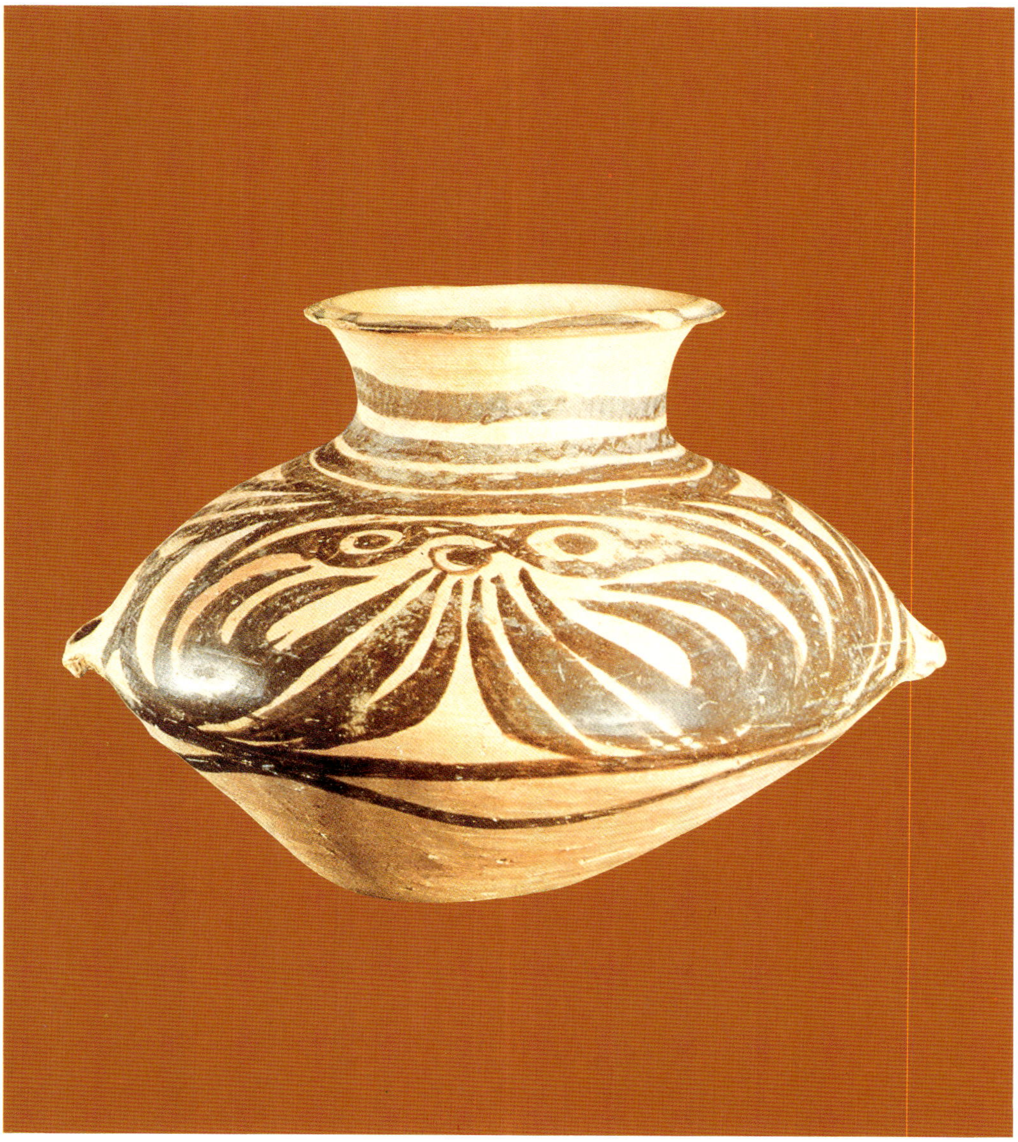

彩圖二三　彩陶對鳥紋罐　馬家窯文化石嶺下類型　高一五·五公分，口徑一一·〇公分
甘肅省天水市楊家坪遺址出土

組成圖案。一九七三年甘肅省蘭州市杏核臺遺址出土的黑彩漩渦紋壺，頸部主要是平行弦紋，頸上端是三個圓點組成品字形圖案，肩部四個圓圈加圓點搭成圖案構圖的骨架，腹中部以對稱的大圓圈、大圓點和兩個耳構成骨架，由上而下以平行弧線組成漩渦紋，動感強烈，異常華美（彩圖二四）。甘肅隴西縣呂家坪遺址出土的尖底瓶也屬於這類構圖，只是尖底瓶造型的優美，尖底部分不掛彩，在視覺上動感更為強烈（彩圖二五）。這些精美之作，有不少工藝美術家進行仿製，有的已流出海外，混進國際文物市場，博物館和收藏家們看到這類彩陶要格外小心。仿製的新作，黑彩又黑又明亮，畫筆纖細而流暢，超過真品，真品表裏有明顯修刮痕迹，仿品是只打磨不修刮，表面光潤不留痕迹。

馬家窯圖案還有多層三角紋、垂幛紋、網格紋、平行橫線紋等（圖一四）。器物外壁作彩，內壁也作彩，有的器物內壁彩繪占的範圍還很大。動物形象有鳥紋、

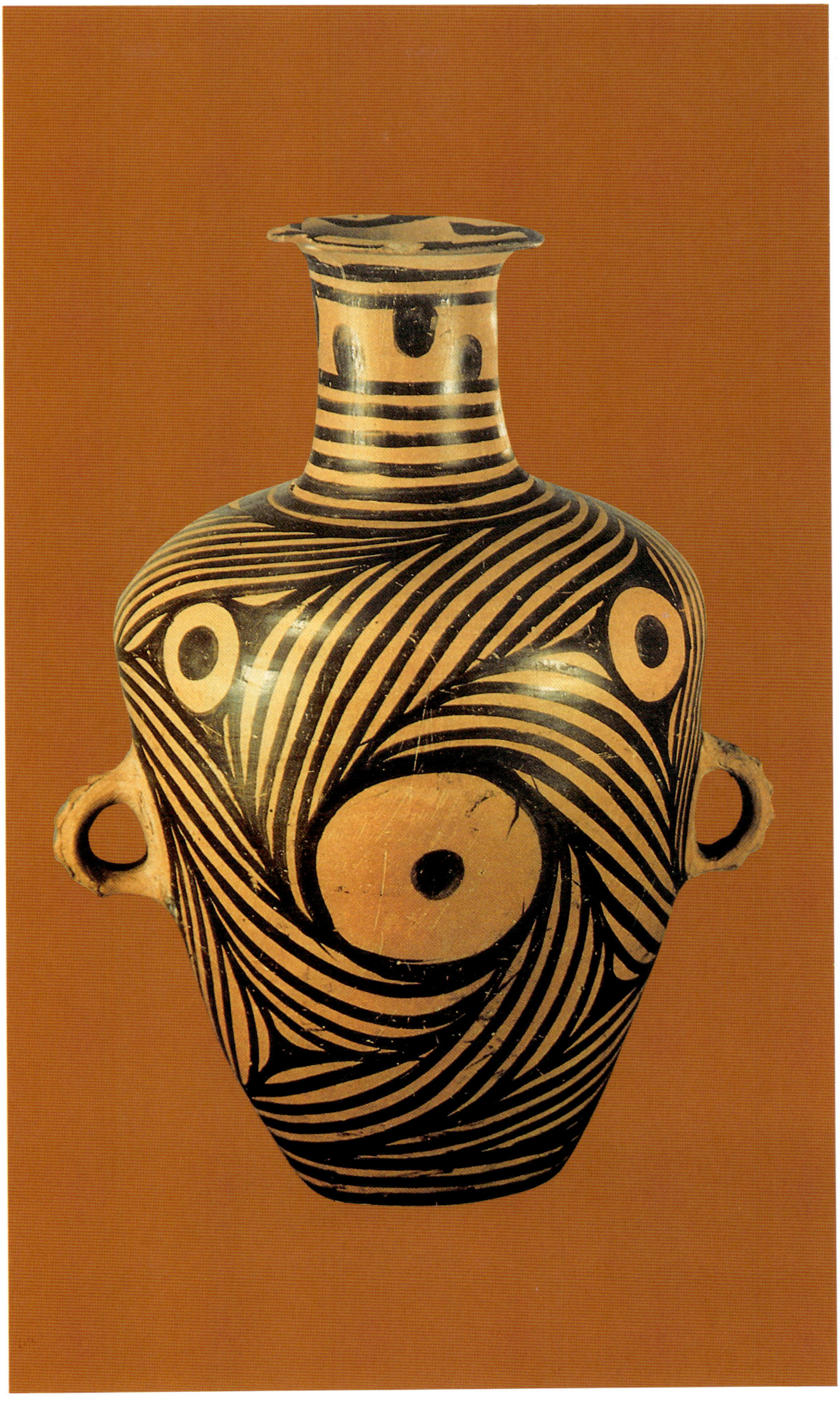

彩圖二四　彩陶旋渦紋壺　馬家窯文化馬家窯類型　高二六·〇公分，口徑七·二公分　一九七三年甘肅省蘭州杏核臺出土　甘肅省博物館藏

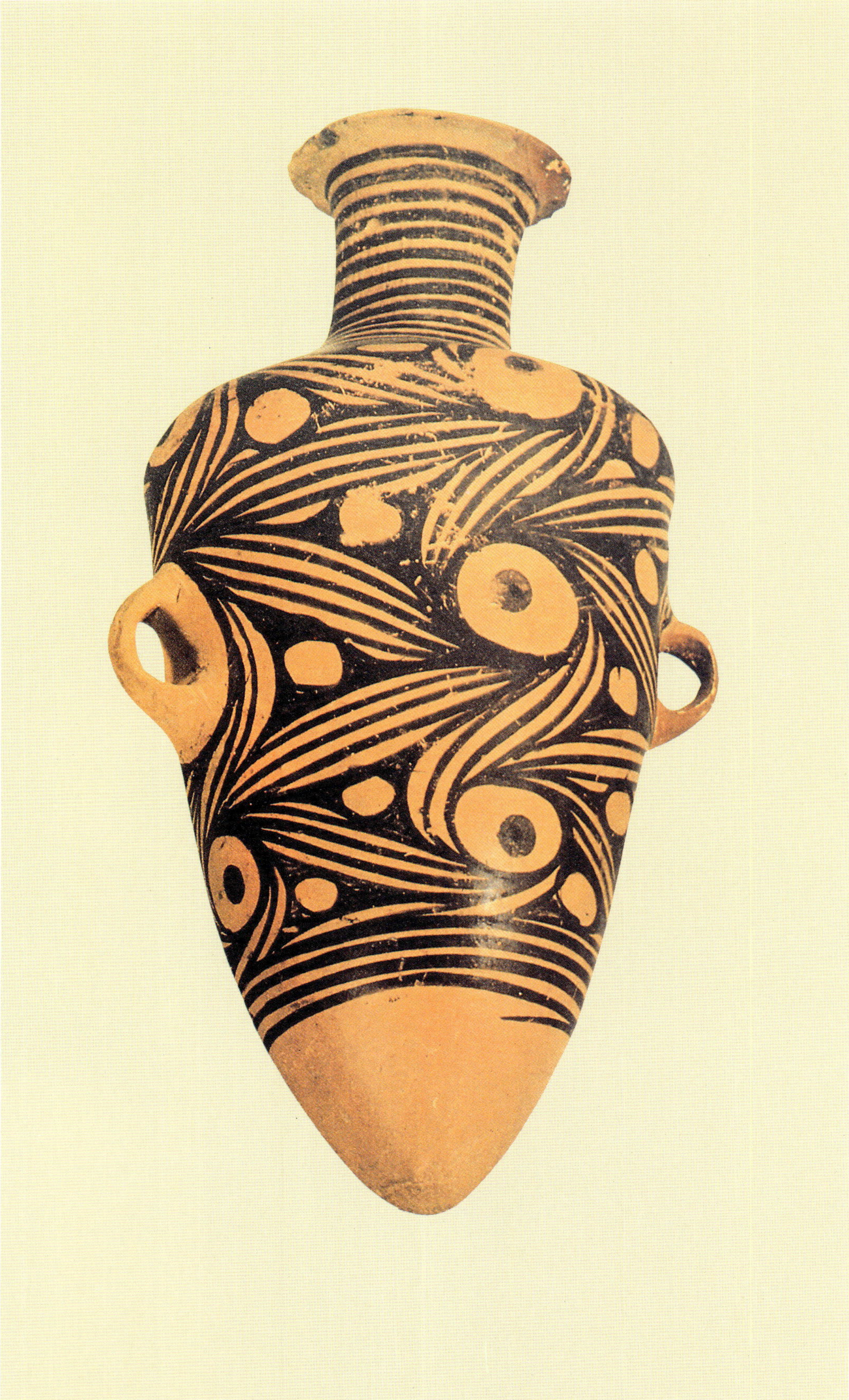

彩圖一五　彩陶旋渦紋尖底瓶　馬家窯文化馬家窯類型　高二五・五公分，口徑七・○公分　一九七一年甘肅省隴西縣呂家坪出土　甘肅省博物館藏

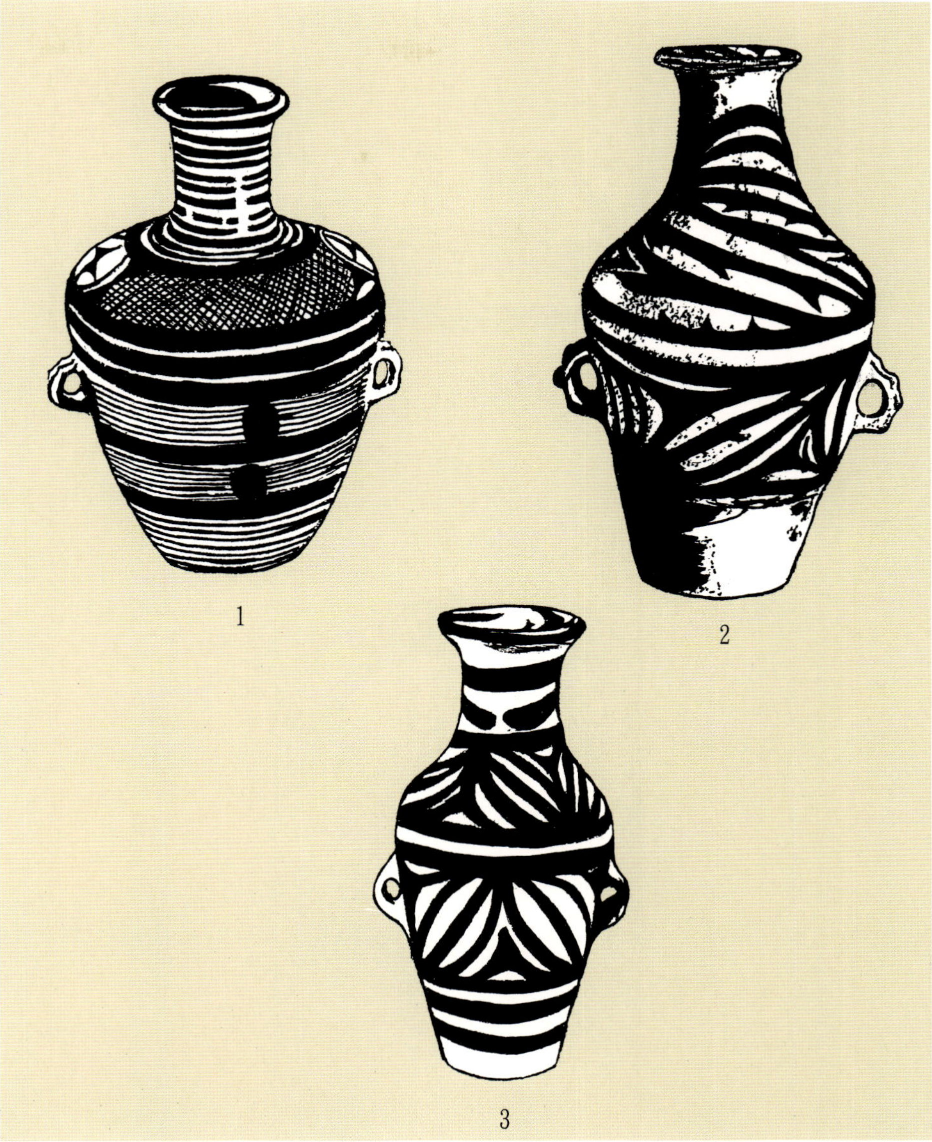

圖一四　馬家窯類型彩陶　1、網格圓點紋彩陶壺　高二三公分
2、變體葉紋彩陶瓶　高二九公分　一九七三年甘肅通渭出土
3、葉紋彩陶瓶　高一三·七公分　一九七五年甘肅康樂出土
（資料來源：《新石器時代陶器裝飾藝術》）

魚紋、蛙紋和蝌蚪紋。植物形象有桃和花草樹葉。人物形象也很多，最有代表性的一件作品是青海大通縣上孫家寨馬家窯類型墓葬中出土的一件彩陶盆。脣沿和內外壁均有彩繪。脣部三組彩繪，中心為圓點鉤葉，外繪弧線三角紋，三組紋飾由斜線隔開。盆外壁以黑彩繪三條斜線，在盆兩側相交，形成一個紐結，結頭向上勾翹。內壁口沿一道寬弦紋和一道細弦紋，中腹以下是四道平行弦紋，這兩組弦紋之間是主題裝飾內容，共繪了三組人群舞蹈，每組五人。每組舞人之間以內向的弧線將其隔開，每組弧線七條，在相反的兩組斜線之間，有一寬寬的柳葉斜線，使舞蹈組群之間距離比較開闊。每個人物手拉手，在頭的一側各有象徵髮辮的斜線；每組外側兩人的一臂均為兩道線，表示舞蹈動作較大，上下頻繁擺動，給人以強烈的動態感和方向感。舞蹈者的腿為兩道斜線，腹側一道短線，可能是風俗習慣的裝飾（圖一五，彩圖二六）。束腰罐上繪網紋也很精

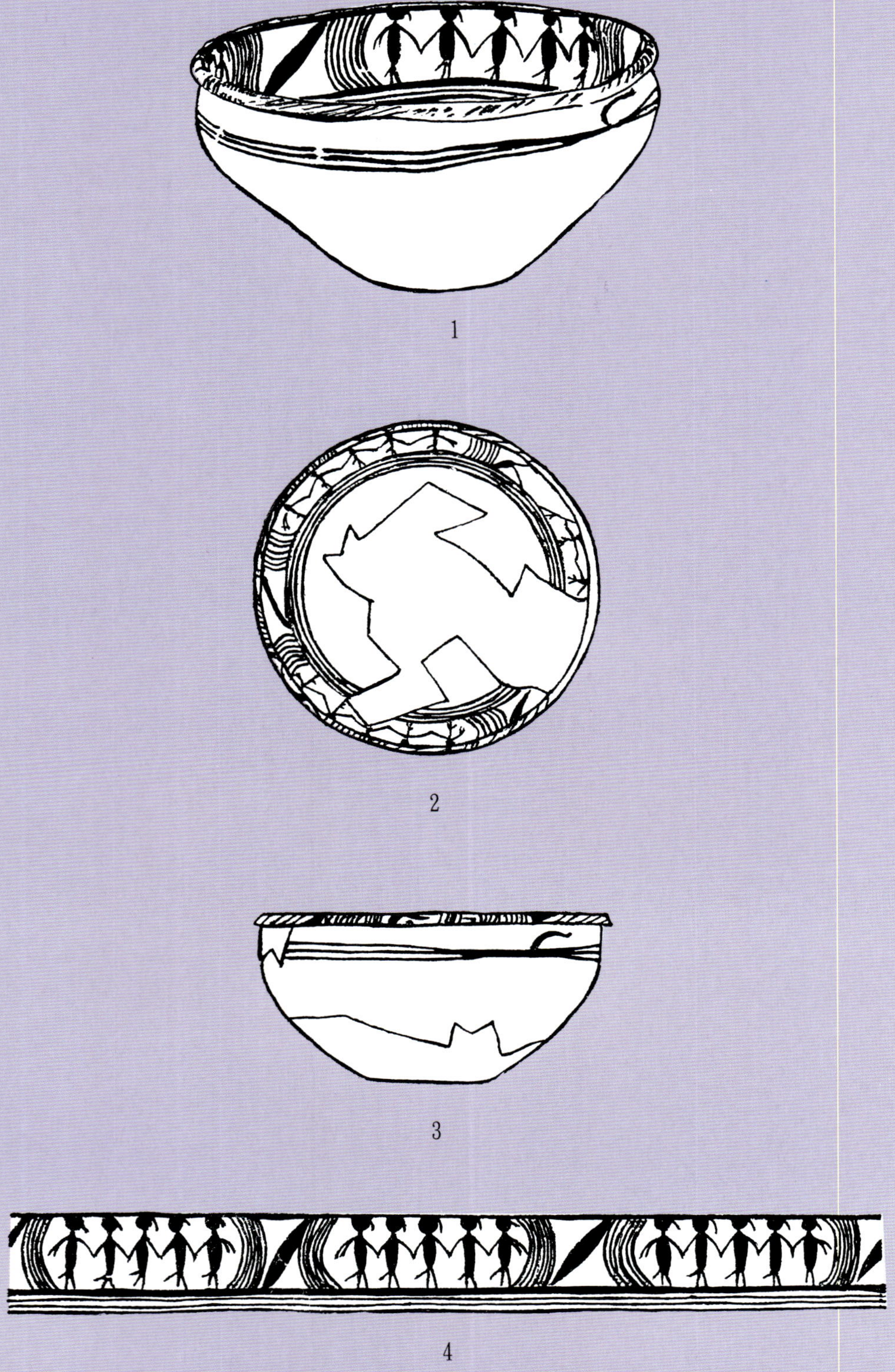

圖一五　馬家窯文化人物舞蹈紋彩陶盆　高一四公分，口徑二九公分　1、3正視圖　2、俯視圖　4、舞蹈紋樣展開圖
（資料來源：《新石器時代陶器裝飾藝術》，一九七三年青海大通上孫家寨出土）

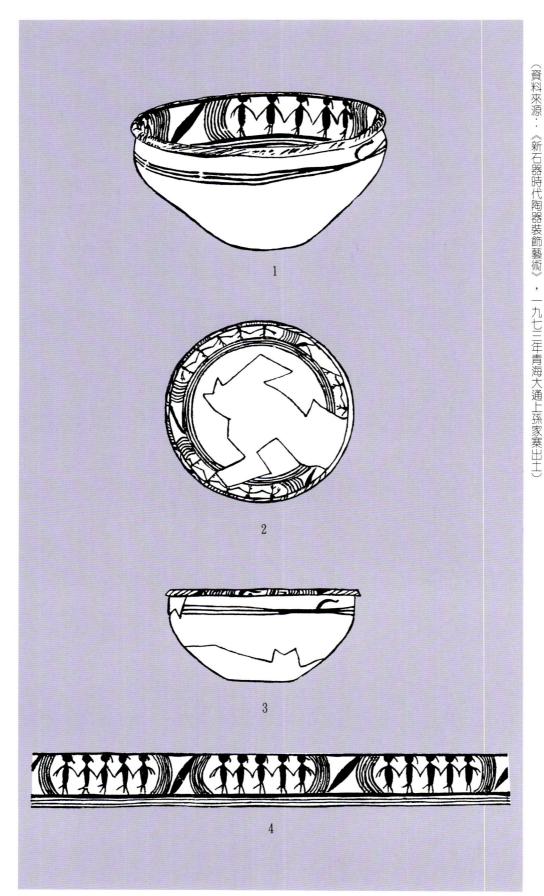

美(彩圖二七)。

3. 半山類型陶器

以泥質紅陶、夾砂紅陶為主，有含細砂的白陶和灰陶。泥質紅陶有各樣結構和規格的小口雙耳鼓腹罐、甕、單柄罐、缽、盆等。夾砂陶主要是可以做炊器的罐類。陶器器形線條安排和石嶺下、馬家窯類型都有所不同，罐類和壺類器的肩和上腹特別誇張，圓鼓得不能再鼓，而下腹收得較急，底部較小。陶壺和罐區別不大，壺類器物口小，頸部較長，下腹較瘦而修長，有的安單柄，有的在上下腹之間安雙耳。罐類器物口大，頸特別短，除肩和上腹圓鼓之外，下腹略微短粗。裝飾是在器物弧度最圓鼓的肩和上腹。用的彩色主要是紅彩和黑彩。用彩很濃，以弧度很大的粗重線條構成圖案。構圖很緊很擠，各類圖案之間的空隙，也在相鄰寬線條的邊緣做出鋸齒紋填滿。只有甘肅廣河地巴坪遺址出土的單柄壺，用粗線條做出折線紋，比較簡潔疏朗（彩圖二八）。一般器形上所

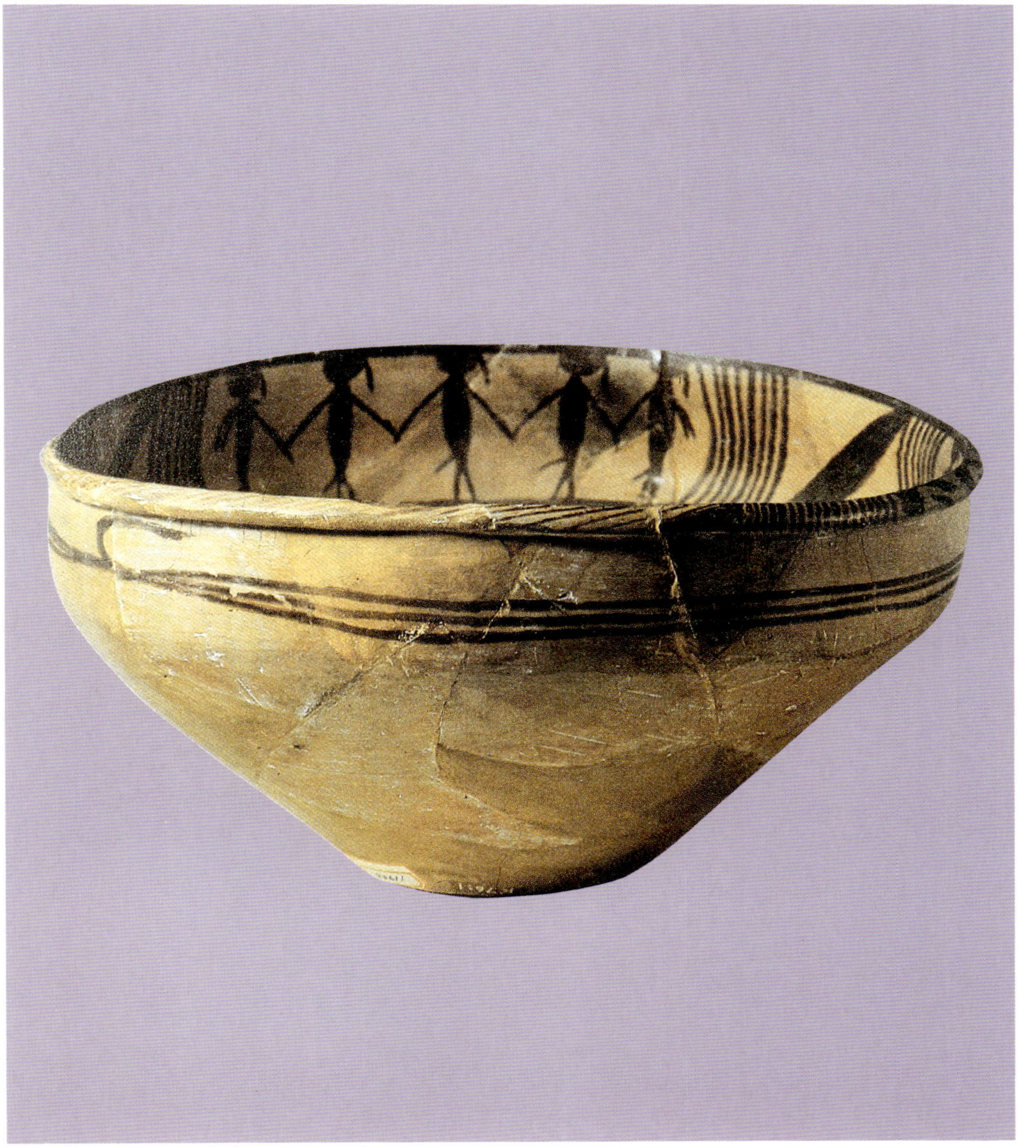

彩圖二六　彩陶舞蹈人物紋缽　馬家窯文化　高一四・〇公分，口徑二八公分
青海省大通縣孫家寨出土　中國歷史博物館藏

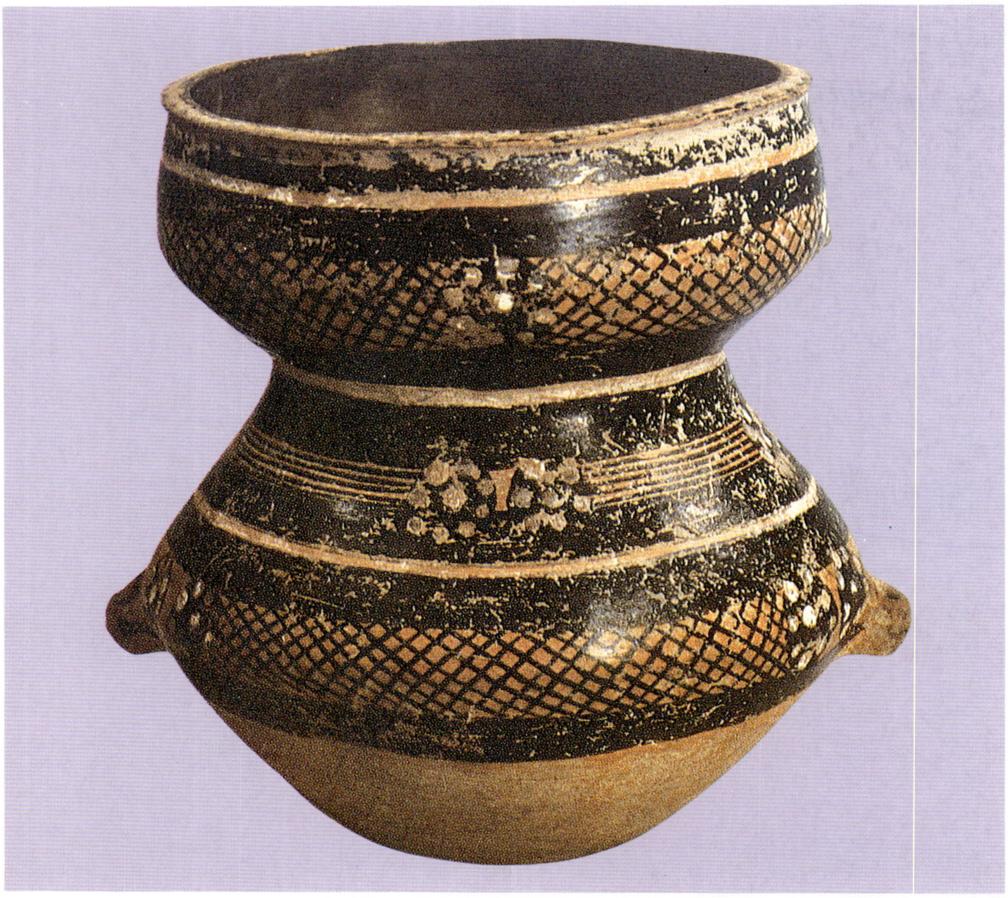

彩圖一七　彩陶網紋束腰罐　馬家窯文化馬家窯類型
高一八・三公分，口徑一五・二公分　甘肅省永登縣杜家坪出土

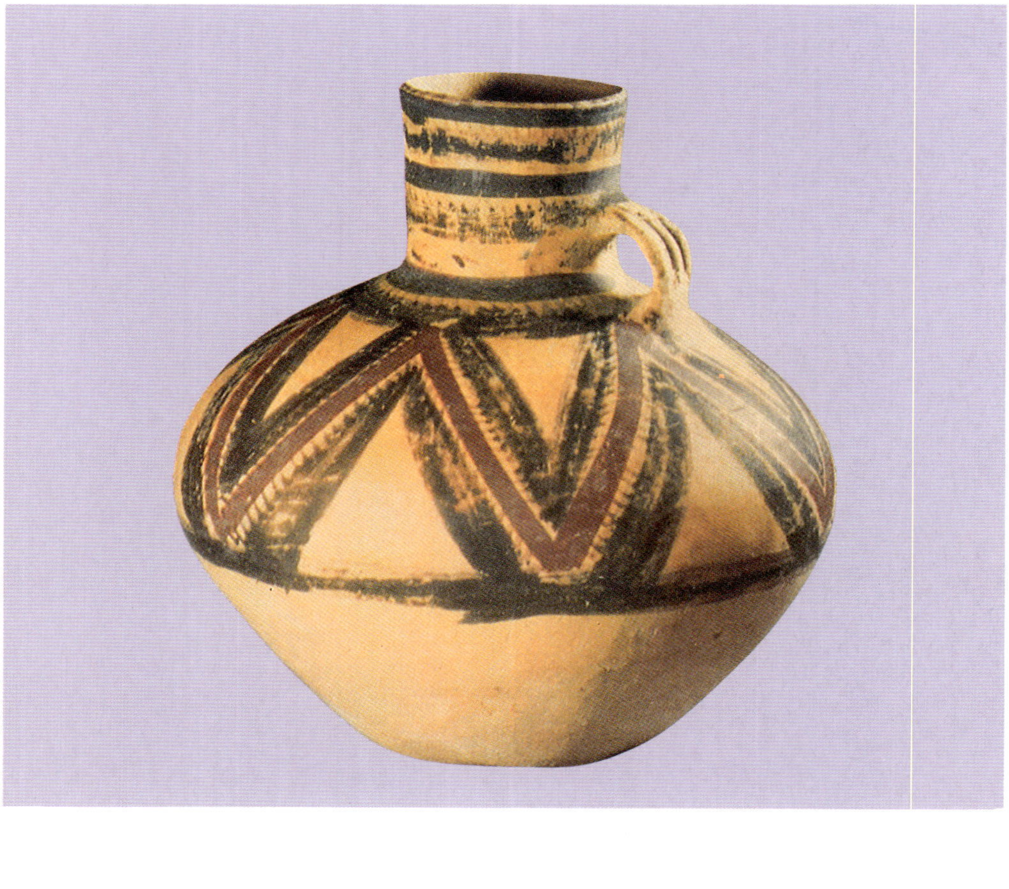

彩圖一八　彩陶單柄壺　馬家窯文化半山類型
高一九・四公分，口徑七・二公分　甘肅省廣河縣地巴坪出土

用的圖案有漩渦紋、水波紋、折線紋、葫蘆形紋、平行帶紋、菱形紋、細網格紋、鋸齒紋。構圖雖滿但很富於變化。還有棋盤紋和以極度誇張的線條畫出的蛙紋（彩圖二九～三二）。

4. 馬廠類型陶器

器形和半山類型相近，但有很多更接近實用，放置平穩的器形，如甘肅永登縣蔣家坪出土的雙耳罐，形體不高，比較寬（彩圖三三）。有的器形上下腹圓鼓部分相差也不如半山類型那麼懸殊（彩圖三四），也有一些罐類器形，線條很誇張，底部做得很小（彩圖三五），這是直接繼承半山特點而來的。一些適用新型的器形有單柄直筒形杯。陶器顏色主要是紅陶，彩畫的顏色主要有紅彩和黑彩。作畫前往往先施紅色陶衣，然後再畫彩。彩畫有圓圈紋、波折紋、螺旋紋、變體蛙紋。繪陶的特點是線條更寬，更雄放，更有節奏感。有的器物先用紅彩勾邊，內填紫紅彩，或紅彩勾邊塡黑彩，或用同一彩色，深色勾

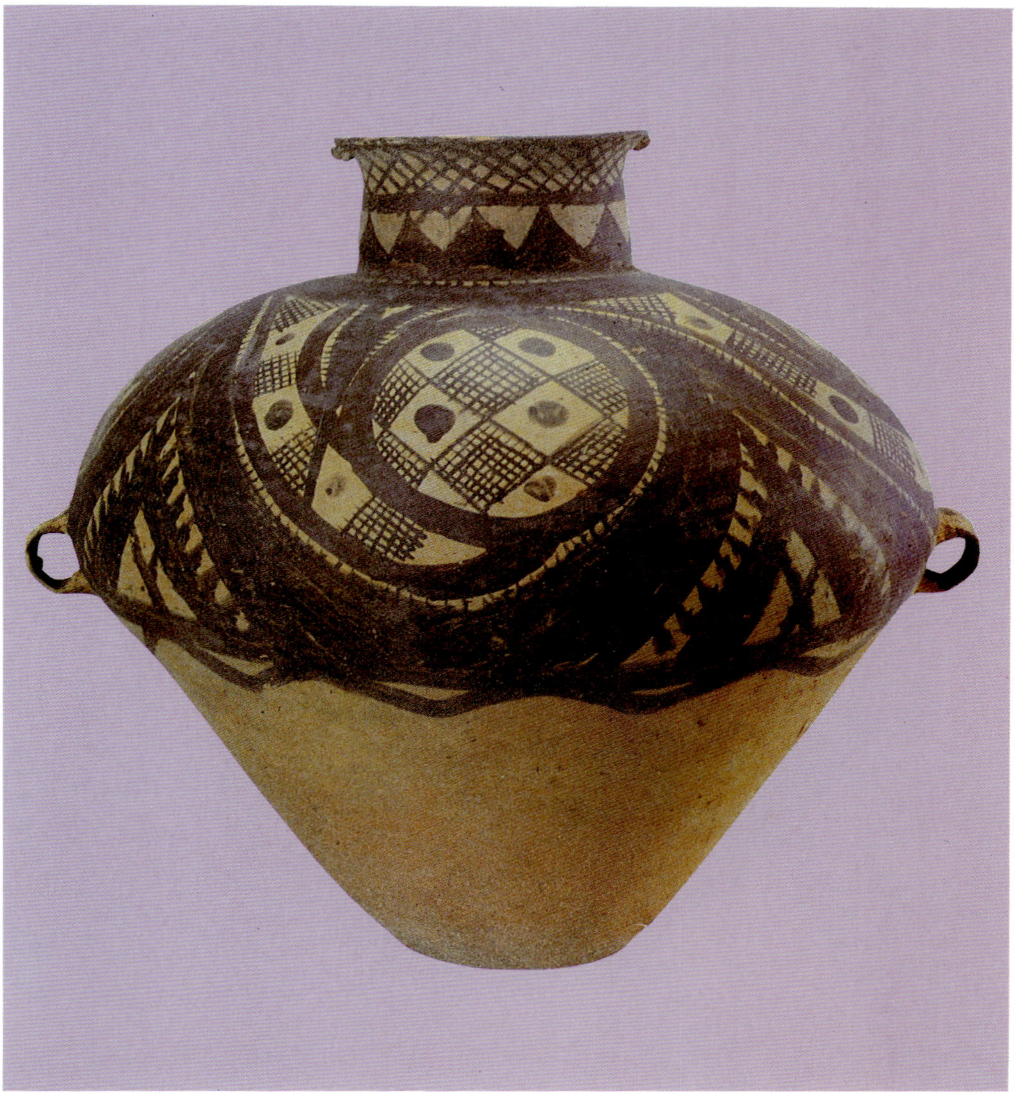

彩圖二九　彩陶壺　馬家窯文化半山類型　高三一．五公分，口徑一二公分
甘肅省蘭州市沙井驛出土　甘肅省博物館藏

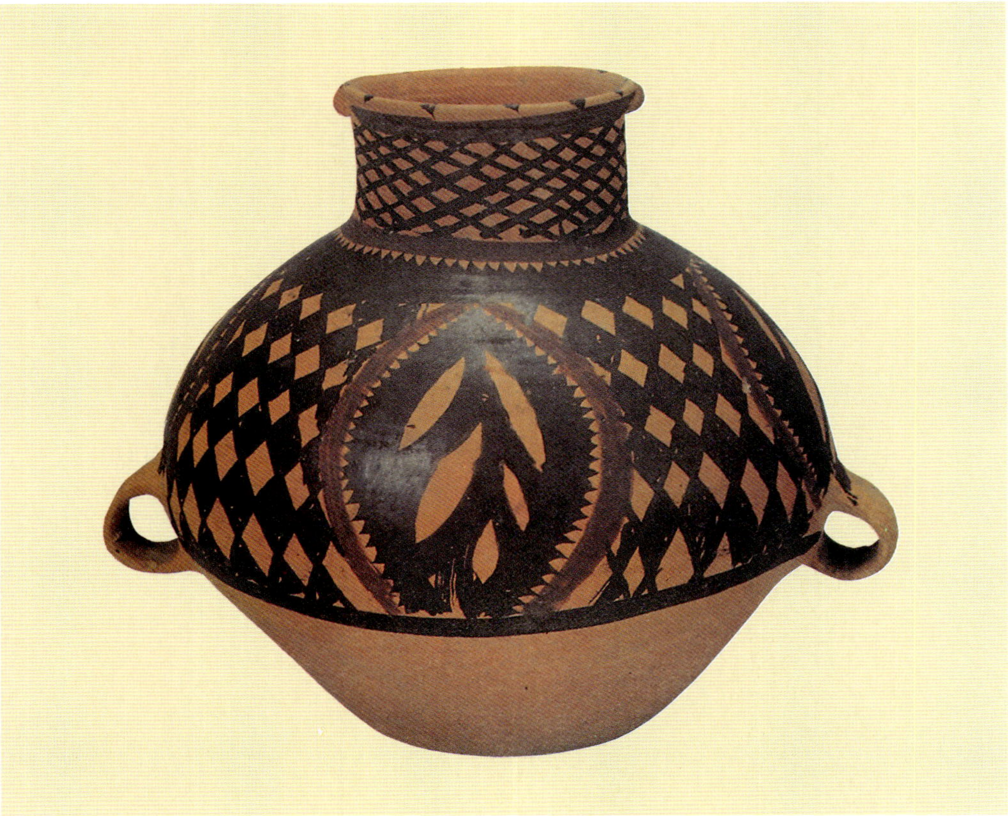

彩圖三〇　彩陶菱紋網格紋壺　馬家窯文化半山類型
甘肅省景泰縣張家臺遺址出土　甘肅省博物館藏

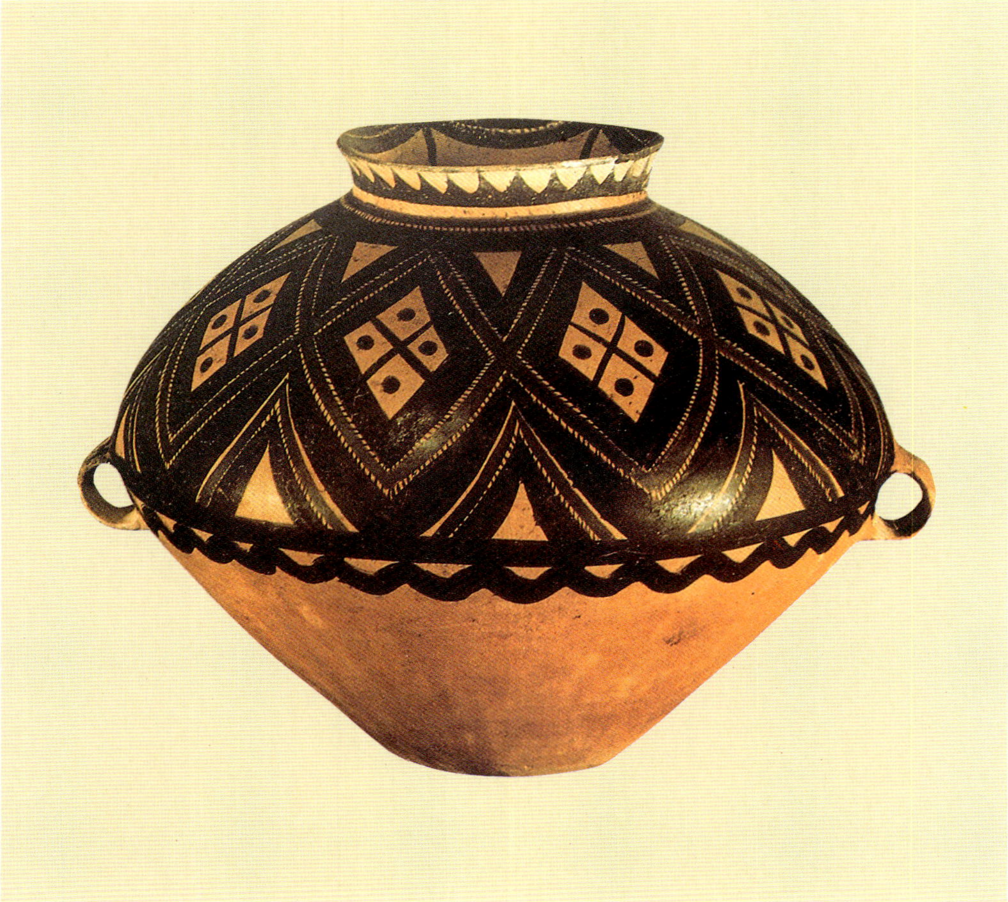

彩圖三一　彩陶罐　馬家窯文化半山類型　高三四・五公分，口徑一七・〇公分
甘肅省廣和縣地巴坪出土　甘肅省博物館藏

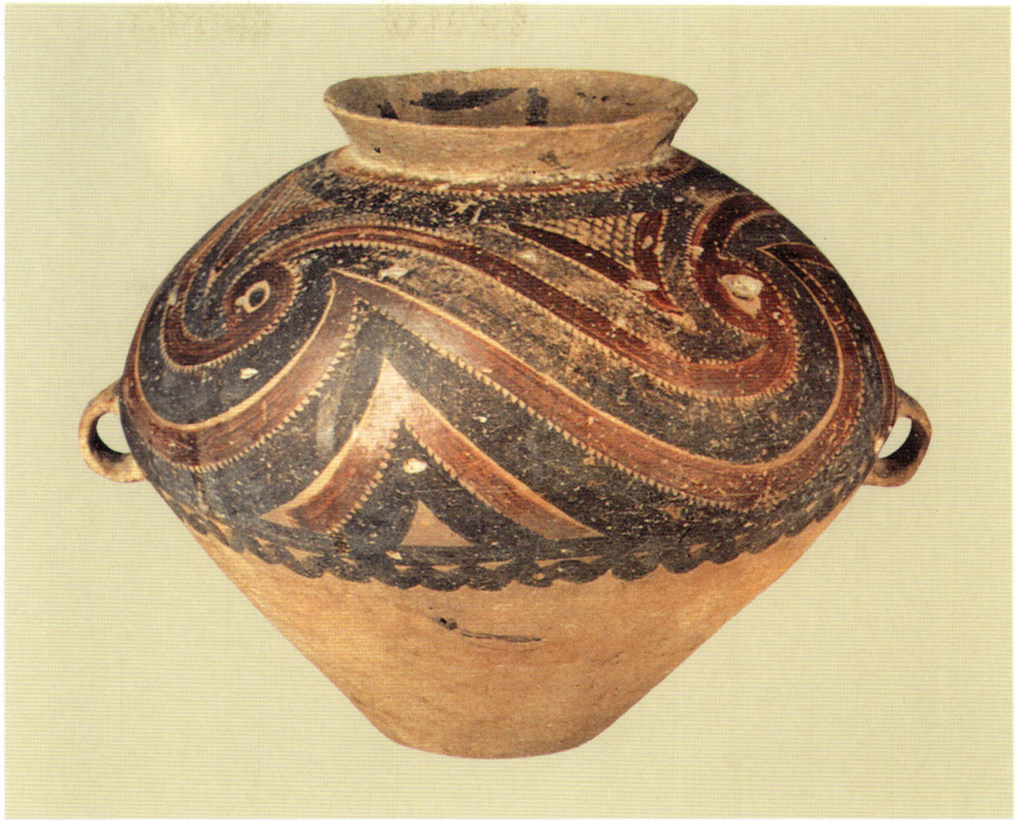

彩圖三二　彩陶連續渦紋罐　馬家窯文化半山類型
高三三・五公分，口徑一九・二公分，底徑一二・〇公分
中國歷史博物館藏

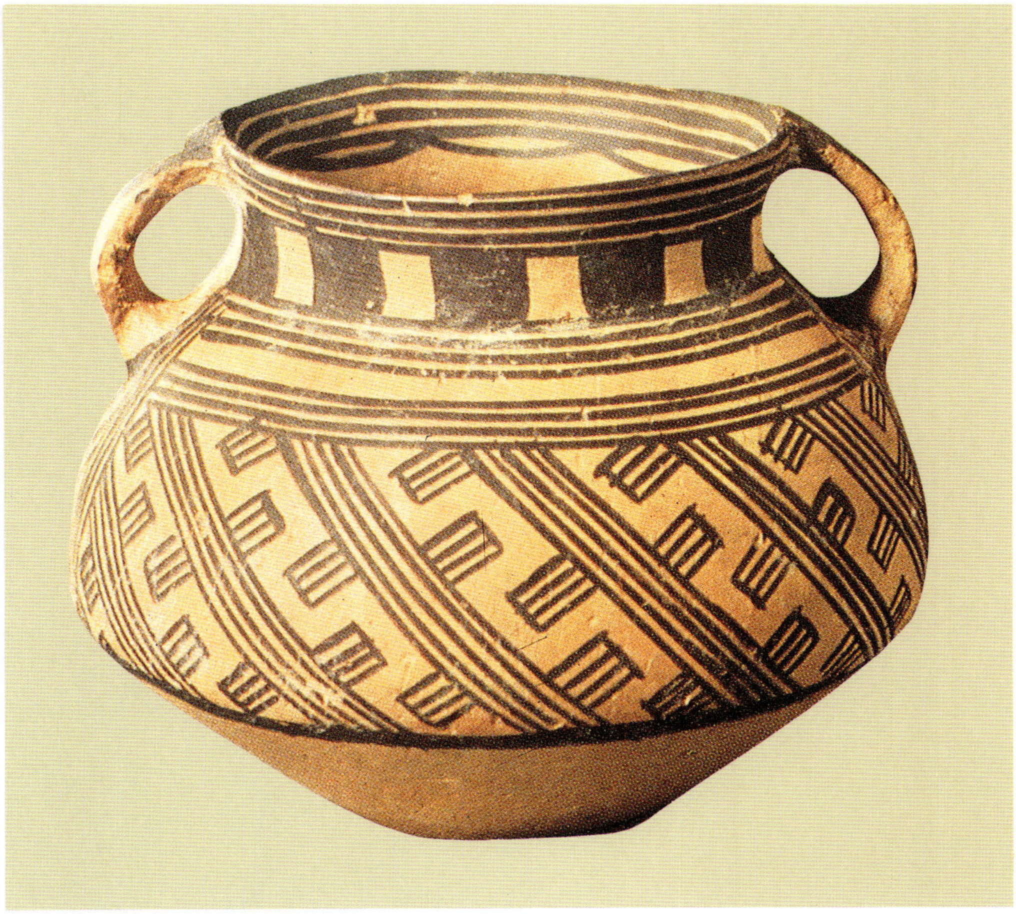

彩圖三三　彩陶雙耳罐　馬家窯文化馬廠類型　高一一・八公分，口徑九・五公分
甘肅省永登縣蔣家坪出土　甘肅省博物館藏

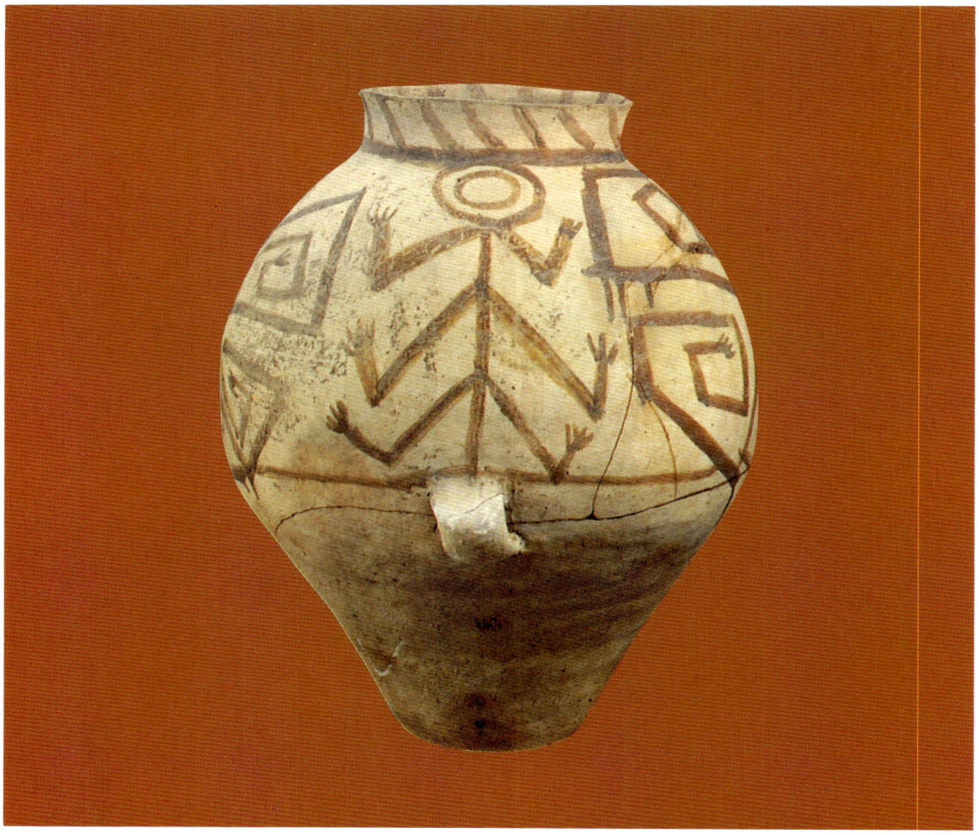

彩圖二四　彩陶蛙紋雙耳罐　馬家窯文化馬廠類型
高五二・〇公分，口徑一九・〇公分
青海省柳灣出土　青海省彩陶中心藏

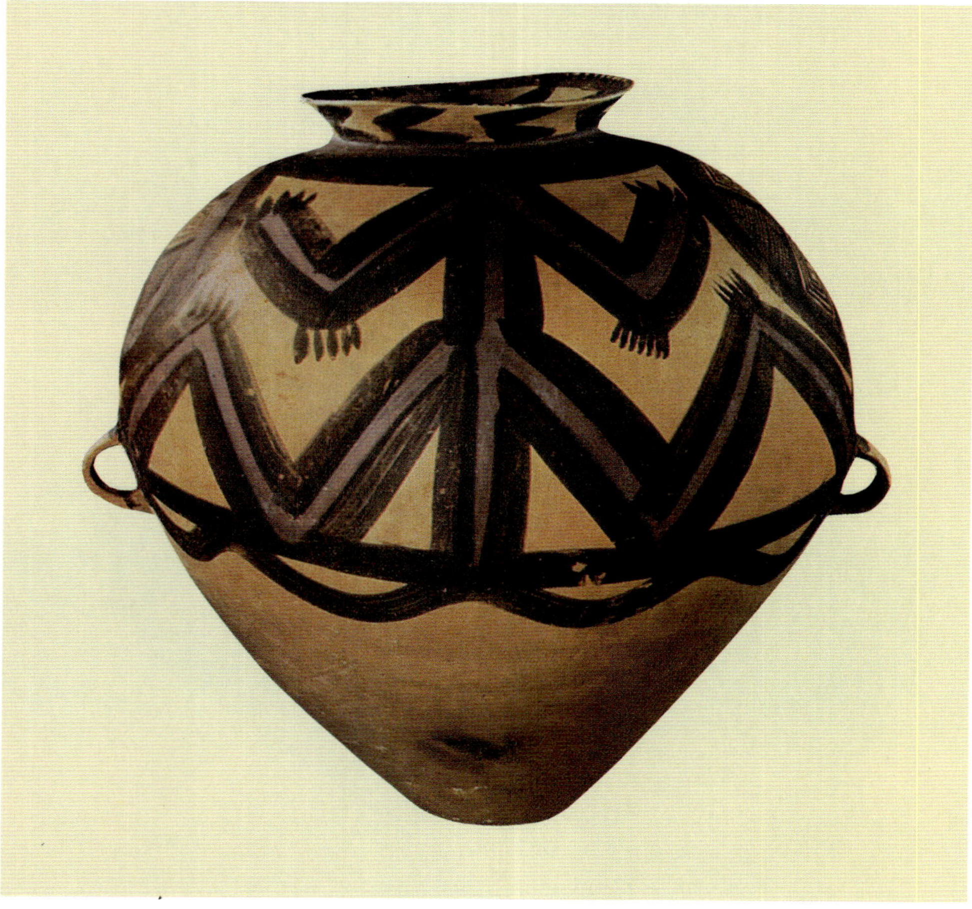

彩圖二五　彩陶變體人形紋雙耳罐　馬家窯文化馬廠類型
高四四・〇公分，口徑一九・四公分
甘肅省蘭州市土谷臺遺址出土

邊，淡色塡彩。

5. 小坪子類型

接在馬廠類型之後，陶器和馬廠類型差不多，只是用彩更大膽、潑辣。構圖沒有半山類型那麼擁擠，但在內壁大片用彩確是很突出的。在甘肅舟曲遺址出土的三聯高足杯，在一個拙實厚寬的喇叭形器座上，有三個連結的杯子，內壁口沿繪黑色弧線紋，外壁在寬弦紋下畫捲曲的漩渦紋。在樂康出土的雙耳高足豆，外壁畫寬弦紋，器內滿繪滾動的渦紋，用彩之多幾乎超過露出的胎面（圖一六）。在蘭州小坪子遺址出土同樣的陶器，內壁的圖案也一樣，從口沿到器底畫彩又滿，色又重，器外壁只繪起伏的水波紋。用彩從口沿一直到足沿，這是小坪子期彩陶的一大特點（彩圖三六）。

6. 齊家文化陶器

黃河上游廣泛分布的一種史前晚期文化。手工業除製陶外，銅器製作有一定水準。年代在西元前二千年以下。陶器製作

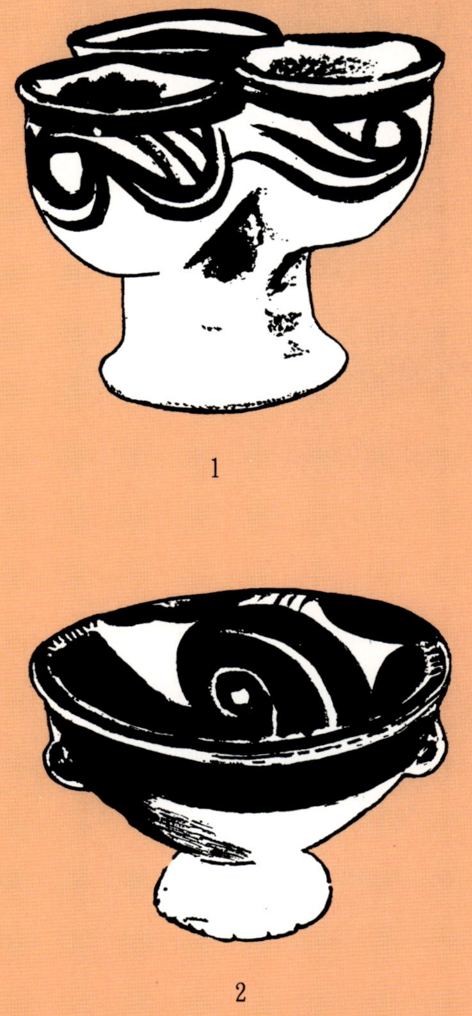

圖一六　小坪子類型彩陶　1、漩渦紋三聯高足杯　高一二・二公分　一九七四年甘肅舟曲出土
2、渦紋雙耳豆　高一三・七公分　甘肅康樂出土
（資料來源：《新石器時代裝飾藝術》，文物出版社出版）

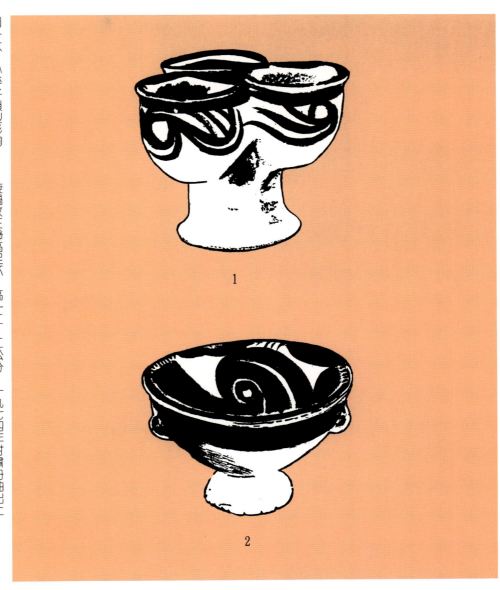

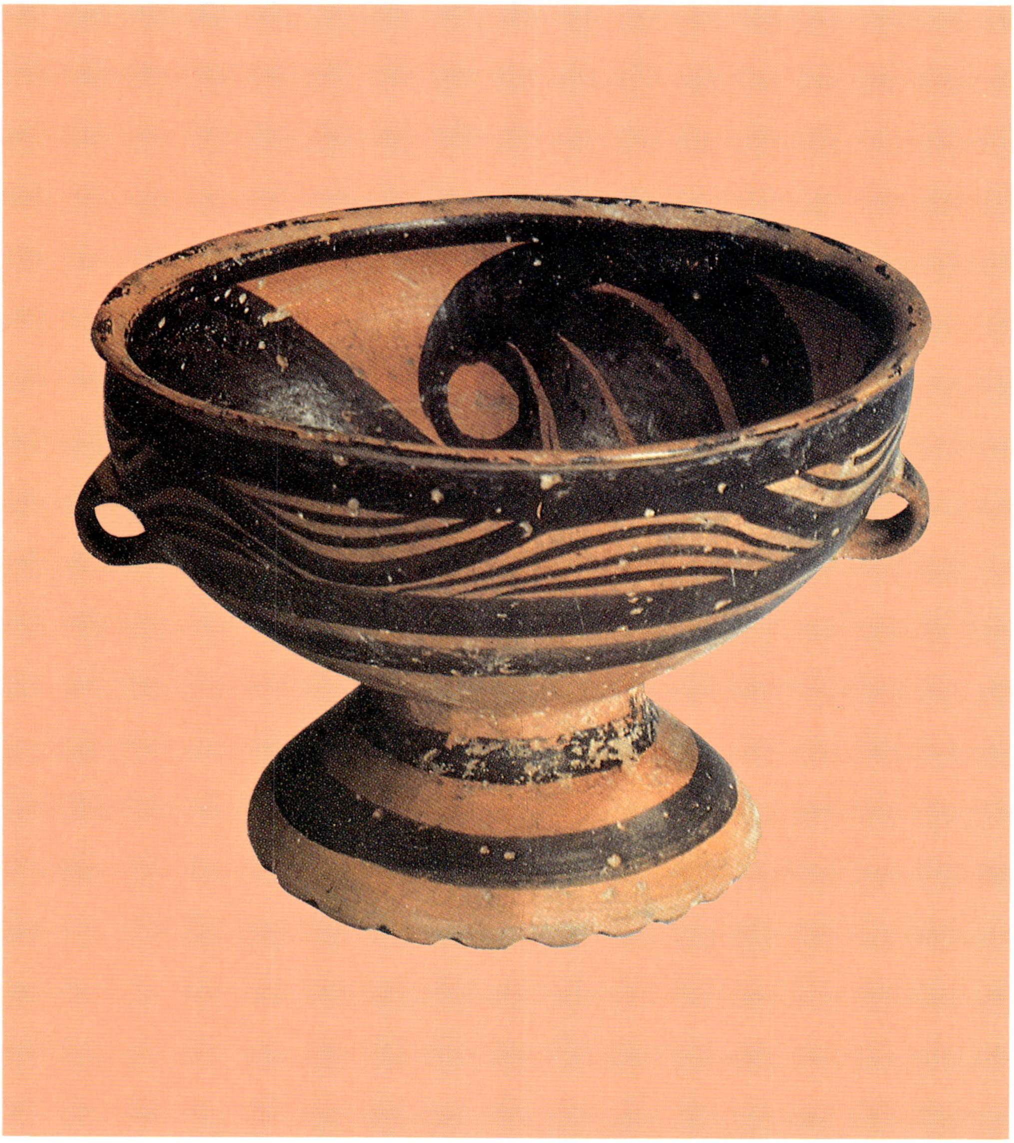

彩圖二六　雙耳彩陶豆　馬家窯文化小坪子類型　高一六・四公分，口徑二四公分
甘肅省蘭州小坪子遺址出土

繼馬家窯文化之後，流行的製陶工藝是手製成型後加慢輪修飾，這是齊家製陶的第一個特點。第二是陶器質地，水準都比較高，有泥質橙紅陶和磚紅陶。夾砂紅陶，顏色呈褐紅色，灰陶顏色也略微發褐。燒陶時氣氛控制都比較好，上述各種顏色都比較純正，看起來很舒服，加上精細打磨，所以齊家陶器相當漂亮。

陶器畫彩，有直接在器表畫彩，有的在胎面施一層白色陶衣或紅色陶衣，打磨光亮，顯色效果極佳。紋飾安排簡潔舒朗，改變了馬家窯彩陶繁縟密集的構圖，從美學意義上說這是藝術水準提高的表現。燒得最多的器物有高領雙耳罐、大雙耳罐、三耳罐、侈口罐、單耳圓腹罐、尊、甕、折肩罐、深腹盆、淺體盤、袋足鬲、單柄鬲、圈足鏤孔豆、雙耳罐形甑等。彩色有紅彩、紫紅彩和黑彩。花紋以規整的雙線大三角紋最典雅精美，其他還有弧線、折線、菱形、方格紋、波折紋等圖案，有變形蛙紋和類似蝶紋的圖案（圖一七）。

圖一七　齊家文化陶器　1、彩陶盤　2、3彩陶雙耳罐　4、雙大耳罐　5、單耳罐　6、7單耳鬲（資料來源：《新中國的考古發現和研究》）

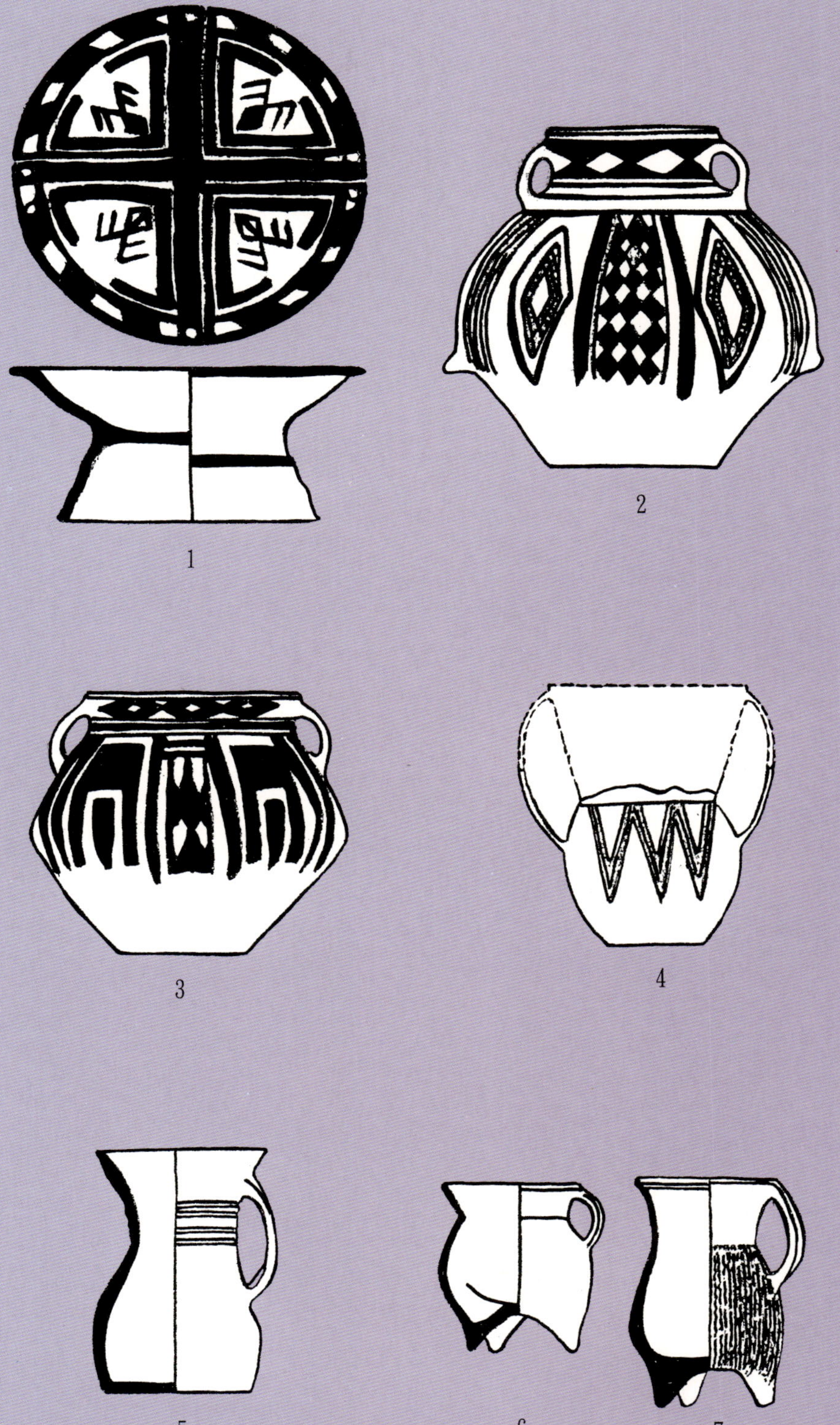

第五節 別具一格的江南陶器

史前江南同樣是陶器的重要生產區，由於地域遼闊，史前文化內涵極為豐富，這裏就按文化發展順序，把各地陶器重點加以介紹，現在從河姆渡文化的陶器談起。

1. 河姆渡文化陶器

河姆渡文化主要分布在杭州灣南岸、寧紹平原和沿海舟山群島等地區的，因最早在浙江餘姚河姆渡發現而得名。時間為西元前五千多年至西元前三千年。年代很早，居民很善於製陶。製陶工藝很原始，數量很大。早期的飲食用具和盛貯器、炊器主要是一種夾炭陶。所謂夾炭陶，就是胎體裏有許多炭粒存在。製陶者將稻殼、稻禾的莖、葉搗碎後焦化，再摻入陶土，坯體經火燒後，陶胎中含有大量炭化物的結晶。顏色為灰黑色或黑色，手感比較輕，吸水性強，顯得粗厚笨拙。晚期泥料裏

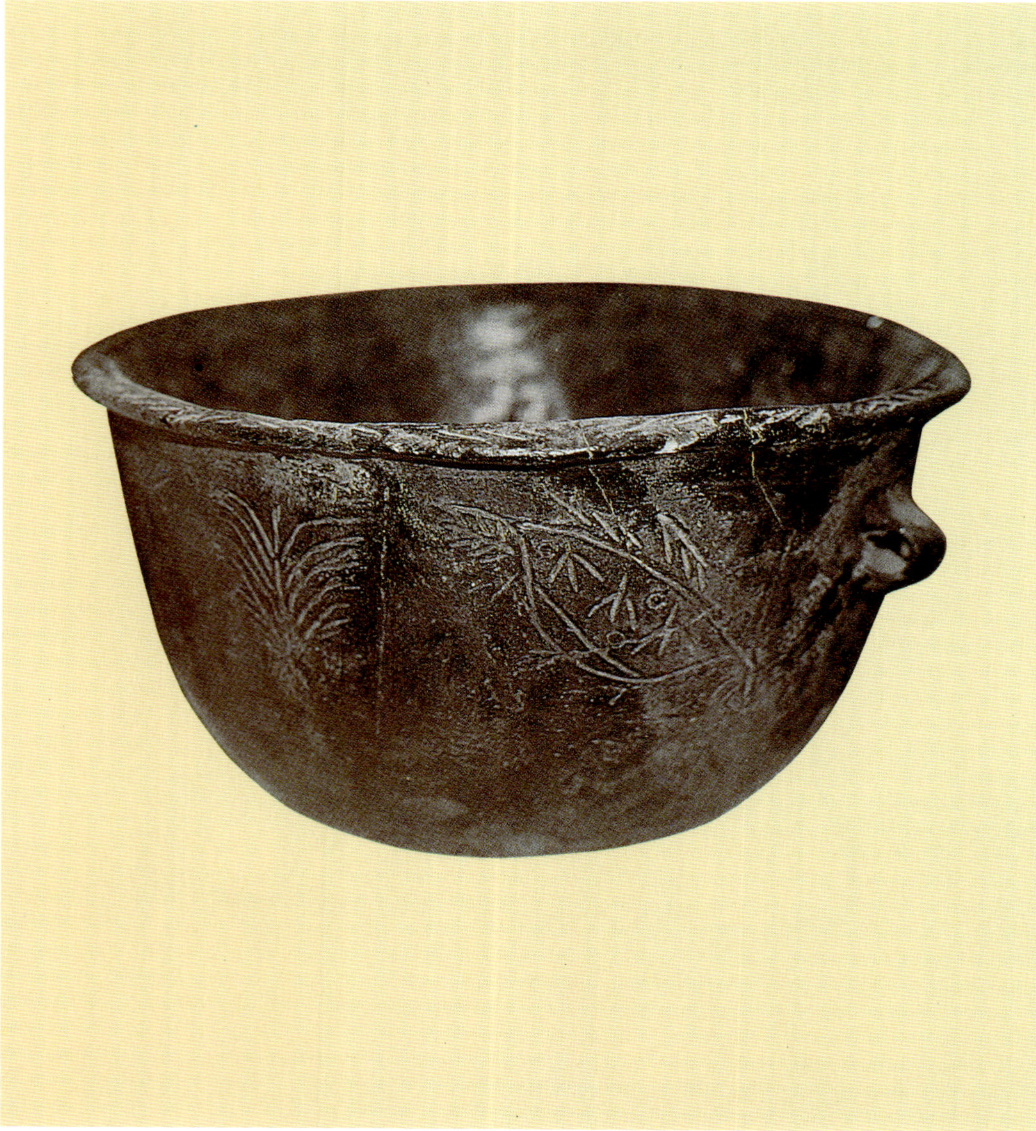

彩圖二七　黑陶刻花稻禾紋缽　河姆渡文化　高一六・二公分，口徑二一・六公分　中國歷史博物館

多摻砂，有夾砂紅陶和夾砂灰陶。製陶方法是手製，生產得最多的器物是罐、帶把缽、寬體淺盤、垂囊形盉、釜形鼎、釜和支撐釜、罐、盆等類炊器的支腳架。

大量器物素面無紋，釜類炊器腹體下部拍印繩紋，一些器物以粗拙的線條刻畫豬紋、稻禾紋（彩圖三七）、稻葉紋、平行條紋和波浪紋、圓圈紋等（圖一八）。所發現的三片彩陶，施白色陶衣，在上面畫深黑褐色條紋、網狀紋。

在浙江省桐鄉縣的羅家角，也發現了西元前五千多年前早期史前遺址，生產的生活用具是很原始的夾砂、夾蚌殼末的陶器，有灰陶和灰紅陶。

馬家濱文化的陶器，從太湖到錢塘江北岸，有一個重要的史前文化，即馬家濱文化。時間是西元前五千年至西元前四千年。人們除在生活中大量用陶器以外，對待死者也用陶器覆蓋人頭，或把人頭裝在陶器裏。大多數陶器為紅陶、外紅裏黑，或胎面紅胎心黑。每一種陶器顏色都雜有

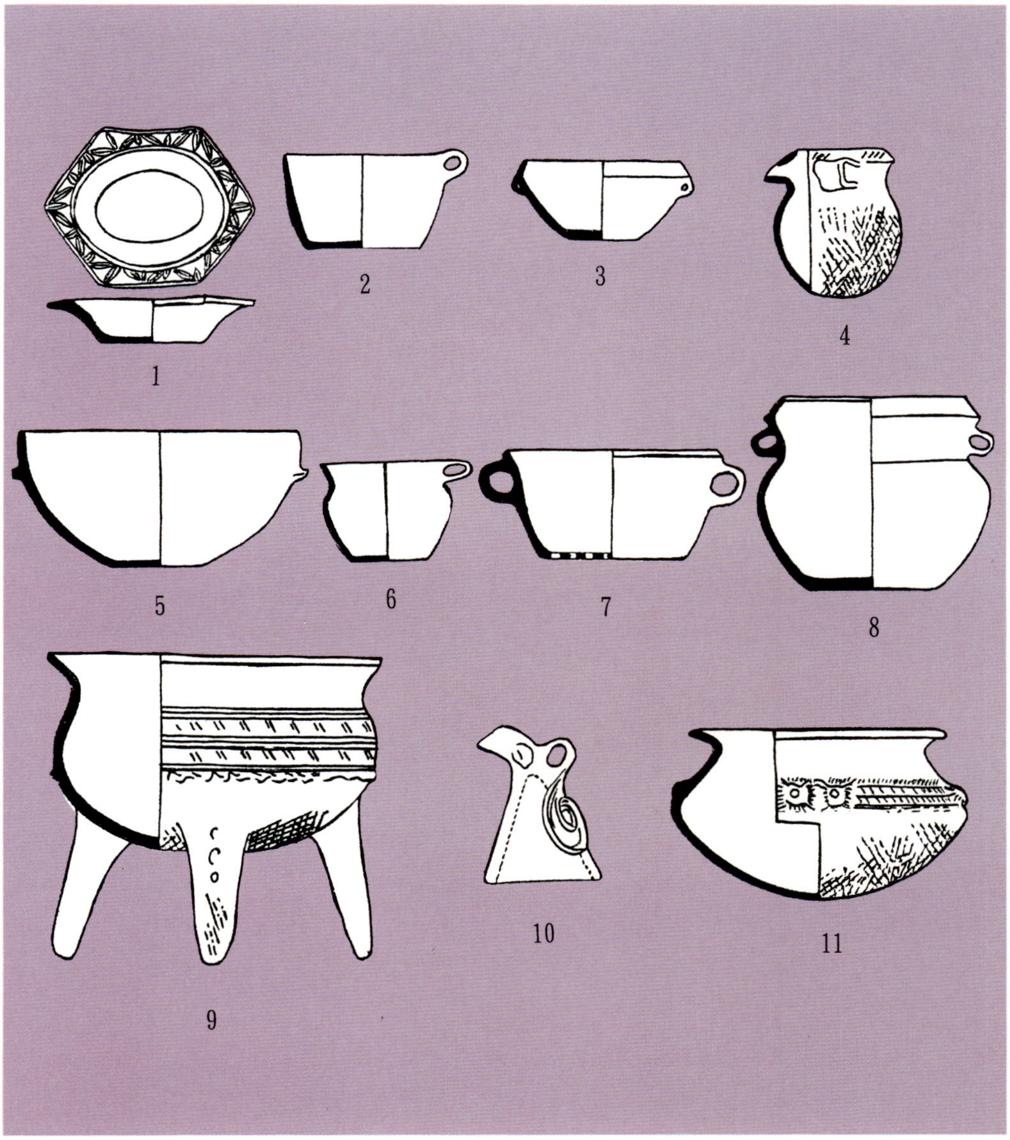

圖一八　河姆渡文化陶器　1、盆　2、3、5缽　6、單耳罐　7、8雙耳罐　9、鼎　10、支座　11、釜（資料來源：《新中國的考古發現和研究》）　4、圜底單耳帶流器

其他顏色，器表多施紅色陶衣，手製。生產得最多的器形有豆、盆、缽、罐、雙耳罐、三足壺、甕、鼎、盉、釜等（圖一九）。炊器外表多拍印繩紋、籃紋，用雕刻手法做的花紋有弦紋、刻點紋、圓窩紋等，火候不高。

2. 崧澤文化陶器

繼馬家濱文化發展而來，年代在西元前三千九百多年至西元前三千三百年左右。製陶水準比馬家濱文化明顯提高，陶器以泥質灰陶為主，夾砂陶有紅陶和灰陶。器形以罐、鼎、豆、壺、釜為多。罐的特點為矮領、豐肩、折腹，底做得很平，下承以淺圈足。鼎有罐形鼎（彩圖三八）、盆形鼎，豆的盤做得很大，有的像罐，有的像缽，稜角分明。喇叭形座有的高，有的矮肥，有的鏤孔。壺的頸較高，肩和上腹瘦削，而下腹寬肥（彩圖三九）。陶器裝飾有刻畫和附加堆紋，有作彩繪。紋樣有連環紋（彩圖四〇）、絞絲紋、編織紋、弦紋、交叉弧線紋、波折紋等（圖二〇

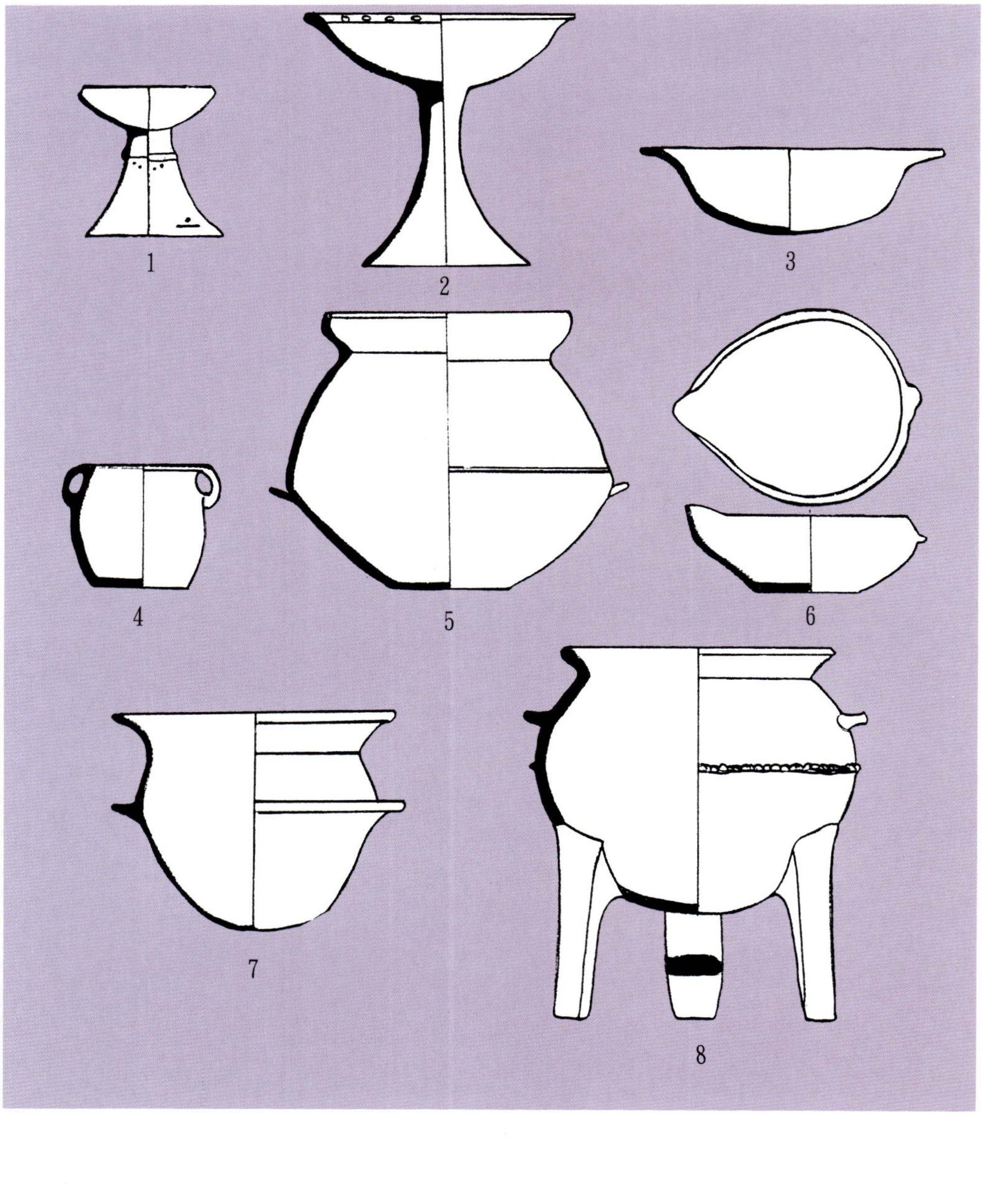

圖一九　馬家濱文化陶器　1、2豆　3、盆　4、雙耳罐　5、罐　6、帶流缽　7、釜　8、鼎
（資料來源：《新中國的考古發現和研究》）

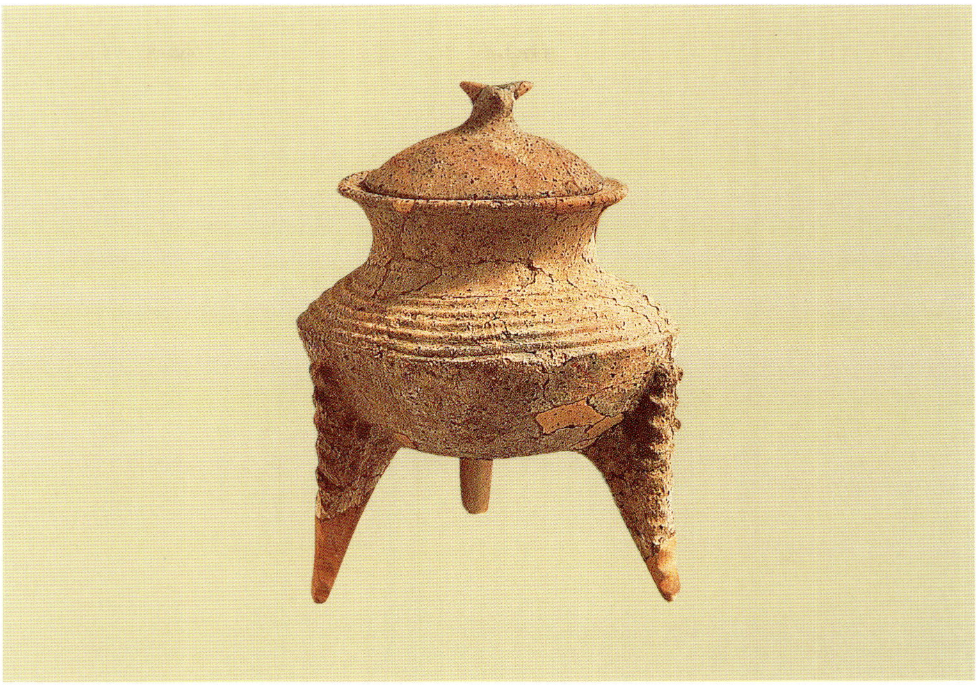

彩圖二八　夾砂紅陶鼎　崧澤文化
通高二六・二公分，口徑一五・二公分
上海市青浦縣崧澤遺址出土　上海博物館藏

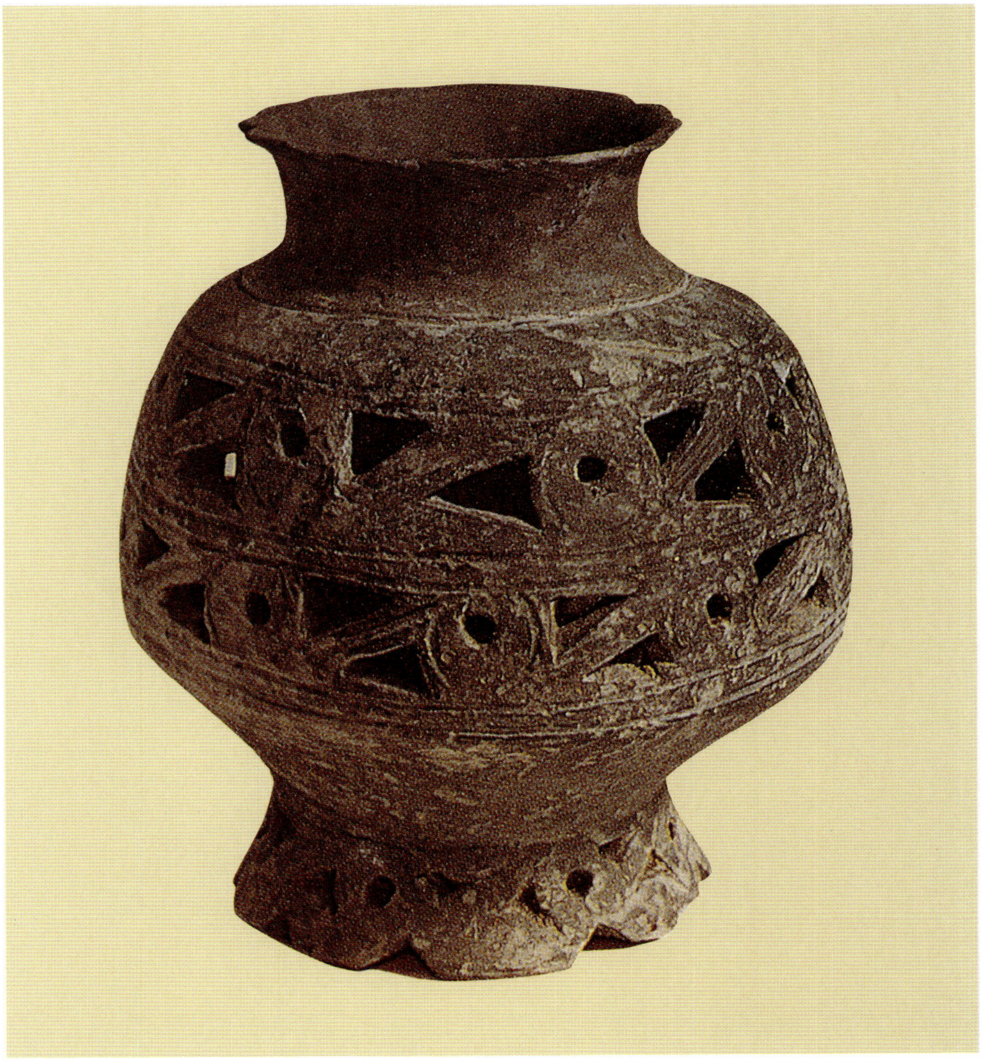

彩圖二九　灰陶鏤孔壺　崧澤文化
高一五・五公分，口徑八・一公分
上海市青浦縣寺前出土　上海博物館藏

）。

3. 良渚文化的陶器

良渚文化是繼崧澤文化而來的，年代為西元前三千三百年至西元前二千二百年左右。製陶工藝比崧澤又有所提高。表現在輪製工藝相當熟練，器物胎薄、規整、優美。很多生活用具是夾細砂的灰黑陶，不少作品是胎心為灰色，表皮層為黑色的黑皮陶。這些陶器都是燒製過程中用煙薰滲炭的結果，胎體表面顆粒之間滲透大量炭微粒，經過精細打磨而出現的效果。溫度不高，強度不好，發掘出來之後存放一段時間有退色的現象。代表良渚文化特徵的陶器有槽流帶柄壺（彩圖四一）、黑陶貫耳瓶（彩圖四二）、紅陶鬹（彩圖四三）、魚鰭形三足鼎、盉、豆、簋、杯、盤等（圖二一）。可能是江南水鄉自然條件和生活習俗的關係，圈足器、三足器特別流行。盤類器物做得寬而淺、下承以寬大的圈足，壺做成長頸淺腹、圈足、口沿安貫耳。盉做成躍躍欲動的家畜形象，豆柄

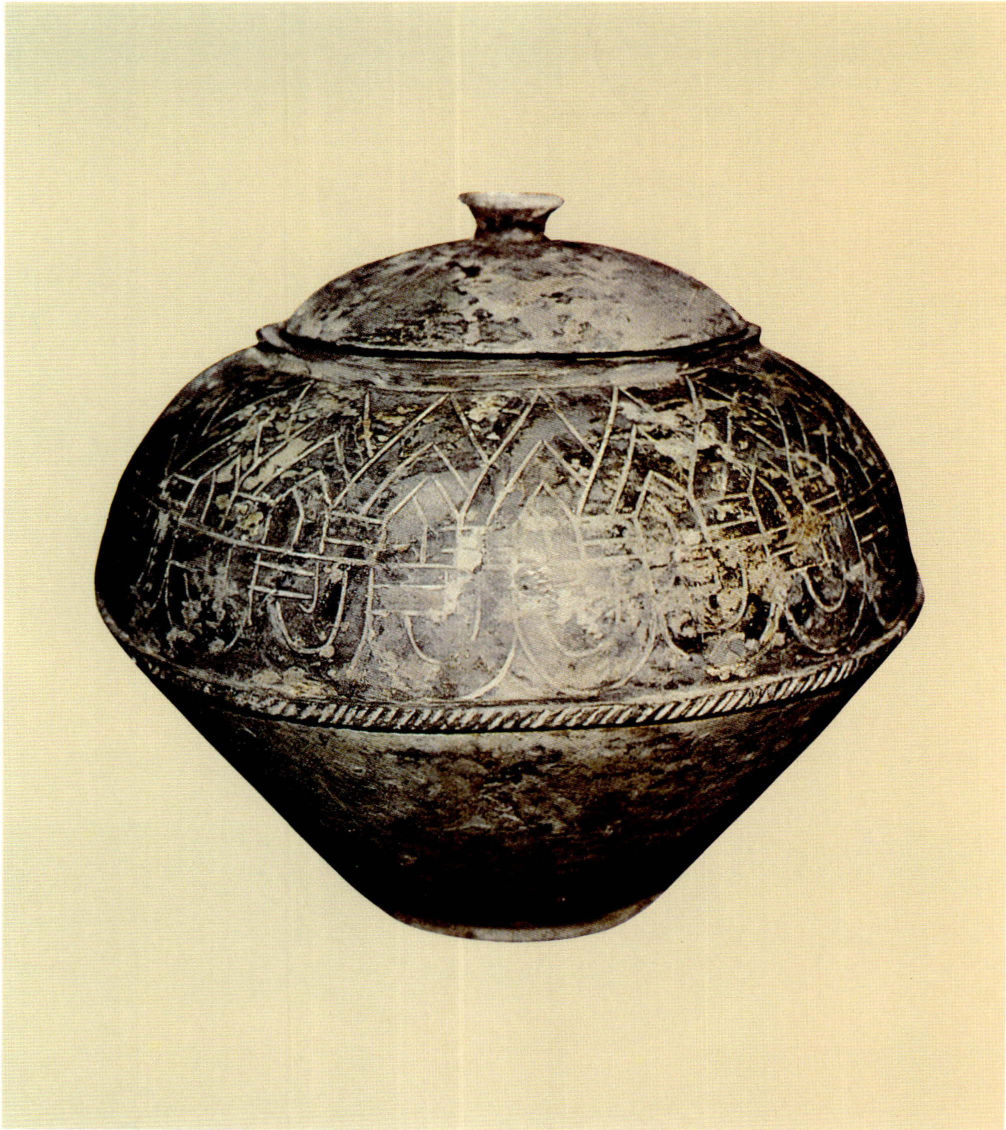

彩圖四〇　灰陶刻連環紋蓋罐　崧澤文化　通高一六·二公分，口徑一五·二公分
上海市青浦縣崧澤遺址五九號墓出土　上海博物館藏

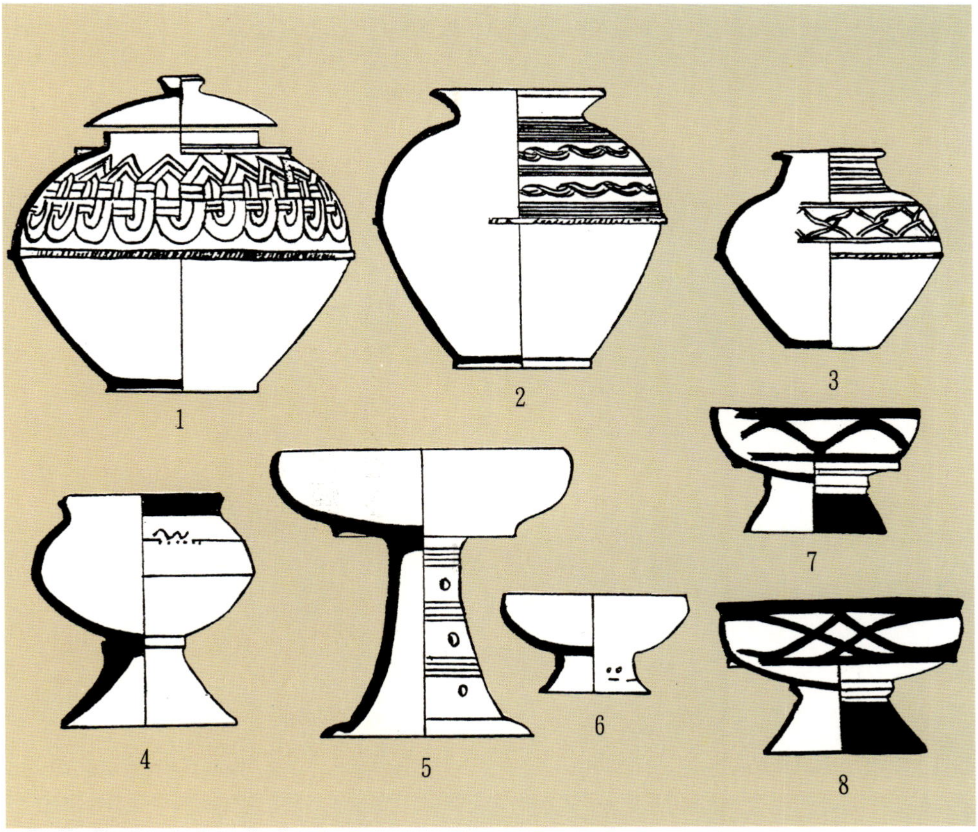

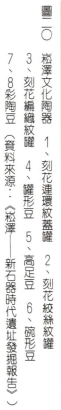

圖二〇 崧澤文化陶器 1、刻花連環紋蓋罐 2、刻花絞絲紋罐 3、刻花編織紋罐 4、罐形豆 5、高足豆 6、碗形豆 7、8彩陶豆（資料來源：《崧澤——新石器時代遺址發掘報告》）

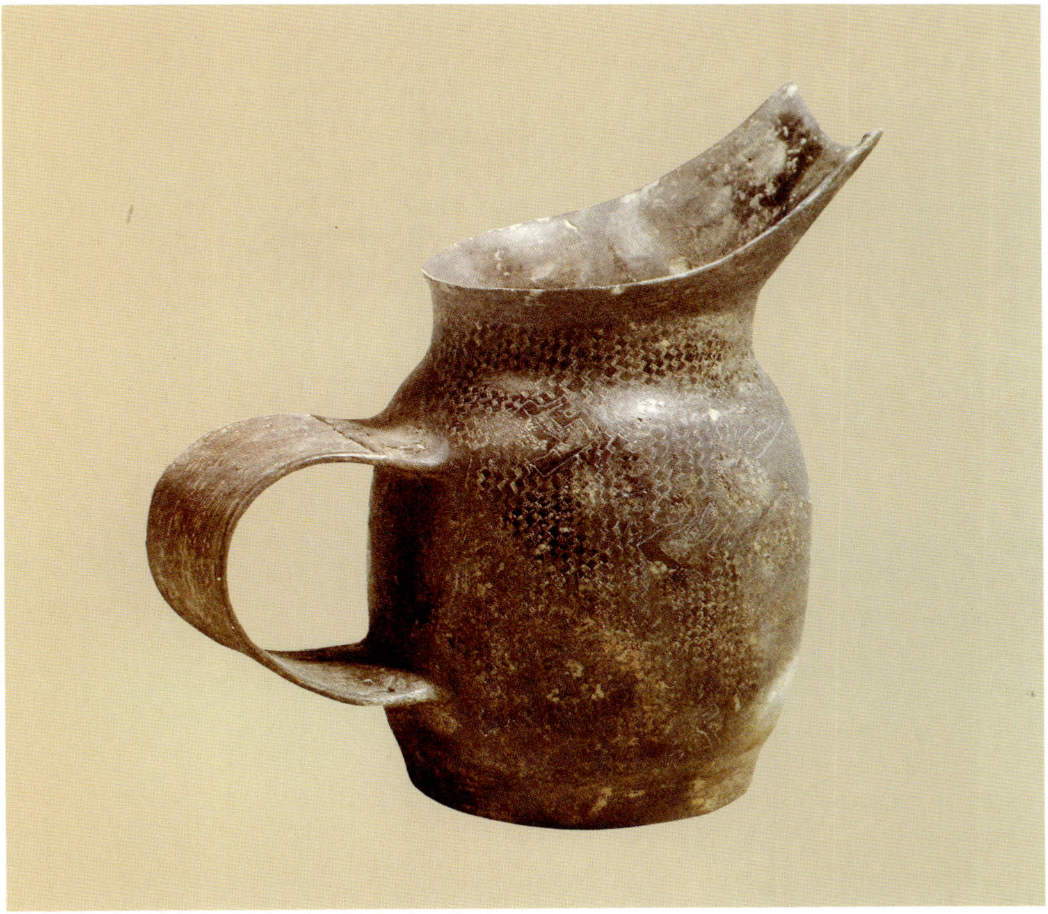

彩圖四一 黑陶壺 良渚文化 上海市青浦縣福泉山良渚墓葬出土 上海博物館藏

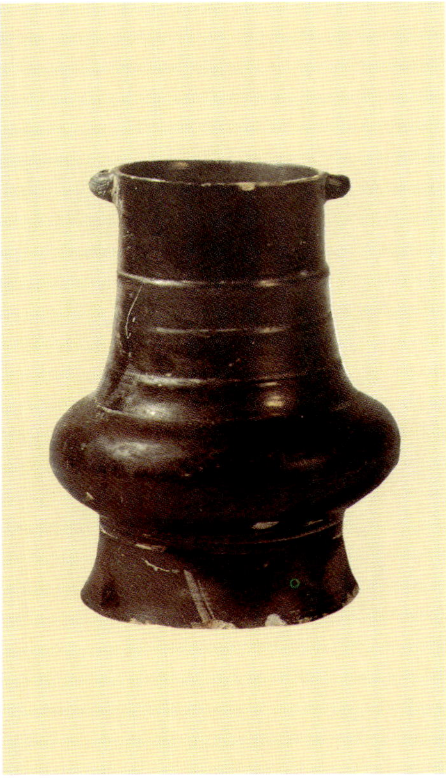

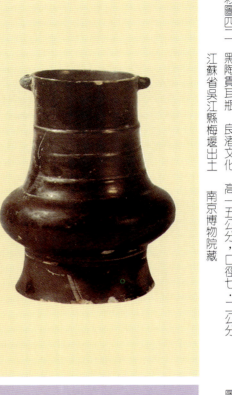

彩圖四一　黑陶貫耳瓶　良渚文化　高一五公分，口徑七・二公分
江蘇省吳江縣梅堰出土　南京博物院藏

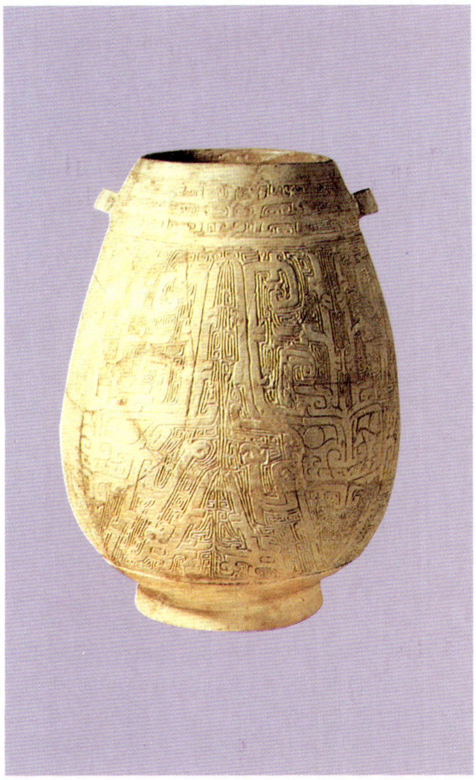

彩圖四二　紅陶鬹　良渚文化　高一四・〇公分
上海市金山縣亭林出土　上海博物館藏

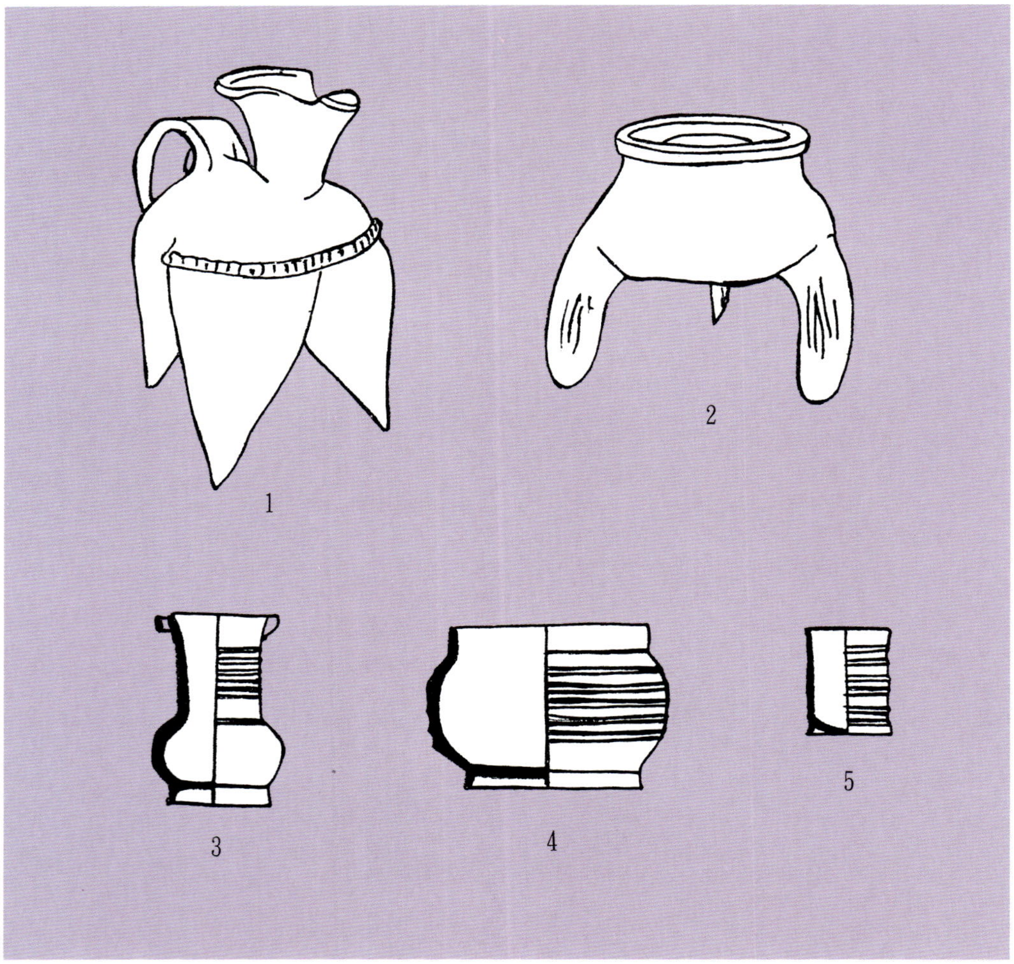

圖二一　良渚文化陶器　1、鬹　2、鼎　3、尊　4、簋　5、杯
（資料來源：《中國陶瓷》）

做成竹節形，鼎的形體很淺，但三足粗大，有的成魚鰭形，有的成稜角分明的丁字形。盛行打磨工藝，器表光亮，花紋活潑，還發現有刻陶文的器皿，良渚文化的陶藝傳達了文明已經臨近的信息。

4. 北陰陽營文化陶器

分布於南京地區的一種文化，年代為西元前四千年至西元前三千年之間。手製成型，慢輪修整。以泥質陶和夾砂紅陶為主，灰陶相對少一些。生活用具有圈足碗、圜底缽、盉、豆、盆、雙耳罐、罐形鼎等。不少器物承以三足和圈足。陶器的鋬做成牛鼻形或牛角形，鼎的三足有一定弧度。彩陶的作法是先施白色或橙紅色陶衣，在陶衣上畫彩。花紋多為寬帶紋、圓圈紋、網紋、十字紋，構圖簡潔。彩色有紅彩也有黑彩（彩圖四四）。有的陶器上還有稻殼的痕迹。

5. 大溪文化陶器

大溪文化因四川省巫山縣瞿塘峽南側大溪遺址而得名。年代為西元前四千四百

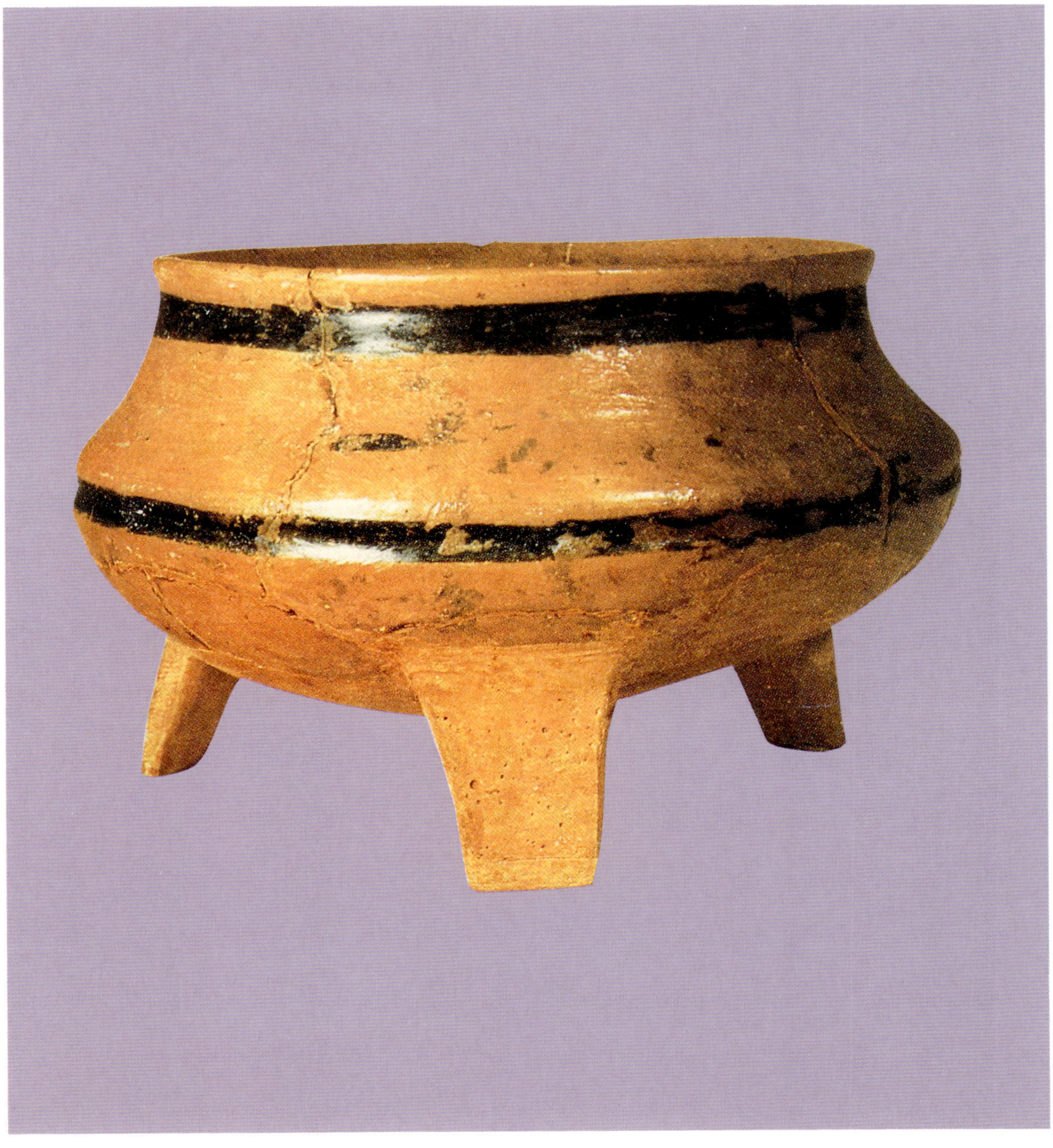

彩圖四四　紅陶黑彩弦紋鼎　北陰陽營文化　高一四・二公分，口徑一七・四公分　南京博物院藏

年至西元前三千三百年左右。大溪文化是長江中上游製陶工藝水準相當高的一個史前文化。陶器有紅陶、彩陶、白陶，種類多，美化陶器的手法也很高明，尤其橙色細泥薄胎彩陶（彩圖四五），彩繪磨光陶，如筒形彩陶瓶（彩圖四六）工藝之精，令人驚嘆！碗、杯一類作品有的厚僅一至一點五公釐。白陶如圈足盤一類器物上的印紋，有浮雕效果，它們都是大溪製陶工藝的代表（圖二二）。

6. 屈家嶺文化陶器

分布於江漢平原重要的史前文化。首先發現於湖北京山屈家嶺。晚期年代為西元前三千年至西元前二千六百年。

陶器生產有碗、碟、杯、豆、盆、盂、壺、罐、缸、甑、鼎、鍋形器等。以圈足器和臥足器為多。有泥質灰陶、黑陶和夾砂陶。一般陶器上都施陶衣，有灰色、橙黃色和黑色陶衣。有的精細陶器，胎體極薄，以暈染法施彩。不僅生活用具做得很美，生產工具如陶輪也用彩色畫出漩渦

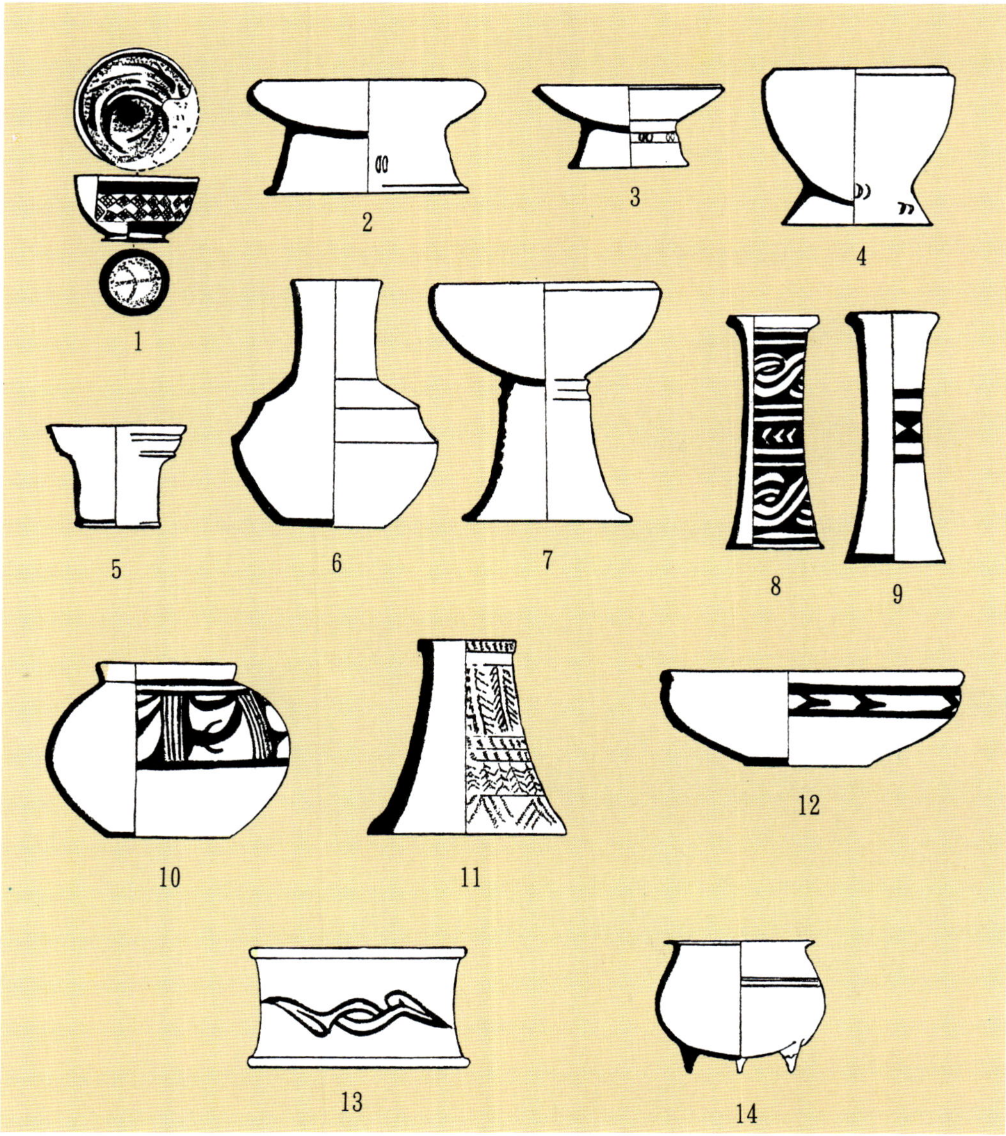

圖二二 大溪文化陶器 1、碗 2、3圈足盤 4、簋 5、深腹杯 6、壺 7、豆 8、9瓶 10、罐 11、13器座 12、盆 14、鼎（資料來源：《新中國的考古發現和研究》）

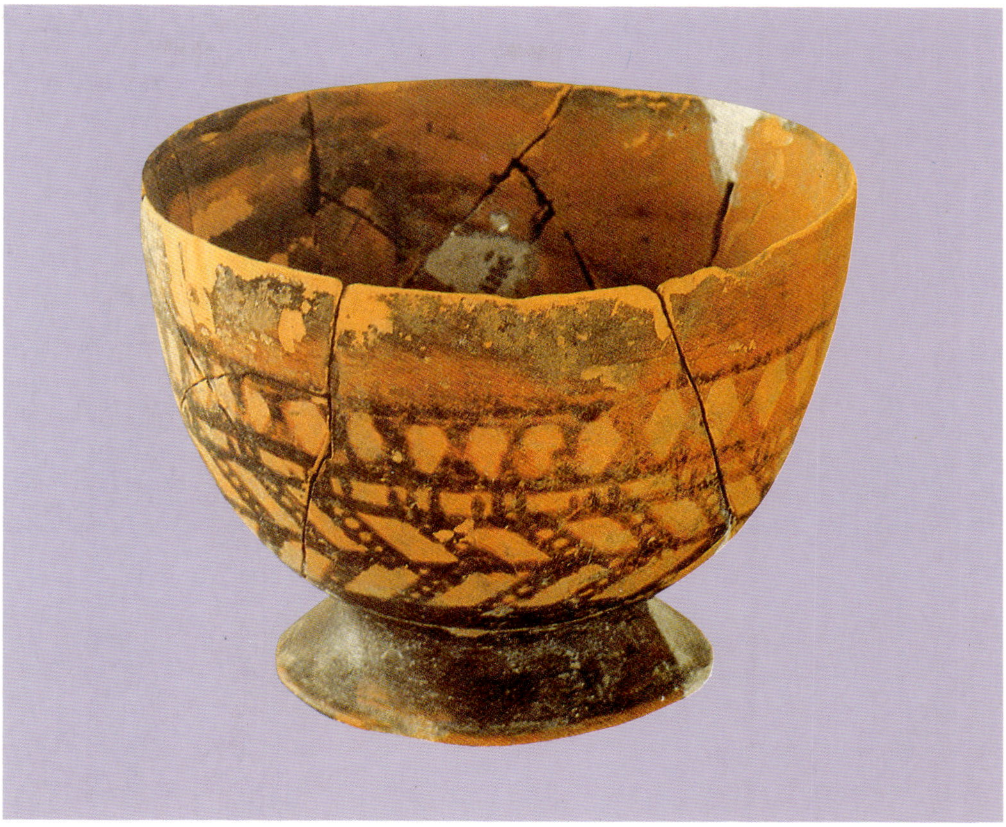

彩圖四五　彩陶碗　大溪文化　高一〇公分，口徑一三・五公分
四川省巫山大溪出土　四川省博物館藏

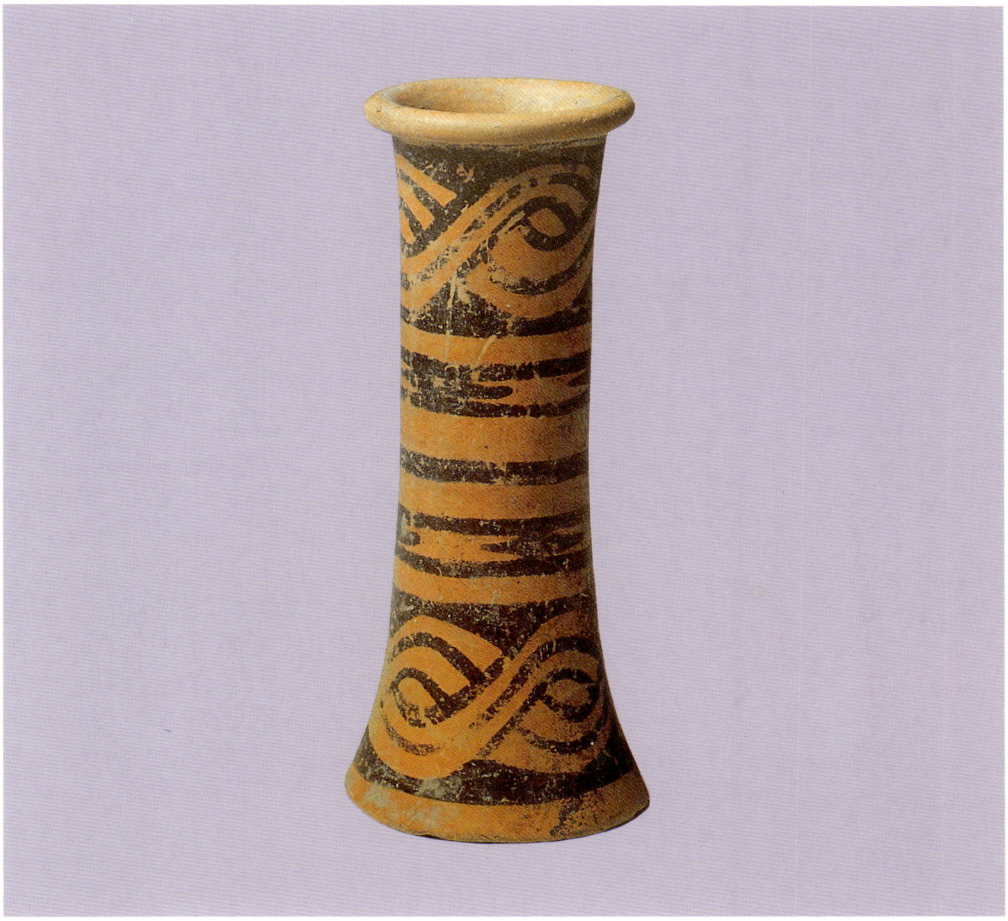

彩圖四六　彩陶筒形瓶　大溪文化　高一九・二公分，口徑六・九公分
四川省巫山縣大溪文化遺址出土

紋、三角紋、平行線條、弧線紋、同心圓紋和卵點紋等。有的一件器物上用兩三種顏色畫彩，色分濃淡，運筆粗獷放達，這是屈家嶺文化獨有的，此外還有羊、雞之類動物的抽象雕塑（圖二三，彩圖四七、四八）。

長江中游地區還有青龍泉三期文化，生產的陶器有獨特的風格（圖二四）。

中國地域遼闊，史前文化極其豐富，華南、西南、東北、新疆、內蒙古、沿海島嶼廣大地區，還有許多重要的史前文化。江西鄱陽湖、贛江地區，除前面提到的萬年縣仙人洞遺址以外，還有山背文化，福建有曇石山文化。這些文化生產大量的印紋陶器和彩陶，臺灣地區的大坌坑文化、圓山文化、鳳鼻頭文化則生產大量紅陶、褐紅陶。廣東英德青塘、潮安陳橋早期新石器時代遺存，發現工藝極原始的摻蚌殼末的紅陶和在頸部塗赭紅色寬帶紋陶器，是廣東地區彩陶的萌芽。增城金蘭寺貝丘下層，東莞萬福庵貝丘遺址和深圳小梅

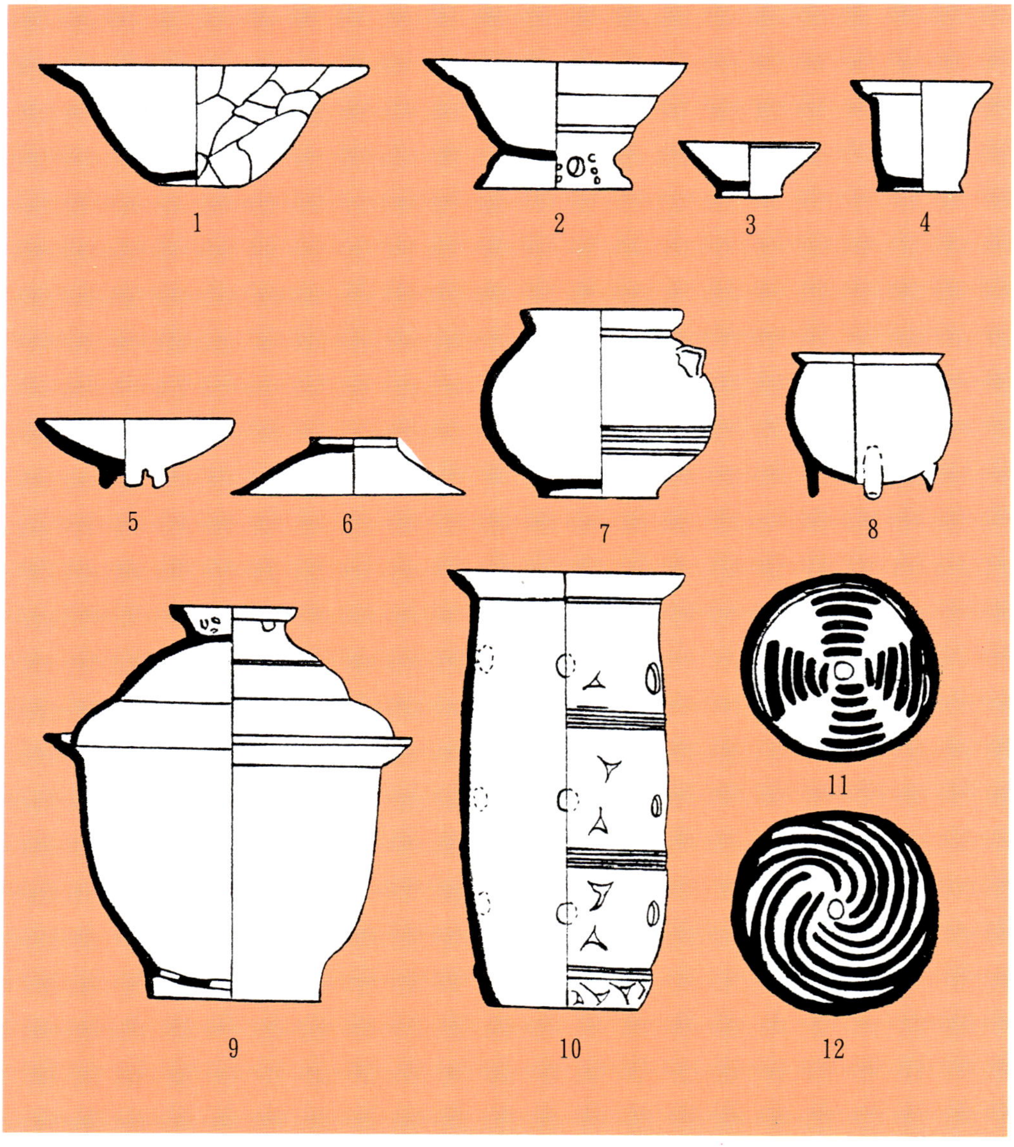

圖二三　屈家嶺文化陶器　1、盆　2、3碗　4、杯　5、碟　6、蓋　7、8罐　9、甑　10、鏤孔器座　11、12彩陶紡輪　（資料來源：《中國陶瓷》）

彩圖四七　蛋殼彩陶杯　屈家嶺文化　高七・二公分，口徑一〇・三公分
湖北省京山縣屈家嶺遺址出土　中國歷史博物館藏

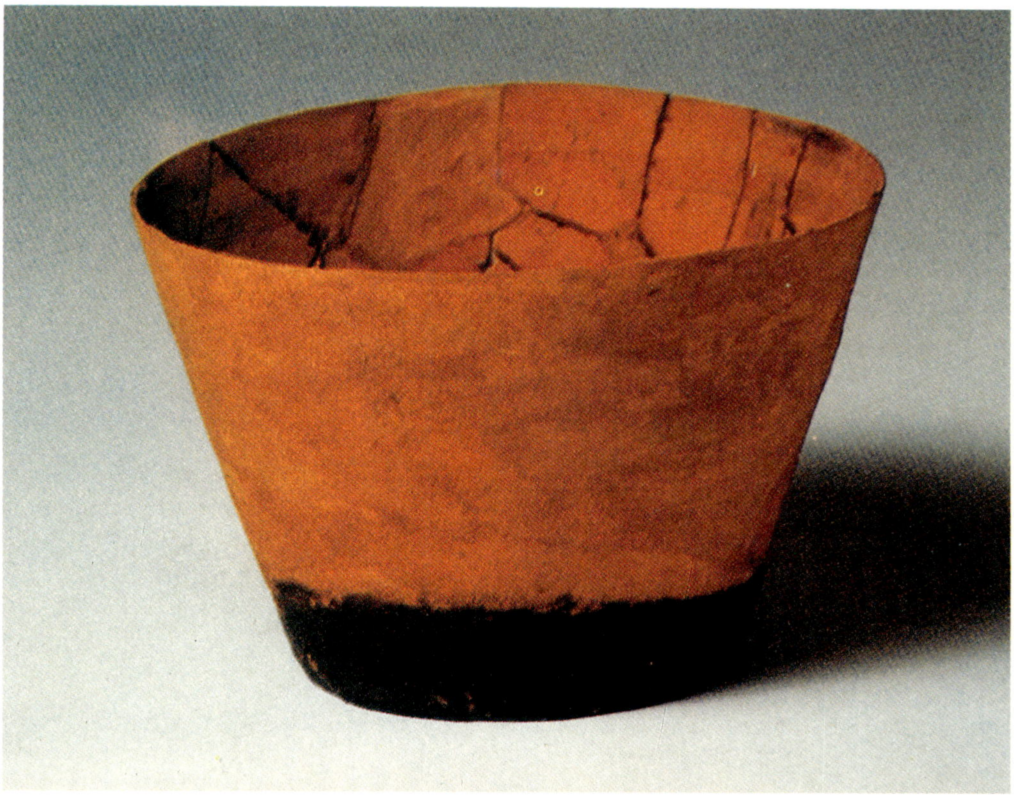

彩圖四八　黑陶高柄豆　屈家嶺文化　高一九・五公分，口徑七・五公分
河南省浙川黃楝樹遺址出土　河南省博物館藏

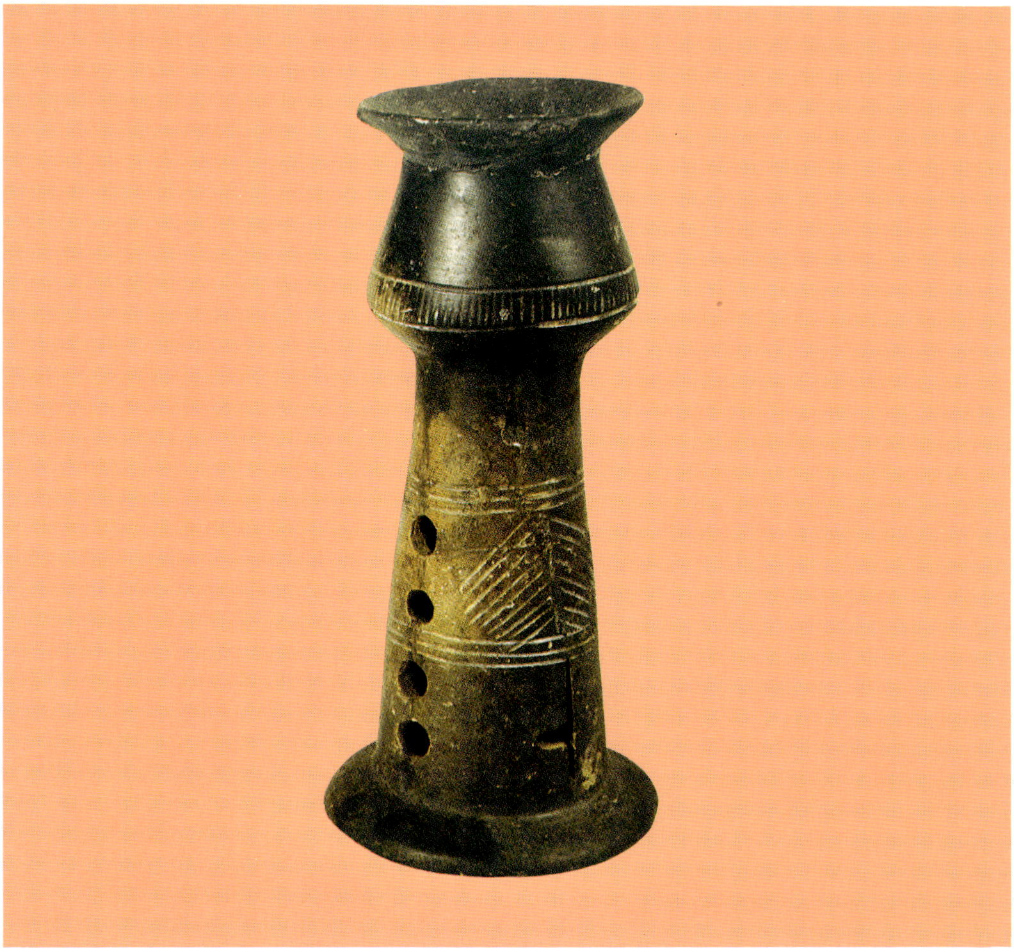

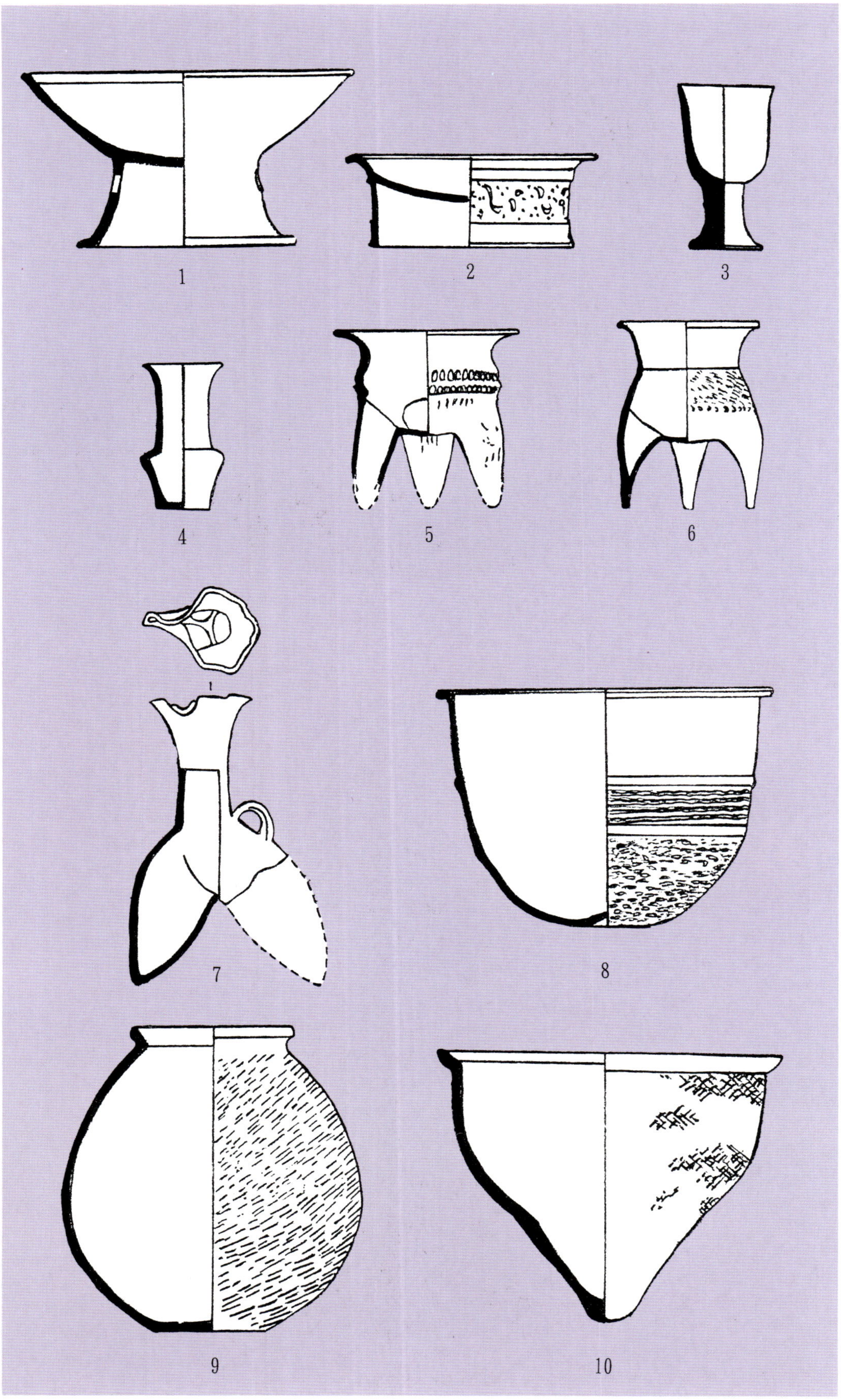

圖二四　青龍泉三期文化陶器　1、2豆　3、杯　4、瓶　5、6斝　7、鬹　8、缸　9、罐　10、甗（資料來源：《新中國的考古發現和研究》）

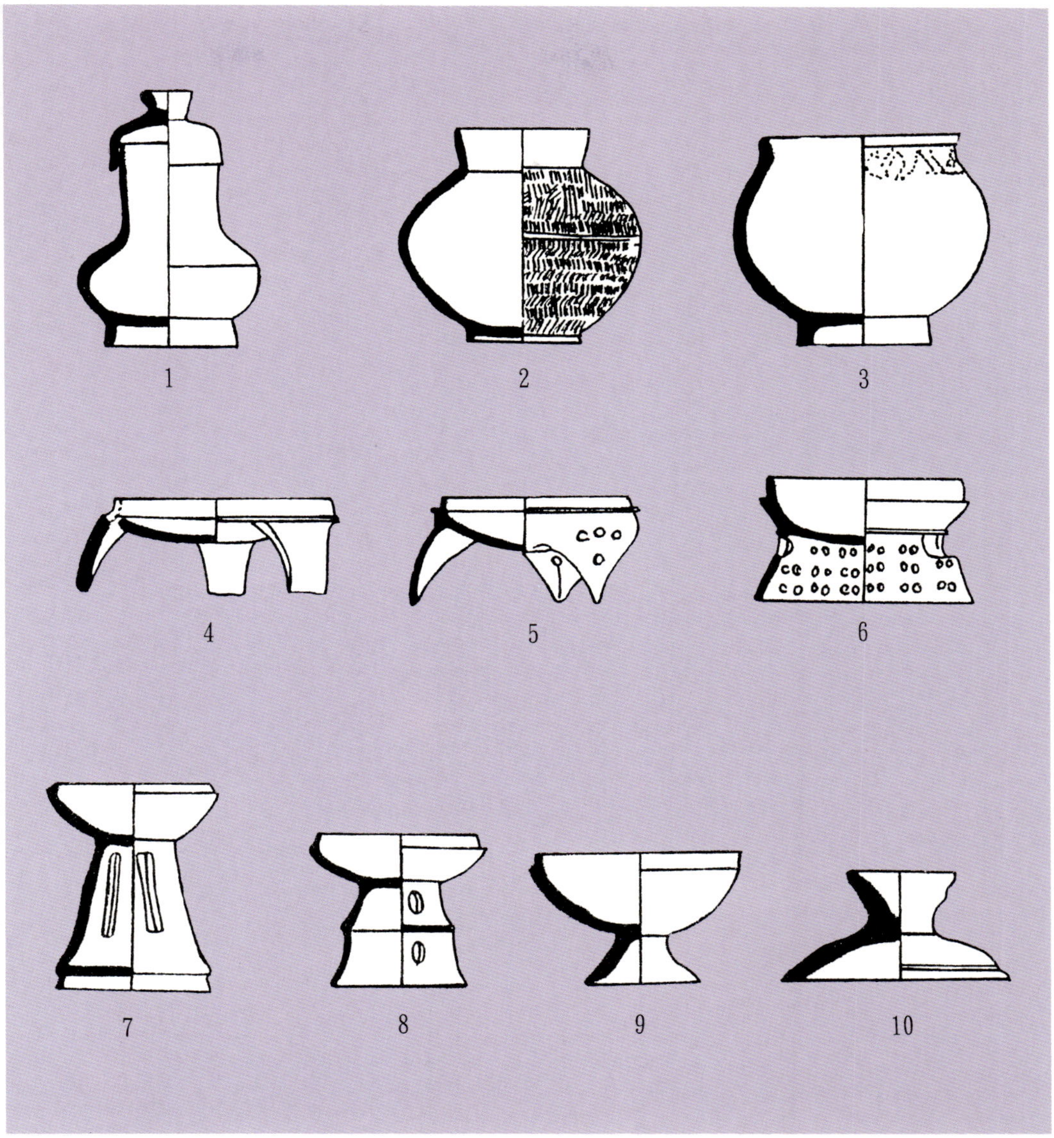

圖二五　石峽文化陶器　1、壺　2、3罐　4～6盤形鼎　7～9豆　10、蓋（資料來源：《中國陶瓷》）

沙等地則出現了泥質紅陶上畫赭紅色彩條、葉脈形花紋等新穎彩陶。石峽文化的泥質陶、夾砂陶器物種類很多，壺、罐、盤形鼎、鏤孔豆，既可做蓋又做盤用的器皿，實用美觀（圖二五），在沿海地區是水準很高的陶器。它的幾何形印紋陶特徵是華南地區共有的。廣西桂林甑皮岩等洞穴遺址也有工藝很原始的夾砂陶和泥質陶，器物以圜底罐、釜為主，川南、西藏、雲貴等地區新石器時代遺址，也出土很多風格獨特的陶器，由於篇幅所限就不一一列舉了。

註釋

①保定地區文物管理所、北京大學考古系、徐水縣文物管理所，河北大學歷史系：〈河北徐水縣南莊頭遺址試掘簡報〉，《考古》一九九二年十一期。
②劉澤純：〈岩溶洞穴堆積和第四紀冰期氣候〉，《科學通報》一九七九年十九期八九二頁。
③中國社會科學院考古研究所編：《新中國的考古發現和研究》，文物出版社出版。
④同③。
⑤參見《中國大百科全書·考古卷》。
⑥周仁等：〈我國黃河流域新石器時代和商周時代製陶工藝的科學總結〉，《考古學報》一九六四年一期。
⑦同③六一頁。
⑧同③見《黃河流域的新石器時代文化》。

第二章　夏商周陶器和原始青瓷

大約在西元前二千年左右，原始氏族社會逐漸解體。黃河流域許多部落，首先進入文明時代。文明時代的第一個王朝是文獻上記載的夏朝。夏以後是商、西周、春秋、戰國歷時十八個世紀。中國文化進入燦爛的青銅時代，陶器在社會上的重要地位，讓給了青銅、玉器等工藝品。但是，陶器仍然與生活聯繫很緊密，使用量很大，比青銅器、玉器多得多。灰陶、印紋硬陶、白陶工藝上有獨到之處，表現出明晰的時代特點。

商代發明了瓷器，堅硬緻密，有玻璃質釉層覆蓋，不易沾染污物，無毒無味，便於拭洗，莊重典雅，是優良的生活用具。由於工藝尚不夠成熟，因此稱為原始瓷器。

製陶工藝為人類服務的範圍擴大到建築領域，首先發明陶水管，然後發明板瓦、筒瓦和瓦當，體現了中國建築獨到的特色。在製陶工藝取得成就的基礎上發明了鉛釉陶器，揭開了釉陶藝術史的第一頁。

第一節 夏文化的探索和夏代的陶器

據古書記載，夏是中國歷史上最早的王朝之一①。西元前二十二世紀前後，夏部落聯合近親和東方的夷部落，由禹建立了夏王朝。到桀滅亡，經歷了十四世，十七王，共四百多年。只是夏朝尚無甲骨文那樣的檔案來證實。而司馬遷的《史記》所記載的各個王朝都得到證實，特別是商，從甲骨文考證證明《史記》記載的商十分可靠。夏排在商的前面，司馬遷寫夏一定有根據。一個部族，由氏族發展到建立國家，要經歷漫長的歷程。在其文化發展過程中建立王朝，滅亡後，人們的生產生活還在繼續。要考證清楚夏王朝的存在，必須在夏人活動的範圍，探索物質文化情況。由於沒有當時的文字資料，只能依靠考古地層學、器物類型學、碳十四測定年代和夏以後的文獻記載來加以分辨。

傳說夏人是黃河流域一個最強大的部落聯盟。主要活動區域是河南西部、山西南部。屬於夏文化的典型遺蹟有兩處，一處是二里頭文化遺址，範圍包括偃師二里頭、鄭州洛達廟、洛陽東乾溝、密縣新砦，以及禹縣、洛寧、澠池、臨汝、嵩縣、鄢陵、扶溝、商水、信陽等地。另一處是山西夏縣東下馮。其他有湖北黃陂的盤龍城、陝西華縣元君廟、河北磁縣下七垣等遺址。這些文化遺址年代測定都在夏存在的時間裡。

二里頭一、二期，東下馮一至四期是夏文化②。它們的陶器代表了夏代製陶工藝的一般情況。

二里頭一、二期文化，人們的日用陶器有泥質灰陶、夾砂灰陶，還有深褐色陶器和磨光黑陶，少數白陶。製法以輪製為主，有大小不同規格的侈口圜底罐、小平底罐、直口折肩小平底甕、深腹觚、爵、三足盤、單耳鼎、盉、侈口折沿深腹盆、甑、器蓋等。凡有口沿的器物，如盆、鼎

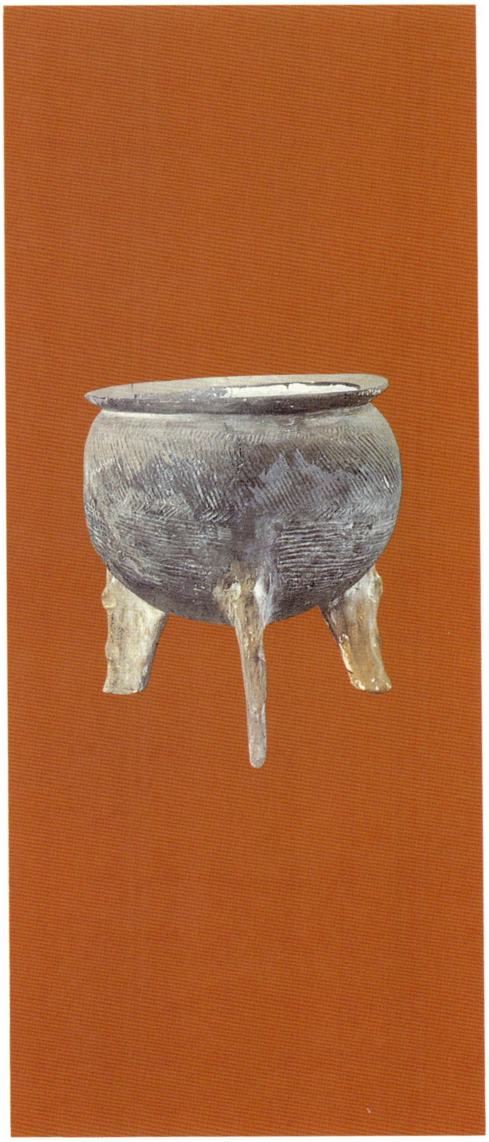

彩圖四九　夾砂灰陶鼎　夏文化　高一九公分，口徑一五・五公分　河南省淅川縣下王崗遺址出土　河南省博物館藏

、罐、甑等，腹體圓鼓，稜角清晰，口沿寬而外折，如河南淅川縣下王崗遺址出土的夾砂灰陶鼎，腹體寬肥而圓鼓，圜底，下承以粗壯拙實的三足，脊稜突出（彩圖四九）。罐甕類貯物器皿，形體雖大而底部很小。器物裝飾以寬鬆的籃紋、細密的繩紋、平行弦紋、方格紋、附加堆紋等。白陶很少，有鬶、斝、盉等一類器物，白度不高，白中顯灰黃色（彩圖五〇），很規整，工藝水平很高③。

山西夏縣東下馮遺址，屬夏文化的陶器，以灰陶、褐陶為主，少量紅陶和黑皮陶。器物有碗、盤、盆、甗、蛋形甕、鼎、尊、罐、鬲等。河南登封王城崗夏文化層出土的陶器也很典型（圖二六）④。

印紋硬陶在江西清江築衛城夏文化層出土不少，印有葉脈紋。

夏文化陶器和黃河流域大多數史前陶器都不同，只能看到部分河南龍山文化陶器的一些特徵。鼎、三足盤、折沿盤、折沿雙耳盆、爵、觚、盉等器物做得莊重，

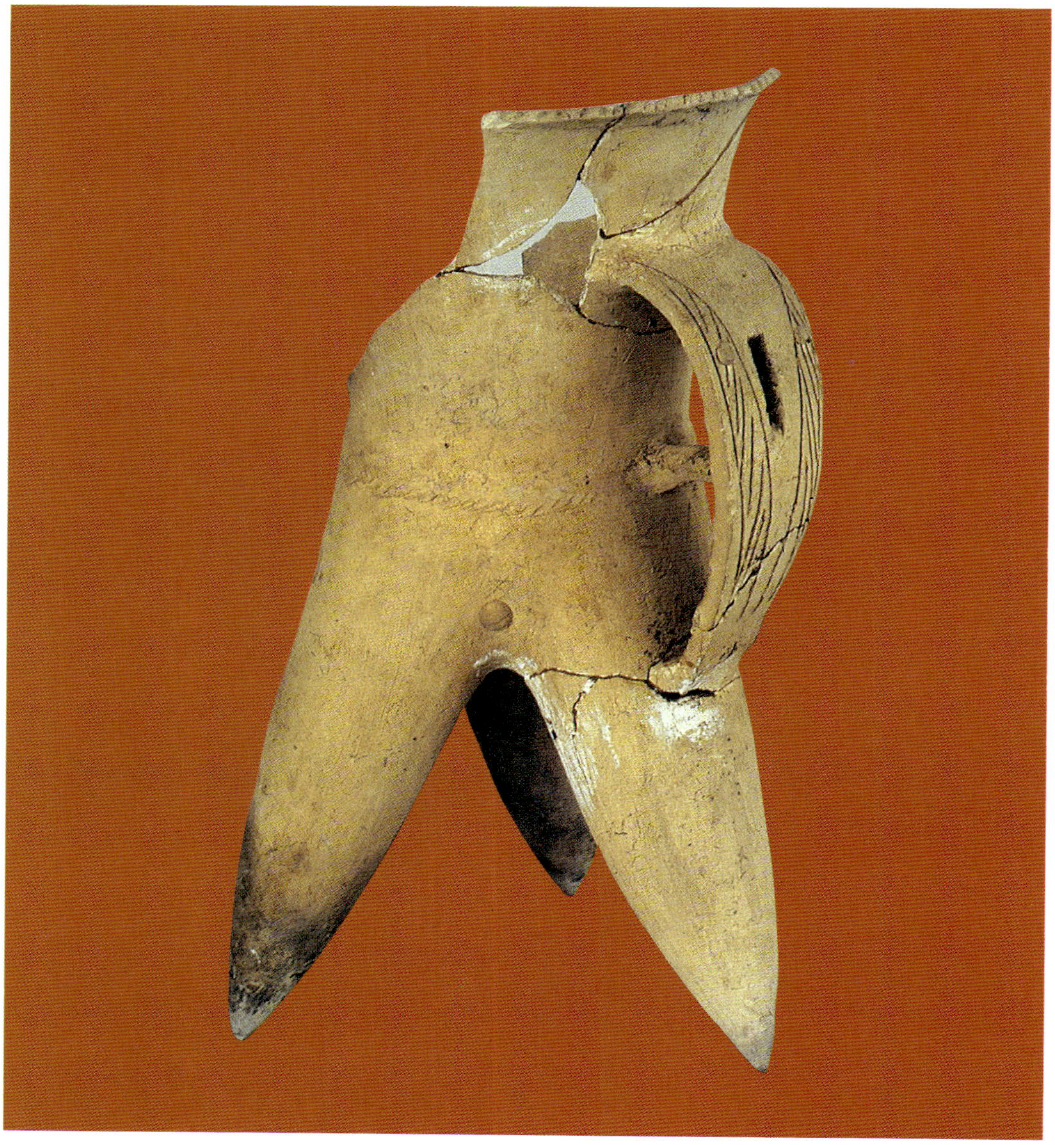

彩圖五〇　白陶鬶夏文化　殘高二六．〇公分　河南省鞏縣出土　河南省博物館藏

稜線分明。逐漸興起的青銅器就是學這些特點，夏文化的陶器是青銅造型藝術的樣本。

第二節 商代的陶器

商繼夏而起。王朝的更迭，沒有導致物質文化的徹底改變。製陶工藝有明顯的繼承性，不同的是，商王朝幾百年裡，製陶工藝水準提高了，陶器種類增多，藝術性有時代的特徵而已。

商代前期，和夏文化陶器聯繫密切，飲酒飲水用的器皿觚、斝、爵、盉數量和式樣增多。食器中的寬體鉢加了兩個耳。簋的圈足加寬，寬足豆逐漸代替淺盤高柄豆。盆形鼎由炊器改為飲食用具，在陶質上由粗糙夾砂陶改為磨光的細泥陶。炊器增添了甗，鼎明顯減少，鬲增多。泥質陶比較細，器物胎壁比較薄，繩紋細密清晰，弦紋、雲雷紋、雙鉤紋、圓圈紋、附加堆紋、鏤孔都很規整（彩圖五一、五二，

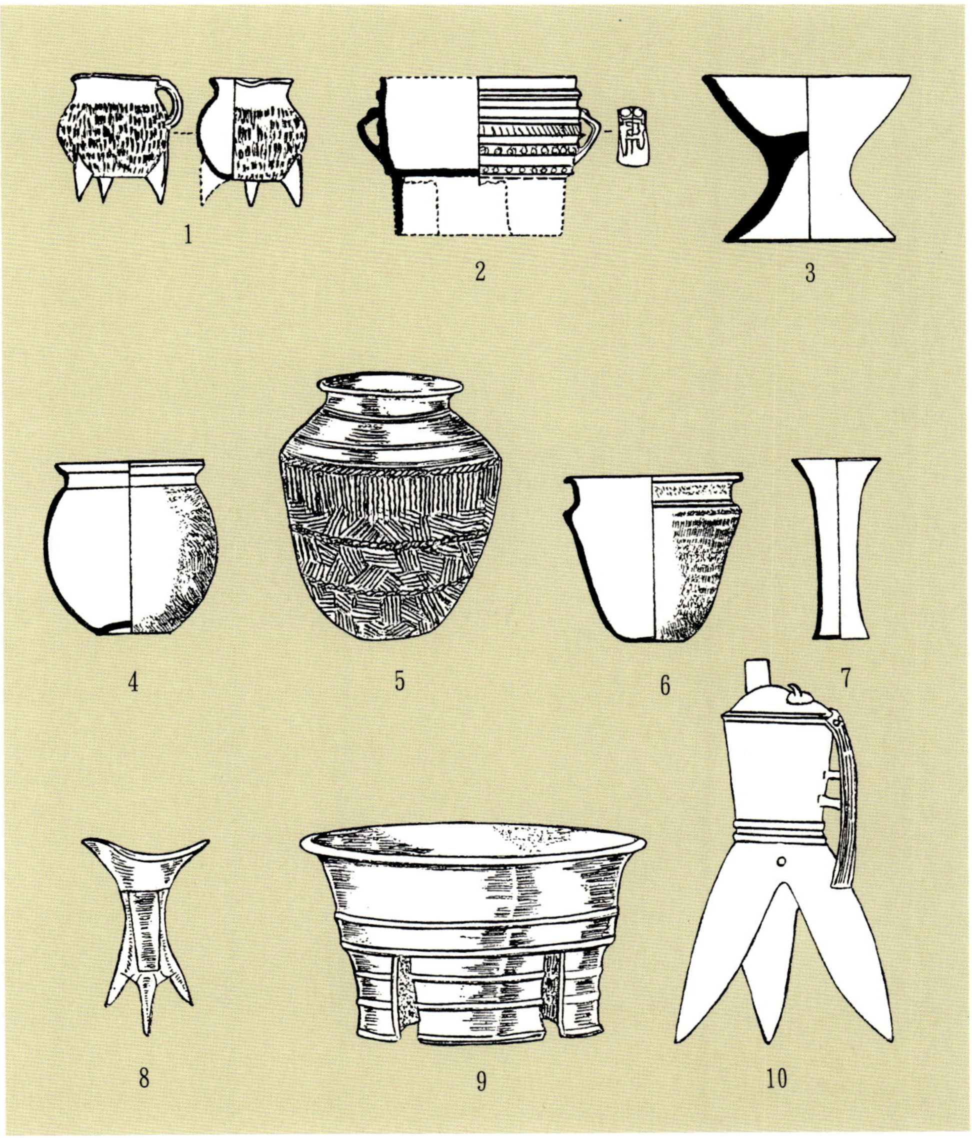

圖二六 夏文化陶器1、鼎 2、簋 3、9簋 4、罐 5、甕 6、大口尊 7、觚 8、爵 10、盉（1、5、7、8、9、10河南偃師二里頭夏文化層出土 2、3、4、6河南登封王城崗夏文化層出土）（資料來源：《中國陶瓷史》、《新中國的考古發現和研究》、《登封王城崗與陽城》）

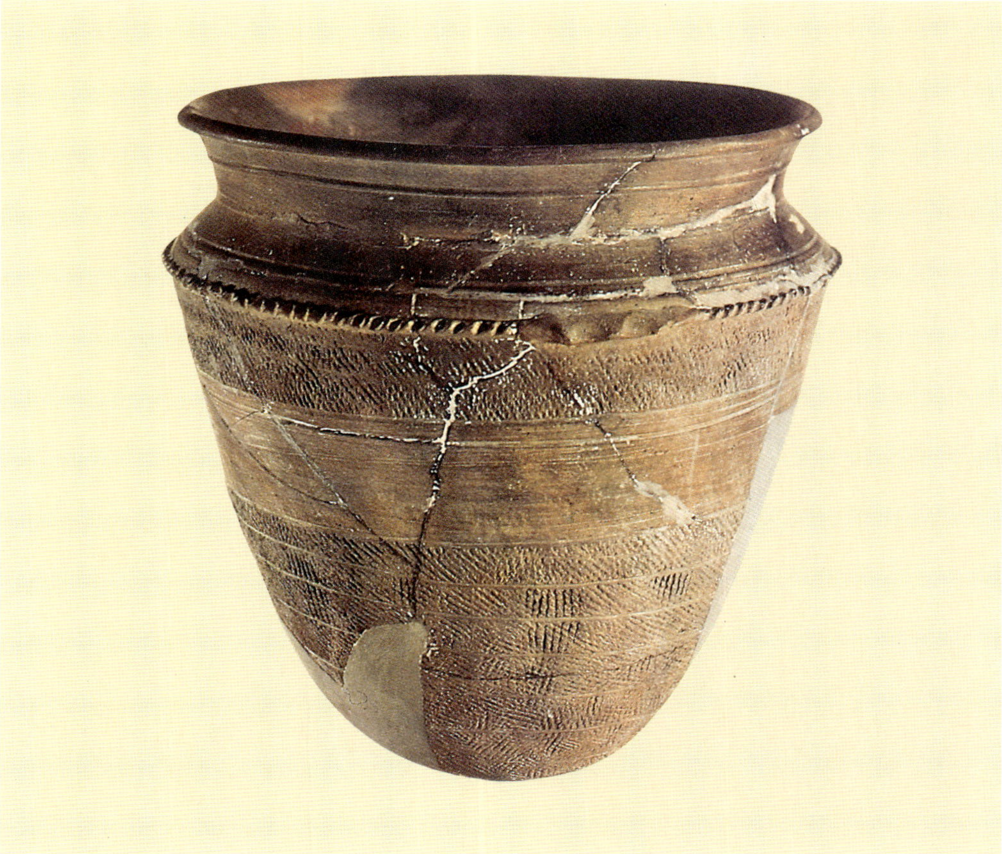

彩圖五一　灰陶繩紋大口尊　商　高四〇・〇公分，口徑三三・五公分
河南省鄭州二里崗出土　河南省博物館藏

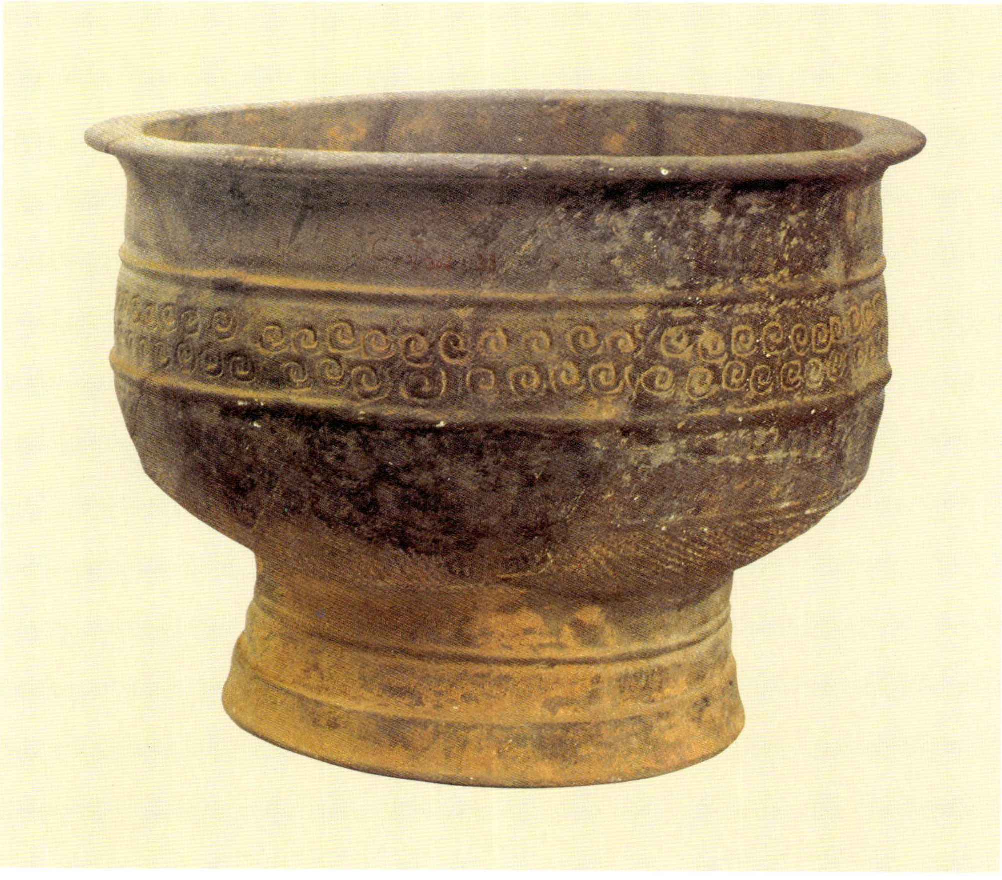

彩圖五二　灰陶簋　商　高一八公分，口徑二七公分
河南省鄭州出土　鄭州市博物館藏

圖二七）

陶器的質地，以泥質灰陶和夾砂灰陶為主，也生產一些夾砂粗紅陶，棕褐色陶器。黑皮陶和薄胎黑陶很少。在河南西部地區一些商前期文化裡發現了白陶，用北方坩土作原料。器形有鬹、盉、爵、盆等。

商代晚期，製陶水準提高，由於青銅藝術高度發展，締造光輝成就，陶器的造型和花紋學習青銅器。陶鬲、陶甗成為主要炊器，陶鼎進一步減少；儲盛器以大口尊、壺、罍、甕、盆、粗紅陶缸等為主；圈足鏤孔豆取代三瓦形足豆，豆和簋成為主要食具。花紋仍然以細繩紋為主，有少數方格紋、籃紋。表面打磨光亮的優質灰黑陶上，或印或刻雷紋環繞肩部和腹部（彩圖五三）。陶器上的裝飾紋樣，有構圖嚴謹的圖案，如花瓣紋、方格紋、火焰紋、漩渦紋、圓圈紋、蝌蚪紋、曲折紋、人字紋等。有些紋飾帶有某種神祕色彩，如饕餮紋、夔龍紋、雲雷紋、乳釘紋、連環

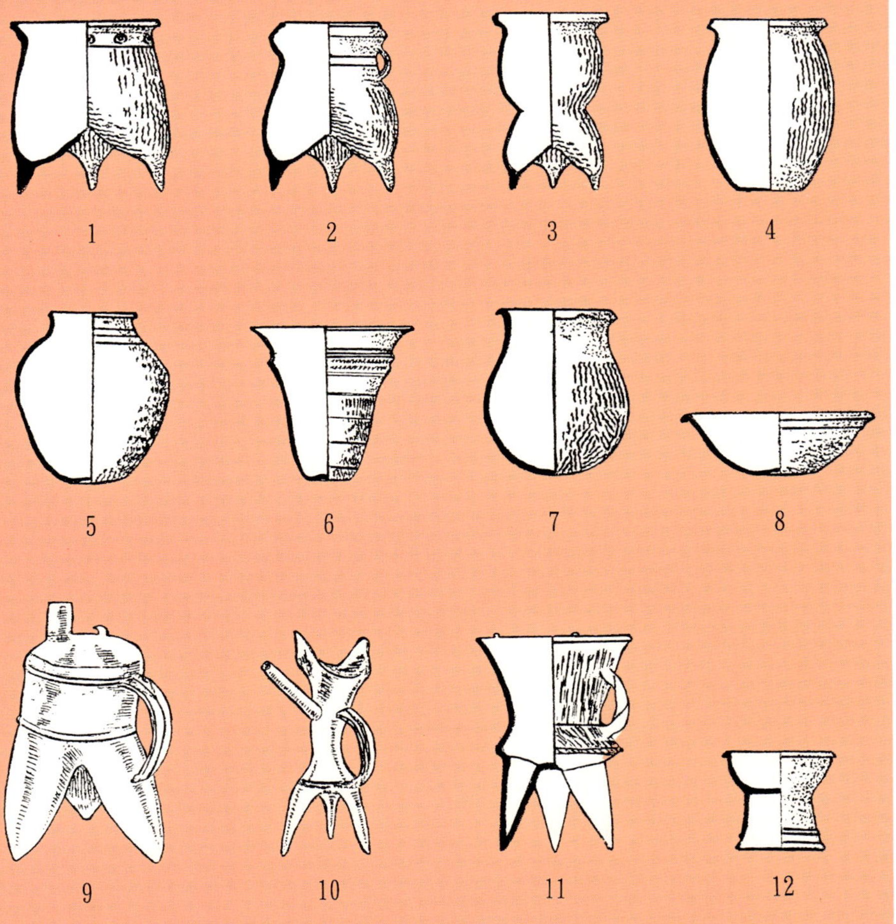

圖二七　商代前期陶器　1、鼎　2、11斝　3、甗　4、罐　5、甕　6、大口尊　7、尊　8、盆　9、盉　10、爵　12、豆　1～8、12鄭州二里崗遺址出土　9～11二里頭晚期文化層出土（資料來源：《鄭州二里崗》、《新中國的考古發現和研究》、《中國陶瓷史》）

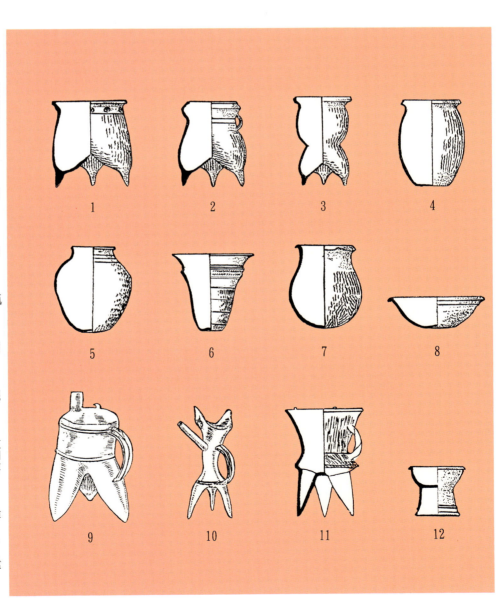

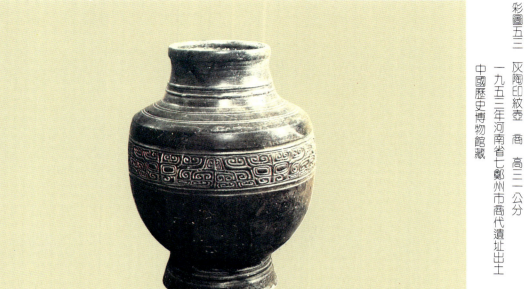

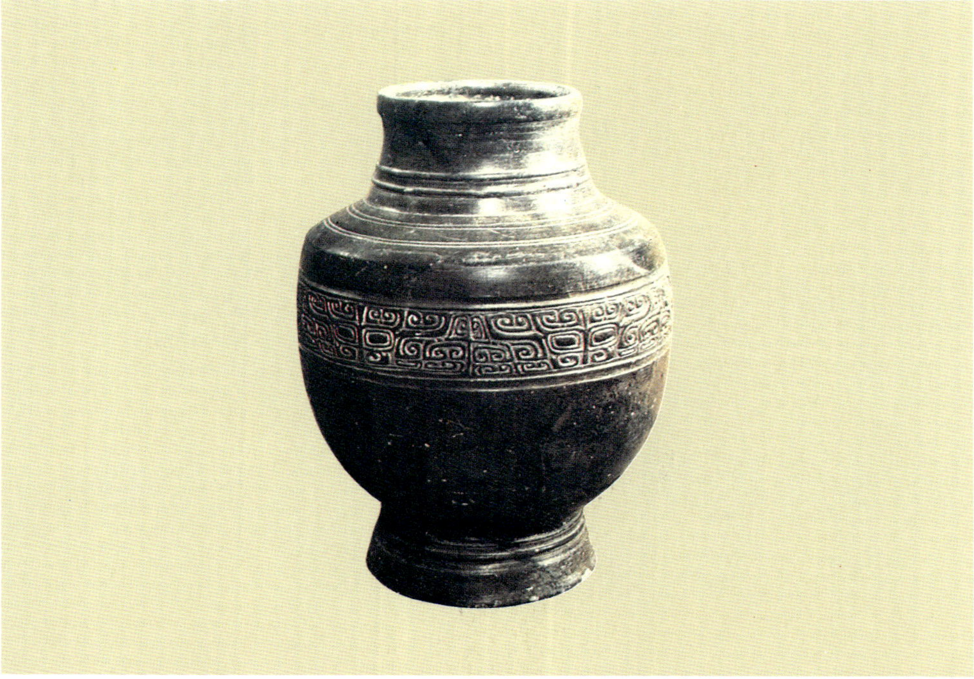

彩圖五三　灰陶印紋壺　商　高三一公分
一九五三年河南省七鄭州市商代遺址出土
中國歷史博物館藏

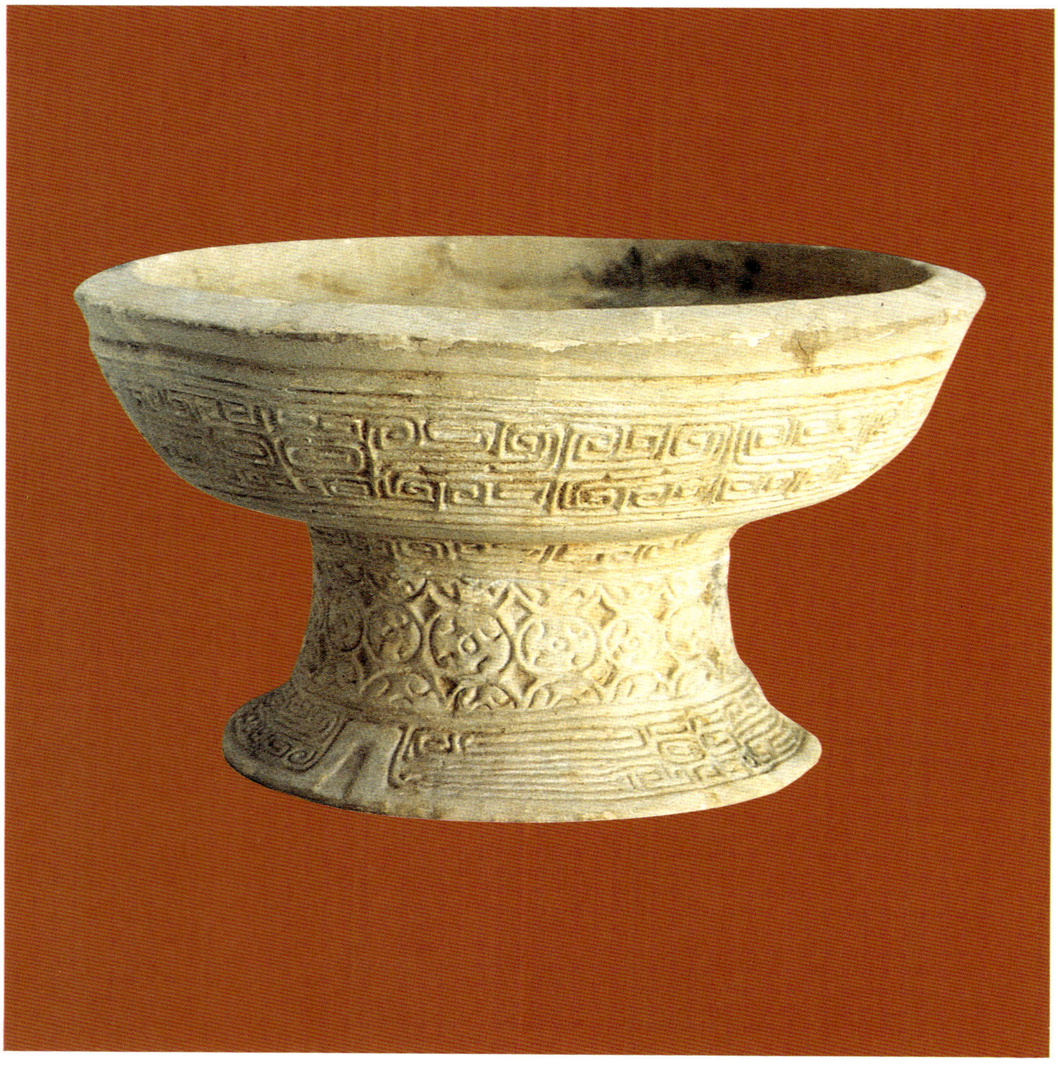

彩圖五四　白陶豆　高一三・〇公分，口徑三一・五公分　河南省鄭州出土　中國歷史博物館藏

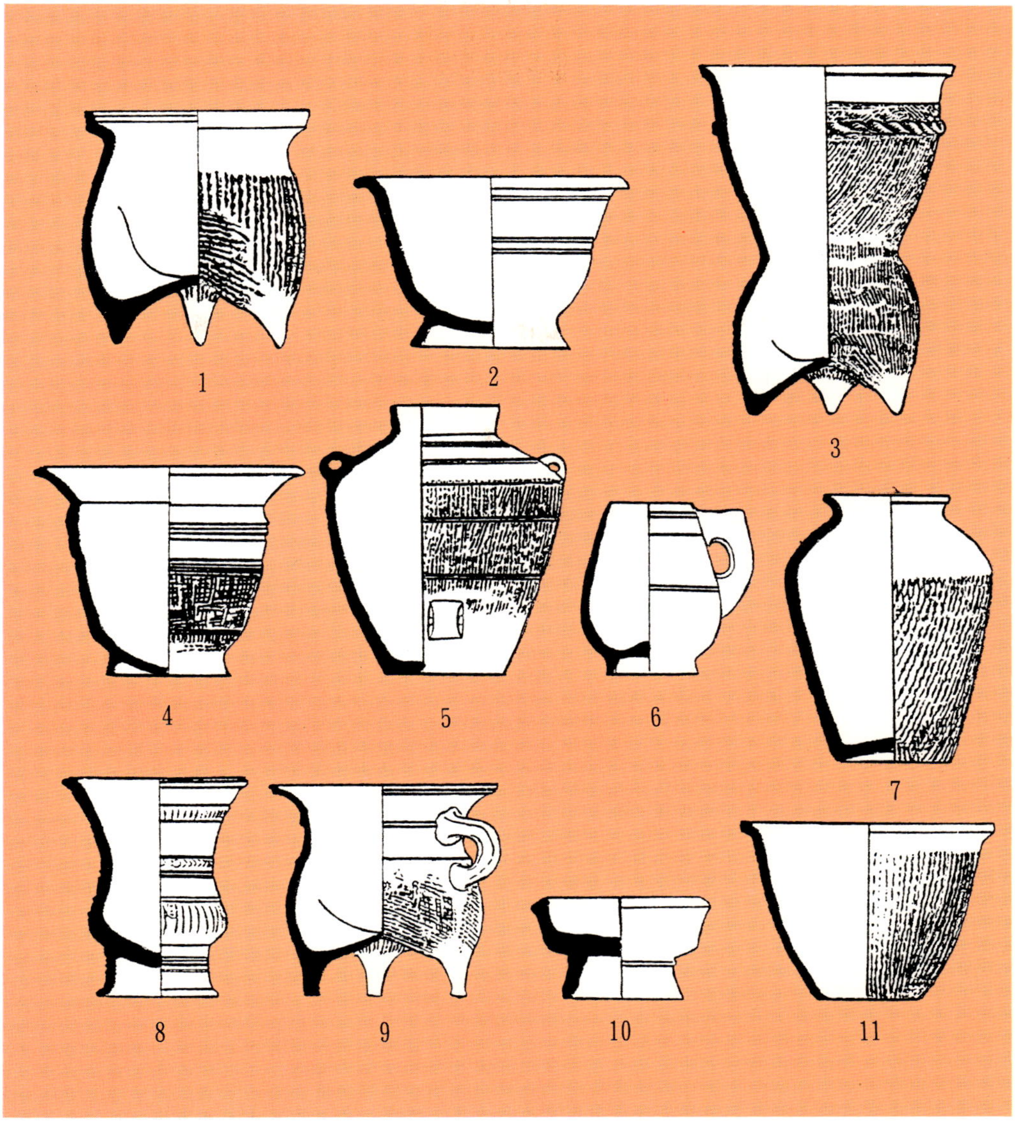

圖二八　商代晚期陶器　河南安陽殷墟出土　1、鬲　2、簋　3、甗　4、8尊　5、罍　6、杯　7、罐　9、斝　10、豆　11、盆　（資料來源：《殷墟發掘報告》）

紋等（圖二八）。

印紋硬陶在南方發展起來，江西、湖北、湖南、浙江、上海、福建發現很多。北方的河北、山西、山東等省也出土不少。生產地仍然是南方，水準大幅提高。形狀規整，質樸敦實。常見的器形有罍、罐、尊、釜、甕等。花紋有葉脈紋、人字紋、雲雷紋、方格紋、曲折紋和粗線條的回紋，有的器底打印繩紋。

白陶，主要是一些造型很優美的鬵、壺、盉、爵、罍、盤、卣、盂、豆、罐、盆、鉢、簋等。白陶裝飾，早期盆類器物表面拍印繩紋和黏貼附加堆紋。晚期繩紋減少，饕餮紋、夔龍紋、曲折紋、雲雷紋增多（彩圖五四～五六，圖二九）。

商代除生產生活用具外，也生產陶塑藝術品，有人物坐像、羊、虎、鴞、牛頭、魚、龜等。有捏塑，有淺浮雕、高浮雕，簡潔抽象，雖不尚真實，但雅氣十足，憨態可愛（圖三〇）。

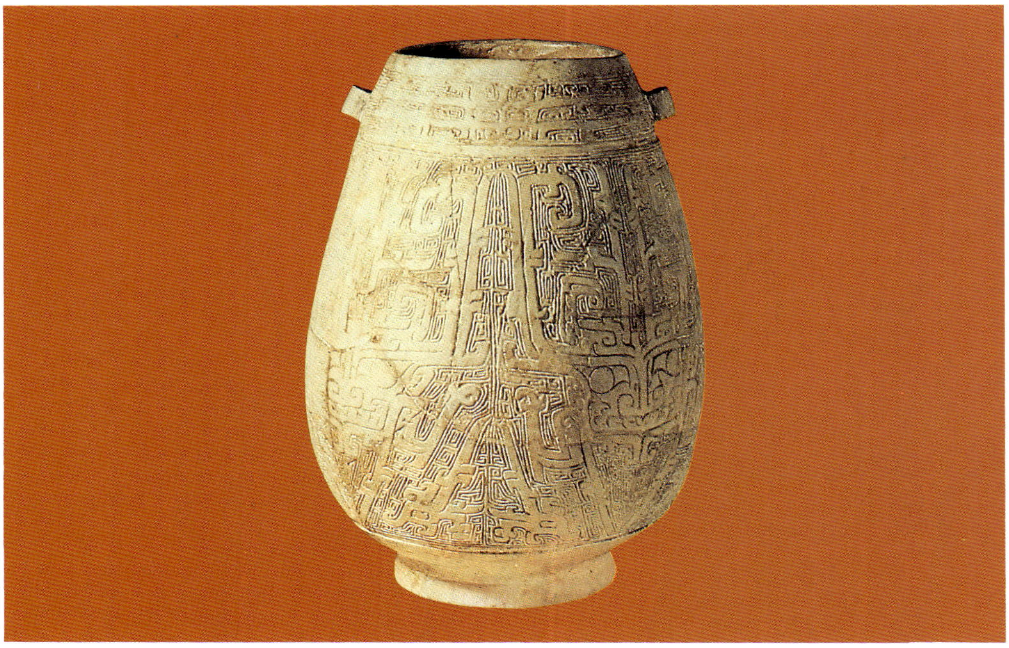

彩圖五五　白陶刻花雲雷紋饕餮紋尊　商　高二一・一公分
河南省安陽殷墟出土　北京故宮博物院藏

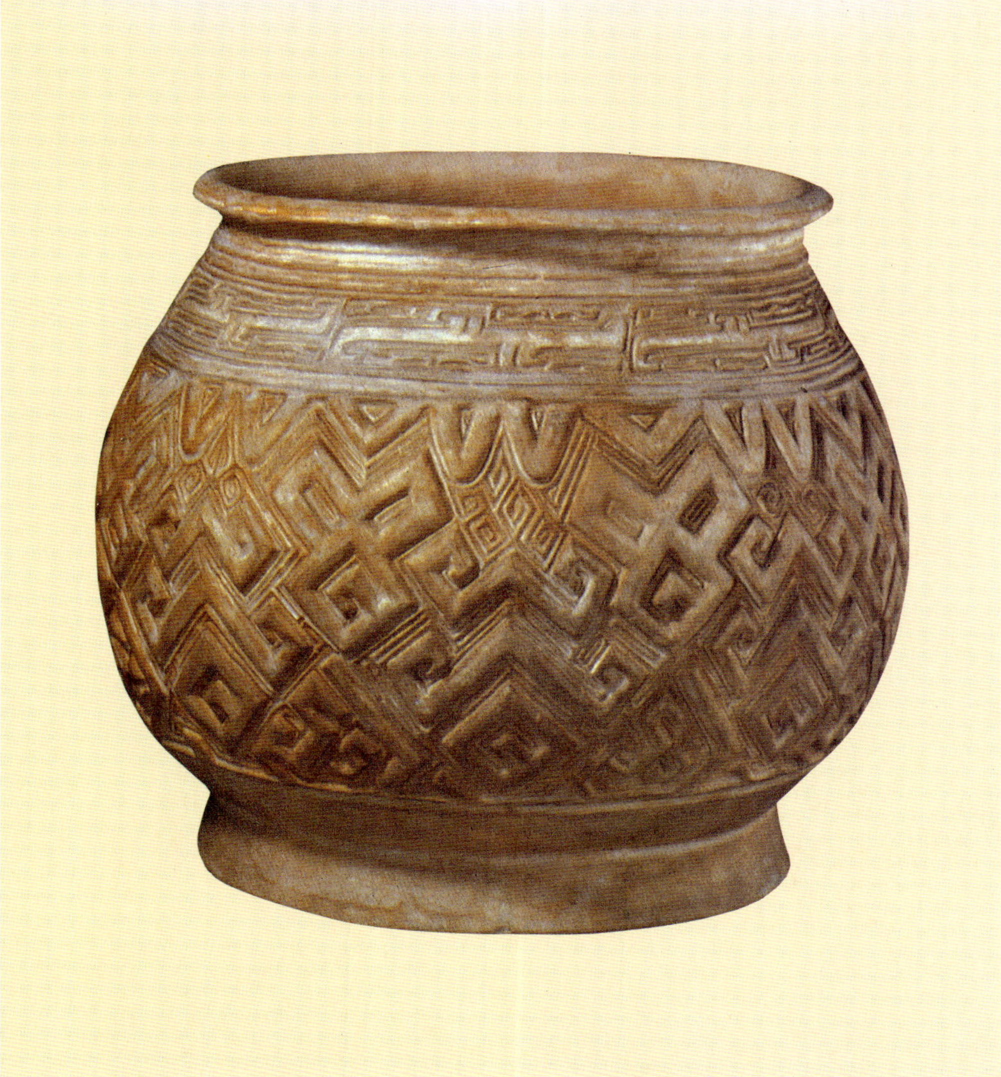

彩圖五六　白陶幾何紋瓿　商　高二〇公分，口徑一八・五公分　河南省安陽殷墟出土
北京故宮博物院藏

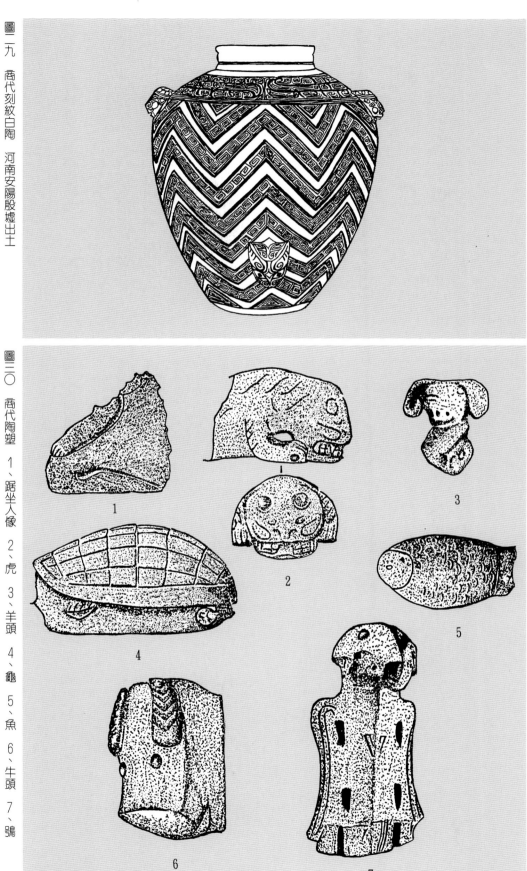

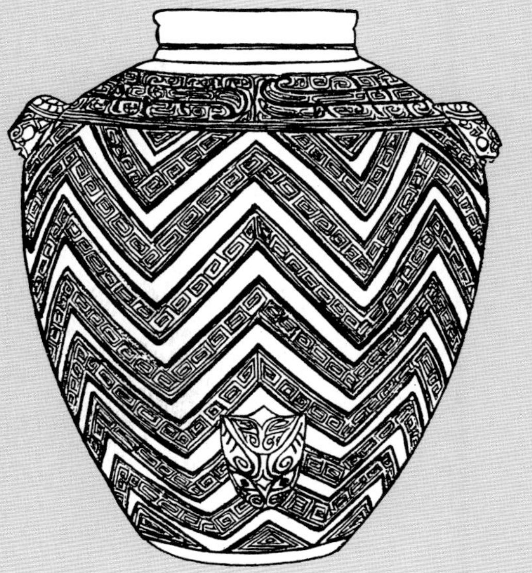

圖二九　商代刻紋白陶　河南安陽殷墟出土
（資料來源：《商周考古》圖一七）

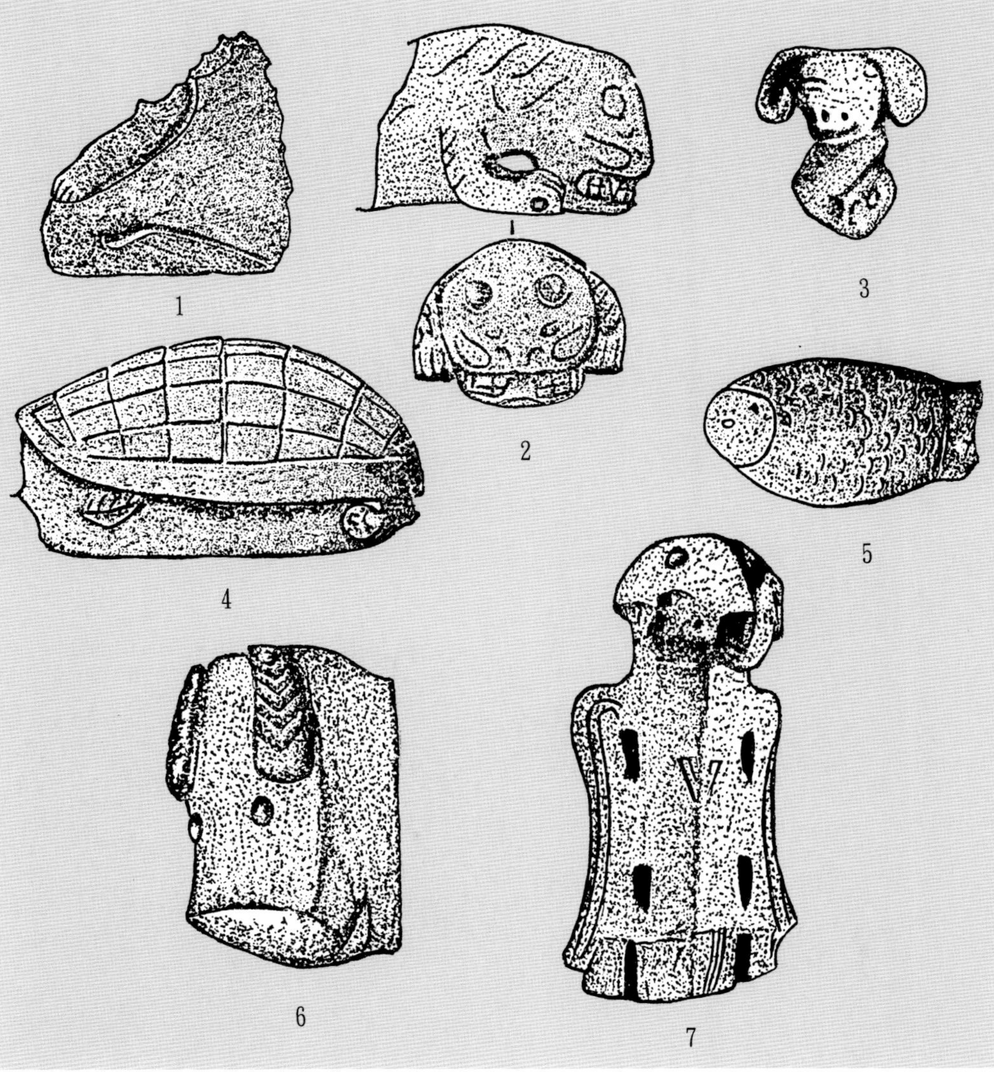

圖三〇　商代陶塑　1、踞坐人像　2、虎　3、羊頭　4、龜　5、魚　6、牛頭　7、鴞
（1～5商代前期　6、7商代後期）（資料來源：《商周考古》）

第三節 周代陶器

周，指西周、春秋和戰國。

周是黃土高原上的一個部族，活動於涇水、渭水流域，與戎狄等部落雜居。古公亶父時在陝西扶風、岐山安定下來，文王、武王時遷豐、鎬，勢力逐漸強大，聯合蜀、庸、羌等八個部落滅商，建立周朝。西元前十一世紀至西元前七七一年為西周。平王東遷洛邑後稱東周，東周自西元前七七○年至西元前四七六年為春秋；西元前四七五年至西元前二二一年稱戰國。

鑑定周代陶器掌握上述各個時期的品種和特徵即可，現在把這些特徵歸納如下：

西周時期的陶器，主要是灰陶，少量紅陶和黑陶，表面磨光，器物種類並不多，通常使用得最多的器物有鬲、簋、盆、豆、盂、罐等。仍然保持黃土高原製陶工藝的特點，陶鬲三袋足之間的襠又高又癟，三袋足也比較尖瘦。以後就融匯了商的製陶工藝，生活用具種類增多。日常用的盛貯器有甕、罐、盆、盂、罍、尊、瓿等。食器主要是簋、豆、圈足盤。炊器主要是鬲、甗和甑。商代盛行的酒器大為減少，只有爵仍然存在很長時間。由於竈的流行，鬲、鼎、甗的三條腿作用退化，三腿之間的角度又矮又大，最後幾乎成一條直線，胎體做的粗厚。

陶器裝飾有重環紋、S形紋、方格紋、雲雷紋、直線紋、附加堆紋，也有用細弦紋或空白折線將花紋分割成片，造成極佳的圖案效果（圖三一）。

從西周開始，製陶工藝向建築領域發展，生產了陶水管，發明了瓦。以後成為一個獨立的手工業部門。

春秋時期，實用陶器是泥質灰陶和夾砂灰陶。夾砂紅陶和棕灰色陶器比較粗糙。飲食器具主要是侈口斜壁的平底盤、斂口折腹盂、淺盤折稜豆等。盛貯器主要是高嶺甕、深腹盆、小口折肩罐等。炊器主要是折沿短頸鬲、圜底釜、深腹甑等。裝飾減化，多是一些粗淺繩紋和瓦溝紋。

江南地區印紋硬陶生產很多，質地精良（彩圖五七）。

戰國時期的陶器，西元前四七五年，中國歷史進入群雄爭霸的戰國時期。諸侯國之所以能自立為國，重要原因是有強大經濟實力，以此作基礎進行政治改革，而改革又促進經濟發展，於是千丈之城、萬家之邑在各地出現。齊、楚、燕、趙、晉、韓、魏、秦等大國，很注意發展農業和手工業。春秋中葉以來，各國手工業性質基本上是滿足日常生活之需，是民間工肆的私營手工業。文獻稱他們為「工肆之人」⑤，「百工居肆以成其事」者⑥，是以自己的技巧和資金組織生產。統治者貴族用的高級生活用品、禮器、兵器、車器則由官府控制。官府設有工正、工師、工尹等官吏，管理各種手工業百工⑦。

戰國日用陶器，質地上和以往一樣，生活用具主要是泥質和含少量細砂的灰陶

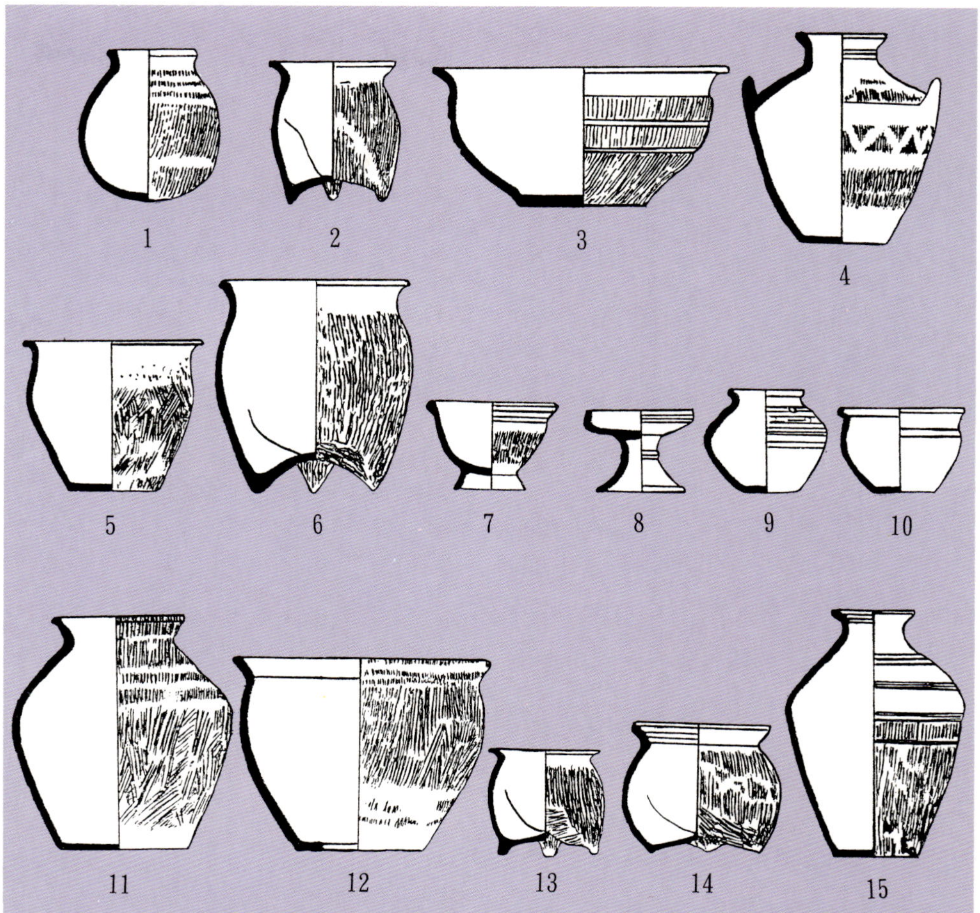

圖三一　西周陶器　長安張家坡出土1、4、9、15罐　2、6、13、14鬲　3、盆　5、尊　7、簋　8、豆　10、盂　11、甕　12、甑（1～7早期、8～15晚期）

（資料來源：《中國陶瓷》圖一七）

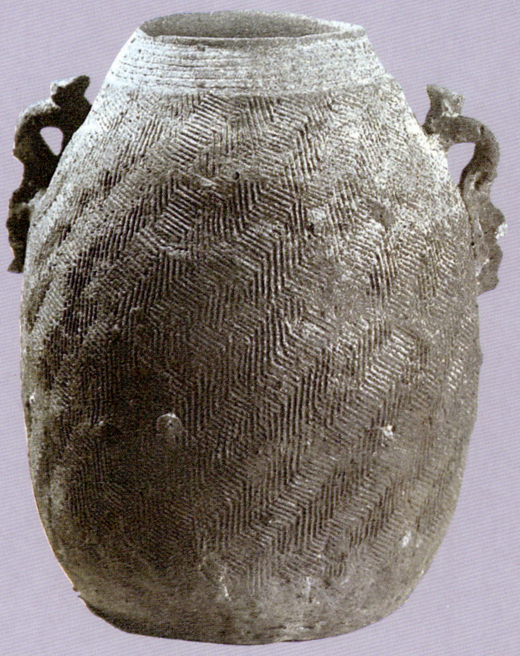

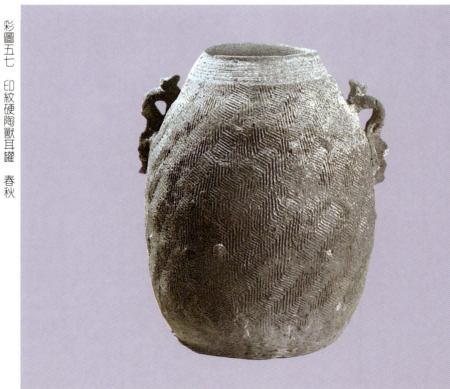

彩圖五七　印紋硬陶獸耳罐　春秋

高二一・七公分，口徑八・一公分　江蘇省吳縣出土

南京博物院藏

，燒成溫度較高而均勻，成漂亮的淺灰色或深灰色。炊器仍然是夾砂灰陶。飲食器皿主要是碗、豆、杯、盆等，和今日器皿沒有多少差別。盛貯器主要有罐、壺、甕和形體較大的盆。罐、甕一類用具增大了容量，腹體圓鼓而高，為了便於封蓋，口頸作得比較小，口沿方平。戰國初期的炊具有鬲、釜、甑、竈等，由於竈的使用，由三袋足支起來的炊器，足越來越小，以至完全取消，甚至被淘汰，釜成為主要炊具。釜底部很寬，成半球形，很適合放在竈上使用，口外侈而倦，厚實，有很強的承受能力，它的上面可以放甑，甑上放盆作蓋，便成為一套炊具。鼎、鬲、甗此後就從生活中淘汰了（圖三二）

戰國生活用陶，流行打戳記或刻字，河南登封陽城的陶碗、陶釜，口沿印有「陽城倉記」的方形戳記，有的印「倉」、「公」字，有的刻不認識的符號⑧。

商周用昂貴青銅禮器殉葬，此時改由陶器代替。陶質禮器成套製作出來。一些小墓葬中也殉葬禮器。這樣一來，禮不下庶人的傳統觀念就打破了。鼎、豆、壺、簠、甗、簋等藝術水準很高，用滲炭法使器物表面發黑，通體打磨光亮。有的薰黑後，按圖樣設計刻出花紋，有弦紋、水波紋、斜方格紋，櫛齒紋、龍紋、虎紋等，用竹、骨之類光滑工具將花紋部分磨光，花紋以外部分不打磨，發澀無光，與壓花部分形成對照，使花紋明亮，有黑漆效果。由於是以陶泥作成，又比漆器莊重典雅。河北省平山縣中山王墓出土一套研花黑陶禮器就是典型代表（彩圖五八）。

彩繪陶特別精美，在灰陶上用白堊土打底，用朱紅、黃、黑、白等彩色作畫，有龍、鳳、蟠螭、夔紋、流雲、漩渦、水波等紋樣，運筆流暢、飄逸，動勢強烈，三角蚊、規矩紋、雲雷紋、雙環紋、柿蒂紋等，嚴謹規範，色彩很鮮豔。也有施黃粉打底，用鮮紅一色，或紅黃二色，或多色繪成。湘鄂楚墓出土的彩繪陶尤其精緻（圖三三～三五）。

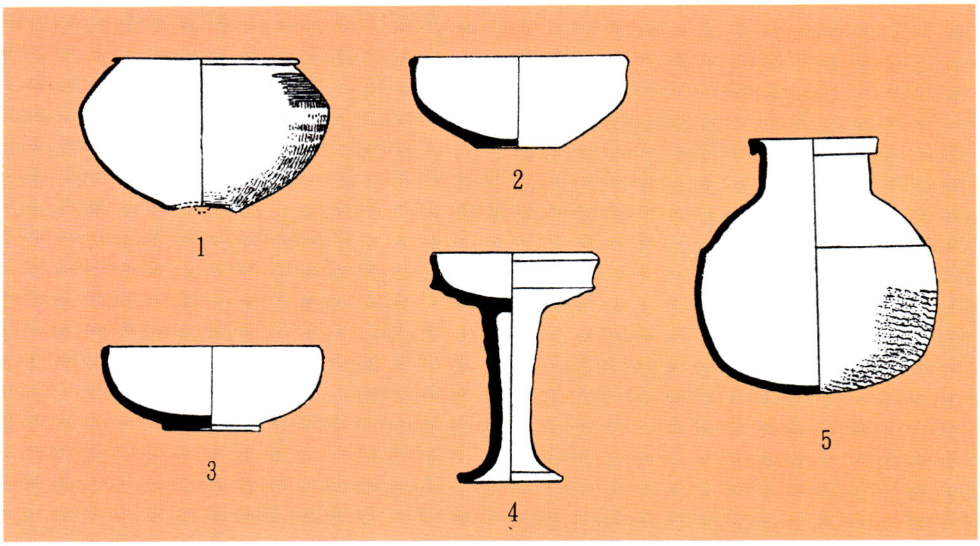

圖三二　河南陽城戰國時期陶器
1、鬲　2、3碗　4、豆　5、罐
（資料來源：《登封王城崗與陽城》）

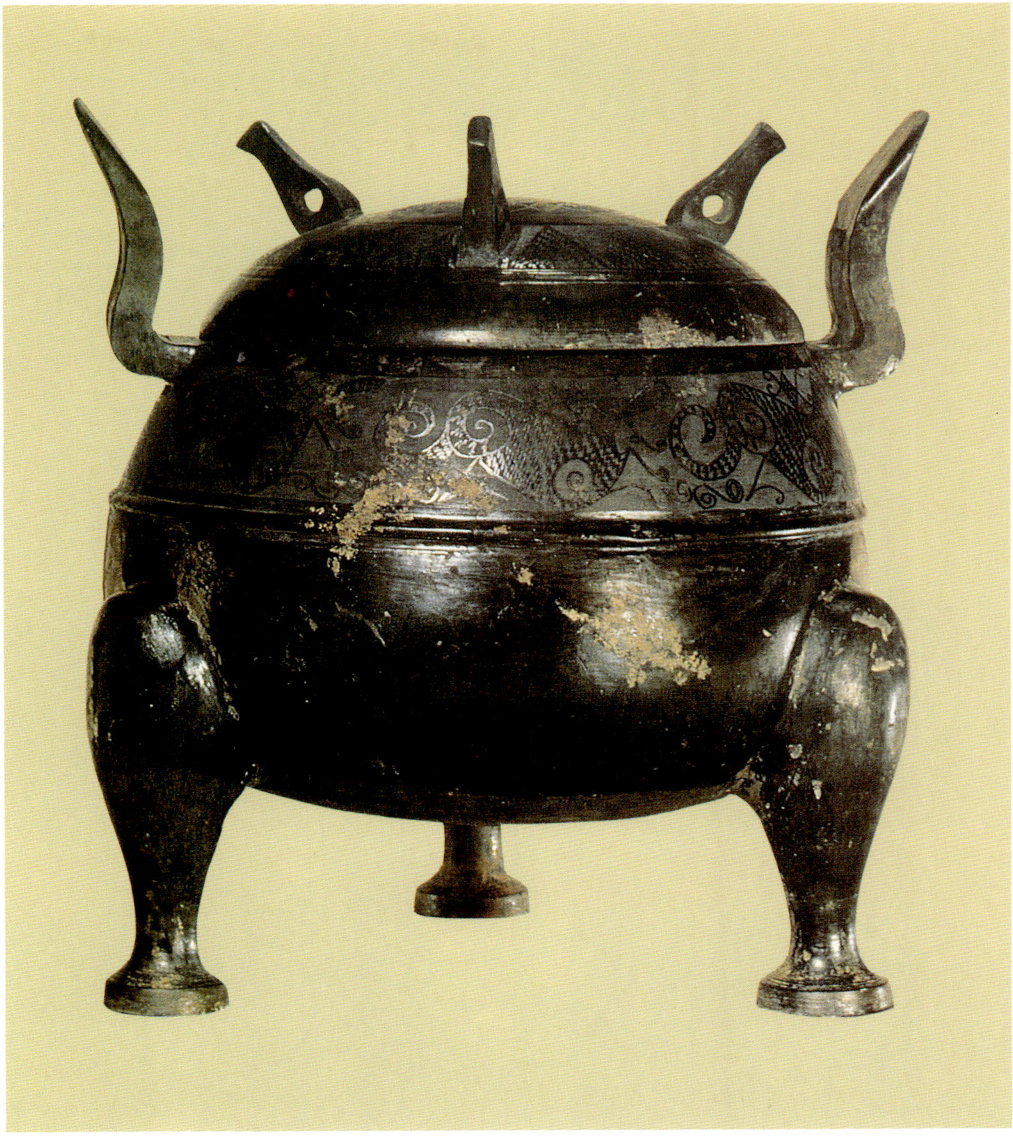

彩圖五八　磨光黑陶鼎　戰國　通高為四一・一公分，最大腹徑二八・五公分
河北省平山縣中山王譻墓出土

趙國地區流行在灰陶上以線刻手法刻出飛禽走獸、魚鱉龜等狩獵畫面和水族動物。

江南地區印紋硬陶，廣泛發展，有很高的藝術水準，成為人們生活中的主要用具。江蘇浙江吳越地區的硬陶，胎色青灰，堅致細膩，造型靈巧。器物以罈、罐、缽、盂為主，產量大，規格多，使用廣泛。廣東、廣西沿海地區以罐、瓿、罈、匏壺、甕、缸等器物為主。小口細頸，斜肩，下腹扁鼓的四耳匏壺、雙鋬三足罈、三足蓋盆等很有地方特點。

各地印紋硬陶上常見的紋飾，有弦紋、水波紋、米字紋、細方格紋、蓆布紋、回紋、漩渦紋、黏貼的S形紋。江蘇、浙江、江西等地以回紋、篩格紋、方框圓孔紋、細格紋、米字紋為特色。廣東、廣西地區以點線形篦齒紋、細平行線條紋、圓珠紋、櫛齒紋等為主。

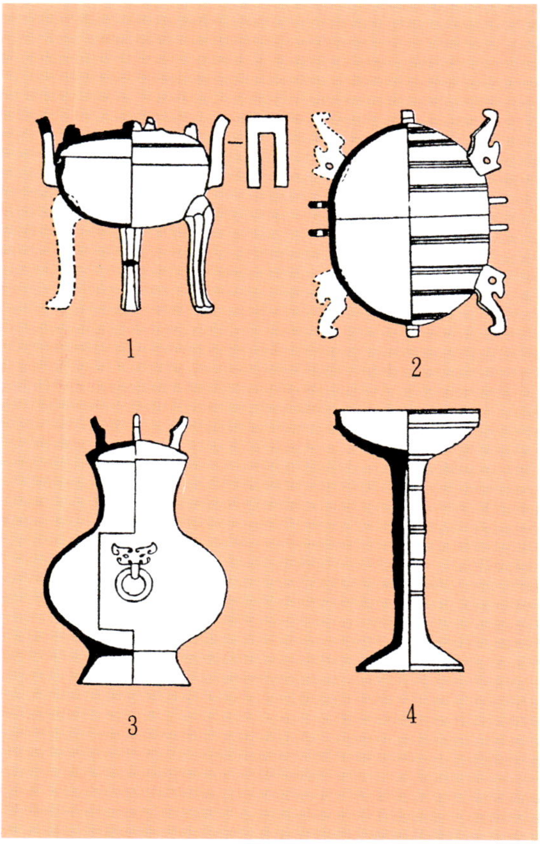

圖二三　湖南楚墓陶器　1、鼎　2、敦　3、壺　4、豆
（資料來源：《古文白鶴灣楚墓》，《考古學報》一九八六年三期）

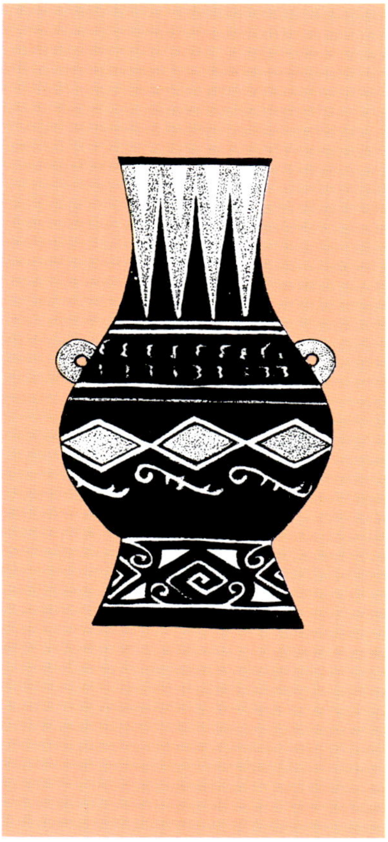

圖二四　湖南楚墓出土彩繪陶壺（資料來源：《古文白鶴灣楚墓》，《考古學報》一九八六年三期）

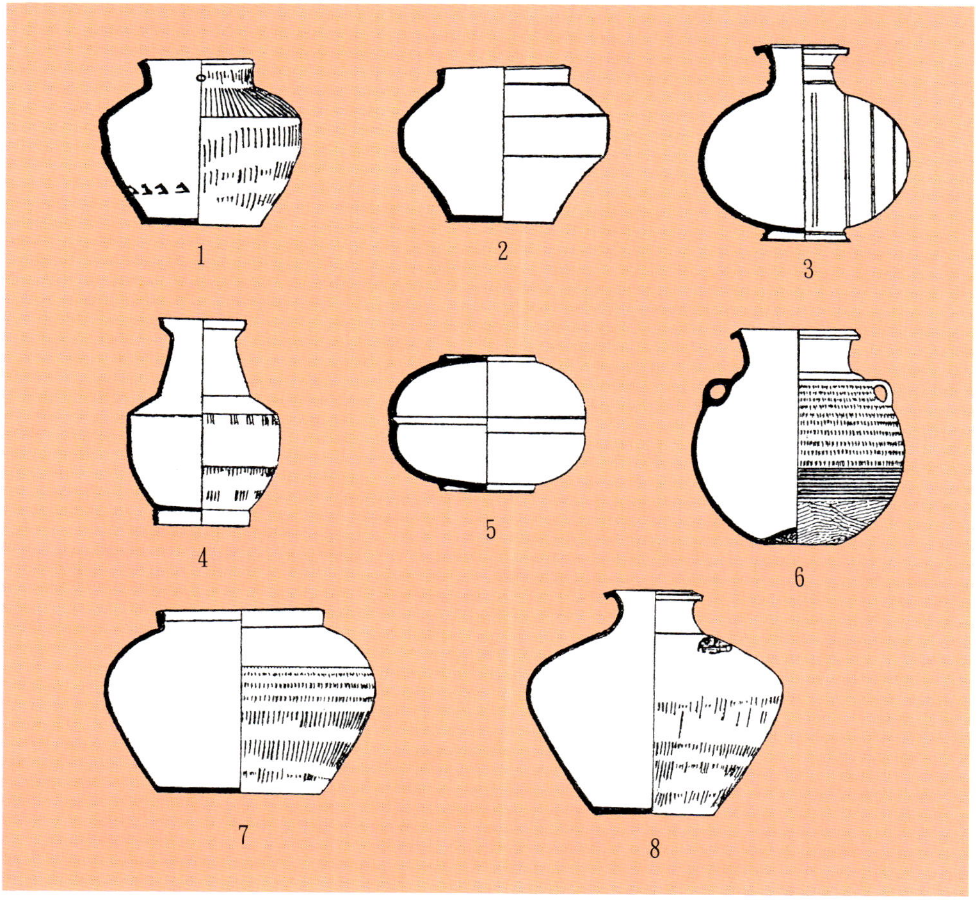

圖二五　湖北地區秦漢陶器　1、2罐　3、繭形壺　4、壺　5、盒　6、小口甕　7、直口甕　8、小口細頸甕（資料來源：湖北省博物館《一九七八年雲夢秦漢墓發掘報告》，《考古學報》一九八六年四期）

第四節 青瓷的發明和原始青瓷的特徵

一、瓷器的本質和原始青瓷的出現

在數千年製陶工藝發展的基礎上，終於發明了瓷器。瓷器的製作工藝和陶器大同小異，只是由於原料本質的差別，品質的粗精，從內部結構到外觀特徵方面均有所不同。

瓷器的本質是什麼？和陶器有什麼不同？

第一，燒瓷的原料是含三氧化二鋁相當高的優質土，即瓷土，它的化學分子式是$Al_2O_3 \cdot 2SiO_2 \cdot 2H_2O$。以江西景德鎮高嶺村的瓷土最標準，所以國際通稱這種瓷土為高嶺土。含鹼金屬、鹼土金屬鈣、鎂、鋇、鈉等氧化物雜質很少。三氧化二鋁和二氧化硅的含量特別高，含鐵量很低。由於長石、石英等成分，以及焙燒後形成的莫來石結晶等新物質，使胎體獲得良好的物理性能。製陶黏土成分複雜得多，含鹼金屬、鹼土金屬氧化物一般在百分之十左右，高的達百分之十八至百分之三十，含鐵的氧化物成分也很高。

第二，燒成溫度，瓷器的燒成溫度要求攝氏一千二百至一千三百度，這樣坯體才能燒結。瓷器能耐高溫，不會熔融變形；陶器一般在攝氏六百至八百度就能燒成，到攝氏九百度就算很高了，燒到攝氏一千一百度時就坯體變形，甚至成蜂窩狀流渣。

第三，瓷器有和胎體一道燒成的高溫玻璃質釉，陶器沒有。戰國以後出現低溫釉陶器，那是鉛釉，鉛有毒，容易剝落，很難在生活中使用。

第四，在物理性能上，由於原料的特性和高溫焙燒的關係，胎體堅硬結實，組織緻密，叩之能發出清越的金屬聲。胎體有良好的透光性，吸水率低，低於百分之一，或不吸水。陶器聲音啞弱，吸水性很高，以今日細陶為例，吸水率達百分之八至百分之十，粗陶吸水性更高。

瓷器由於有上述特性，無毒無味，不藏污納垢，便於拭洗，表面有光滑明亮的玻璃釉，迄今為止，是世界公認的最優秀的生活用具。中國人發明瓷器是對人類文明的一大貢獻。

那麼，中國在什麼時候發明瓷器？

經過對考古實物的排比，化學成分的測試等多方論證，中國在商代中期就發明了瓷器。商代鄭州二里崗期遺址、墓葬和晚商殷墟遺址，出土的這類施青釉的堅硬器物，符合瓷器的上述條件，是一種青瓷，是處於發明階段的瓷器。和後來各時代的瓷器相比，工藝尚不成熟，水準低下，因此稱這種剛剛發明的瓷器為原始青瓷。由於胎體的色調主要為灰色，釉層基本是綠色，因此又稱為原始青瓷⑨。

二、商代原始青瓷器物種類和特點

商代最早的原始青瓷是在鄭州銘功路西側，屬於二里崗期一座墓葬裡發現的⑩，是一個大口尊（彩圖五九），鄭州人民公園也發現相似的大口尊⑪，以後在湖北黃陂盤龍城二里崗期墓葬、婁子灣等遺址中發現不少，有尊、甕等⑫，在江西清江吳城商代遺址、廣東饒平縣塔仔金山等也有很多發現⑬。北方地區出土商代原始瓷器的地點除河南鄭州以外，還有安陽、河北藁城臺西村、山東濟南大辛莊、益都蘇埠屯等地。器形有大口尊、圈足尊、折肩罐、折腹罐、筒形雙耳罐、矮足豆，高圈足淺盤體豆、盆等。上海博物館珍藏一件大口尊，口大，口沿向外翻卷，深腹，像喇叭形，下腹圓潤收成小平底，下承以圈足，足沿也向外翻卷，水準比鄭州出土的高（彩圖六〇）。

胎體，淺灰發白，質地堅硬。這類作品水準很高，一眼就看出是瓷器。鄭州銘功路商墓、二里崗遺址、江西清江吳城遺址、廣東饒平塔仔等出土的原始青瓷，胎

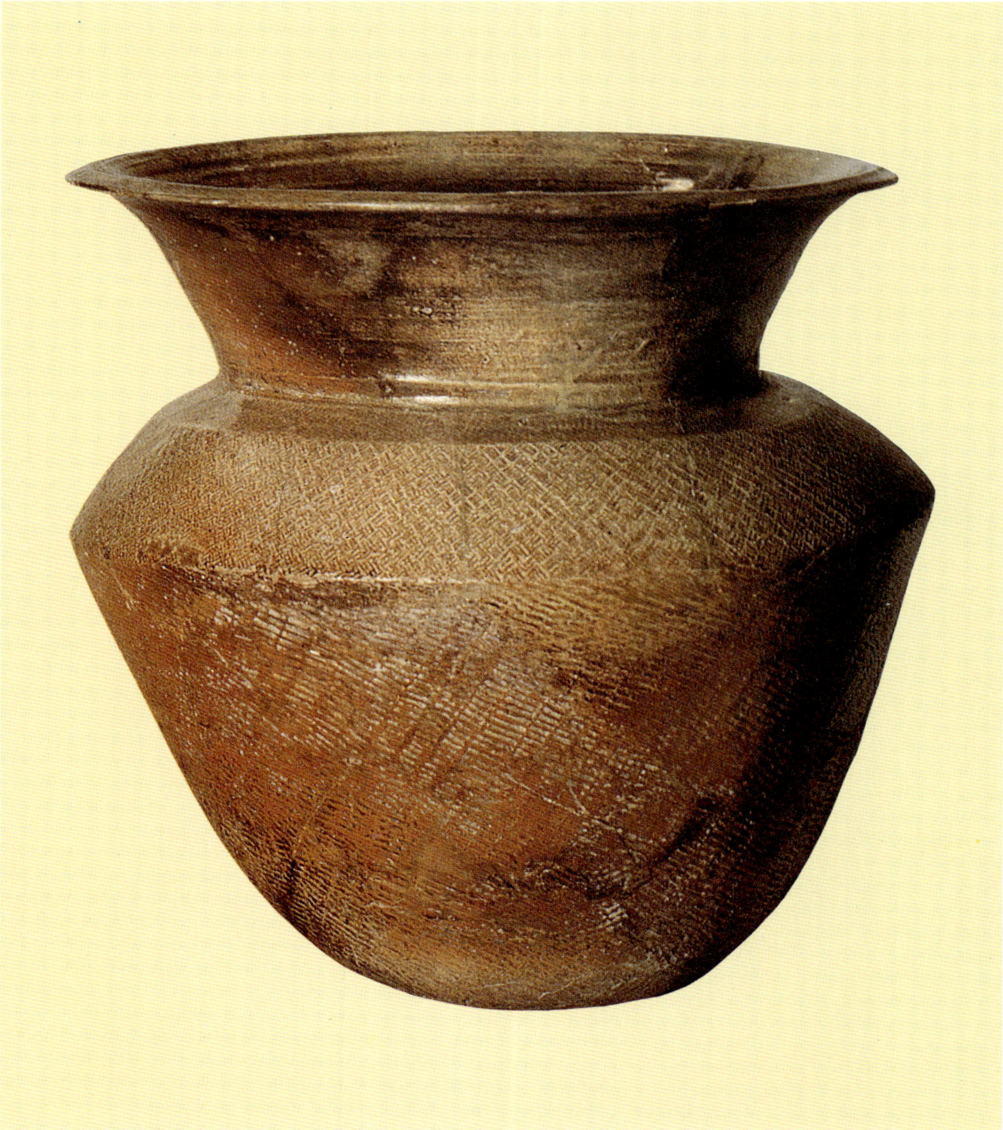

彩圖五九　原始青瓷大口尊　商　高二八・二公分，口徑二七・二公分
河南省鄭州市銘功路西側二號墓出土　鄭州市博物館藏

色灰褐，質地較粗，但都很堅硬。

釉質和釉色，質量高的一類，青釉淡綠明亮，燒成氣氛較好。大多數質量不高，色調混濁，青中發黃褐色，不夠明亮，有一部分為褐黑色。施釉都不均勻，釉面不平（彩圖六一）。胎體和釉層密合很好，少數有剝落現象。

裝飾，有席紋、條紋、籃紋、方格紋等，是拍印上去的。刻畫紋有圓圈、葉脈、雲雷等。黏貼的有S形紋、附加堆紋等。

三、西周原始青瓷特徵

第一，使用範圍的擴大，考古發現的地理範圍大大超過商代。陝西省有長安張家坡、普渡村、寶雞等，甘肅省有靈臺，河南省有洛陽龐家溝、浚縣辛村、信陽孫砦、潢川老李店，北京有琉璃河，另外山東、山西、湖北等地也有發現。南方地區有江蘇省的丹徒烟敦山、句容果園、金壇鱉墩、溧水烏山、南京的西善橋、江西省

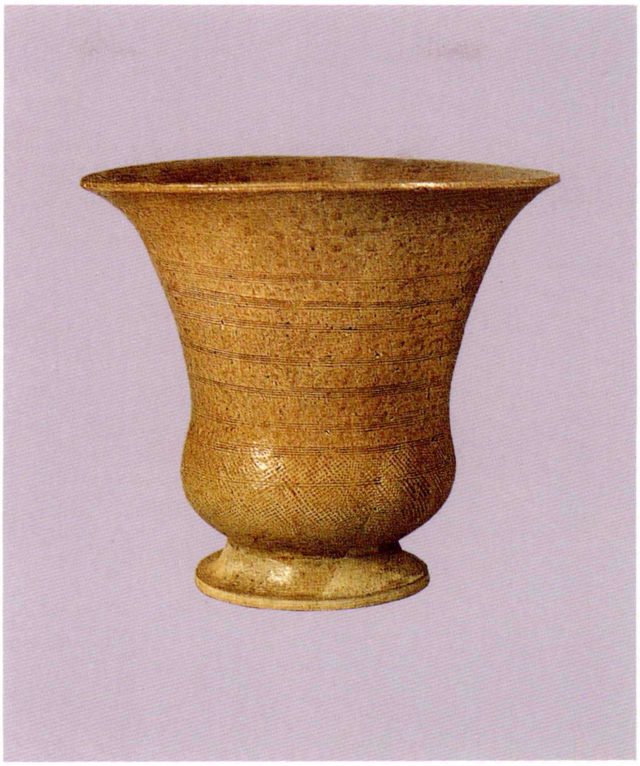

彩圖六〇　原始青瓷大口尊　商　上海博物館藏
高一八・〇公分，口徑一九・六公分，底徑九・九公分

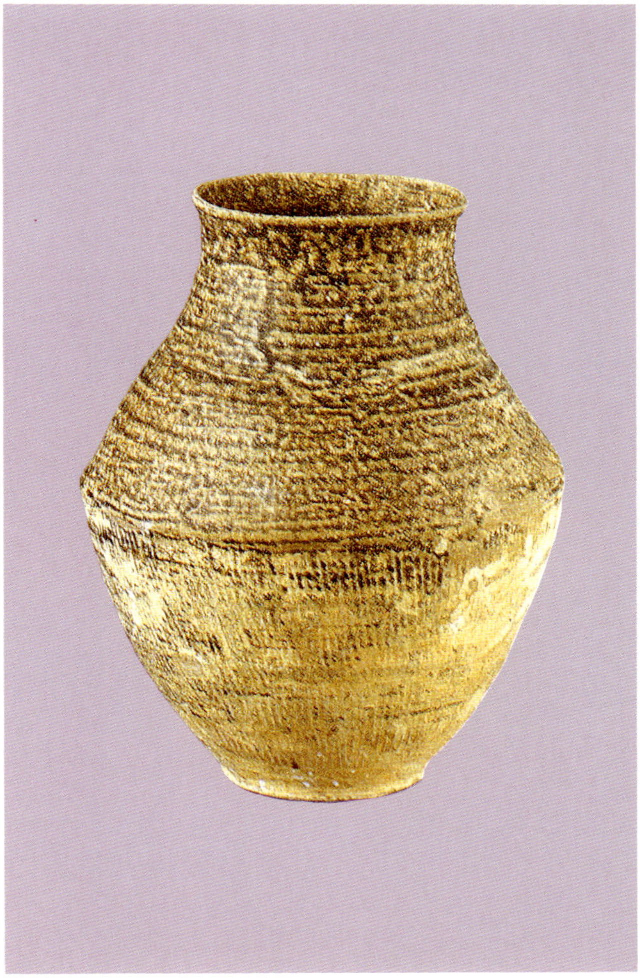

彩圖六一　原始青瓷罐　商　通高二三・五公分，口徑一〇公分
一九七四年廣東省饒平縣塔仔金山出土　廣東省博物館藏

的清江縣、福建省的福清縣等地。

第二，西周原始青瓷，在文化遺址出土陶瓷碎片統計中，瓷片比商代多。商代在墓葬出土大都是單件，二里崗遺址出土器物也很單調，只有湖北黃陂盤龍城商代墓中出凹底尊、圈足尊、甕等。西周只出一件作品的墓葬很少，一般都是豆、罐或豆、罍。河南洛陽龐家溝西周墓出土器物相當豐富，有豆、罐、簋、罍、甕等。北京琉璃河第五二號墓出土三件豆一件罐。江西清江吳城商中期原始瓷只占陶瓷總數的百分之零點二三，晚期約占百分之一點二一，商末周初就達到百分之十二點六，如果把過去稱為「釉陶」的瓷片統計在內，就達到百分之二九點二⑭。不僅一般大墓出土原始青瓷，小墓也出。江蘇丹徒烟敦山出土宜侯夨段的西周墓，在它附近的小墓就出土豆和碗⑮。整個而論，西周原始青瓷有碗、盤、豆、缽、簋、尊、罍、盉、罐、甕等，如此豐富的器物是商代不能相比的。

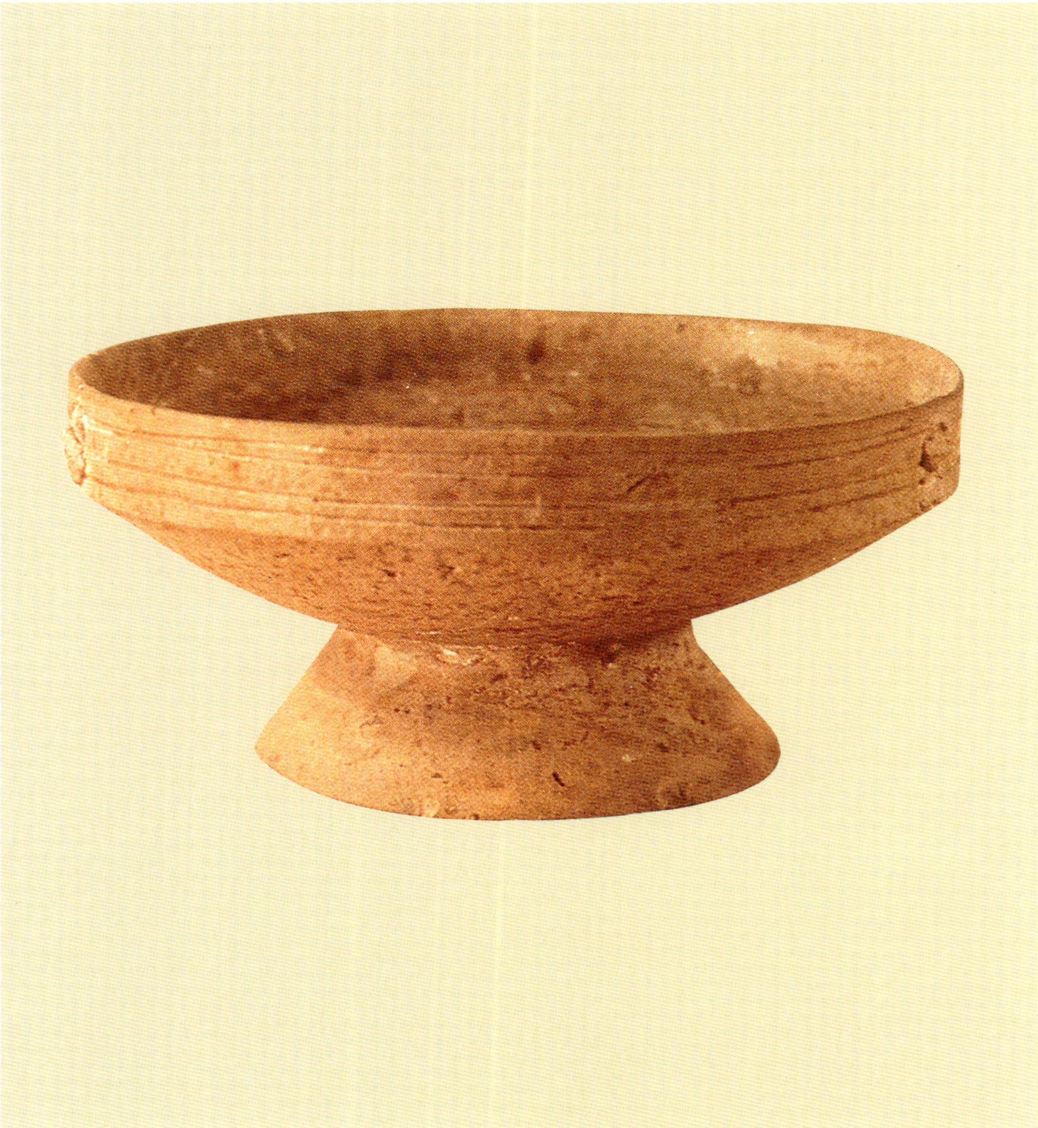

彩圖六二　原始青瓷豆　西周　口徑一七・〇公分　陝西省寶雞市茹家莊一號墓出土

第三，胎釉特徵，雖然胎體仍然較粗，但緻密度和白度提高，商代那種灰褐色胎體的作品看不到了。由於坯件入窯尚未使用墊餅等窯具，器物接觸窯笄的足底部位還沒有燒透，其他部位均燒結良好，叩之聲音清脆。玻璃質釉淺灰明亮，能看到胎骨（彩圖六二～六六）。

第四，裝飾花紋增加了乳釘紋、人字紋等。在江蘇省句容縣出土一件青瓷罐，形體優美，肩上雙耳塑成攀弓的龍形，相當精美。

四、春秋原始青瓷特徵

春秋原始青瓷不但能生產出碗、盤、盂、罐等日用器皿，還能生產出仿青銅禮器作品，如鼎、瓿、鐘等。江蘇句容浮山果園春秋墓裡出土一件原始青瓷罐，出土時裡面還裝著雞蛋，說明日常生活使用很平常⑯。器物種類比西周增加很多，成型方法仍然是泥條盤築法和輪製法，規格大一些、厚重一些的器物用泥條盤築法成型

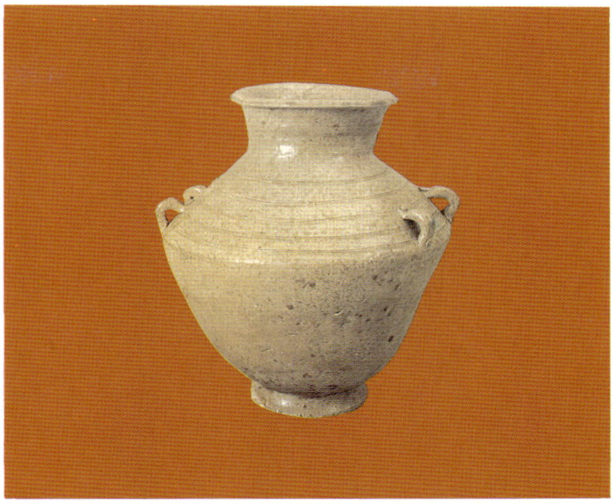

彩圖六二　原始青瓷四繫罐　西周　高二〇・九公分，口徑一三・五公分　一九五三年北京房山琉璃河黃土坡出土　首都博物館藏

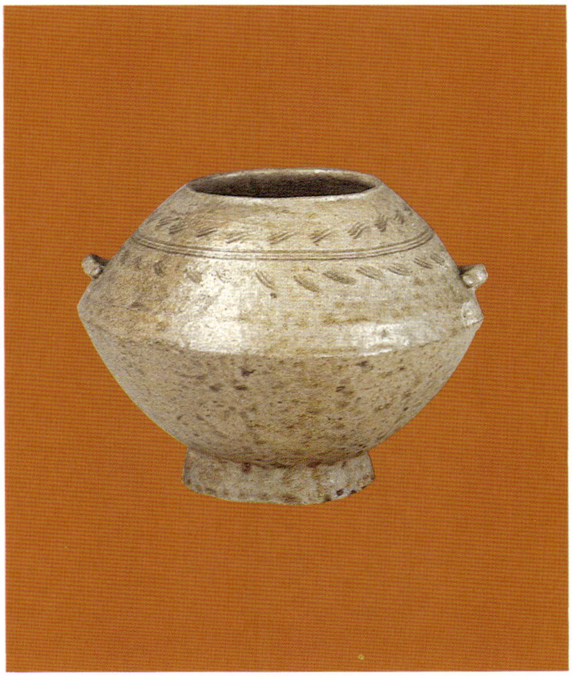

彩圖六四　原始青瓷刻花水波紋雙繫罐　西周　高一三・二公分，口徑八・四公分　洛陽出土　北京故宮博物院藏

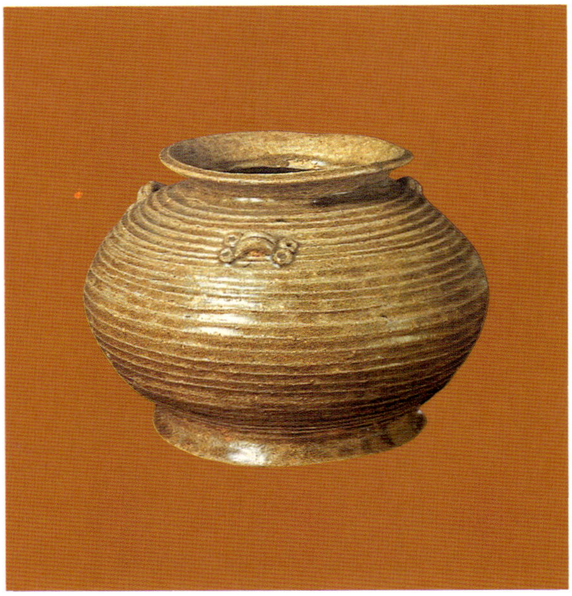

彩圖六五　原始青瓷弦紋三繫罐　西周　高一二・三公分，口徑一一・四公分　安徽省博物館藏

，如筒形罐一類作品（彩圖六七）。靈巧的器物用輪製法成型。由於配方、練泥、成型水準的提高，器物的口、頸、肩、腹、底各個部位厚薄處理得相當好，燒出來的器物比商、西周規矩得多。

山西侯馬牛村古城春秋晚期戰國初期遺址出土的瓷片，釉質細膩，淡綠、明淨、光亮。胎體也較白、堅緻，品質有很大提升，說明這一類作品已接近早期青瓷。還有一類作品，釉色不正，成黃綠、醬褐、灰青色（彩圖六八、六九）。

戰國原始青瓷，從出土情況看，南方為多。浙江集中在杭州、上虞、東陽、吳興、金華等地。江蘇省集中在上海、蘇州、無錫、吳縣、溧水、金壇、句容等地。江西、湖南、四川也有出土。北方主要在河南、河北、山西等省。器物種類以平底罐為主。有的地方殉葬器物中原始青瓷和陶器各占一半⑰，說明它在社會上受到廣泛的喜愛，生產在迅速發展。

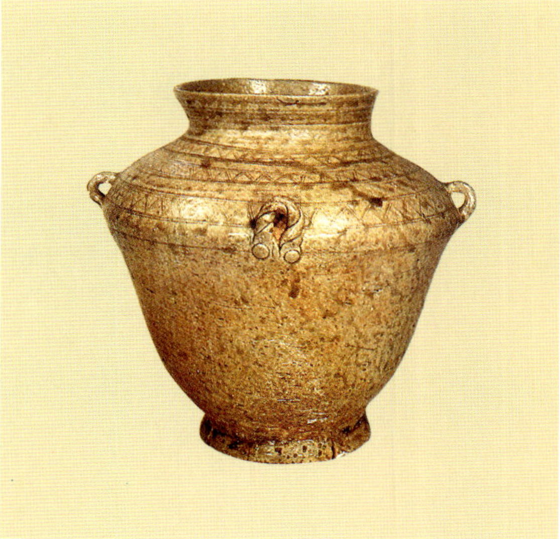

彩圖六六　原始青瓷罍　西周　高二七・五公分，口徑一五・〇公分，底徑一三・〇公分
河南省洛陽市龐家溝二〇二墓號出土
洛陽市博物館藏

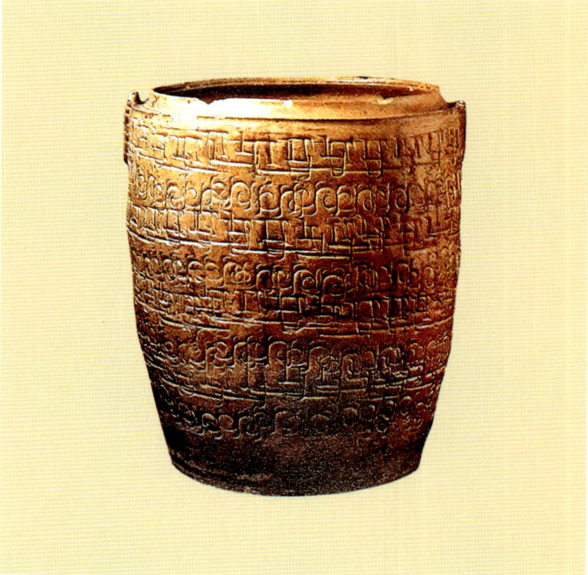

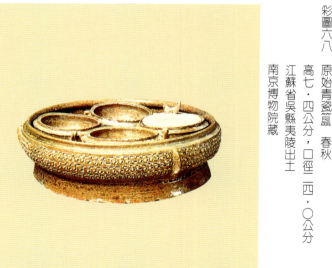

彩圖六七　原始青瓷刻花筒形罐　春秋　高二七公分，口徑一九・五公分　浙江省德清縣出土
北京故宮博物院藏

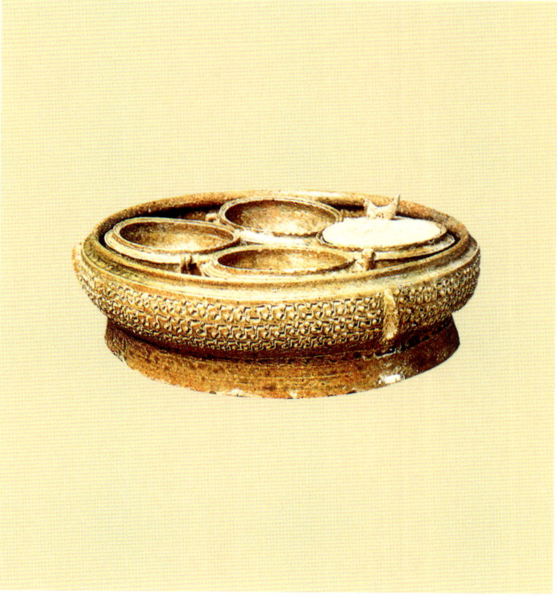

彩圖六八　原始青瓷簋　春秋
高七・四公分，口徑二四・〇公分
江蘇省吳縣夷陵出土
南京博物院藏

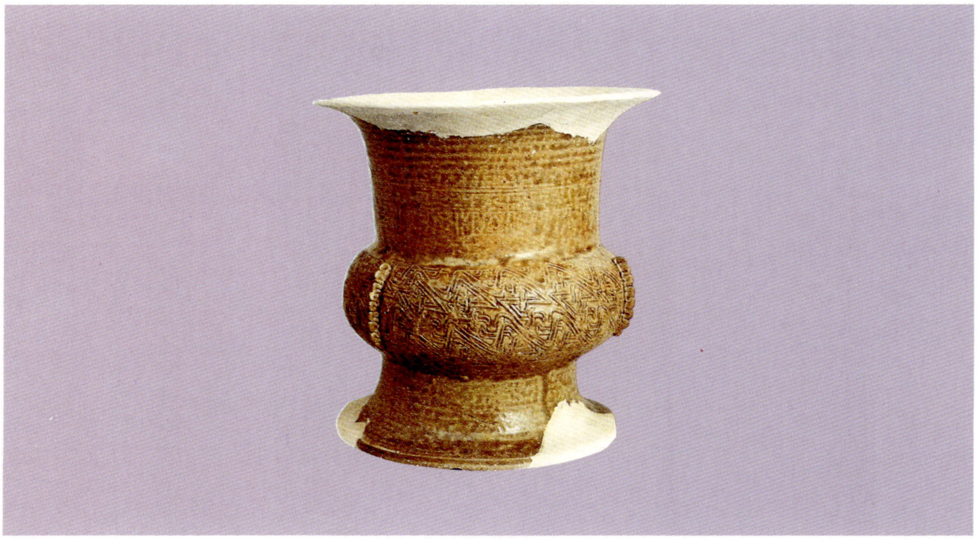

彩圖六九　原始青瓷雲雷紋尊　春秋
高二〇公分，口徑一九・六公分
浙江省德清縣出土　浙江省博物館藏

五、戰國原始青瓷

戰國時期，青銅文化進入尾聲，走向衰落。衰落的原因是冶鐵業發展，推動社會生產力迅速向前發展；各國變法，封建制度確立，舊禮制遭到破壞。原始青瓷的生產雖然有短時期因戰爭受到影響，但總的趨勢來看，仍有較大的發展。這個時期，製瓷作坊把過去由青銅做出的器物，用青瓷做出。生產得最多的器物有碗、盅、碟、盤、盂、罐、鼎等。不但產量大，式樣多，而且開始大小配套，在飲食、盛物等日用器物方面日益完備。除上虞、紹興、蕭山等地發現模型巨大的窯址群以外，在德清地區也有發現。不但生產青瓷，而且生產黑瓷，使我國生產黑瓷的歷史，提早了幾個世紀。

工藝水準又有很大的提升。從考古發現的資料看，胎體普遍緻密，顏色為灰白色，白度提高。能有這些特點，首先原料要選擇比較好的優質土，原料中的雜質，特別是影響白度的鐵、鈦，以及影響緻密度的砂粒含量要下降。山西侯馬牛村戰國初期的標本中，鐵的氧化物含量為一點二五；浙江紹興富盛出土瓷片，鐵的氧化物含量為一點六八，氧化鈦的含量為〇點七⑱。南方是原生高嶺土，成岩石狀，質地堅硬，用來製瓷的原料是一種風化瓷土，加工難度大，戰國製瓷工藝能取得良好的緻密度，原料加工和成型、施釉、燒製方面一定有很大的提升（彩圖七〇～七三）。某些結構較複雜的作品也做得很美觀；模仿青銅禮器的一些瓷器，規矩莊重，很有氣魄，加上明亮的玻璃青釉，頗符合中國人傳統的禮儀習慣和對色彩的要求。以這樣的器物來陪葬，其禮儀的隆重程度比用青銅器殉葬低不了多少。器物上有細密的螺旋紋理，由於在陶車上成型，器底有由小而大，層層收縮的切割痕迹，成型後有修琢處理。

用瓷土、長石、石灰石和草灰配釉，色淡淺綠，比較均勻。龍窯燒瓷工藝也有

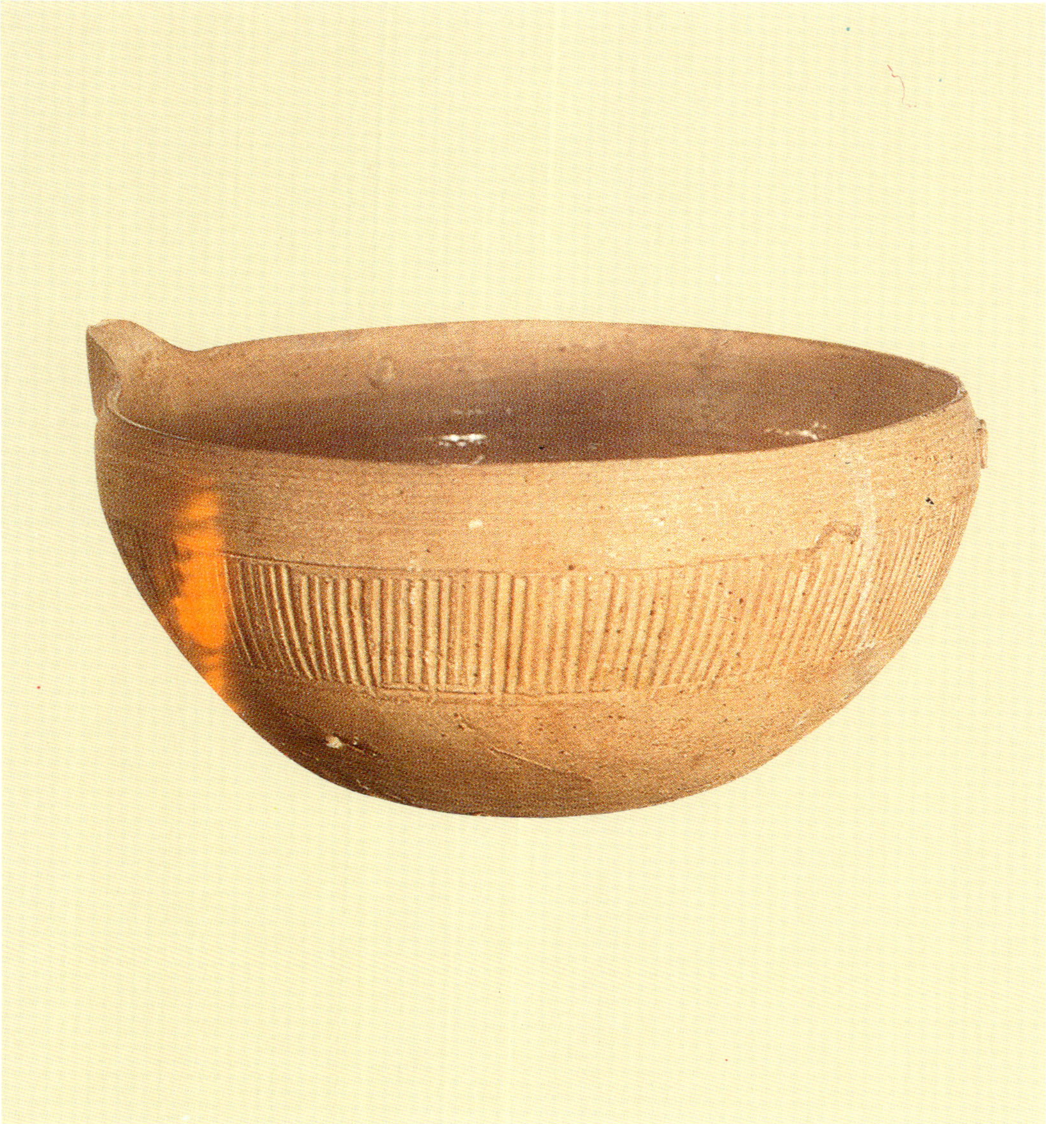
彩圖七〇　原始青瓷㈤　春秋～戰國　口徑一六・〇公分　上海市金山縣戚家墩出土　上海博物館藏

提高，所以青綠光潤，十分美觀。這些情況表明，原始青瓷逐漸擺脫原始狀態，向早期青瓷前進。

戰國青瓷工藝發展不平衡，長江下游地區水準比較高，有成功之作，也有不成功的作品。所謂不成功者，主要有些器物表面不均勻，有麻癩現象。有的作品由於配釉濃度控制不佳，鹼性物質配量欠妥，致使一些器物表面釉層剝落，如上海博物館珍藏的原始青瓷把杯，釉層全部掉光，露出細膩的胎骨（彩圖七〇）。

廣東、廣西、山西、湖南南部的原始青瓷水準較低，胎體厚，質粗，胎色為褐灰色，硬度差，瓷化不夠。釉層透明度低，顏色不正，多為黃褐、灰黃或黑褐色，雖然屬青釉系統，但沒有美麗的綠色釉層。胎釉密合不佳，剝釉現象嚴重。由於這類瓷器大量存在，使一些人認為戰國尚未生產瓷器，其實是發展不平衡，這部分作品水準低罷了，從本質來說，它們都是瓷器。

第五節 建築用陶的發展和釉陶的發明

陶器發明是為了解決人們飲食和儲存糧食之需，但是，人類生活除食以外還有衣、住、行等許多重要的物質需要。衣和行都不屬製陶工藝服務的範疇，修建房屋的建築材料卻是製陶的範圍。

在中國，用在建築上的陶質用具是先發明引水、排水用的陶水管。時間要早到河南龍山文化時期。河南省的淮陽縣，在城東南大朱莊的平涼地方，考古發掘一處重要的文化遺址，清理出可能是中國最早的城址，年代為四千三百五十五年加減一七五年，屬夏的紀年之內。在城南門門道下零點三公尺深處，發現殘長五公尺一排陶水管，每節零點三五公尺至零點四五公尺長，一端粗，一端細，節節相套，由城裡向城外排水。水管為輪製，外表拍印籃紋、方格紋、繩紋、弦紋等，也有素面無紋者⑲。

河南偃師縣二里頭遺址，在商代早期大型宮殿夯土基內，發現埋設互相套接的排水管。胎體細膩堅硬，黑灰色，管長四二公分，粗端口徑約十四點四公分，細端口徑約十三點五公分，飾細繩紋。

商代中期，河南鄭州商代製陶作坊遺址，曾出土一件陶水管，和早期一樣。

商代後期，在安陽殷墟發現三種形式陶水管。第一種和上述一樣，一頭大，一頭小，第二種兩頭完全一樣。第三種，圓筒形，中間部位凸出一個圓形管口，像現代的三通，橫縱兩條陶水管作丁字形相交使用。

戰國時期，陶水管更加完備，使諸侯、王宮貴族、城市富有之家輸水、排水更方便。各種形制都做得很精美，規格有大有小，大的如井圈，都是大小相套，魚貫銜接。一些宮殿等大型建築物，使用斷面作三角形或五角形的巨型陶水管⑳。河北燕下都遺址的陶水管，不但質地優良，而且做成睜目張口的獸頭形，有一定藝術水準。

建築用陶的另一個突出成就，就是發明了板瓦和筒瓦。

瓦類作品以泥質灰陶為主，少量泥質紅陶。製做方法是泥條盤築法做成直徑較小的圓筒，趁濕將其對半切開，這種瓦為半圓筒形，就是筒瓦。如果將圓筒泥坯做得比較大，將其三分切開，就是板瓦。使用方法是屋脊用筒瓦；斜坡屋頂，在兩椽子之間泄水的溝槽裡，瓦要平躺，則鋪板瓦。把兩排板瓦接起來，在椽子上兩板瓦之間翹起部分安筒瓦。

在靠房簷筒瓦的前端，要安瓦頭，瓦頭下垂，俗稱瓦當。瓦當有很高的實用價值，封閉房簷，使長長的房簷整齊畫一，完整美觀，抵抗風雨浸蝕，延長房屋壽命。

瓦當是一種灰陶製品，粗暗無光，沒有艷麗的彩色，沒有瓷器釉光的晶瑩，也沒有銅器、金銀器、漆器的華麗，但獨具一種樸素美和裝飾美。樸拙的古代建築上，成百上千個瓦當，整齊地出現在房簷上時，組成聯珠似的圖案，隨房屋的錯落，起伏變化，使中華民族的建築婀娜多姿，絢麗別致。人的生活環境被美化了，精神上得到很大的享受。這些瓦當使建築的造型和線條凝固了音樂的旋律，妙不可言，它的旋律飄逸著時代的芳香。

西周瓦當，從周人在周原（陝西省扶風縣）岐山一帶建都，開始營建宮室就有了瓦當。西周早期大型宮室建築群考古發掘中，就出現了半圓形瓦當，上面有成型過程中拍打的粗、細繩紋，刻畫有重環紋（圖三六）。青銅藝術追求精美的造型、貴重的品質和華麗的色彩，而瓦當追求的則是簡潔凝重，這是一股清新的風氣，使人享受到一種典雅深沈的美，表現出中國工藝美術的多樣性。

戰國瓦當，造型結構比西周複雜，形體弧度較大，邊緣有兩層，有的外層寬，有的裡層寬。紋飾有樹紋、樹鹿紋、人樹驢紋、樹鳥人紋、樹馬人紋等。樹紋是中央丫叉一樹（圖三七，上）。鹿樹紋即雙鹿圍樹追逐。人樹驢紋是一長裙婦女，頭上站立一鳥，雙手持物向樹走去，一個毛驢背上倒立一人，也向樹走去（圖三七、下）。樹鳥人紋是中央一樹，左側一鳥落在枝頭，鳥頭向人，伸頸捲身，一爪抓住一個枝頭。樹馬人紋，樹立中央，鳥下有馬，伸頸低頭向樹走去，右側有一個人，頭上立鳥，背負雙齒工具，手持一棍也向樹走去。形象誇張，但能做到「誇而有節，飾而不誣」，在誇張變化中不失真，體現出很高的藝術水準。有的形象雖然簡潔到只有一個輪廓，卻十分傳神，人們比看真東西更能接受它，因為它比真東西更美更可愛㉑。

鉛釉陶器的出現

戰國時期，在南方原始青瓷迅速發展的時候，北方生產出了低溫釉陶。低溫釉陶是用普通黏土製作，表面施一層含鉛量很大的帶顏色的釉，燒成溫度只有攝氏八

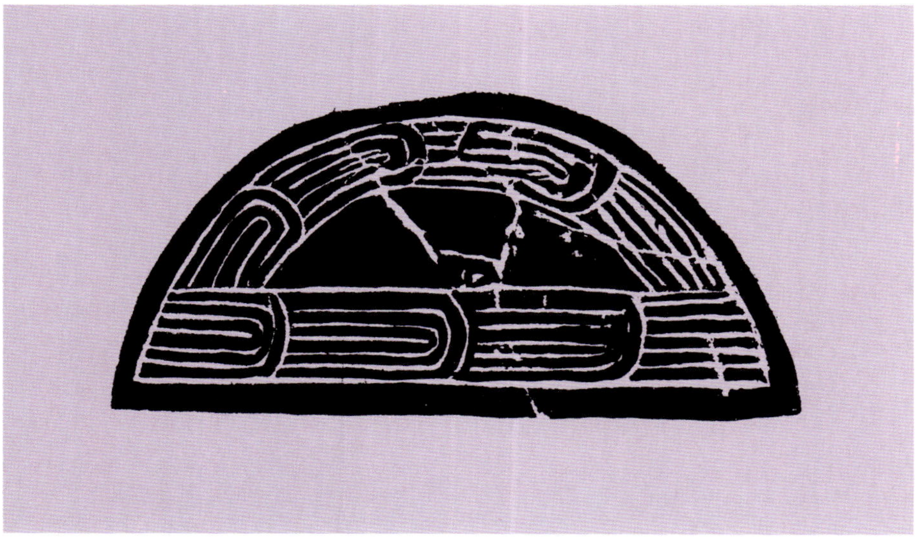

圖三六　西周　重環紋瓦當　橫二一．五公分
（資料來源：扶風召陳西周宮室建築遺址出土，《中國古代瓦當藝術》，上海人民美術出版社出版）

百度左右。胎體沒有燒結，叩之聲音啞弱，質地為一般粗陶。美國堪薩斯納爾遜博物館珍藏一件綠褐釉蟠螭紋壺，這是目前所知戰國時期的釉陶壺。據傳該件作品是河南洛陽金村戰國墓出土㉒。

這件釉陶壺造型為直口，肩部寬斜，腹中部特別鼓出，下腹收得較急，底足寬平。肩和腹各飾一條蟠螭紋環繞一周，凸出胎體表面，肩部一對鋪首銜環。蓋為斜坡頂，蓋面貼三個捉手，尖端上翹，好像動物上翹的嘴唇，穿孔猶如鼓出的眼睛，十分生動。鉛釉不夠潤澤，綠釉，很不純正，綠中發黃褐，顏色混濁。

該件釉陶在造型和裝飾上都與戰國時期的青銅器造型一致。成型工藝很高超，圓正規矩，很有氣派。但釉質釉色工藝不成熟，沒有漢代釉陶那樣色調分明。它是我國迄今所見最早的釉陶作品，有重要的價值（彩圖七四）。

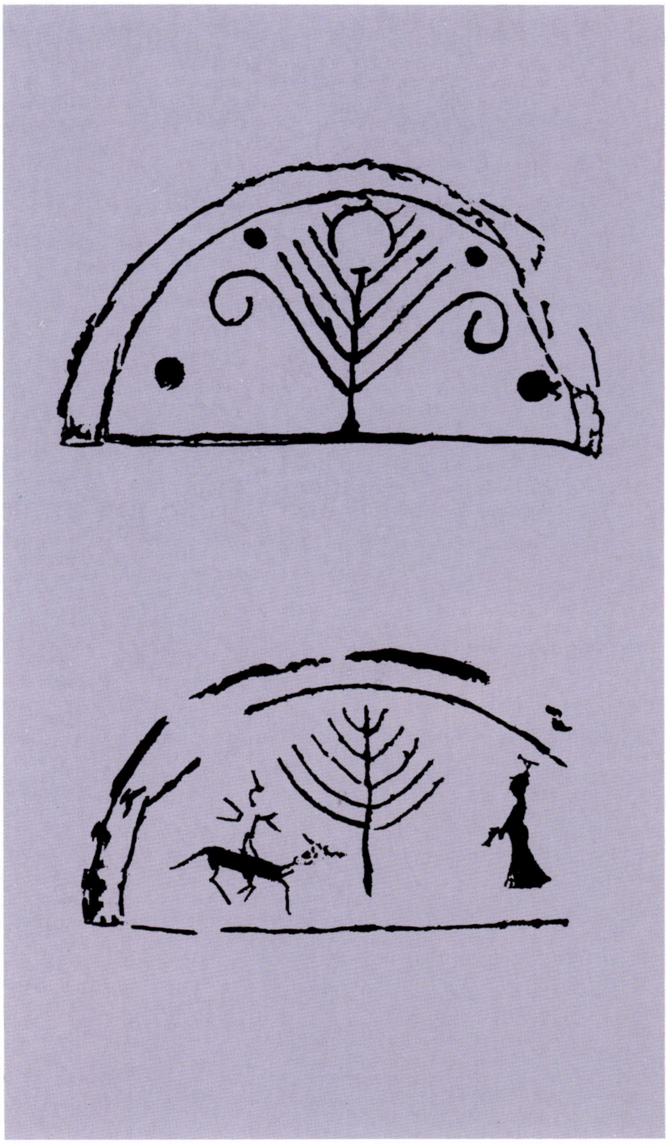

圖二七　戰國　人物、動物和樹紋瓦當　橫一六・五公分
（資料來源：《中國古代瓦當藝術》，上海人民美術出版社出版）

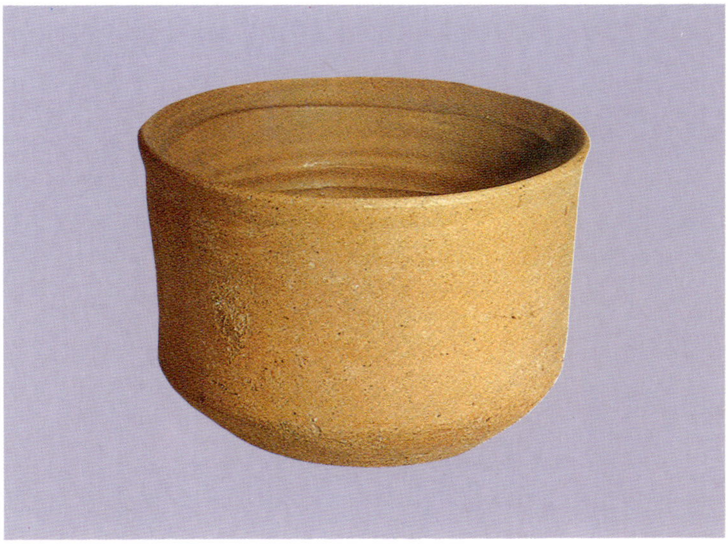

彩圖七一　原始青瓷碗　戰國　高七・二公分
上海市金山縣戚家墩出土　上海博物館藏

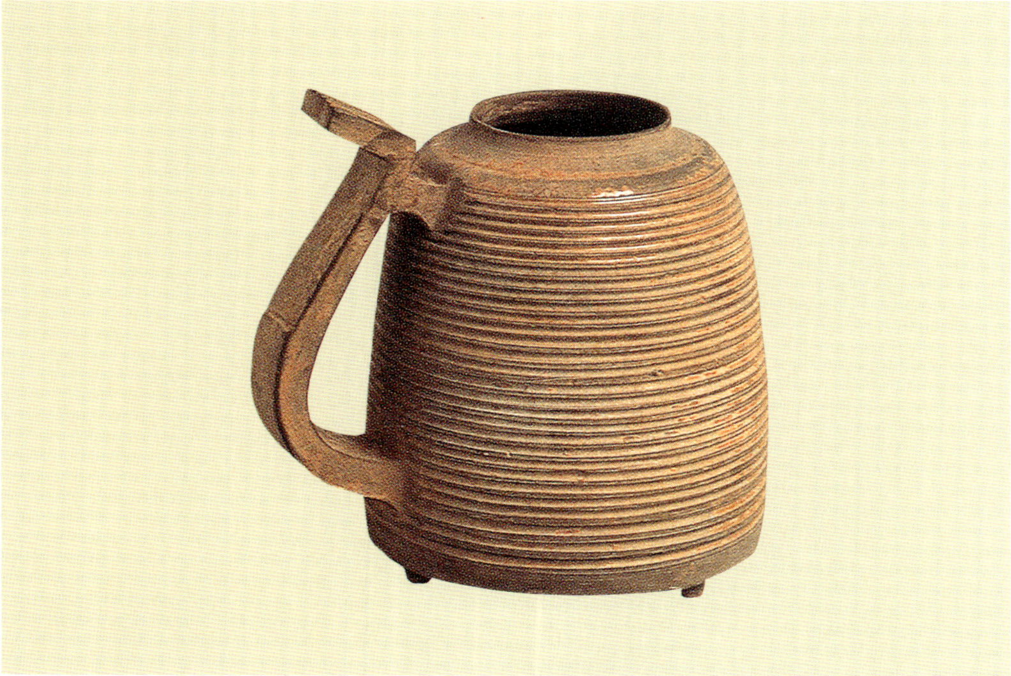

彩圖七二　原始青瓷弦紋杯　戰國
高一一・二公分　上海博物館藏

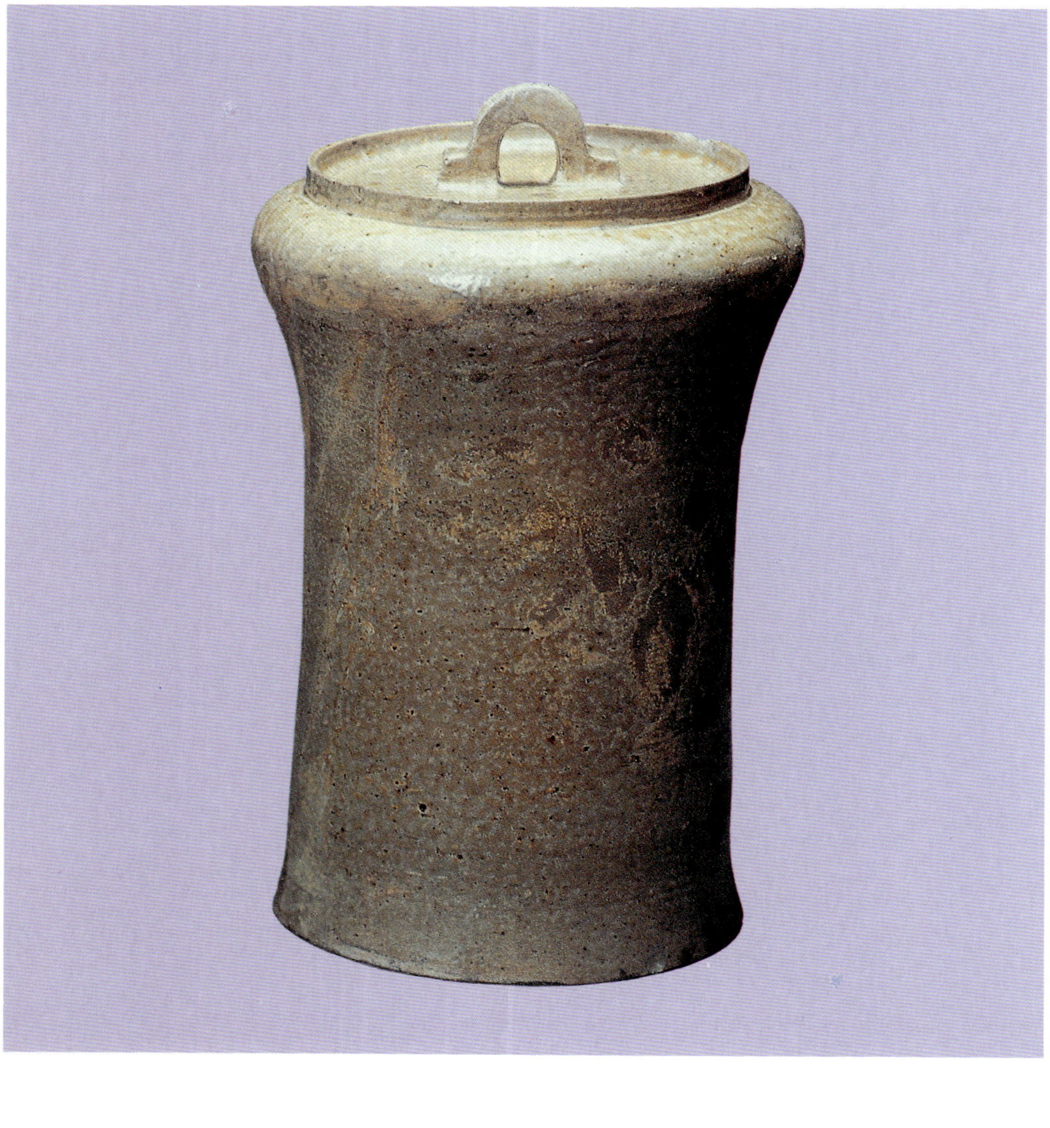

彩圖七三　原始青瓷錞于　戰國　高三一・二公分　上海博物館藏

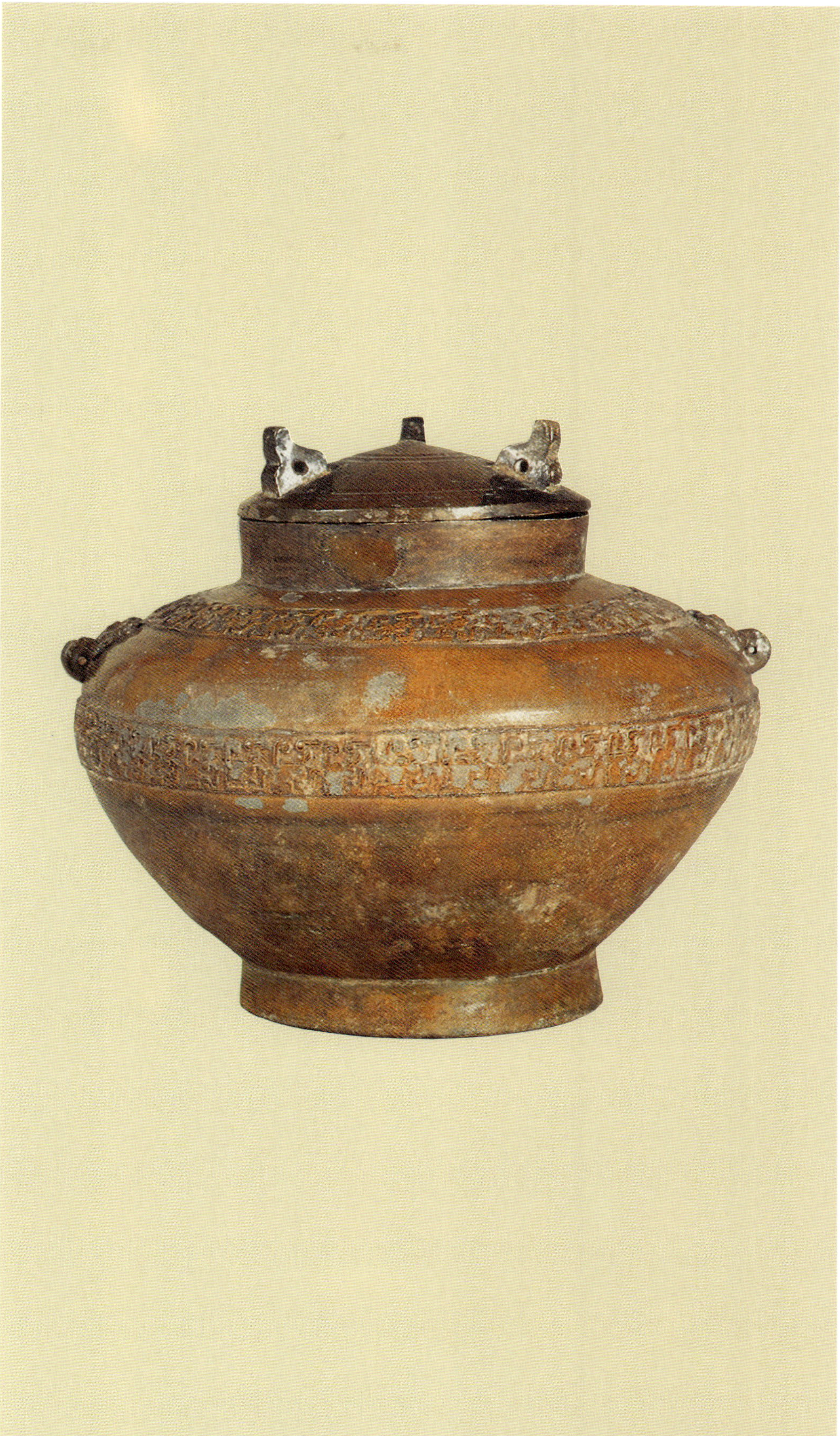

彩圖七四　綠褐釉蟠螭紋罐　低溫釉陶　戰國　通高二二・〇公分，口徑一一・九公分，底徑二二・四公分　傳河南洛陽市金村韓君墓出土
館藏於Nelson Gallery-Atkin Museum Kansas City, Missouri.

注釋

①記載夏朝的文獻有：《史記・夏本紀》、《竹書紀年》、《尚書・召誥》、《詩・大雅・蕩》、《世本》、《孟子》、《水經注》等。

②《中國大百科全書・考古卷》五七三頁。中國社會科學院考古研究所：《新中國的考古發現和研究》，文物出版社出版，二一一～二一五頁。

③中國科學院考古研究所洛陽發掘隊：《河南偃師二里頭遺址發掘簡報》，《考古》一九六五年五期，《大百科全書・考古卷》一一八頁，《新中國的考古發現和研究》二一一～二一五頁。

④中國社會科學院考古研究所等：《夏縣東下馮》，文物出版社出版。

⑤《墨子・尚賢篇》。

⑥《論語・子張篇》。

⑦鄒衡：《商周考古》，文物出版社出版。

⑧河南省文物研究所等：《登封王城崗與陽城》，文物出版社出版。

⑨李知宴：《關於原始青瓷的初步探索》，《文物》一九七三年二期。

⑩《鄭州銘功路西側兩座商代墓》，《考古》一九六五年十期。

⑪《鄭州市人民公園第二十五號商代墓葬清理簡報》，《文物》一九五四年十二期。

⑫《鄭州二里崗》，科學出版社，一九五九年。

⑬《一九六三年湖北黃陂盤龍城商代遺址的發掘》，《文物》一九七六年一期。

⑭《略論江西吳城商代原始青瓷》，《文物》一九七五年七期。

⑮中國社會科學院考古研究所編著：《新中國的考古發現和研究》三二九頁，《五省出土重要文物展覽圖錄》，文物出版社出版。

⑯李知宴：《談鎮江文物精華展覽中的陶瓷器》，《中國歷史博物館館刊》總九期。
⑰中國硅酸鹽學會主編：《中國陶瓷史》八十頁，文物出版社出版。
⑱周仁、張福康、鄭永圃：《中國黃河流域新石器時代和殷周時代製陶工藝的科學總結》，《考古學報》一九六四年一期；李家治：《我國瓷器出現時期的研究》，《硅酸鹽學報》第六卷第三期，一九七八年。
⑲見《文物》一九八三年三期二一頁。
⑳李知宴：《中國古代陶瓷》，天津教育出版社出版。
㉑楊力民編著：《中國古代瓦當藝術》，上海人民美術出版社出版。
㉒日本小學館：《世界陶磁全集》10。

第三章　秦漢陶瓷

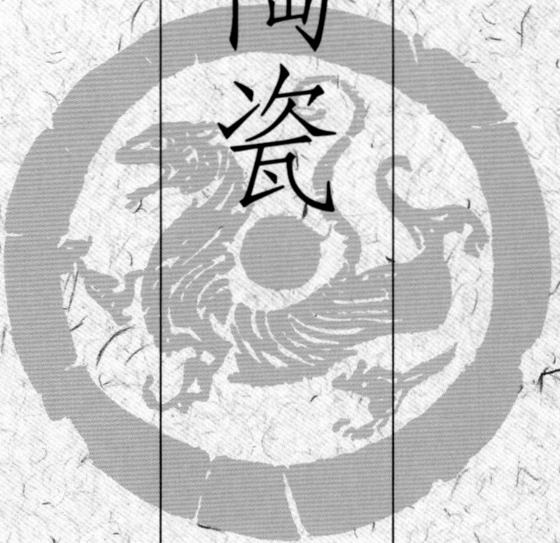

秦政二十六年（西元前二二一年）掃滅六國，建立起強大的中央集權國家。實行「書同文、車同軌、行同輪」「尊卑貴賤，不踰次行」的社會改革。打敗匈奴、修長城、修馳道、通水路、統一度量衡、鞏固國家統一。對以漢族為主體的文化發展有積極作用。

漢朝建立，鞏固和發展了統一國家，開闢了對外聯繫的絲綢之路。漢初的休養生息，在農業發展的基礎上，文化教育、手工業、商業都得到長足的發展。在哲學、史學、文學、工藝技術等方面掀起了第一個文化高潮。秦漢陶瓷在一定的側面客觀地反映了這些情況。

陶瓷生產是重要的手工業部門，規模大，技巧成熟，寓巧於拙，寓美於樸，表現了大一統國家形成和鞏固後的氣魄，體現了一個偉大時代的文化特徵。灰陶、印紋硬陶、青瓷、黑瓷都得到空前的發展，為陪葬需要的彩繪陶、砑花黑陶、鉛釉陶器、畫像磚等方面都取得很高的成就。運用熟練的工藝技巧，高度的概括手法，生產出富有時代風貌的陶瓷產品，給文化高潮增添了無限的光彩。

本章將對秦漢各類陶器品種的特徵加以介紹。

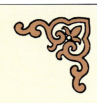

第一節 灰陶、紅陶、彩繪陶和印紋硬陶

一、灰陶的特徵

灰陶，青灰純淨，質地堅硬緻密，兩千年前製作的畫像磚，至今完好無損。河南地區的老鄉把空心磚當桌子使用。文人墨客用漢瓦作硯臺，磨墨書寫不掉渣、不滲水，可見品質之精美。為什麼秦漢灰陶能取得如此高的成就？

第一，戰國以後，青銅藝術衰落了，文化藝術形象的表現能力，在陶器上得到極大的發揮。文化高潮中，很多社會生活、信仰的內容都在陶器上表現出來，秦漢陶器有清新的時代氣息。

第二，青銅製作的日用器具、殉葬禮器越來越少，青瓷器又不能滿足社會的需要。在經濟繁榮的情況下，陶器製作就比較精緻。製陶手工業是秦漢最大的手工業部門，社會各個方面都需要它。經濟繁榮，社會又需要，是秦漢陶器品質提高的重要原因。從中央到地方，從都城、市鎮到鄉村，製陶作坊迅速發展起來。中央政府的宗正屬官都司空、少府屬官、左右司空管中央政府辦的製陶作坊，規模大、資金雄厚，作品上刻印有將作大匠和其他中央官署管轄下的作坊標記、文字。地方官府辦的作坊，民間私營手工業作坊，在產品上也有各種特有的標記。掌握了這些標記，就可以鑑定出所用陶器是什麼性質的作坊生產的。中央辦的作坊有「右司空尚」、「宮疆」、「左宮」、「右宮」等。地方政府作坊有「咸陽于市」、「陝亭」等。各種性質手工業作坊的建立，帶來生產的競爭，有利於品質的提高。

第三，陶窯結構的改進，對提高品質具有重要意義。和戰國陶窯相比，窯床面積擴大三倍多，窯室提高，按容積計算，擴大五倍以上。不但可以多放陶坯，而且有益於火焰的流動和控制，提高溫度，陶器燒得更成熟，坯體各部分受熱也更均勻，這對陶器品質的提高有積極作用。以往造成品質不高的原因，主要是火焰不能良好地進入窯室，坯體不能得到充分的焙燒。窯床改進為前端高，後端略低，緩坡度為七度。因火焰在窯內是橫向流動，陶器在窯床上是由前往後一排排堆放，前部首先受熱，後面晚受熱，先受熱者先收縮，這個受熱先後短暫的時間差，導致坯件向前傾斜。如果窯床是平的，這種傾斜一出現，坯件就栽倒，在密集的窯床內，一個倒下就會導致全窯坯件頃刻之間全都倒下，後果將不堪設想。如果將窯床前端提高一點，坯件有了傾斜，力量仍然是平衡的，不會倒下；火膛擴大一倍多，而且成鍋底形，燃燒空間更大，空氣流入將更充分、更流暢，有利於燃料的充分燃燒，溫度提高；火膛前有一個半圓形坑，便於及時清除火膛的灰渣，保證空氣流通；再者，煙囪建設更靠窯後，使熱氣流能在窯裡保留更久，由直焰窯變成倒焰窯，節省熱力，熱力更集中，陶坯受熱充分、均勻，燒

出的陶器外觀自然就漂亮很多。

第四，注意原料的選擇。無論秦漢文化遺址或製陶作坊遺址的調查，都沒有發現粉碎陶土、淘洗、捏練池等工序的設施和工具。分析陶器可以發現，原料並沒有精細加工，也沒有添加特別的羼和料。那麼，為什麼漢代陶器能有如此之好的效果？主要是因為選擇了優質陶土為原料。漢代鐵器廣泛使用，有條件揭去了雜質較多的表層土，而得以選擇優質土，從而保證了高品質灰陶器的燒成。史前仰韶、馬家窯等文化的陶器，品質很高，但器表往往有爆落的白色小坑點，這是由於表層土含有料姜石小顆粒所致。漢灰陶沒有這種現象，就是因為採挖較深優質陶土的結果。

器物種類，飲食器皿有碗、盤、洗、豆、杯等；盛貯器有盆、甕、罐、壺、繭形壺、鈁、盒、撲滿等；炊器有鼎、鍪、敦、甑、釜、鬲等；其他用具有燈、博山爐、紡輪等（圖三八～四三）；各類專門為殉葬用的模型有竈、磨、倉、困、井等

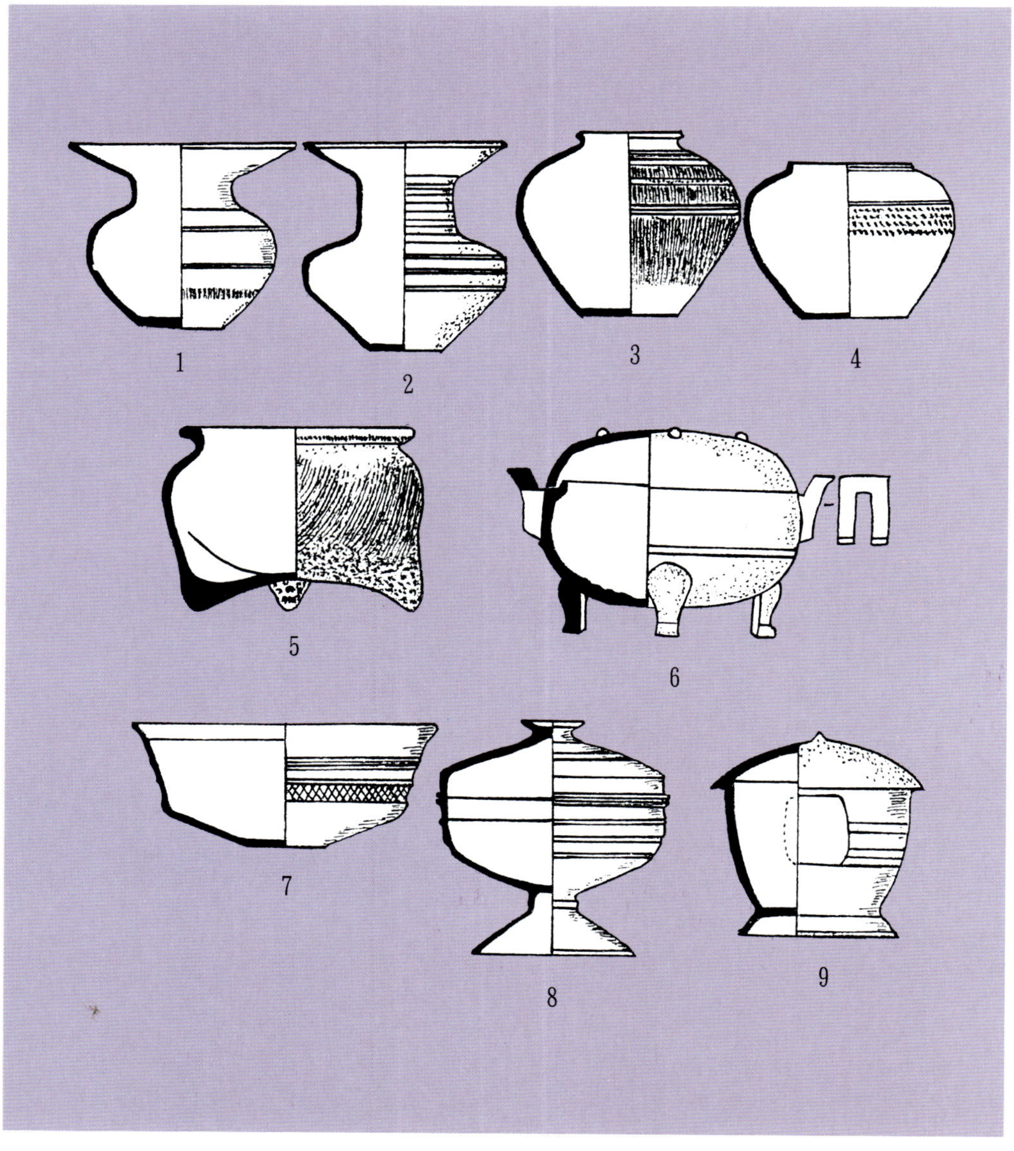

圖三八　秦代陶器　1、2大口罐　3、4甕　5、鬲　6、鼎　7、盆　8、豆　9、困
（資料來源：吳鎮烽等《陝西鳳翔高莊秦墓發掘簡報》，《考古與文物》一九八一年一期）

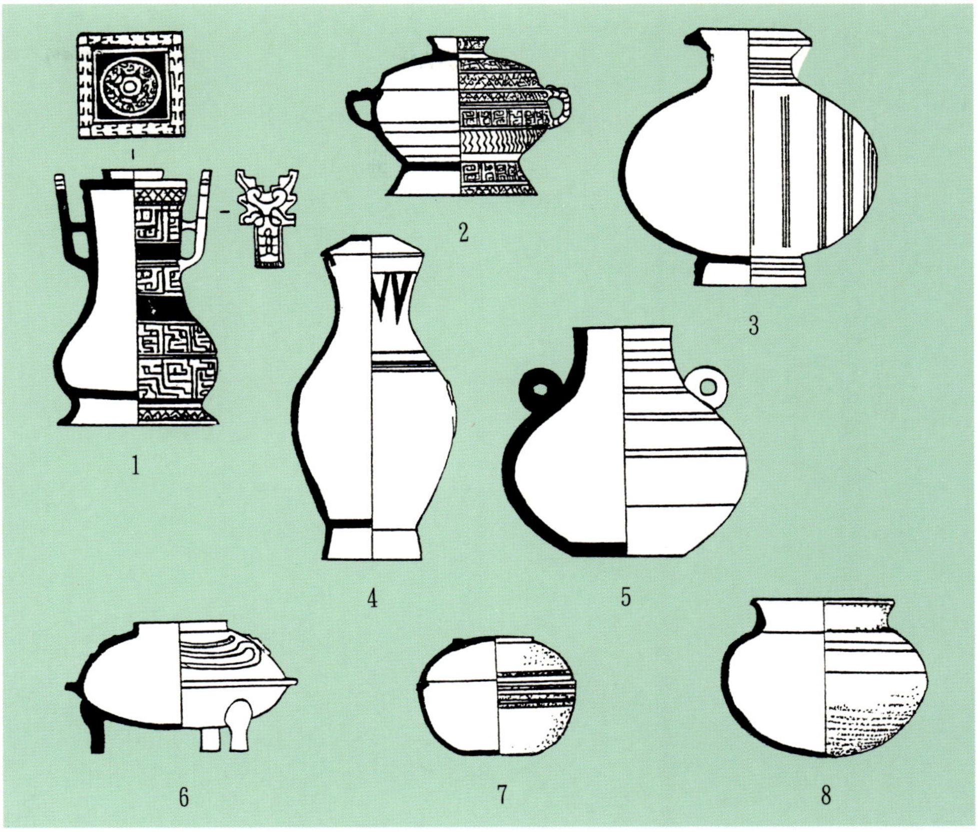

圖三九　秦代陶器　1、壺　2、簋　3、繭形壺　4、鈁　5、雙耳罐　6、鼎　7、盒　8、釜（資料來源：吳鎮烽等《陝西鳳翔高莊秦墓發掘簡報》，《考古與文物》一九八一年一期）

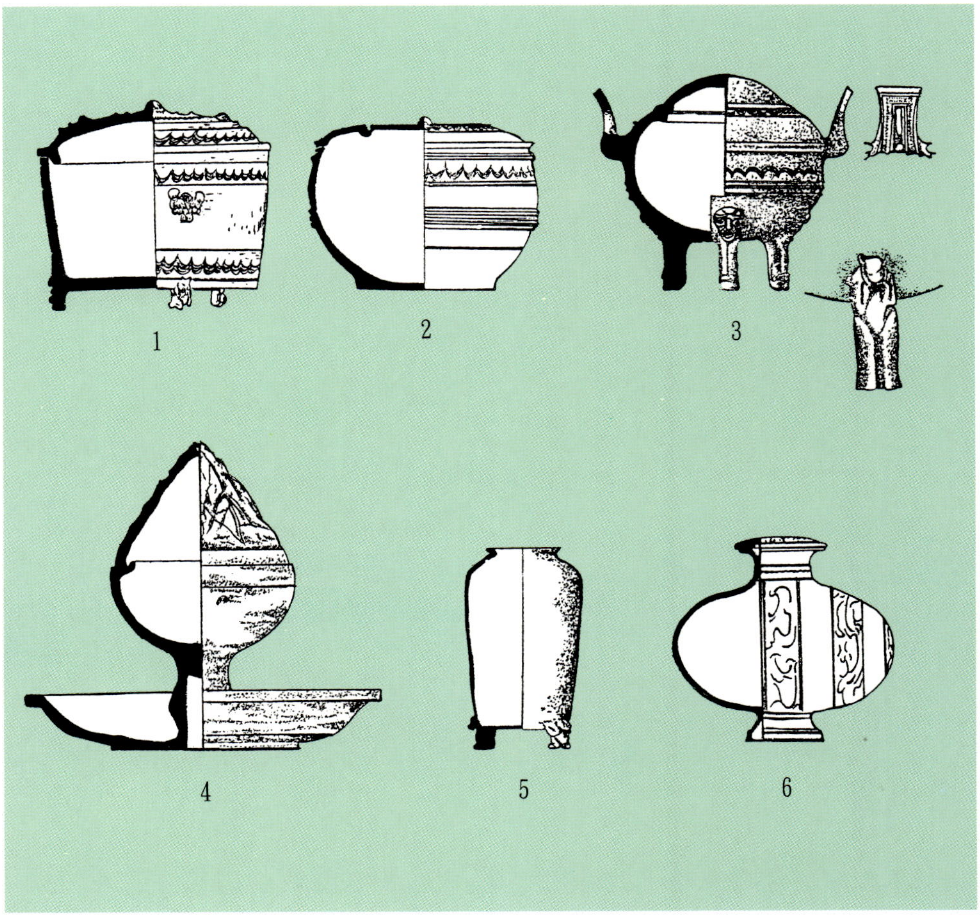

圖四〇　中原漢代陶器　1、樽　2、敦　3、鼎　4、博山爐　5、倉　6、繭形壺（資料來源：《洛陽燒溝漢墓》和《徐州後樓西漢墓發掘報告》，《文物》一九九三年四期）

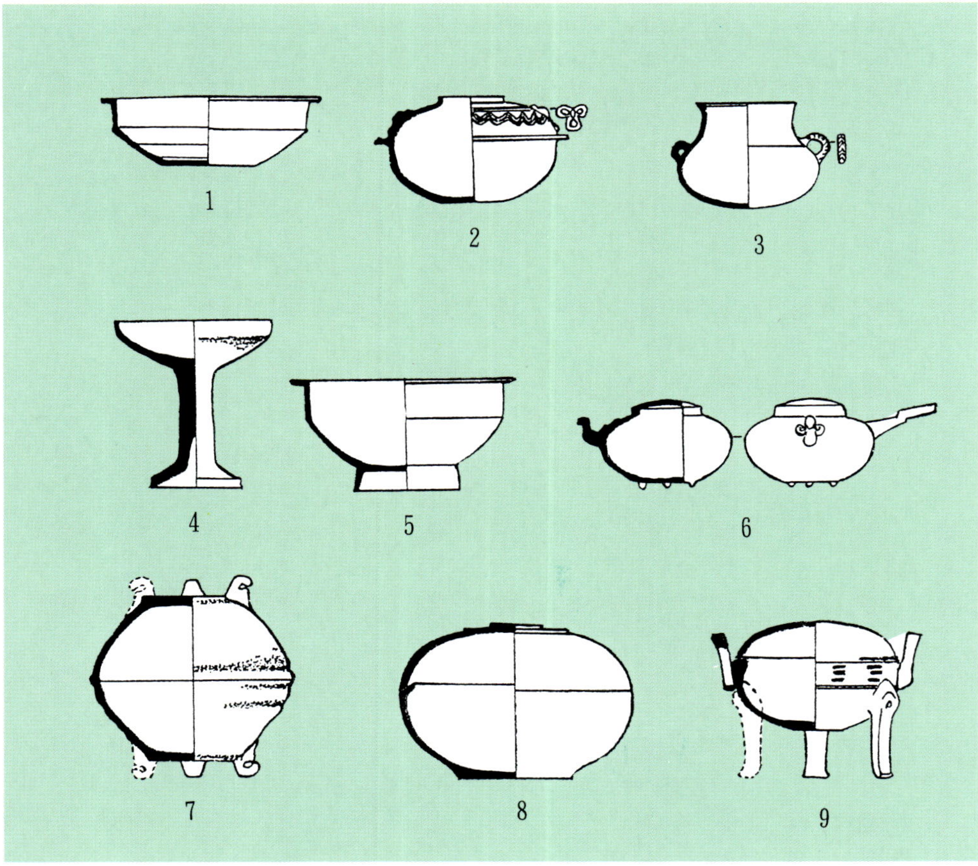

圖四一　長沙西漢初期陶器　1、盆　2、釜　3、鍪　4、豆　5、甑　6、鐎壺　7、敦　8、盒　9、鼎（資料來源：長沙市文物工作隊《長沙西郊桐梓坡漢墓》，《考古學報》一九八六年一期）

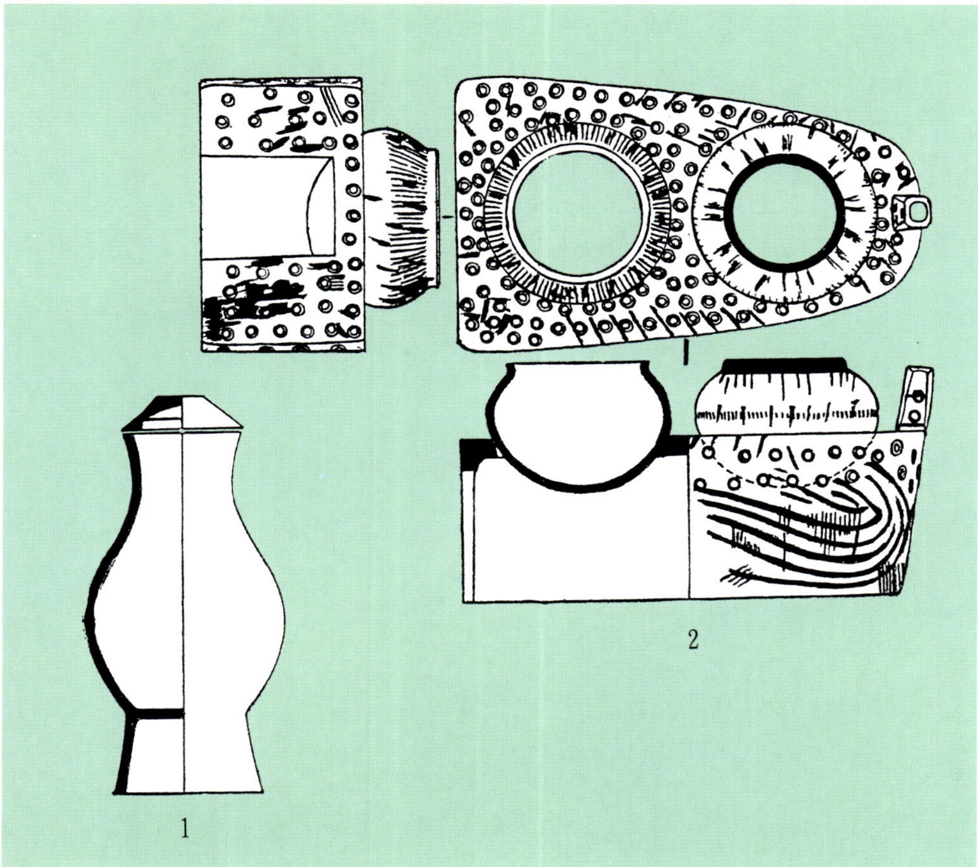

圖四二　湖北地區秦至漢初陶器　1、陶鈁　2、彩繪陶竈（資料來源：湖北省博物館《一九七八年雲夢秦漢墓發掘報告》，《考古學報》一九八六年四期）

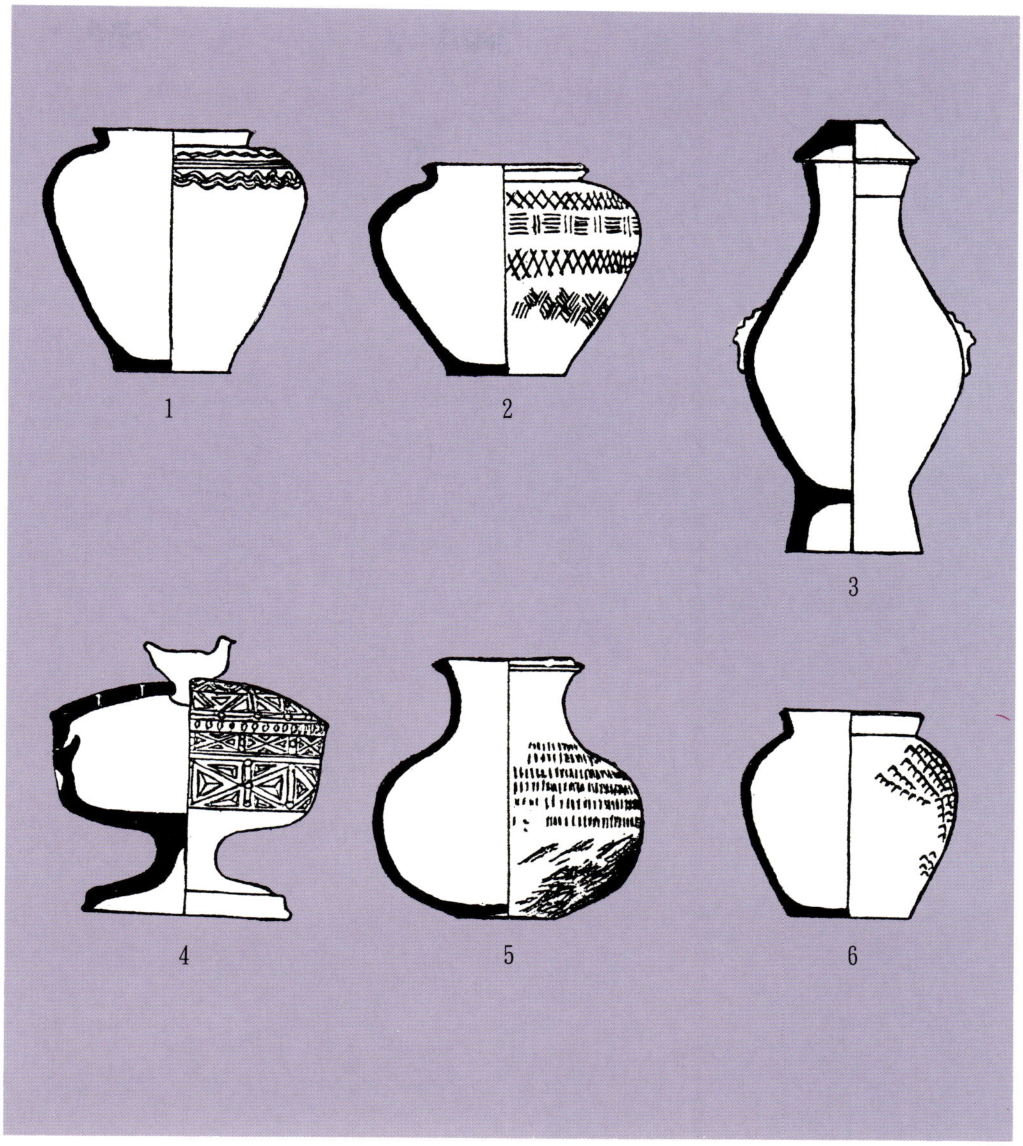

圖四二　長沙西漢初期陶器　1、2罐　3、鈁　4、薰爐　5、圜底壺　6、印紋硬陶罐

（資料來源：《考古學報》一九八六年一期）

（圖四四、四五）等；高大的建築形象以及反映社會生活的各種藝術形象和家畜、家禽等動物雕塑。

生活用具的特點表現在以下幾方面：

改變了商周以來厚重古板，線形缺少變化的造型，器形做得優美活潑。

一件器物的做成，往往把幾種成型工藝都用上。主體部分用輪製成型，即便是魁、井一類方形作品，也是先拉成圓形，然後再擠壓成方形。足、鋬、鈕等附件，用範製成型，同一附件可以靈活運用，如動物形象的足，有的用在倉上，有的用在樽上。洛陽燒溝漢發墓的陶器，即有同一時代、同一鋪首黏貼在各類器物上的情形。可知這一時期的製作，零件多用、組裝，省工省時，提高效率。

除戰國以來傳統的器形以外，增加了繭形壺（又叫鴨蛋壺）、盤口壺、雙繫或四繫罐、雙聯罐、三聯罐、四聯罐、五聯罐、三足罐、三足雙耳壺、匏壺等（彩圖七五）。

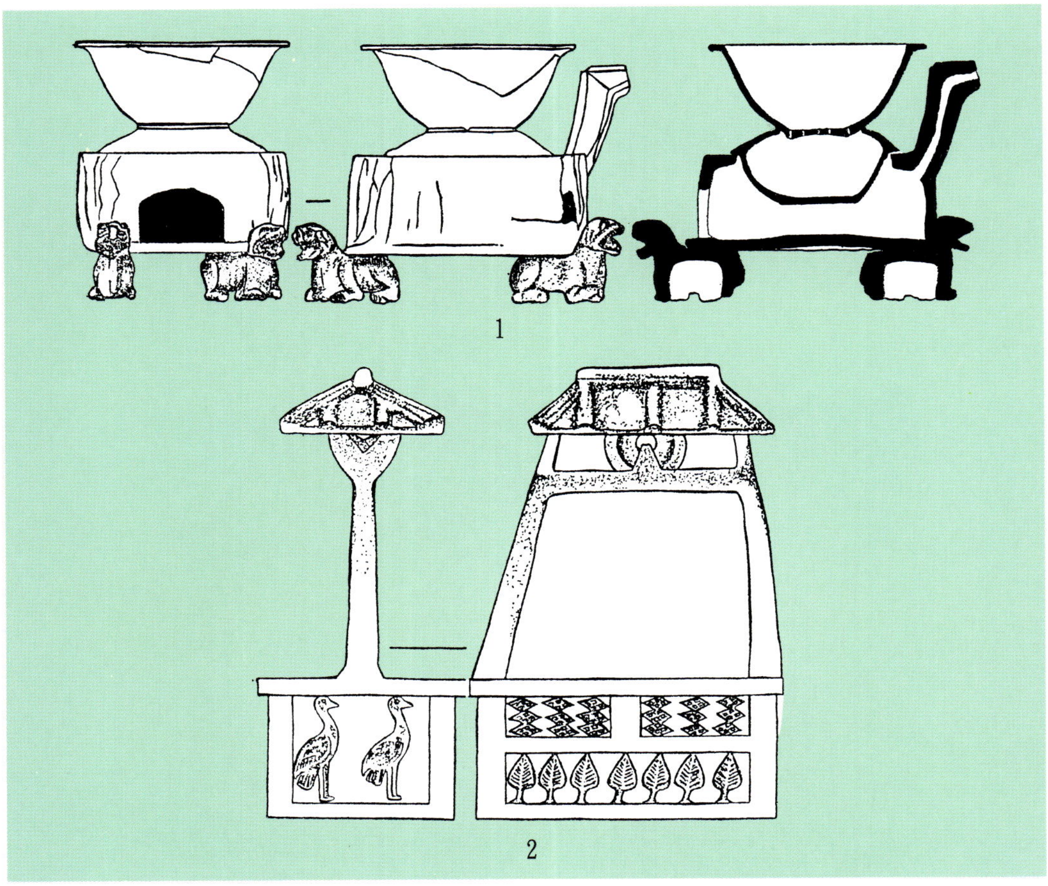

圖四四　洛陽漢墓陶器　1、陶竈　2、陶井（資料來源：《洛陽燒溝漢墓》）

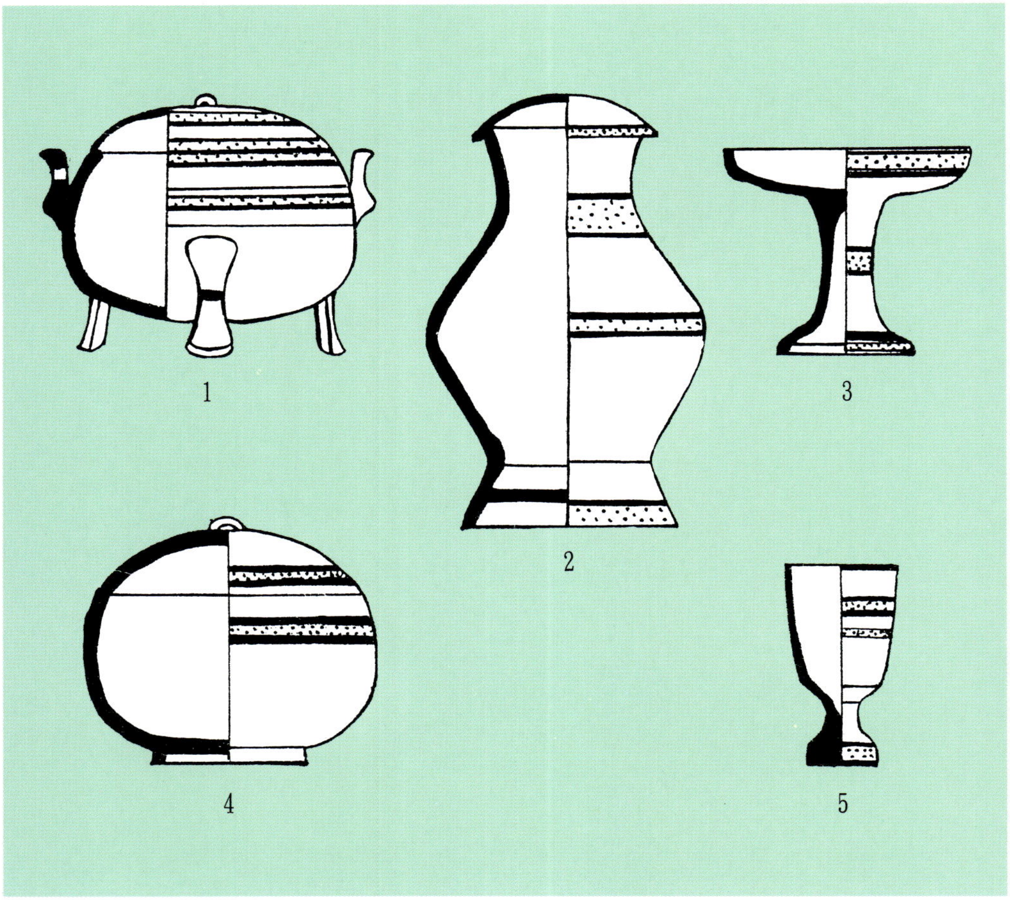

圖四五　西漢初期彩繪陶器　1、鼎　2、壺　3、豆　4、盒　5、杯
（資料來源：《儀征張集團山西漢墓》，《考古學報》一九九七年四期）

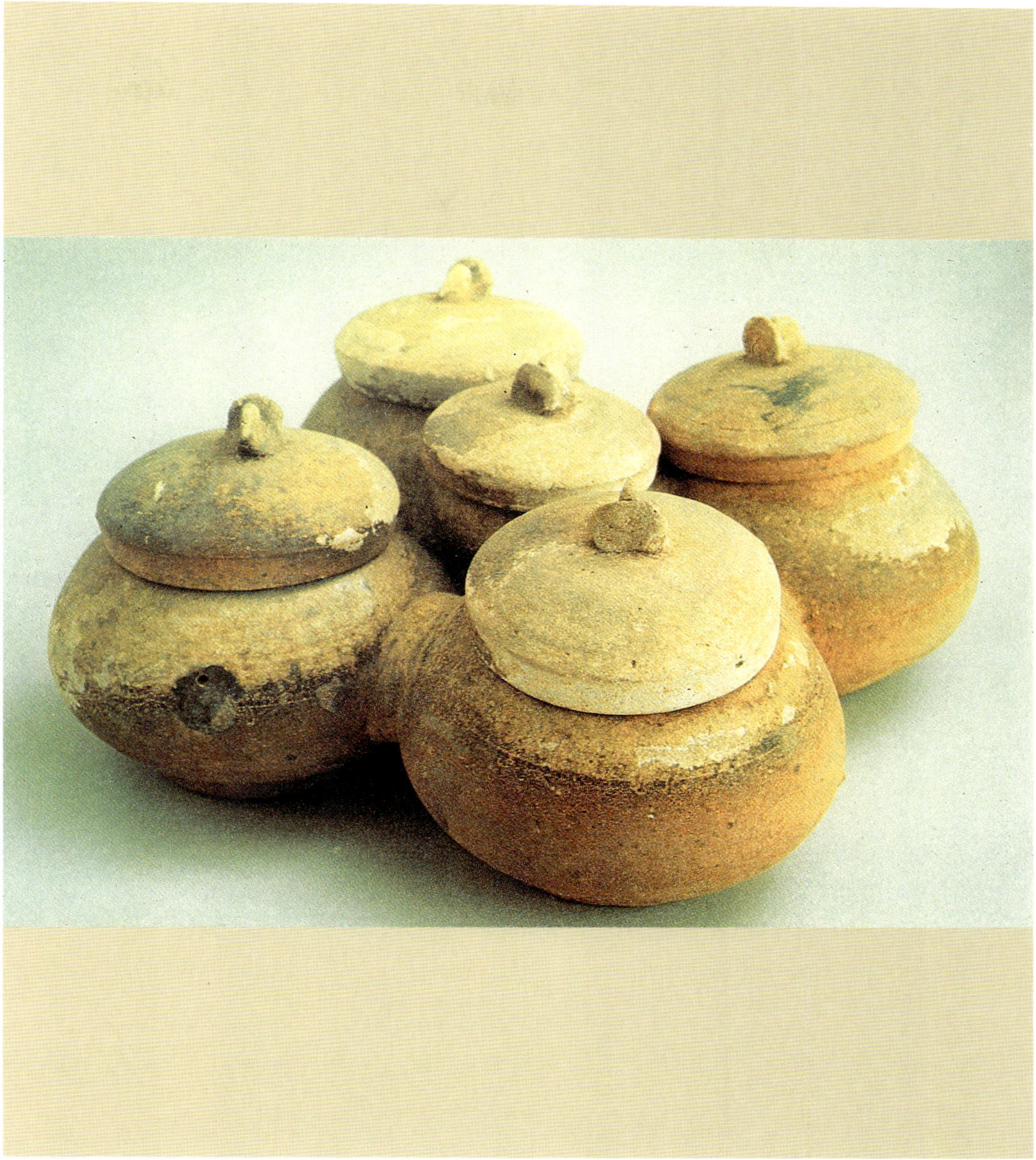

彩圖七五　灰陶五聯罐　漢　高一〇公分　廣西省桂縣出土　廣西省博物館藏

灰陶的裝飾，有弦紋、繩紋、直線紋、方格紋、三角形紋、連環紋、櫛齒紋等線條圖案，也有魚、馬等動物形象。

日用陶器的藝術風格是大氣壯美，造型和裝飾簡潔實用。邊遠地區的陶器和中原地區的陶器共同點增多。

在文物市場上，灰陶贋品主要是雞、狗等動物形象，特徵是工藝粗糙，幾乎有點粗製濫造。雖然手感輕，但泥料中含砂，砂眼顯露，顏色淺灰。真品比較緻密，砂粒不顯，表面光潤，燒成溫度也比贋品高，沒有贋品人為污染的現象。

二、日益減少的紅陶

根據洛陽燒溝漢墓群出土器物的統計，紅陶占出土陶器總數的百分之七①。器形和灰陶一樣。明器火候低，為褐紅色。實用的夾砂陶主要為釜類炊器。

三、彩繪陶

秦漢厚葬風氣很盛，彩繪陶是重要的

陪葬品，有在質地優良的灰陶上作彩，有在質地很差的陶器上作彩。大凡雕塑作品往往都上彩。彩繪陶有塗色和彩繪兩大類。

塗色用得很廣泛，大到陝西臨潼秦始皇陵陪葬坑出土的數千尊巨型陶塑、咸陽楊家灣西漢初期大墓出土的兵馬俑群。陶馬塗紅、白色；人物用黑色塗五官和頭髮，白色塗面、頸、衣領、袖口、褲；紅色塗冠、上衣。有的在陶器上用白色打底，上面書寫朱紅文字，叫朱書罐。塗色的作法是，陶器燒成以後，將顏料汁塗在器壁，晾乾即可。但是受潮、刮削或涮洗都會掉落。

彩繪用紅、黃、赭、綠、藍、橙、白等色，在器物上做出仿木器、漆器上的圖案（圖三九，1、4；四〇，6）。有的香薰，器壁刻出三角形、圓形鏤孔，外壁塗淡黃色，以黑彩勾繪邊線，以朱紅色繪弦紋、對角三角紋（彩圖七六，圖四三、4）。繭形壺，滿繪雲氣紋，以淡黃淡紅畫邊線，以深紅塗抹成寬帶紋，白色畫出流暢的雲紋（圖四〇，6）。方壺，秦代繪簡單的線條圖案（圖三九，1），漢代就比較複雜，覆斗形蓋以白色畫出五道寬弦紋，有在兩組弦紋裡勾畫出交錯的弧線紋，器壁不塗色，形成灰色的波浪紋。壺口上下，兩道白弦紋之間是白色波浪紋；頸部四面以紅白兩道線條勾出尖長的三角紋，下部是躍動的火焰狀雲紋；腹部有折線組成的錦紋圖案和流動性極強的捲雲紋；足部四面是雄放的捲雲紋和蔓草紋（彩圖七七）。

最複雜的是洛陽燒溝西漢墓出土的彩繪陶壺，全壺塗白粉，從壺頸開始，用黑色弦紋，分出七個裝飾區間，以朱紅畫出三角紋，勾尖三角紋，腹部較寬的部位是主題花紋，以黑彩、紅彩畫出氣勢磅礴的流雲，雲層破處是青龍、白虎、朱雀出沒其間，抽象誇張，動感強烈（彩圖七八）。江蘇地區彩繪陶形式和用彩都比較簡單（圖四五）。

山東濟南無影山一號漢墓出土的灰陶加彩載人物雙鼎鳩，高四十點五公分，展翅而立的大鳩，利喙塗紅，渾身塗白。黑彩繪鱗片羽毛，點紅點。翅膀上的鼎、背上持華蓋的人都塗彩。人的服裝塗紅，面部和頭髮塗白，黑彩勾畫眉、眼和鬍鬚（彩圖七九）。同墓出土舞樂雜技俑，底盤塗白，以朱紅、土紅塗繪人物和舞臺各種設施。豬圈、建築、院落模型則根據結構的需要塗彩。湖北秦至漢初的彩繪陶竈，以彩色畫出圓形和放射性線條為主（圖四二，2）。

四、印紋硬陶

戰國以後，印紋硬陶逐漸衰落了。不過，江蘇、浙江、福建、兩廣、兩湖、贛鄱地區生產還相當多。主要器形有罈、罐、甕、鼎、洗等，器形較大，工藝粗糙，紋樣單調，不夠嚴謹。以方格紋、斜方格紋為主，少數編織紋（彩圖八〇）。

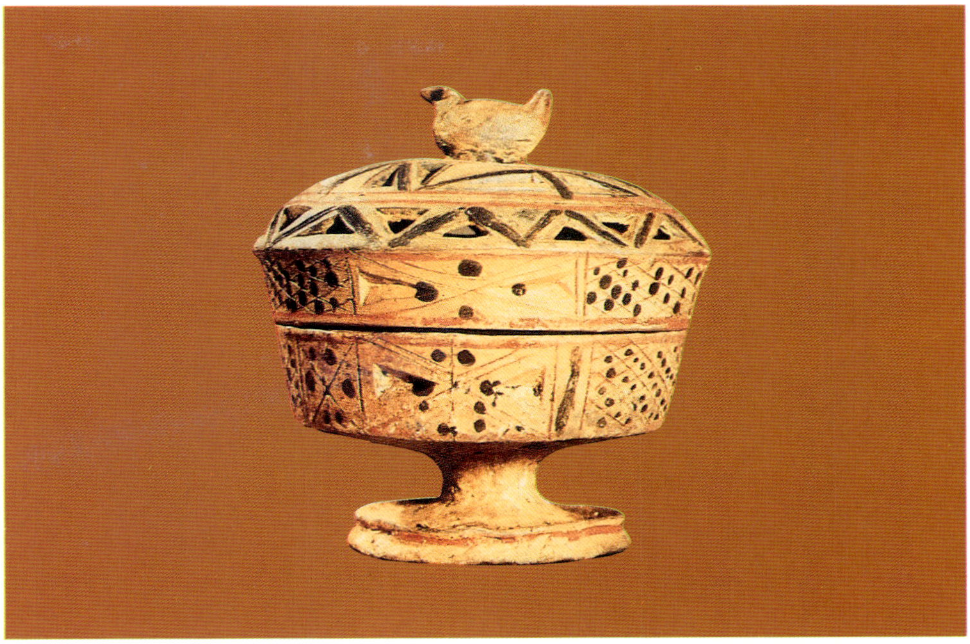

彩圖七六　彩繪陶鏤空豆　西漢
通高一三・五公分，口徑一二・〇公分
湖南長沙市馬王堆一號漢墓出土

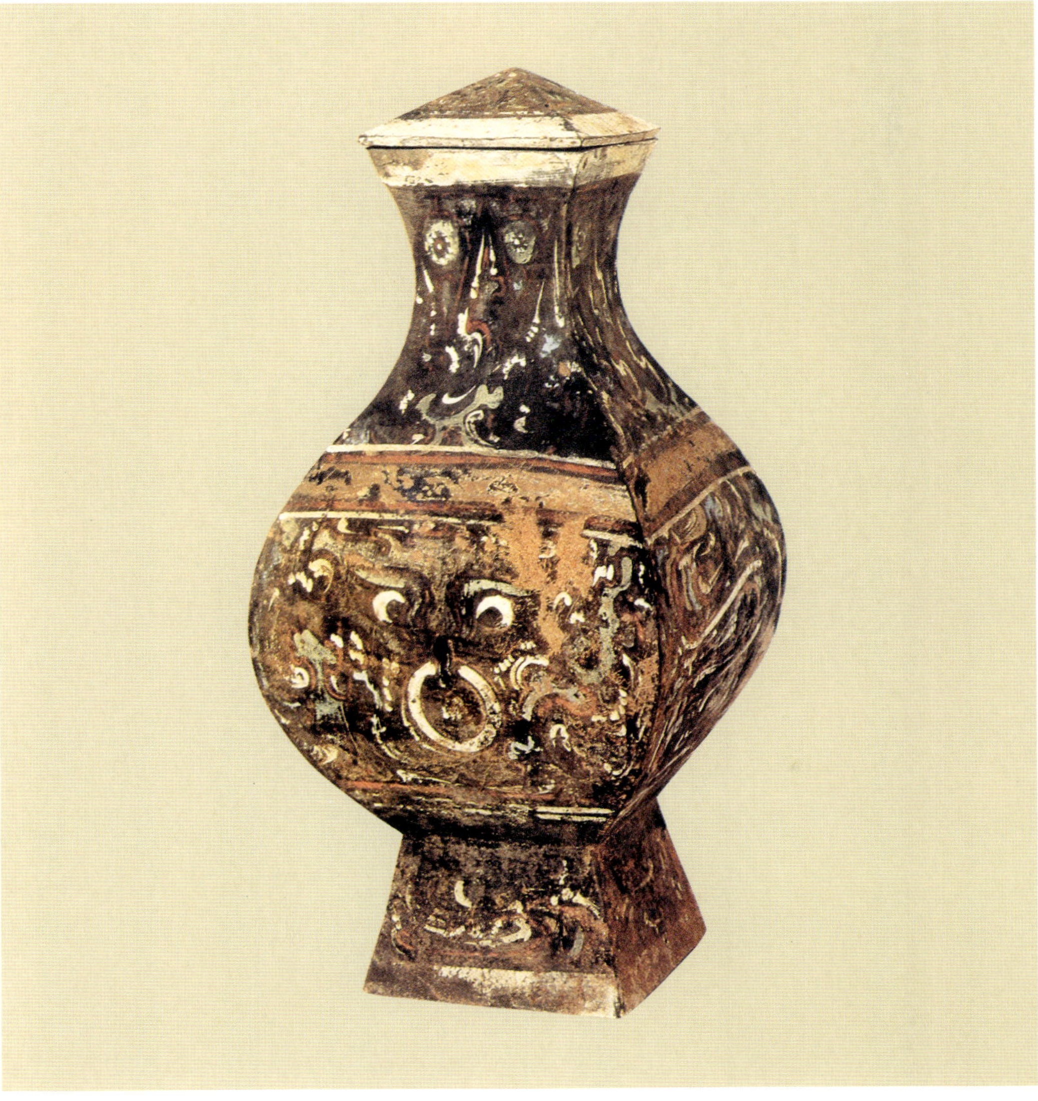

彩圖七七　彩繪陶雲氣紋鈁　西漢　通高五九・四公分　湖南省長沙市馬王推一號漢墓出土

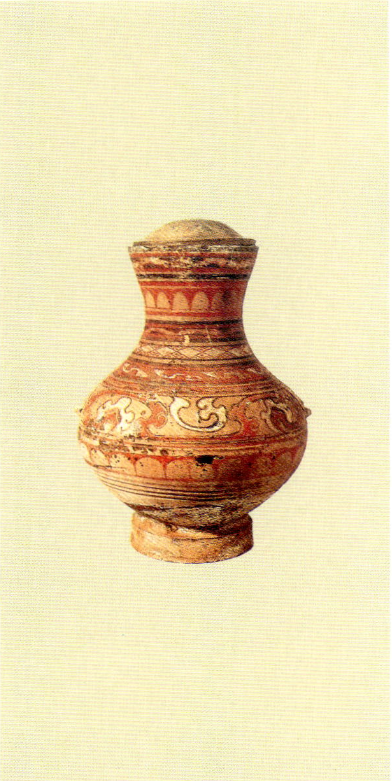

彩圖七八　彩繪陶雲氣紋壺　西漢　通高四五・五公分
河南省洛陽燒溝漢墓出土

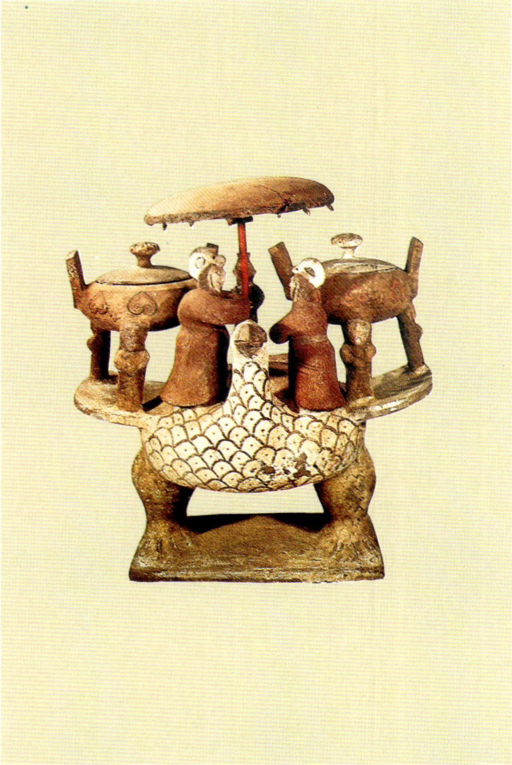

彩圖七九　彩繪陶載人物雙鼎塢　西漢　高四〇・五公分
山東省濟南市無影山一號墓出土　濟南市博物館藏

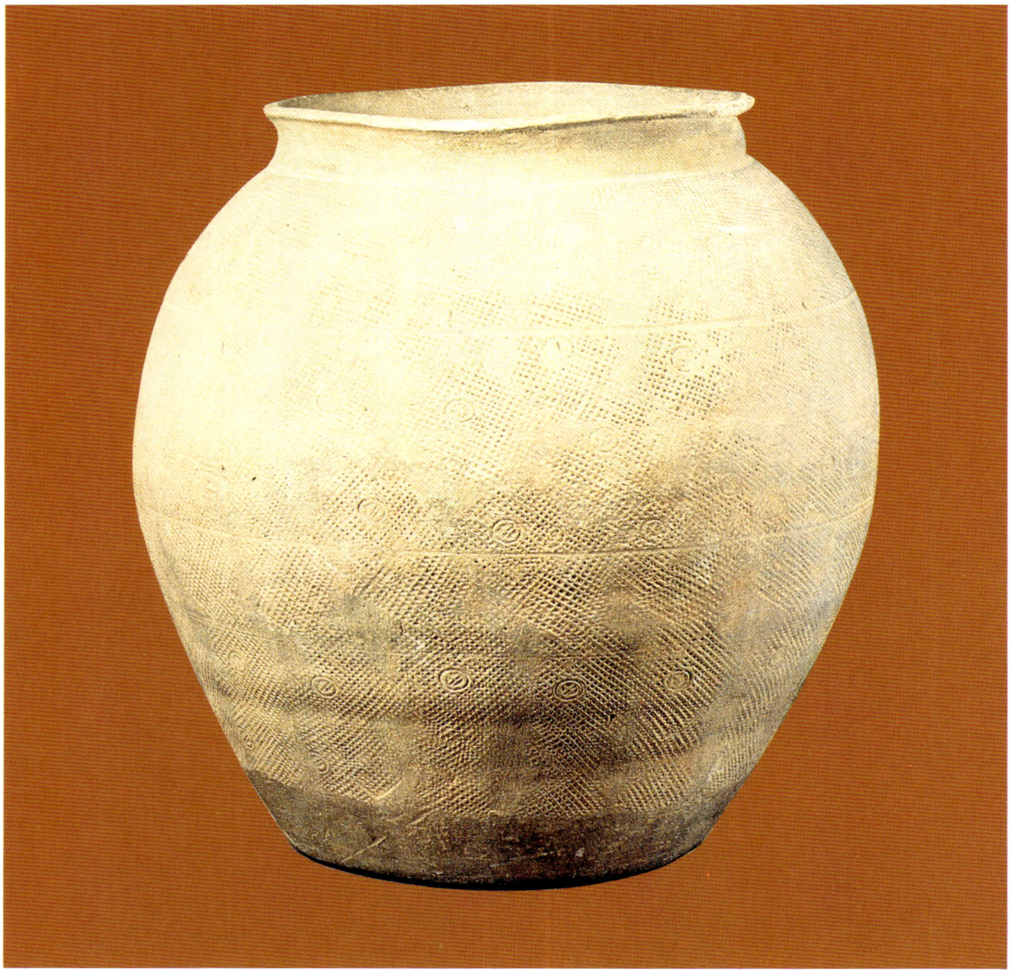

彩圖八〇　印紋硬陶罐　漢　高三五・一公分，口徑二一・七公分，底徑一九・四公分
中國歷史博物館藏

第二節 陶塑藝術品的特徵

秦漢陶塑，深沈雄大，成就輝煌。隨著中央集權國家的鞏固，國家財力和人力高度集中，製陶工藝高度發展，為陶塑藝術的發展創造了條件。秦漢陶塑主要是為滿足最高統治者宣揚統一功業、王權威嚴、表彰有功將領的功勳而做的。也有反映現實生活的藝術形象，現在擇要加以介紹。

一、兵馬俑群塑的特點主要是威武雄壯

秦始皇的陵墓，修在陝西臨潼驪山北麓。他剛即位就穿治驪山，開始修陵，「及并天下，天下徒送詣七十餘萬人，穿三泉，下銅而致槨，宮觀百官，奇器珍怪，徙藏滿之。」②「自古至今，葬未有盛如始皇者也。」③修建陵墓時就在陵園東垣外一公里的西楊村，約在東陵道北側，挖了四個大坑，安放陪葬的兵馬俑、車、兵器等物品。

一號坑最大，長方形，面積一萬三千平方公尺。二號坑曲尺形，面積六千平方公尺。三號坑平面呈凹形，面積五百二十平方公尺。四號坑是未修完的廢坑。秦朝國祚只有十五年，浩大工程可能在他死時都未修完。他死不久，急風暴雨的戰爭就起來了，所以不得不放棄。

坑內放置陶俑，人物形象高一點八公尺至二公尺之間，馬高一點五公尺左右。現已清理出不同年齡、不同官階的武士形象八、九百尊，戰馬一百多匹，木質戰車十八輛，青銅兵車、車馬器九百多件。一、二號坑內只清理了一部分，三號坑已清理完畢。按照有規律的排列隊形估算，陪葬武士形象的陶俑可能在七千尊左右，駟馬戰車一百多輛，戰馬一百多匹（圖四六～四八）。

坑的大小和俑的安置是根據部隊的組織精心設計的。第三號坑最小，是指揮中心，出土豪華髹漆彩繪駟馬戰車一乘，華蓋罩頂，人物著單捲尾的長冠，年齡稍長，神情莊嚴。一號坑規模最大，估計有六千個武士，由三列橫隊為前鋒，二百一十名弓弩手，其後是本陣。由三十八路步卒擁護著戰車，兩側面是面朝外的弓弩手，隊尾也是由弓弩手組成的後續部隊，此坑表現的是主力部隊。二號坑是一個曲尺形軍陣，即騎、徒、戰車、弓弩手組成四個小方陣。三個坑的設置表現出步、弩、騎、車組成秦軍的真實情況。在總體布局上，利用眾多巨型雕塑有規律的重複排列，造成排山倒海的氣勢，表現實現大一統的秦軍，其軍容整齊、威武雄壯、勇於攻戰、所向無敵的軍威，讓人產生敬畏而難忘的印象（彩圖八一～八五）。

在中國大陸，秦俑的複製品很多，小到不及十公分，大到和原物一樣大。小的旅遊商品姑且不論，和原物一樣的贋品，製作工藝的特徵，首先是按原物雕成，石膏作範，然後填泥翻出坯件，再加工雕琢

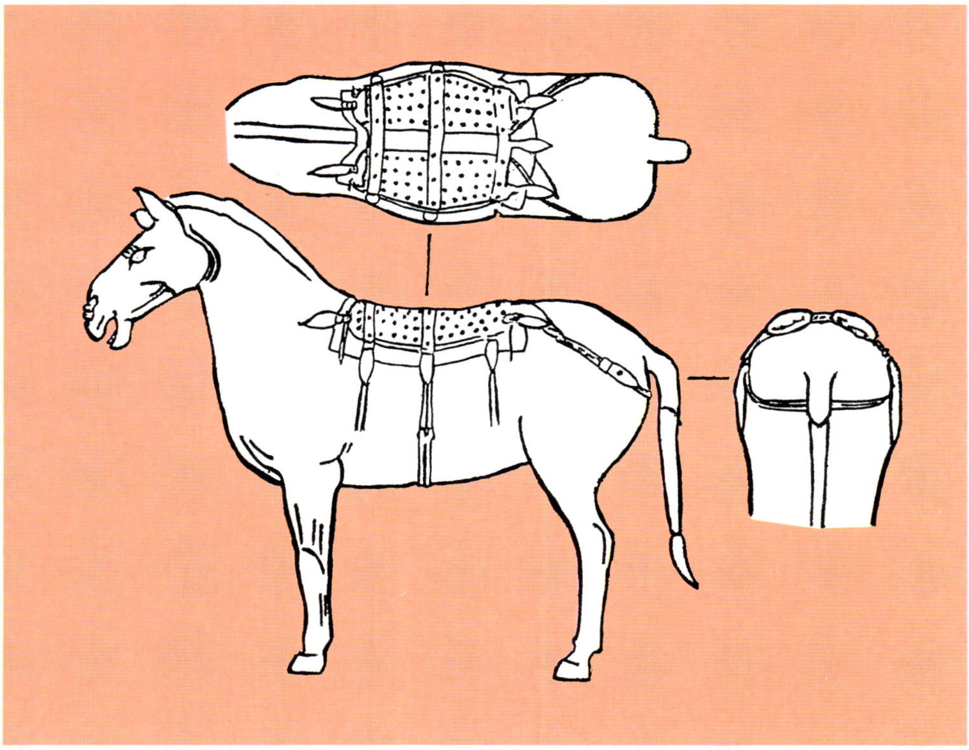

圖四六　秦俑坑出土戰馬俑
（資料來源：《秦始皇陵東側第二號兵馬俑坑鑽探試掘簡報》，《文物》一九七八年第五期）

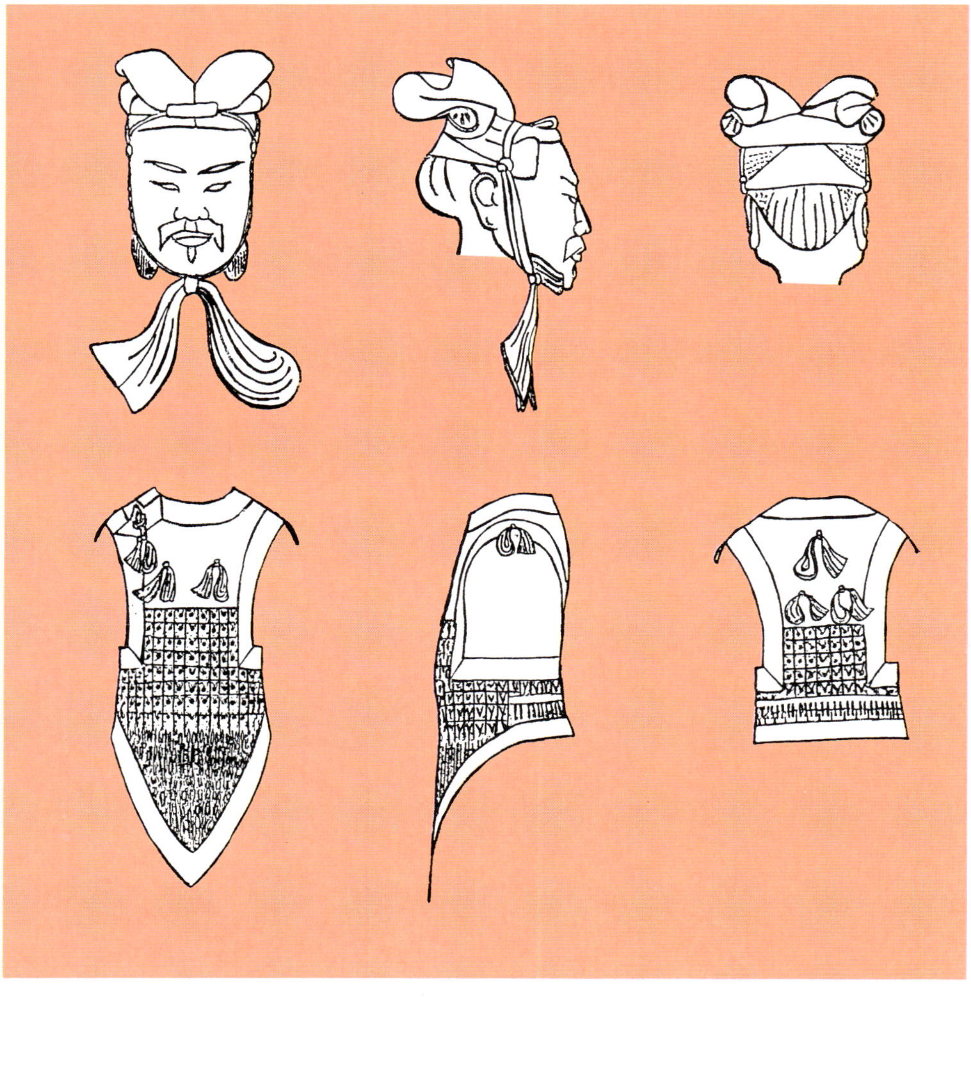

圖四七　秦將軍俑頭帽和甲衣結構圖
（資料來源：秦始皇俑坑考古發掘隊《秦始皇陵東側第二號兵馬俑坑鑽探試掘簡報》，《文物》一九七八年第五期）

圖四八　秦武士蹲跪俑，正面、側面、背面
（資料來源：秦始皇秦俑坑考古發掘隊《秦始皇陵東側第二號兵馬俑坑鑽探試掘簡報》，《文物》一九七八年五期）

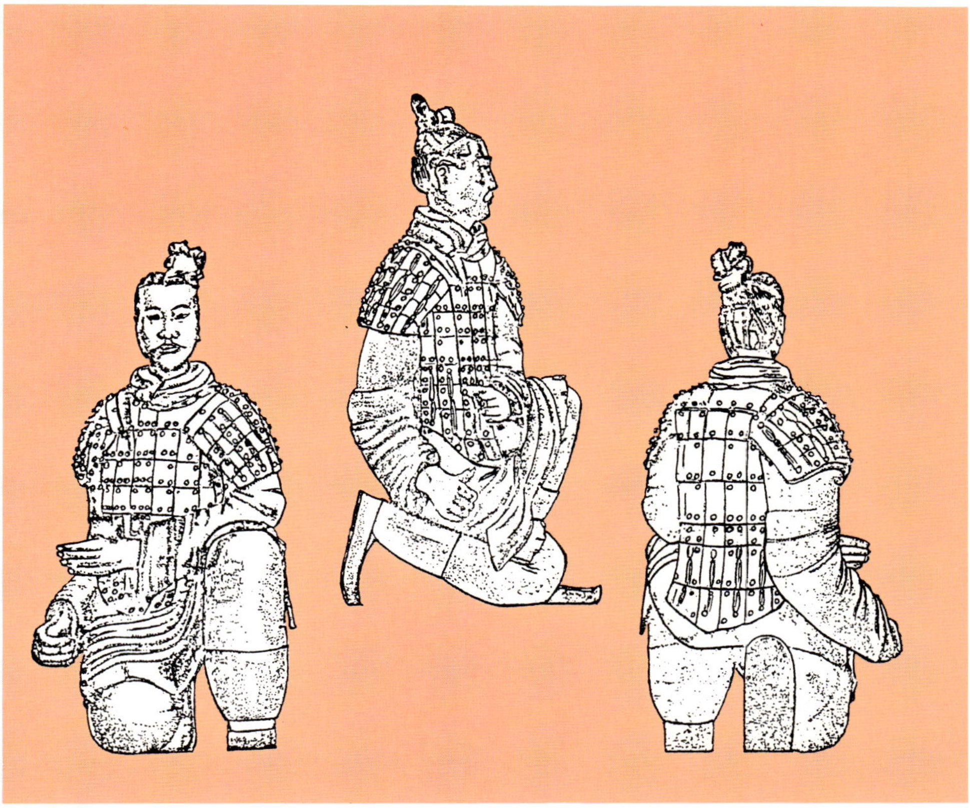

彩圖八一　灰陶加彩馬　秦　高約一五〇公分
陝西省臨潼秦皇陵兵馬俑坑出土　陝西省博物館藏

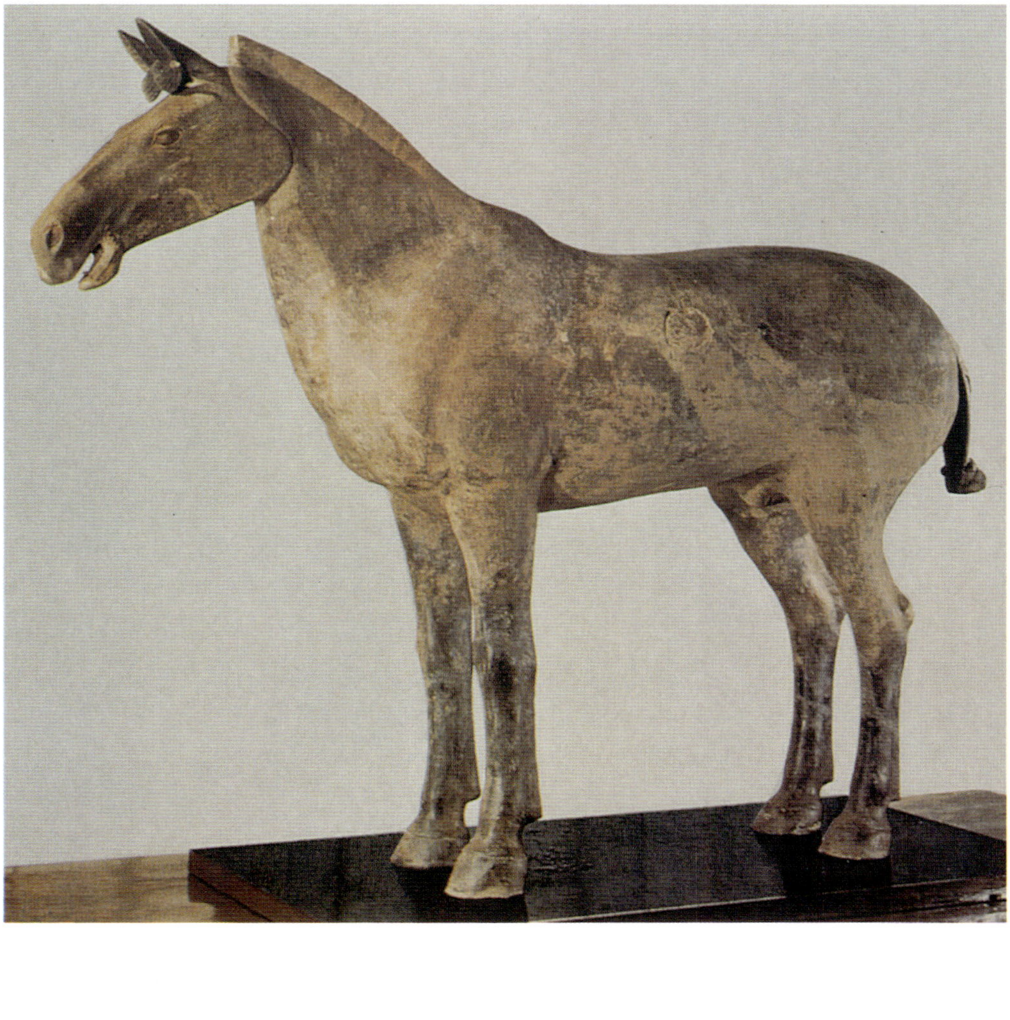

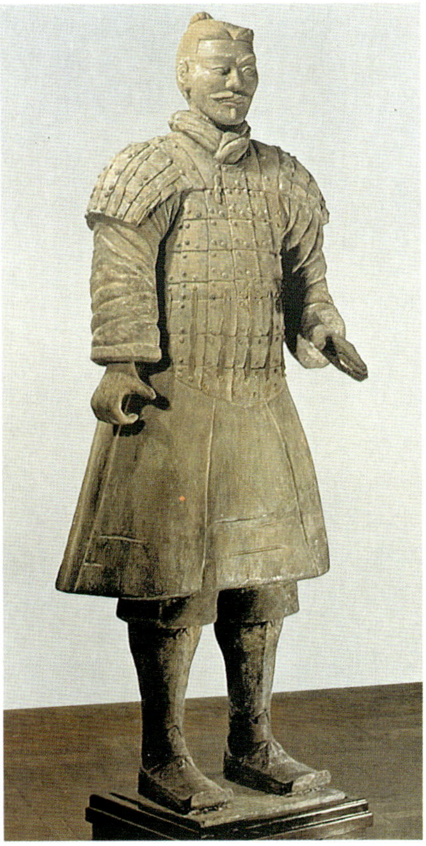

彩圖八二　武士俑　秦　高約一八四公分　陝西省臨潼秦皇陵兵馬俑坑出土
陝西省博物館藏

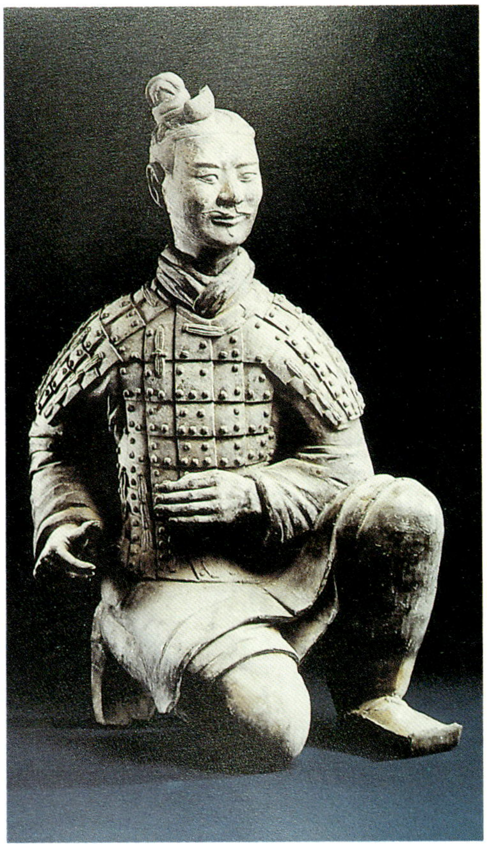

彩圖八三　武士跪射俑　秦　高一二〇公分
陝西省臨潼秦皇陵兵馬俑坑二號坑出土　陝西秦俑博物館藏

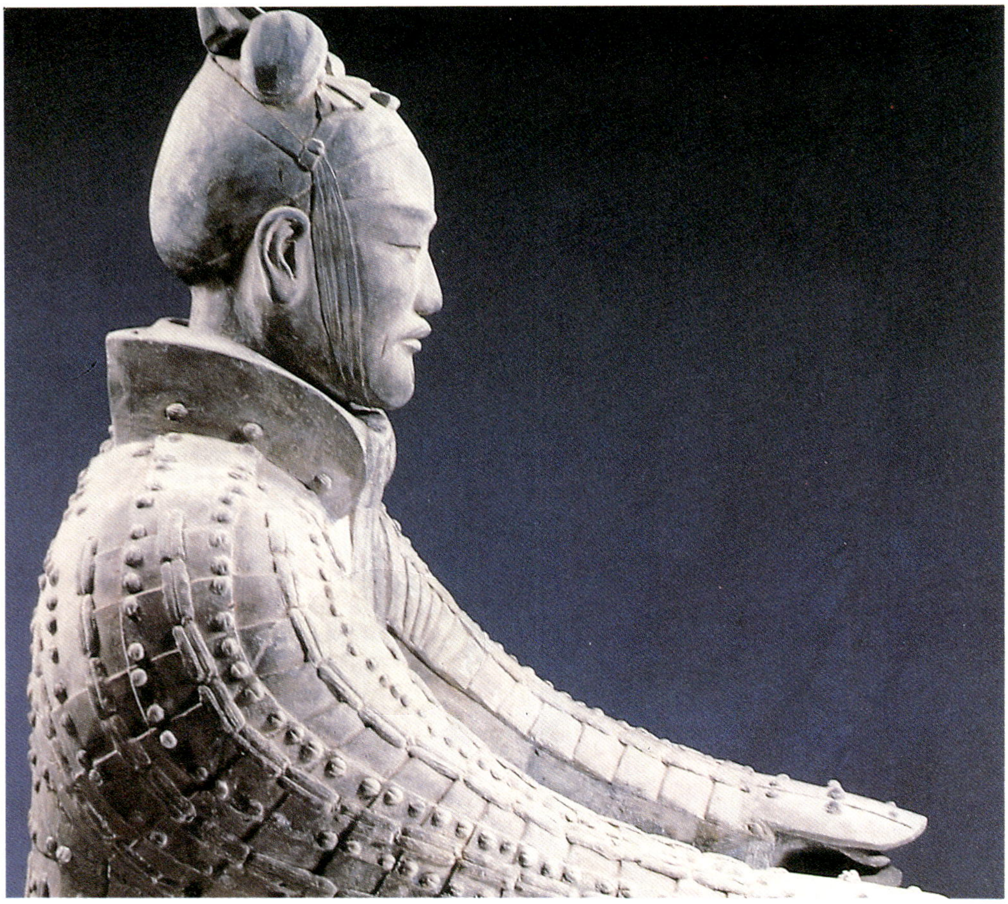

彩圖八四　馭手俑　秦　高一九〇公分
陝西省臨潼秦皇陵兵馬俑坑出土　陝西秦俑博物館藏

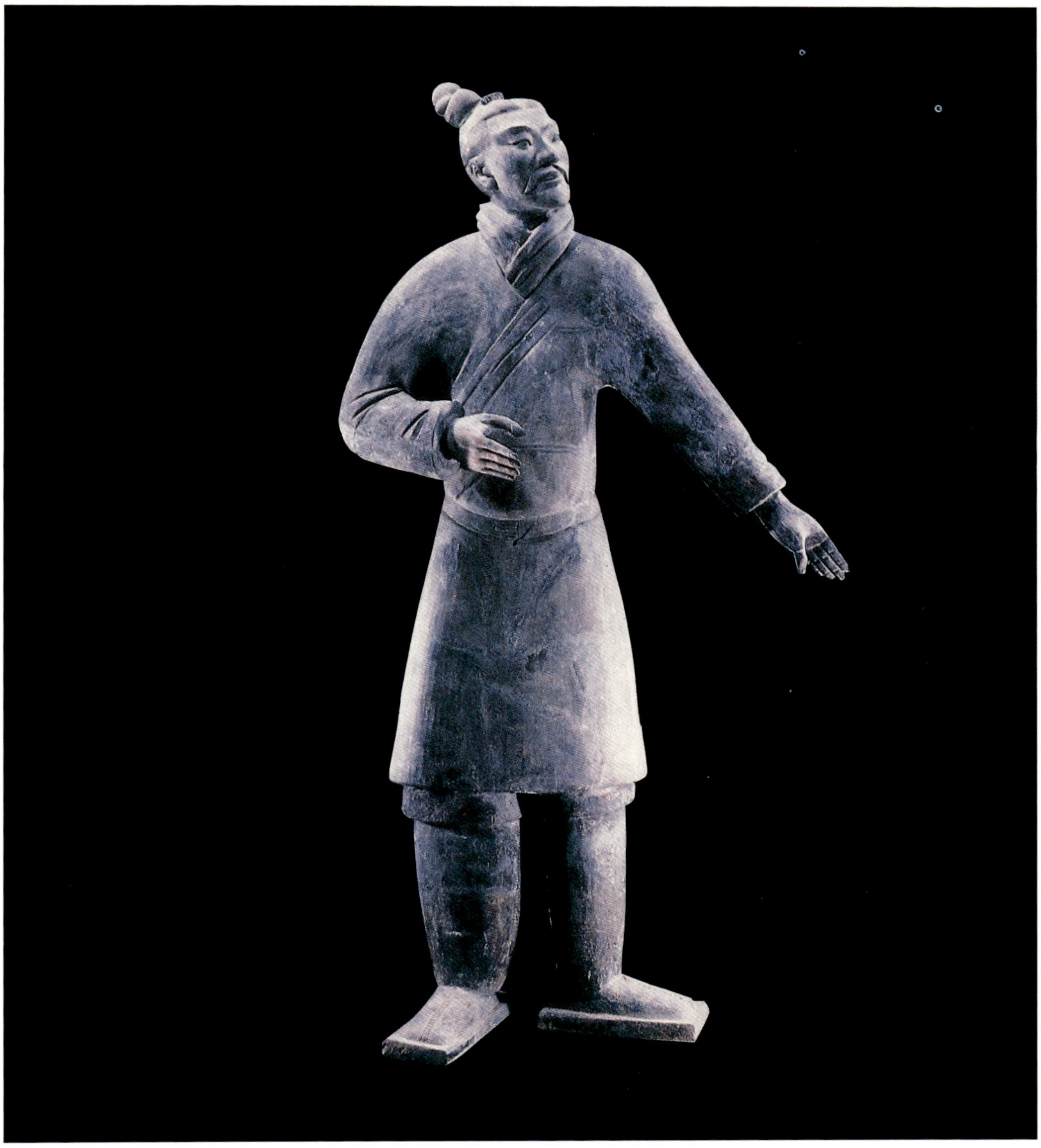

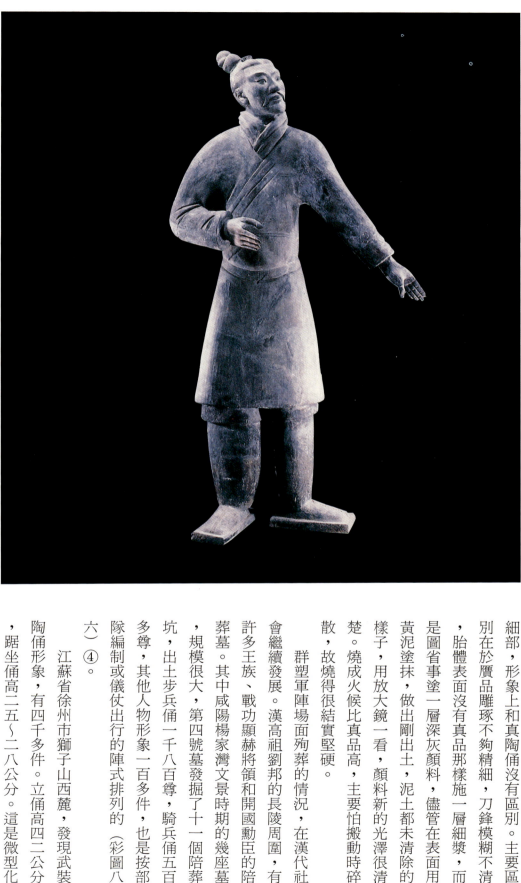

彩圖八五　立射俑　秦　高一七八公分　陝西省臨潼秦皇陵兵馬俑坑二號坑出土　陝西秦俑博物館藏

細部，形象上和真陶俑沒有區別。主要區別在於贗品雕琢不夠精細，刀鋒模糊不清，胎體表面沒有真品那樣施一層細漿，而是圖省事塗一層深灰顏料，儘管在表面用黃泥塗抹，做出剛出土，泥土都未清除的樣子，用放大鏡一看，顏料新的光澤很清楚。燒成火候比真品高，主要怕搬動時碎散，故燒得很結實堅硬。

群塑軍陣場面殉葬的情況，在漢代社會繼續發展。漢高祖劉邦的長陵周圍，有許多王族、戰功顯赫將領和開國勳臣的陪葬墓。其中咸陽楊家灣文景時期的幾座墓，規模很大，第四號墓發掘了十一個陪葬坑，出土步兵俑一千八百尊，騎兵俑五百多尊，其他人物形象一百多件，也是按部隊編制或儀仗出行的陣式排列的（彩圖八六）④。

江蘇省徐州市獅子山西麓，發現武裝陶俑形象，有四千多件。立俑高四二公分，踞坐俑高二五～二八公分。這是微型化的軍隊。從已經清理的二千多件陶俑看，

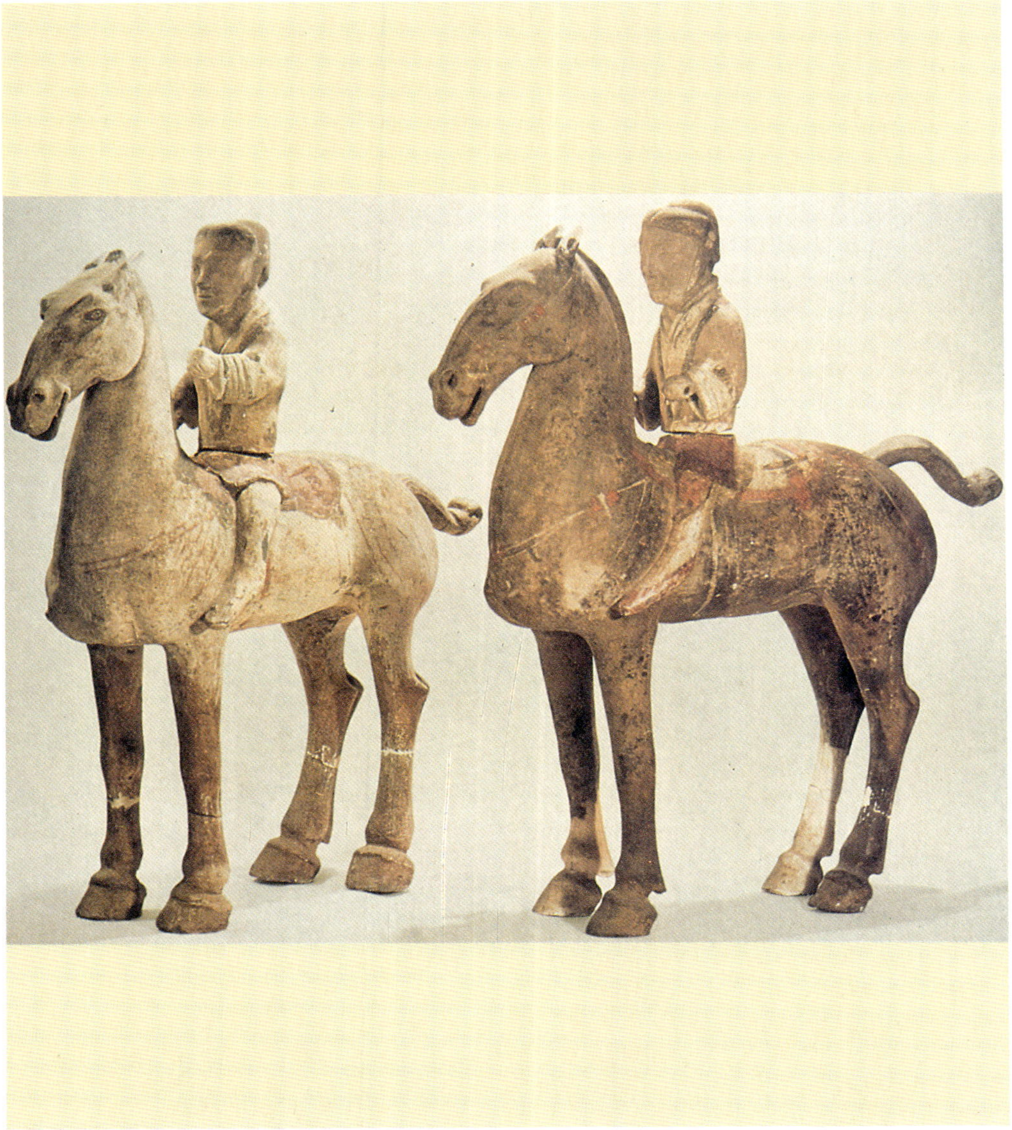

彩圖八六　彩繪陶騎馬武士俑　西漢　通高五六・二三公分　陝西省咸陽市楊家灣大墓出土
中國歷史博物館藏

排列成多路密集縱隊。頭戴盔，身穿戰袍，步卒持械，弓弩手背箭壺。向西而立，作械鬥狀，機警肅穆，氣勢逼人。表現出東漢南方和北方一樣重視武裝力量的建設（彩圖八七）。

二、反映現實生活的藝術形象手法多樣

秦漢陶塑反映現實生活的內容也很豐富，有侍女、舞蹈、百戲雜技、庖廚作炊、樓房、神話故事，反映農業生產的秧田、漁塘，反映交通的舟船等。

侍女形象，有站立和踞坐兩類，塑得眉目清秀，一般身穿右衽開領長衫，長裙拖地，下襬成傘狀張開，身軀修長，低頭收頷，雙臂下垂，兩手抱於腹前。陝西臨潼焦家村出土一尊秦踞坐女俑，塑造的青年婦女形象，頭髮平梳，鬢角整齊，背向腦後紮髻，眉骨微突，臉微胖，身體健壯，身著窄領長衫，踞坐於地，兩手半握拳，平放膝上，神態安詳（彩圖八八）。從

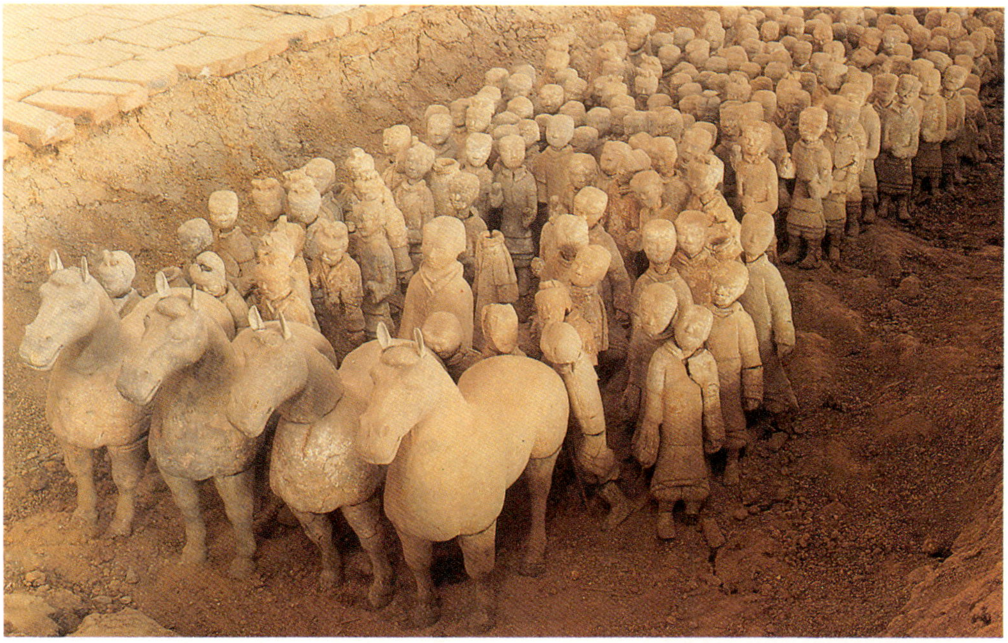

彩圖八七　陶兵馬俑羣　東漢　高五四公分，低二五公分
江蘇省徐州獅子山出土　徐州兵馬俑博物館藏

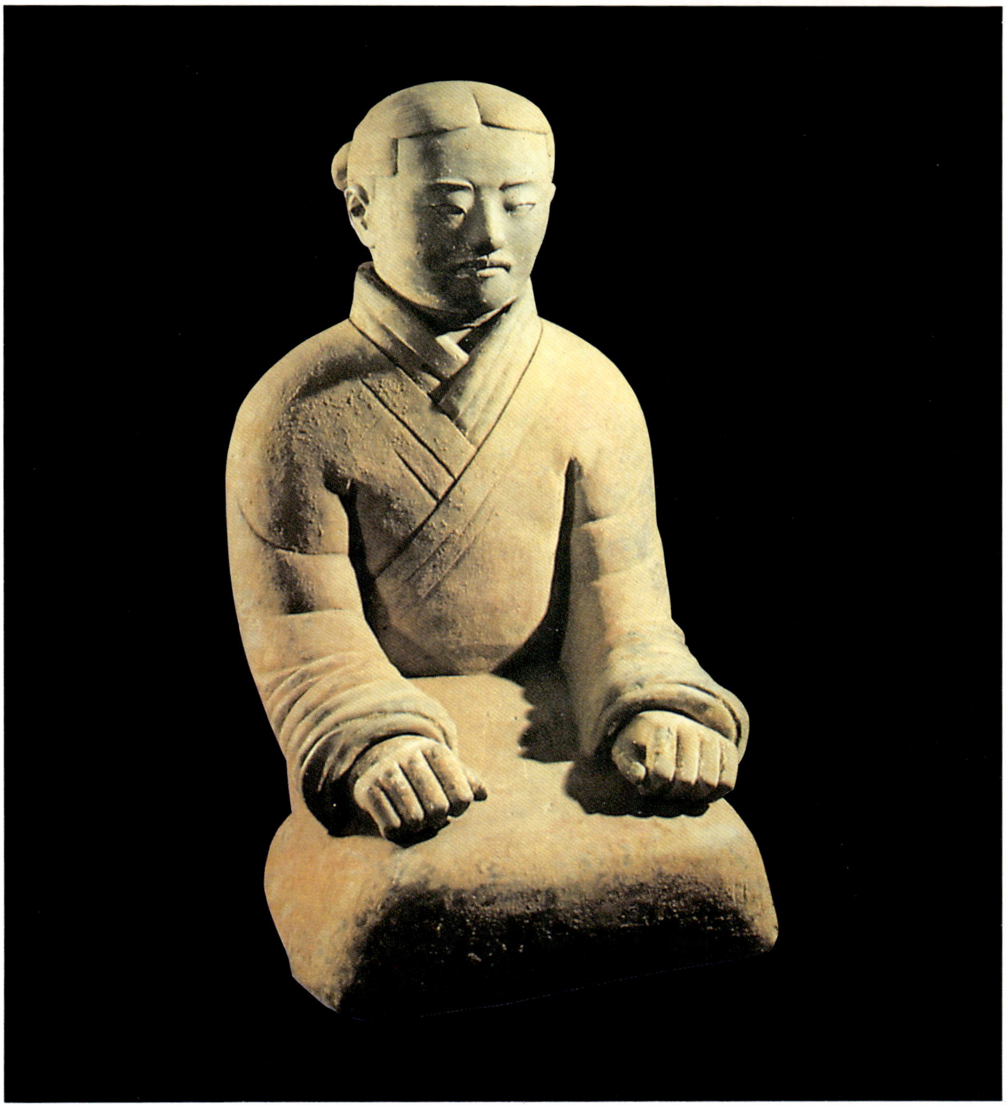

彩圖八八　加彩踞坐女俑　秦　高六五公分　陝西省臨潼縣焦家村出土
陝西省博物館藏

站立女俑看，人們的衣裙都是開領寬袖長衫，長裙的下襬成傘狀張開。這類藝術品，近年來在大陸文物市場上有贗品出現，特徵是胎粗夾砂，燒得很堅硬，顏色深青發黑，表面塗一層像陰溝泥一樣的顏料，不像真文物那樣由於年代久遠有自然剝落的痕迹。贗品也有磕碰掉落的現象，但極不自然，是作偽者用改錐之類堅硬工具鑿刮而成的，在落渣處露出新茬，有的將新茬用污色塗染，拿在手裏感覺分量很重。

庖廚勞作形象，四川地區東漢墓中，常出庖廚、舂米、持鍤勞作者的陶俑，有男有女。重慶化龍橋出土的庖廚俑就是一個代表。人物頭戴尖頂軟帽，兩邊護耳翻貼帽側，身穿斜襟右衽，挽袖露臂，身前置一長方形案俎，鮮魚兩尾，平置俎上，前端為肉菜等四樣食物，手法簡潔，表情憨態可愛（彩圖八九）。

舞樂雜技俑，山東省濟南市無影山西漢一號漢墓出土一件，在長六七公分，寬四四點八公分的平盤上，四角有低矮的圍欄，前沿有三個小孔，似作插竿拉幕之用，說明當時舞臺的布置景象。中心是主要表演者，舞臺前沿，其貌不揚的俳優在作引人入勝的滑稽講解，在他的右邊，兩人作拿大鼎，兩人作後滾翻，兩個長髮女子相向舞蹈。後沿六人組成樂隊，有鼓、瑟、鐘等打擊樂器，有簫、笙等吹奏樂。兩側是形體高大，衣著寬大華麗者，應該是主人或主人請來的賓客（彩圖九〇）。

擊鼓說書俑（說書俑又稱說唱俑），四川地區東漢墓出土不少。塑造的形象都是年邁的老人，身軀略微發胖，肚腹凸露而下垂，肌肉鬆弛。衣衫襤褸或只穿一條破褲子，或戴帽或著幧頭，或站或坐，抱鼓執棒，或擊或舞，或講或唱，感情豐富，熱烈激越，都是生活在社會底層的貧苦人。塑得最好，保存也最完整的是中國歷史博物館收藏的，四川成都天迴山東漢墓出土的一件說書俑。質地為灰陶，比較粗，含細砂。老人蹲坐於地，背弓曲微駝，聳肩，縮頸，頭上揚，下頷前伸，張嘴露齒，上身赤裸，下穿寬筒長褲，兩臂飾珠狀飾物，右臂前伸，手握鼓棒，橫於面前，左臂彎曲，環抱圓形扁鼓，挾於腋下，左腳著地，右腿上揚。幽默生動，感情特別豐富。額頭寬闊，數道又深又長的皺紋壓在雙眉上，盲眼微瞇，雙眉高擡，額上皺紋和眼角上的雞爪紋組成道道弧線。他滿臉呈笑，熱情洋溢地給周圍的人講故事。由於情緒激動，鼓棒不停地在眼前比畫，連腳尖都翹了起來。

中華民族歷史悠久，數千年來一直沒有中斷，人民有酷愛歷史的優良傳統。自從文字發明以後，人們書寫歷史，留下了浩瀚的文化典籍。春秋戰國，一些國君封書寫歷史的官吏為「太史」，這是史官修正史的開始。這個傳統一直繼承下來，西漢太史令司馬遷撰寫的《史記》就是代表。但社會下層廣大群眾看不到也看不懂。民眾是智慧的，有自己講解歷史的最好辦法，用講故事，或演唱的辦法來傳播歷史知識，說唱俑就生動地表現了東漢民間傳

彩圖八九　庖廚俑　高三八公分，寬二七・五公分
四川省重慶化龍橋出土　中國歷史博物館藏

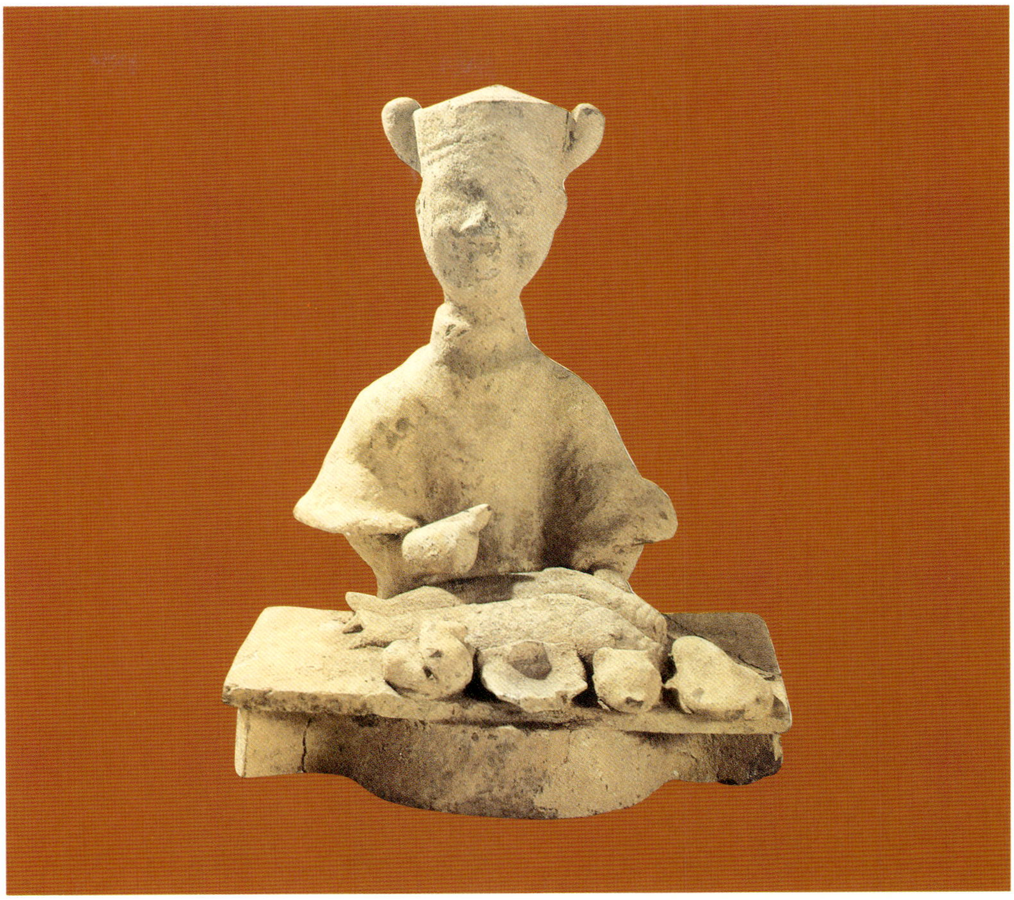

彩圖九〇　彩繪陶塑舞樂雜技俑　西漢　寬四四・八公分，長六七・八公分
山東省濟南市無影山一號墓出土　中國歷史博物館藏

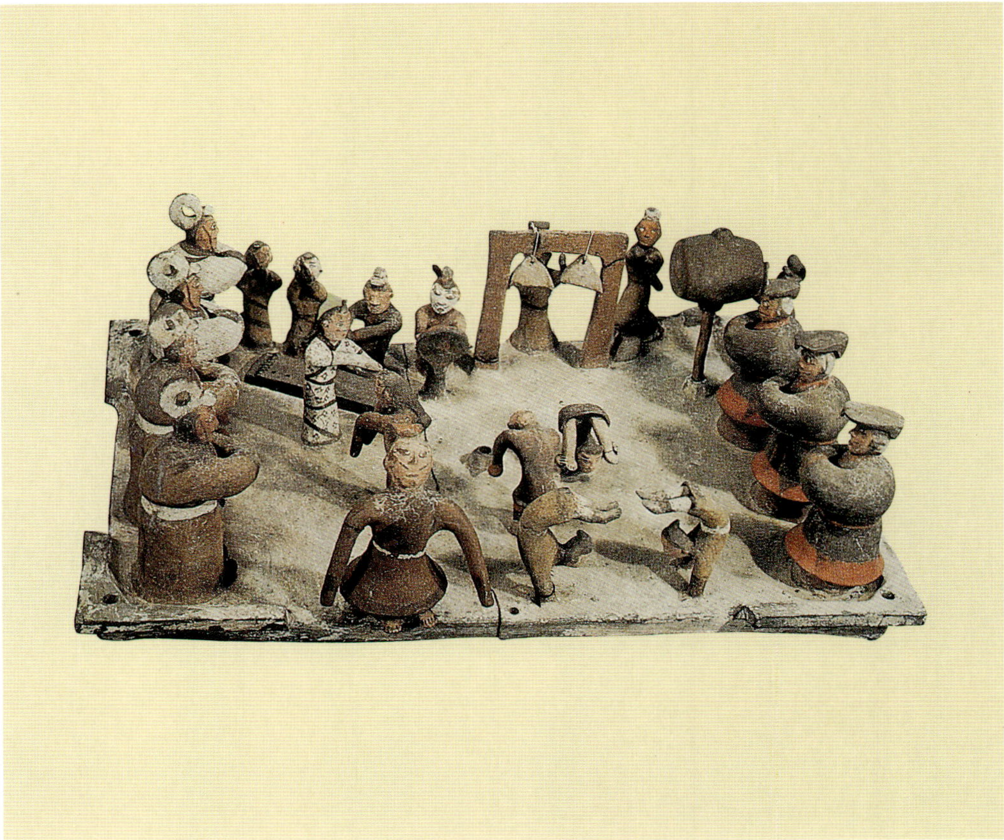

播歷史的情況。

活躍在人民中間傳播歷史的人，以盲人居多。有一失必有一得，他們聰明過人，能把民間流傳的歷史片段，組織成琅琅上口、動人心脾的故事，或把歷史編成詩歌，能誦能唱，大家叫這些民間史官為「瞽矇」。《周禮・春官》說，瞽矇掌「諷誦詩・世奠系」，《國語・楚語》說：「史不失書矇不失誦」。盲人用背誦或演唱方式述說的歷史叫「瞽史」。給黎民百姓精神上以文化享受。

收集民間傳說，調查帝王世系歷史，加以總結、提煉、充實，變成動人的故事，要有豐富的經驗，較高的文化歷史修養，要長時間的磨鍊和累積，所以東漢說書俑都是些飽經風霜、滿臉皺紋的老人。他們精力充沛、幽默風趣，民眾和他有共同的思想基礎，有了他就有了歡樂，所以瞽矇很受歡迎。

說唱俑和秦漢兵馬俑、奴僕俑、舞樂百戲雜技俑都不一樣，後者注重外形，變化少。說唱俑塑造個體形象，簡潔、誇張、傳神，衣衫襤褸，貧困不堪，而神情活躍。以喜劇形式表現社會深刻的悲劇內容，引起人們對東漢陶塑藝術深刻的思考，獲得藝術上的享受（彩圖九一）⑥。

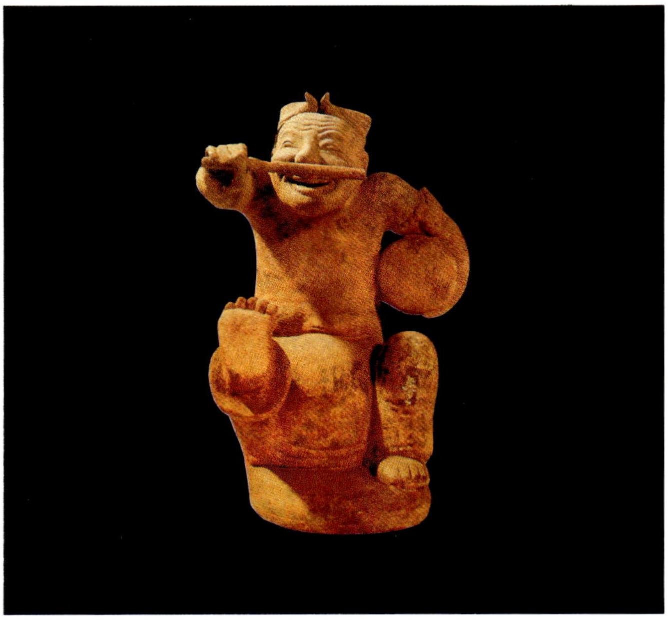

彩圖九一　擊鼓說書俑　東漢　高五五公分　四川省成都市天迴山出土　中國歷史博物館藏

第三節　瓦當和畫像磚

秦和漢的統治者，雖然在位時間有短有長，但他們都利用國家財力，大力營建空前豪華的宮殿、陵墓，因此供營建需要的瓦當、畫像磚、空心磚大量生產出來。空心磚千篇一律，這裏從略。內容豐富，藝術很強的是瓦當和畫像磚，現在簡單加以介紹：

秦代瓦當有半圓形、大半圓形、圓形三類。規格直徑一般在八公分至十六公分之間，秦始皇陵出土特大大半圓形瓦當，寬六一點五公分，高四七點五公分，做得雄奇厚重，回轉得體，動人心神（圖五〇）。

秦代瓦當的裝飾有動物類的龍、夔龍、夔鳳、鳳鳥、群鳥朝鳳、奔鹿、雙鹿、群鹿、猛虎吞燕、魚、猛禽啣魚、雙鶴、飛鳥、龜、鴻、鳥、羊、雙貛、貙貗等；人與動物的屠龍、獵人圍鹿等；圖案與動

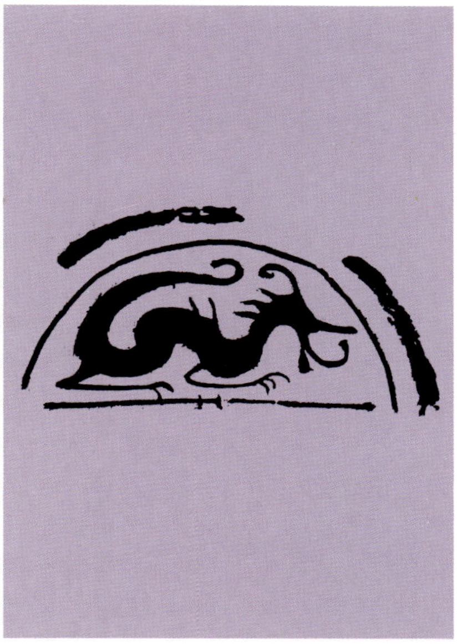

圖四九　秦　龍紋瓦當　高八公分
（資料來源：《中國瓦當藝術》上海人民美術出版社出版）

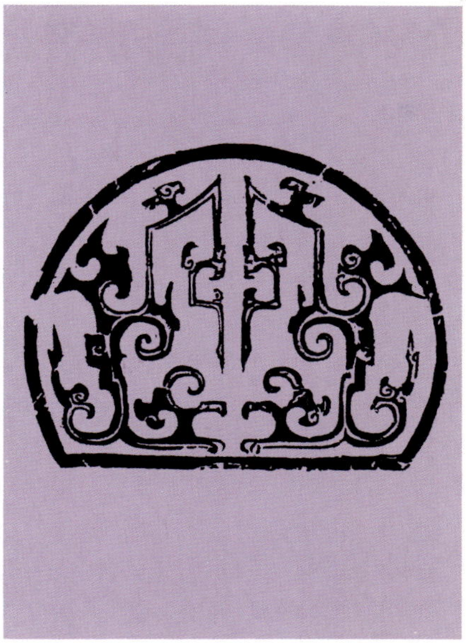

圖五〇　秦　夔紋瓦當　橫六一公分，高四七・五公分
（資料來源：《中國古代瓦當藝術》，上海人民美術出版社出版）

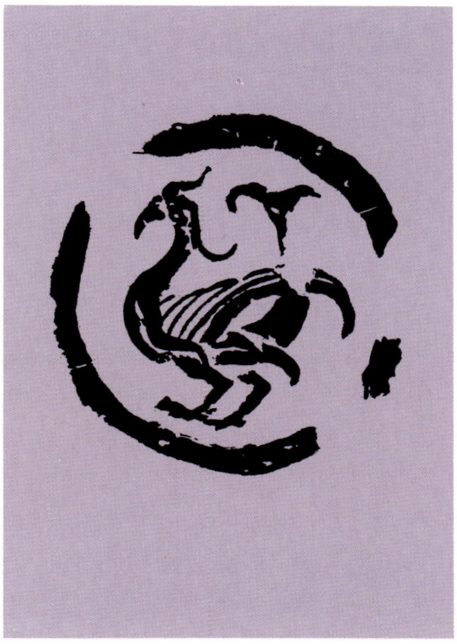

圖五一　秦　夔鳳紋瓦當　直徑一五・五公分
（資料來源：《中國古代瓦當藝術》，上海人民美術出版社出版）

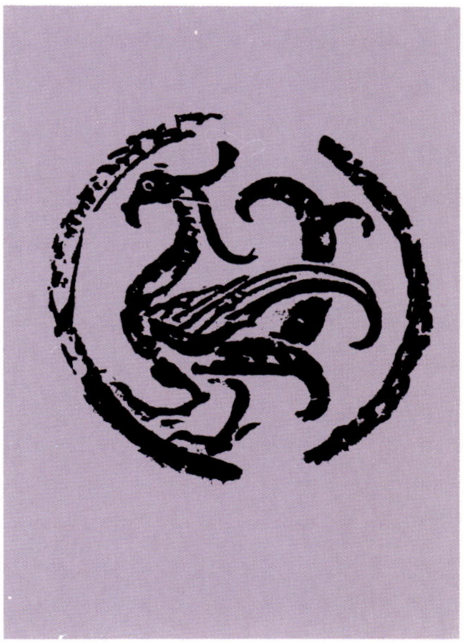

圖五二　秦　夔鳳紋瓦當　直徑一四公分
（資料來源：《中國古代瓦當藝術》，上海人民美術出版社出版）

物的雙鳳朝陽、鳥雲、雙鶴流雲、群鹿流雲、鴻雁、蟬雲；圖案類有葉紋、四葉雲紋、葵紋、水渦紋、雲紋、幾何線條紋、花心雲紋、網心雲紋；文字瓦當類有「維天降靈延元萬年天下康寧」、「空」、「羽陽千秋」等（圖四九～五五）。

秦代瓦當是戰國瓦當的發展，繁密拘謹。神祕森嚴的饕餮紋、蟠螭紋、幾何圖案等逐漸讓位給反映生活現實、感情奔放、富有人間氣息的題材，手法寫實。虛幻的雲紋、龍鳳紋、文字等，構成形式比較定型，一直沿用到後世許多代，成為人們心目中的象徵民族的形式。

漢瓦當半圓形的很少，主要是圓形瓦當。規格一般在直徑八公分至二十公分之間，達到二六公分的不多。

裝飾圖案有：動物和神奇動物類，有獸頭、青龍、白虎、朱雀、玄武、翼虎、龍虎蟾蜍、雙瑞獸、豹、鳳、朱雀雲、三鶴、二馬甲天下、玉兔、蛙、雙龍等；植物紋類，有雲葉紋、四葉雲紋、四葉葵紋

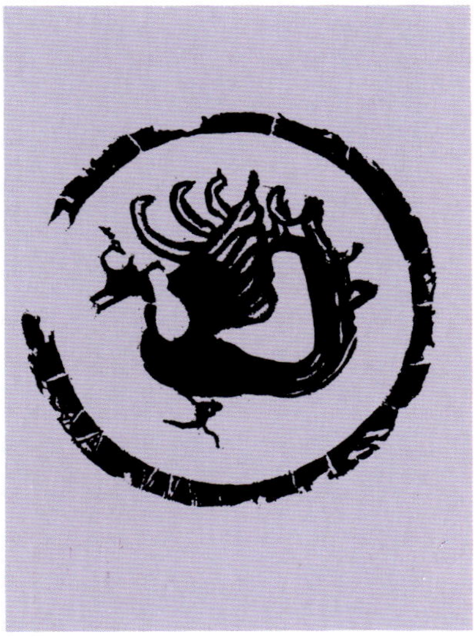

圖五三　秦　夔鳳紋瓦當　直徑一四．五公分
（資料來源：《中國古代瓦當藝術》，上海人民美術出版社出版）

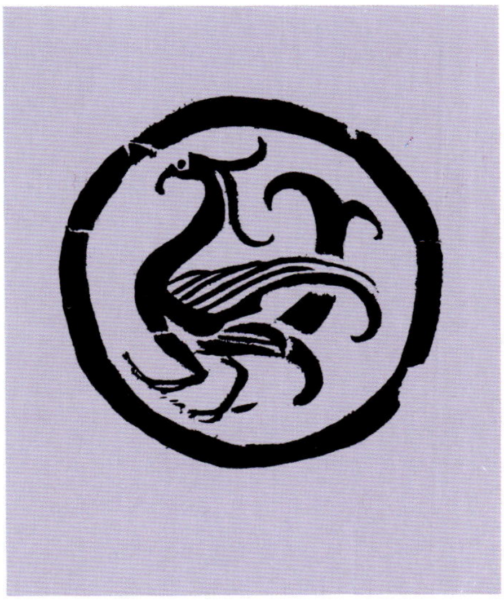

圖五四　秦　夔鳳紋瓦當　直徑一五公分
（資料來源：《中國古代瓦當藝術》，上海人民美術出版社出版）

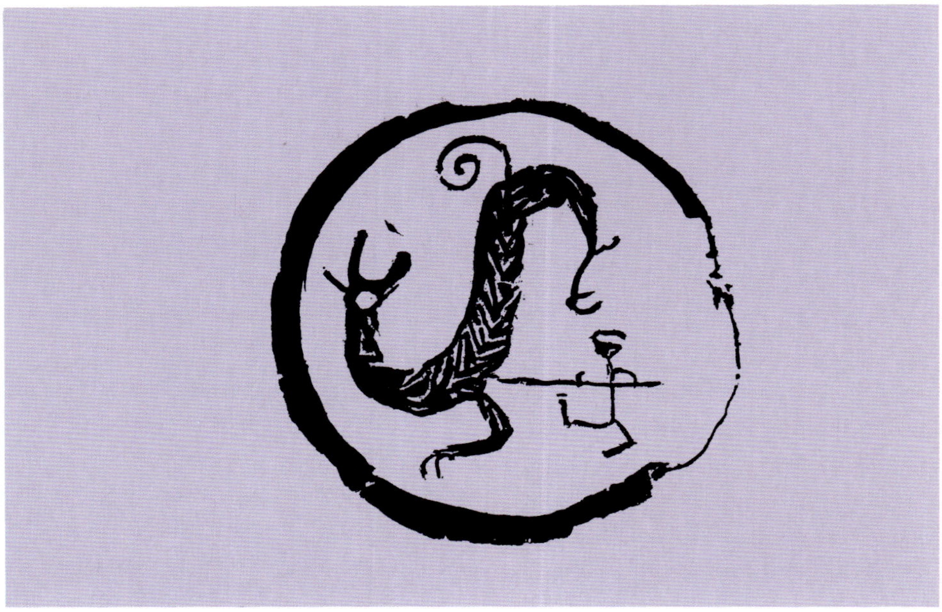

圖五五　秦　屠龍瓦當　直徑一五公分
（資料來源：秦咸陽窯店遺址採集《中國古代瓦當藝術》，上海人民美術出版社出版）

；幾何圖案類，有雲紋、聯珠雲紋、繩索雲紋、斜線紋、幾何心雲紋、團花心雲紋、渦紋心雲紋、網心雲紋、網邊雲紋；文字瓦當的文字極多，常見的有受萊、蘭池宮當、平樂宮□、鼎胡延壽宮、朝神止宮、上林、甘林、齊一（園）宮當、齊園、上林農官、都司空瓦、宗正官當、佐弋、右空、右將、衛、衛屯、臨廷、關、冢、冢上大當、嵬氏冢當、殷氏冢當、長久樂哉冢、萬歲冢當、長陵東當、長陵西神、京師庾當、京師倉當、華倉、百萬石倉、有萬喜、大富、千金宜富景當、富貴萬歲、富貴毋央、億年無疆、永奉無疆、永受嘉福、永承大靈、樂、漢併天下、破胡樂哉、四極咸佈、萬物咸成、黃陽當萬、永保國阜、加氣始降、光旭塊宇、道德順序、流遠屯美、屯澤、流施、未央利昌、長宜子孫等（彩圖九二）。

漢朝是瓦當藝術的全盛時期，風格質樸渾厚，凝重沈穩，「漢興，破弧而為圓、斫琱而為樸」。⑦這正是漢代瓦當藝術

彩圖九二　億年無疆瓦當　西漢　口徑一九・〇公分　咸陽市博物館藏

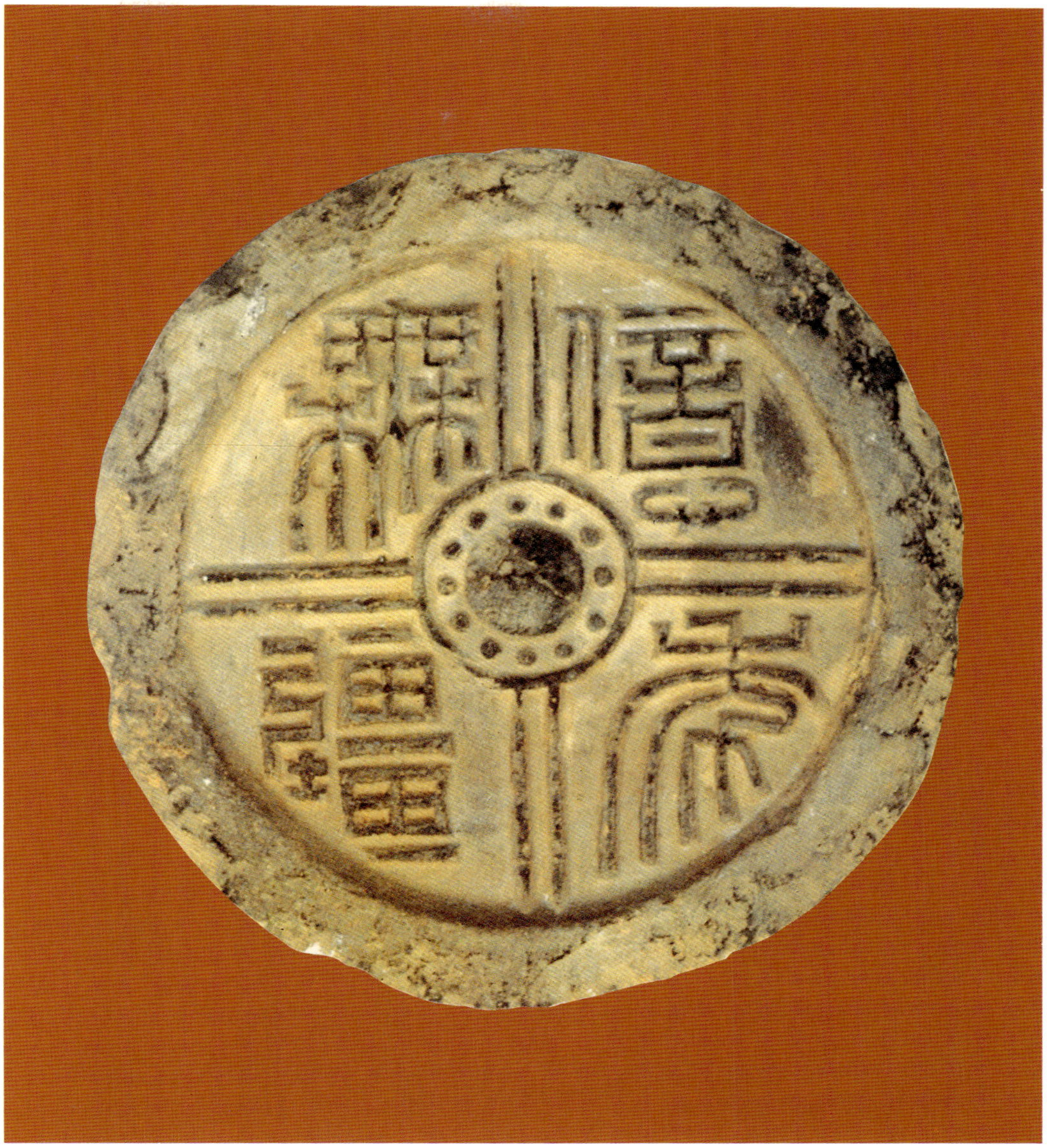

的概括（圖五六～五九）。

一、如何區分秦瓦當和漢瓦當？

秦漢都是瓦當藝術興盛時期，兩個王朝又緊接著，所以很難區別。經過仔細分析，初步總結出以下幾個特點：

第一，從大小規格上看，秦瓦當大小規格相差很懸殊，如龍紋半瓦當高只有八公分，夔龍紋瓦當則高達四七點五公分（圖四九、五〇），相差五點九倍。漢瓦當一般在十四至十八公分之間，小於十公分，大於二十公分的不太多。說明秦瓦當不太規範，漢瓦當比較規範（圖五六～五九）。

第二，由於製作工藝的不同，秦瓦當的裡壁在成型後用尖錐工具戳出許多錐刺紋，便於瓦當坯體在濕潤狀態下不黏木板，入窯焙燒時坯體出氣均勻，保證成型穩定。漢瓦當成型後，濕坯放置在包有粗麻布的木板上，所以裡壁印出許多麻布紋理。

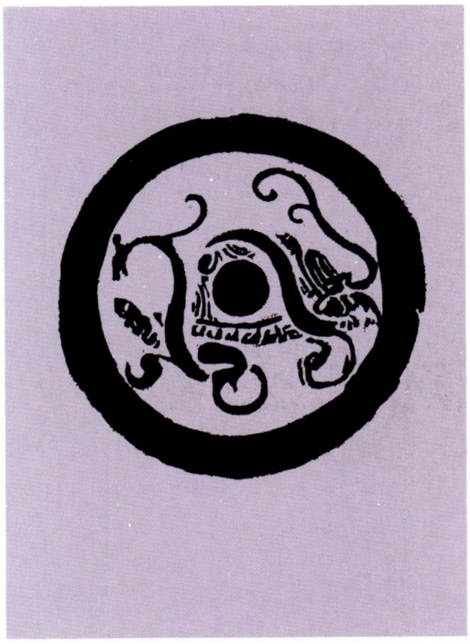

圖五六　漢　四神玄武紋瓦當　直徑一七公分
（資料來源：《中國古代瓦當藝術》，上海人民美術出版社出版）

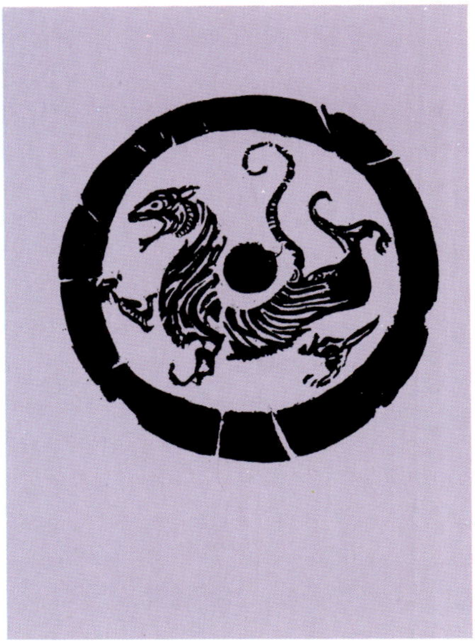

圖五七　漢　四神白虎紋瓦當　直徑一九公分
（資料來源：《中國古代瓦當藝術》，上海人民美術出版社出版）

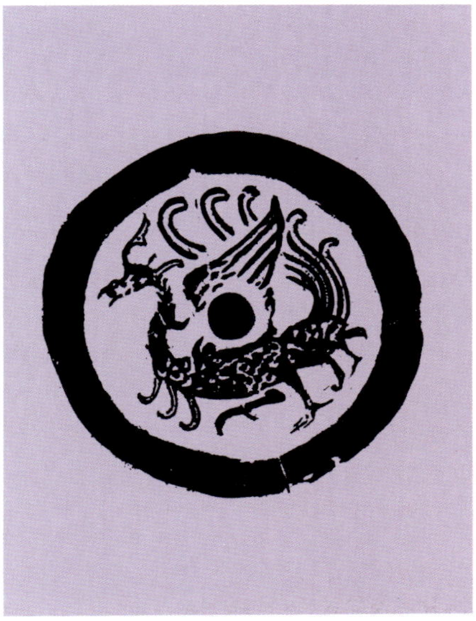

圖五八　漢　四神朱雀紋瓦當　直徑一八公分
（資料來源：《中國古代瓦當藝術》，上海人民美術出版社出版）

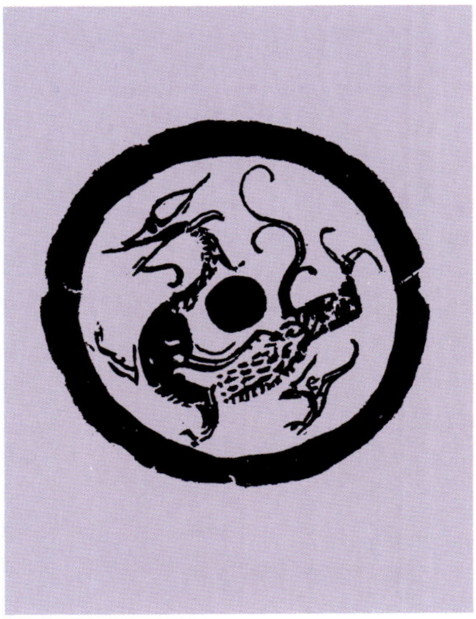

圖五九　漢　四神青龍紋瓦當　直徑一九・五公分
（資料來源：《中國古代瓦當藝術》，上海人民美術出版社出版）

第三，秦時，瓦當和瓦分別製作，做成後兩者黏接起來，所以秦瓦當裡壁有黏接時用手按壓留下的痕迹，即手指頭印。漢代，瓦當和瓦不是分別製作，是一次就做好，不黏接也不用手指壓，所以沒有指痕。

第四，秦瓦當當面小，有的邊緣寬，有的是雙層邊緣。按比例，中心圖案小一些。漢瓦當當面尺寸大，圖案占的面積大，可以做出較複雜的圖案。

第五，秦瓦當配置圖案內容少，空白較多，粗獷豪放，動勢強烈。漢瓦當嚴謹，內容豐富，講究勻稱和圖案效果。

畫像磚，是專門用來砌築墳墓的磚，質地精良。大約在西漢王朝繁榮昌盛的漢武帝時，厚葬風氣在社會上下氾濫之時，畫像磚開始出現。東漢時期生產最多，藝術水準最高。在經濟最發達的河南中原及山東、江蘇地區，豪強大族砌大墓的材料，除畫像磚外，還有內容和它一致的畫像石。四川地區畫像石少，以畫像磚為主，

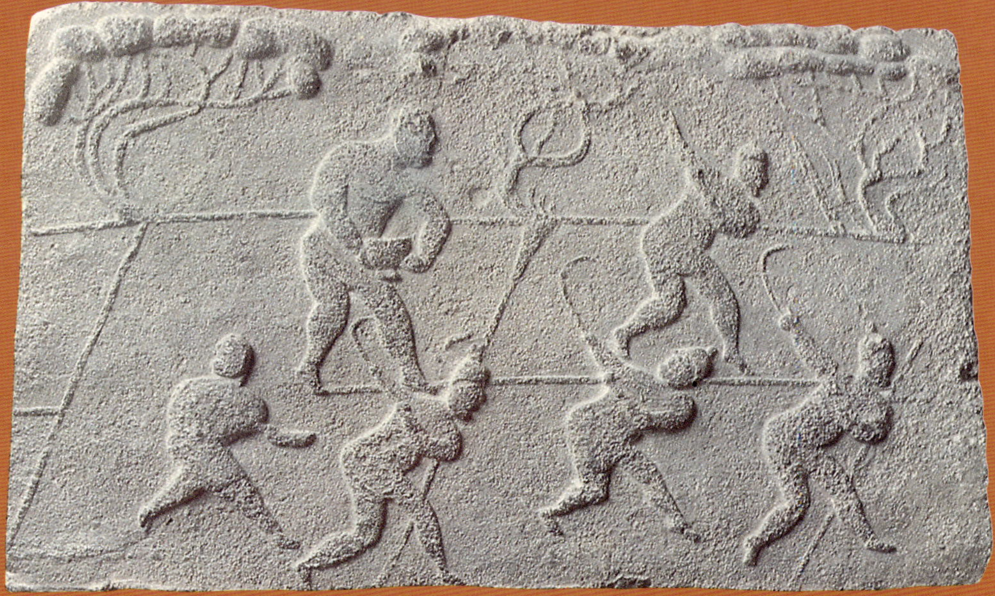

彩圖九二　春播畫像磚　東漢　高二三·七公分，寬二八·九公分　四川省德陽縣出土　四川省博物館藏

內容也最豐富。

畫像磚一般長度為二五點五公分至四九點四公分。設計好的畫像磚作模，花紋刻得精細而清晰，將其翻成陶範烤乾。製作時將煉製好的軟泥填入範中，擠壓錘實，然後從範中脫出。晾乾後放入窯中焙燒就可以用了。

畫像磚類似淺浮雕，畫面內容來源於漢朝社會現實的各個方面，有平時人們的生產活動；有各個等級的居室建築，高門甲第；有社會興學，教師講經；有生活類，如宴飲、待客、歌舞、乞貸、餽賄、陸博、丸劍、衡狹等；車馬出行類有棧車、帷車、駢車、軺車等，反映地主貴族在侍從、衛士的護衛下，威風凜凜出行遊樂的情況；有墓闕類，如鳳闕、西王母、日神等宏偉建築（彩圖九三）。

第四節　光彩奪目的釉陶藝術

釉陶在戰國出現，生產出相當精美的

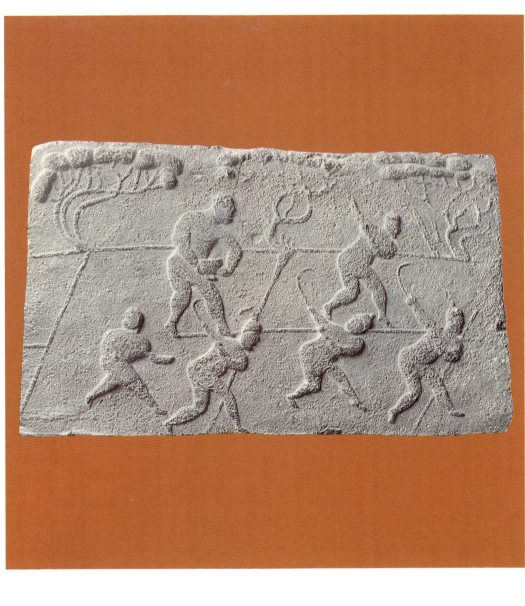

作品。由於秦朝的殘暴統治，秦末社會的動盪和戰亂，釉陶工藝沒有發展起來。漢朝立國之後，經過半個多世紀休養生息，隨製陶手工業的發展，釉陶生產加快了發展進程，工藝水準迅速提高。

漢武帝至漢宣帝（西元前二世紀至西元前一世紀）時，釉陶產量不大，只有壺、罐等少數作品。西漢末年到東漢初年，壺類作品大增，規格型號也不止一種，增加了樽、盒、几、勺、杯等（彩圖九四、九五）。西元一世紀以後的東漢，除各類生活用具以外，又出現了大量雕塑藝術品，如博山爐（彩圖九六）、豬、豬圈、雞、雞籠、狗（彩圖九七）、狗舍、水井模型等（彩圖九八）。河南、陝西、山西、甘肅等省的東漢墓，還出土水榭、高樓、塢堡、樓櫓等建築模型。河南省陝縣劉家渠、靈寶張灣等東漢墓出土巨大的建築模型，有製作精美的多層高樓、水上樓廊等。水上樓廊是建立在象徵水池的折沿盆上，池中有魚、鱉、龜、蛙和各種水禽動物（彩圖九九）。樓廓的平臺或亭臺中部署了守衛的弓弩手，持械警惕的部屬，被保護的主人，塑在樓廓中央⑧。有的樓房塑得十分豪華高大，前面有長廊，上面有主人以外，還有吹笙、舞蹈、擊掌合拍供其娛樂的各類人物形象（彩圖一〇〇）。張灣漢墓出土的釉陶倉，是高層建築，房頂正脊上立著一個碩大的展翅朱雀。河南省淅川縣出土的釉陶水榭模型，樓上有正襟危坐的主人，四隅設有持強弓勁弩的武士，象徵水池的陶盆盆沿上塑有武裝輕騎巡邏⑨。

釉陶的釉層，早期以黃褐色釉為主，從漢宣帝到王莽時期，有時施黃、綠、褐色的複色釉。漢成帝時期，綠釉作品多起來。綜合起來看，漢代釉陶釉色有深綠、翠綠、純綠、黃綠、黑色、黃褐、赭褐等顏色。有的釉色是淡綠、褐黃等混淆其間。大多數釉色都不純，只有黑色比較純，但黑色釉陶極少。

釉的成分，以綠釉為例，其化學組成，二氧化硅為百分之二九點九一，氧化鉛為百分之六五點四五，氧化鐵為百分之零點八，氧化銅為百分之二點六，氧化鈣、氧化鈉、氧化鉀等諸鹼金屬為百分之零點九四。有的綠釉表面顯銀光，過去骨董界稱為銀釉，其實不是銀釉，與銀毫無關係。綠釉陶器之所以出現銀白色金屬光澤，是釉陶表面一層沈積物對光線的干涉作用引起的。在顯微鏡下，有的沈積層多達二十多層，層數越多，銀光越明亮。它是釉陶埋入墳墓或地層下，地下水浸泡的結果。地下水浸泡使釉中的鉛、硅、鋁，少量的鎂、鈣、銅、鐵，微量的銀、鈦、鈹、砷等物質游離出來，附著在釉層表面，對光線起干涉作用，出現銀光。這些沈積物黏附不牢，用小刀即可將其刮掉。漢代釉陶或多或少都有些銀光閃現。假骨董製的贋品，無論如何也做不出這種銀光來。了解這一點，對漢代釉陶的真偽比較好鑑定。

東漢末年，北方大亂，釉陶衰落下去。

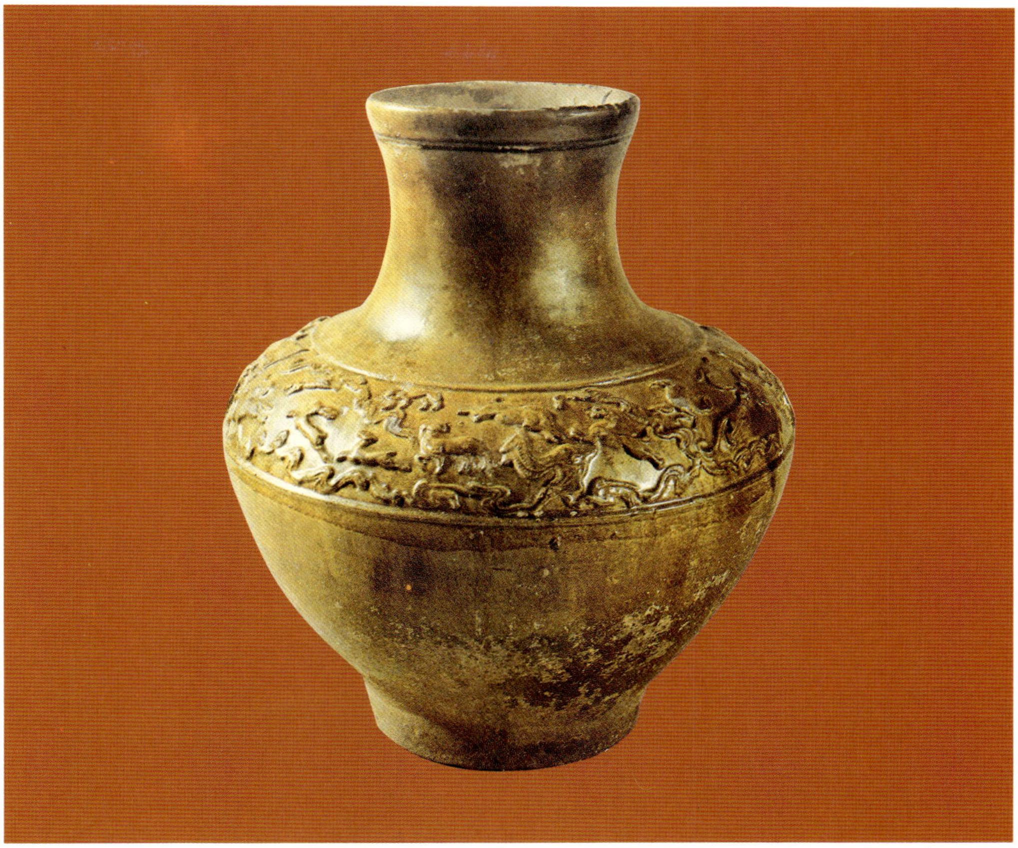

彩圖九四　綠釉浮雕狩獵紋陶壺　西漢　高四二・五公分，口徑一六・五公分
西安郭家村出土　中國歷史博物館藏

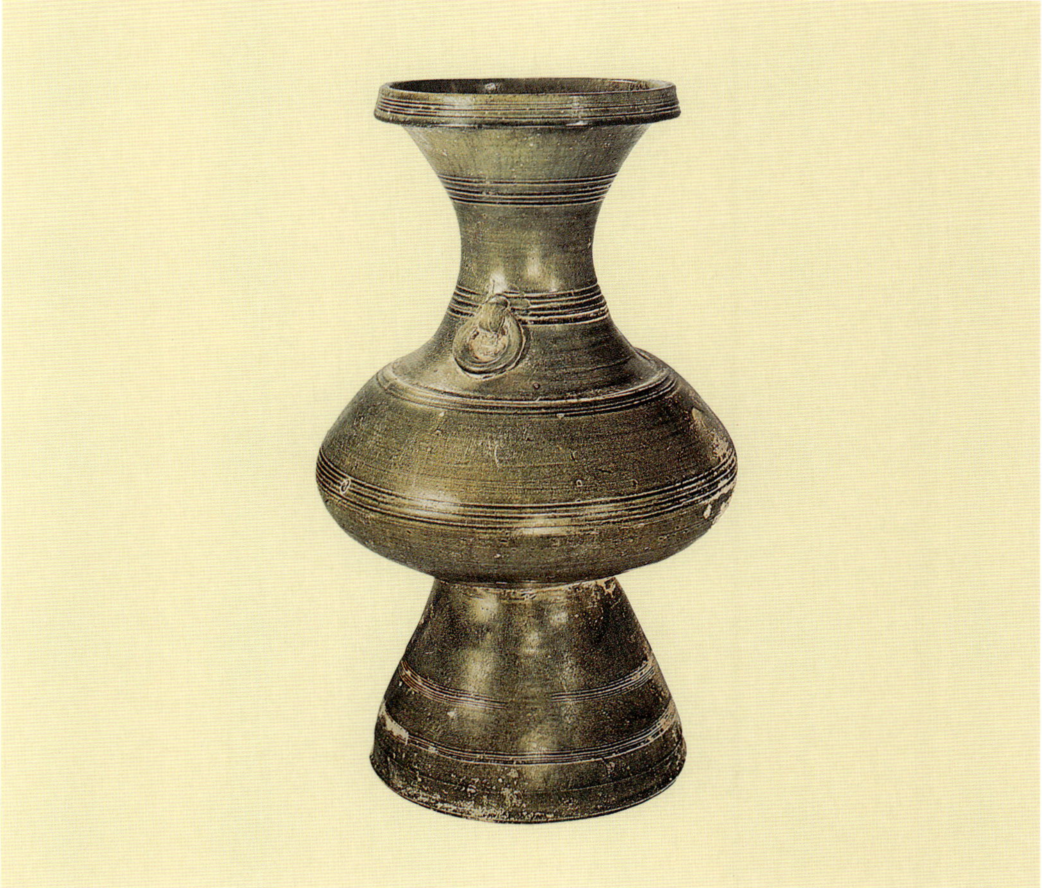

彩圖九五　綠釉陶壺　東漢　高四八・二公分　山東省高唐縣出土

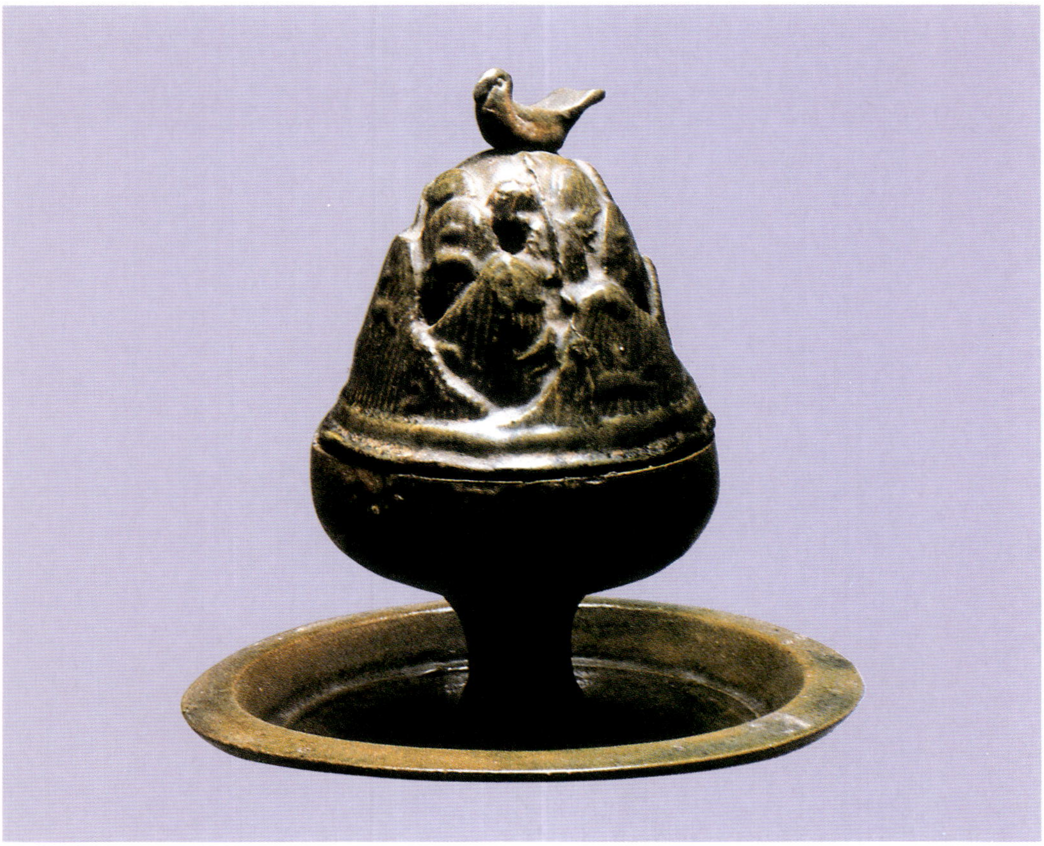

彩圖九六　綠釉博山爐　東漢　高二一公分　日本天理參考館藏

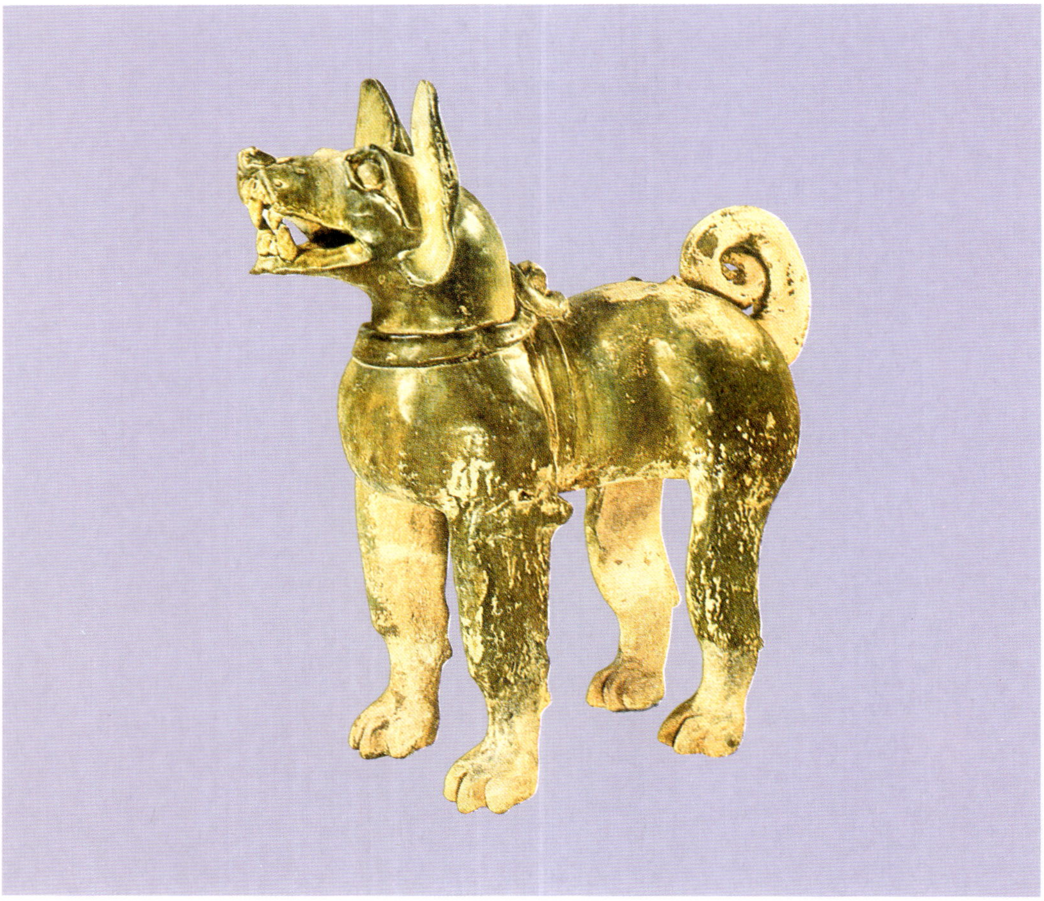

彩圖九七　綠釉犬　東漢　高四一・五公分　山東省高唐縣出土

彩圖九八　綠釉陶水井模型
通高四一公分，口徑一五・三公分
一九五三年山東省高唐縣出土
中國歷史博物館藏

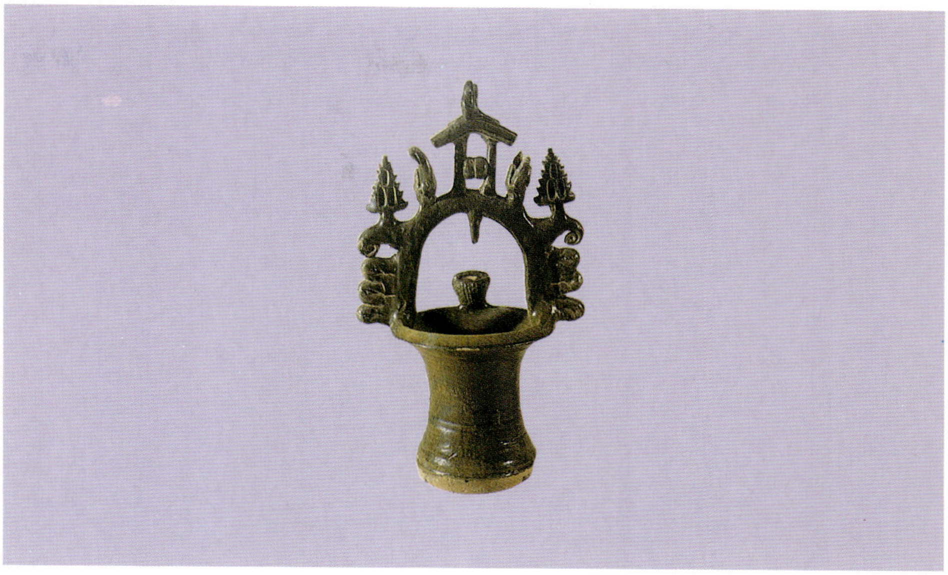

彩圖九九　綠釉亭榭
高四五公分
河南省博物館藏

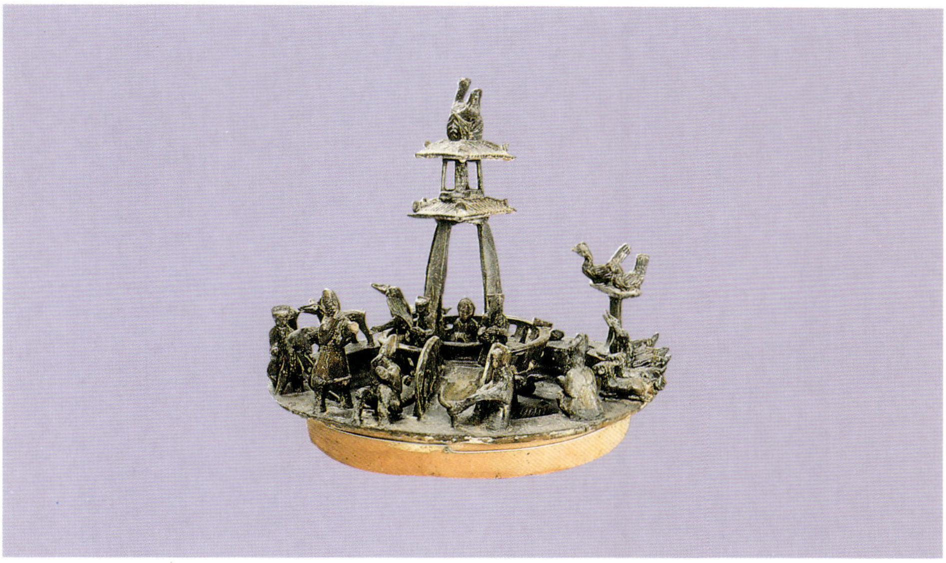

彩圖一〇〇　綠釉陶水榭高樓　東漢
通高五四・五公分
西安出土
中國歷史博物館藏

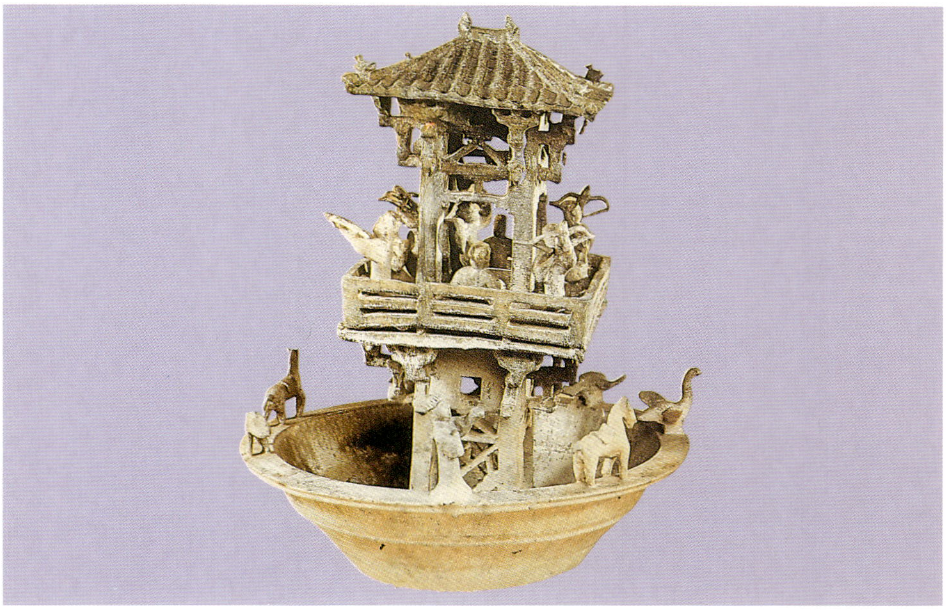

第五節 瓷器的特徵

原始青瓷經過一千多年長足的發展，累積了豐富的經驗，到了擺脫原始狀態的關鍵階段。瓷器生產工藝提高的一個重要表現是開採原料有變化，其化學組成發生了明顯的不同，見表一。從表可以看出，製瓷原料很複雜，各個標本成分也不一樣，但是有一個迹象很明顯，就是胎料中三氧化二鋁(Al_2O_3)的含量逐漸增高、三氧化二鐵(Fe_2O_3)的含量有高有低，變化幅度不大。三氧化二鋁含量的增高，在窯裏焙燒時可以生成較多的莫來石結晶。莫來石增多可以增強胎體的機械強度和抵抗變形的能力，使瓷胎緻密、堅硬，叩之能發出悅耳的聲音。但是，它也要求改進窯爐，提高溫度。如果溫度不提高，這個優點不但發揮不出來，反而會使瓷器燒結程度差。西漢時期窯爐並沒有多大改進，因此除一部分含三氧化二鋁較低的作品燒結良好以外，很多瓷器胎質粗鬆，釉光不亮。特別是廣東、廣西地區漢墓出土的瓷器甚至比不上戰國瓷器品質好。也有一些作坊為了克服這個困難，提高鐵含量，燒出的瓷器堅硬，但胎體顏色加深，成褐紅色，外觀上並沒有多大改進。這些情況到東漢後期有很大改進和變化，由於龍窯的結構漸趨合理，燒成效果更佳。東漢青瓷胎體灰白，釉面光潤，面貌為之一新。

秦代時間短，目前可以確定是秦代的瓷器不多。秦始皇大興土木，修長城、馳道、陵墓等全國規模的大工程，廣泛徵用勞動力，其中也包括了手工業勞動者。陶瓷工匠難逃厄運，生產瓷器本來就不多，考古中秦國大墓發掘極少，瓷器更難見到。再者，秦漢兩個時代相連，瓷器工藝在短時間內不可能有很大變化。因此秦和西漢瓷器難於區分。

在陝西省臨潼縣文化館展出幾件秦代瓷器，是一九七七年清理秦始皇陵內城與外城之間的建築基礎時發現的，幾件器物都是原始青瓷蓋罐，瓷罐比較矮胖，肩腹圓鼓，下腹緩收，平底。蓋作扁圓形，與罐成子母口扣合，上有半環形鈕。與這幾件原始青瓷同時出土的有幾件灰陶扁平罐蓋，這些蓋的頂面分別刻有陰文秦國小篆「左」、「驪山飤官」、「右」、「驪山□□飤官」等字樣⑪。

青瓷造型和戰國時期常見的原始青瓷罐一樣，但其矮胖特點又與西漢初期的造型相似。胎體堅硬，由於三氧化二鐵含量提高的關係，胎色深，呈青灰色。施釉方法為刷釉法，蓋和罐施釉較滿。青釉綠中發褐，刷得不均勻，有凝聚現象。

西漢瓷器，由於沒有對漢代瓷器進行排比研究，沒有定出漢代四百多年瓷器發展階段的標尺。一些著作（包括圖錄），往往將漢代瓷器時間弄錯，把西漢的作品定為東漢。現在根據漢墓出土瓷器資料看，西漢初期瓷器有鼎、盒、壺、細頸蒜頭瓶、鈁、瓿、罐、折肩罐、鍾、盆、洗、匜、釜、甑、熏、燈、卮、勺等（圖六〇

～六六）。西漢時期各類器物大致演變的情況是：

鼎，分大鼎和小鼎兩種規格。大鼎器身為扁球形，子母口，圜底，腹中部有一道凸稜，下承以三獸蹄形足，有兩個長方形附耳，耳有長方形穿。蓋成半球形，蓋上有三個鈕，鈕下部有圓形穿。小鼎不同於大鼎的是腹體較高而圓鼓。到西漢中期，雙耳變短變直，獸蹄足顯著變矮，逐漸與底平齊以致完全消失，蓋鈕也逐漸變小而成乳釘形。西漢晚期，瓷鼎不再生產（圖六〇，1～3）。

敦，敦體和蓋相合成滾圓球形，蓋面高起，三個捉手，腹底承以足，和當時流行的陶敦一樣，到西漢中期，敦就被盒所取代。

盒，腹體較深，圓球形，平底，淺圈足，覆碗形蓋。中期大量生產，代替了敦。晚期，盒的造型變化不大，但生產不是很多（圖六一，4、5）。

瓿，有的稱為大罐，小口微侈，肩寬

表一　商周秦漢瓷器胎料組成對比表

產品名稱	成分												化學分子式
	SiO_2	Al_2O_3	Fe_2O_3	TiO_2	CaO	MgO	K_2O	Na_2O	MnO	P_2O_5	燒失	總量	
鄭州二里崗原始瓷	76.36	14.91	2.27	0.91	0.67	1.18	2.06	0.79	0.09			99.32	$0.70R_xO_y \cdot Al_2O_3 \cdot 8.71SiO_2$
陝西張家坡西周原始瓷	76.16	14.40	2.88	1.59	1.21	0.47	2.86	0.65	0.05			100.27	$0.80R_xO_y \cdot Al_2O_3 \cdot 8.9SiO_2$
陝西張家坡西周原始瓷	75.46	17.55	1.48	1.13	0.41	0.95	2.75	0.23	0.03			99.99	$0.51R_xO_y \cdot Al_2O_3 \cdot 30SiO_2$
江蘇鎮江漢代原始瓷	73.79	18.24	1.71	0.98	0.14	0.64	2.93	0.17			1.03	99.63	
其他地區西漢瓷片	74.04	17.23	2.97	1.06	0.23	0.63	1.69	0.51	0.01	0.21	1.67	100.38	$0.43R_xO_y \cdot Al_2O_3 \cdot 6.88SiO_2$

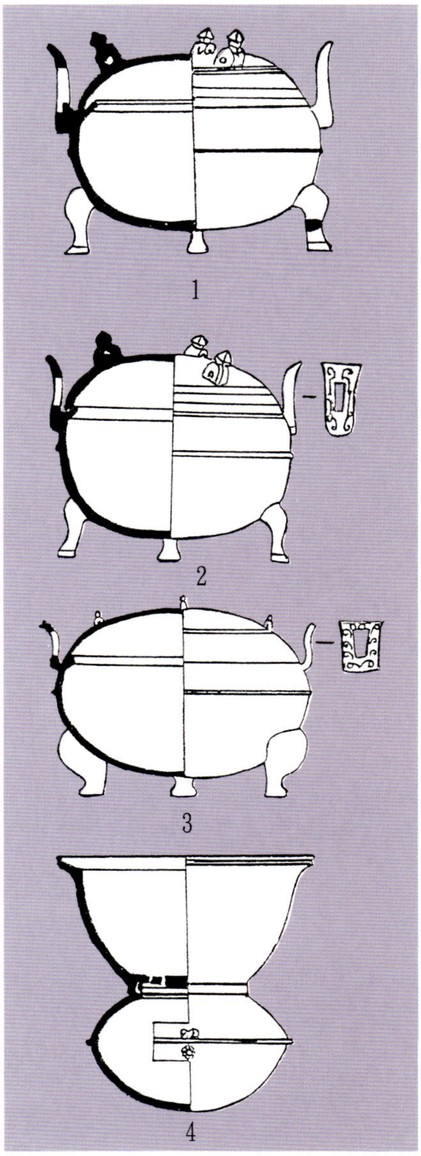

圖六〇　西漢初期青瓷鼎和甗　1～3鼎　4、甗
（資料來源：《儀征張集團山西漢墓》，《考古學報》一九九二年四期）

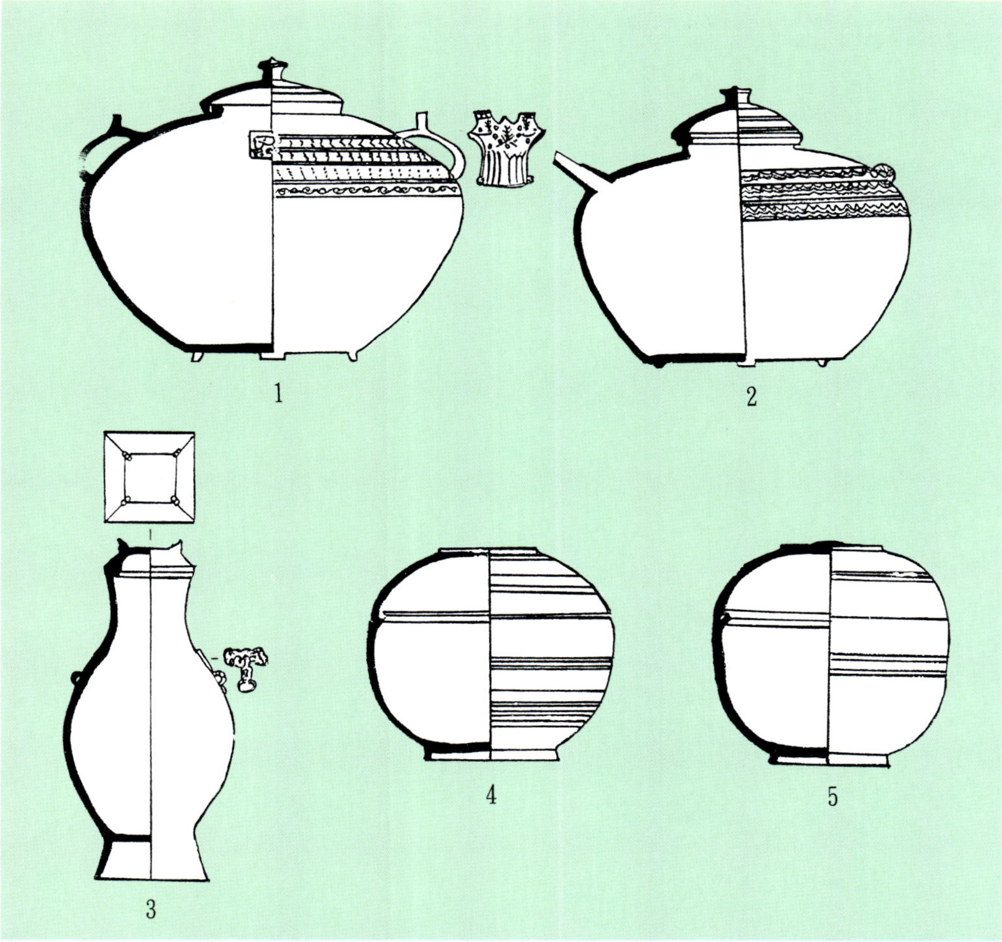

圖六一　西漢初期青瓷器　1、瓿　2、鍾　3、鈁　4、5盒

（資料來源：《儀征張集團山西漢墓》，《考古學報》一九九二年四期）

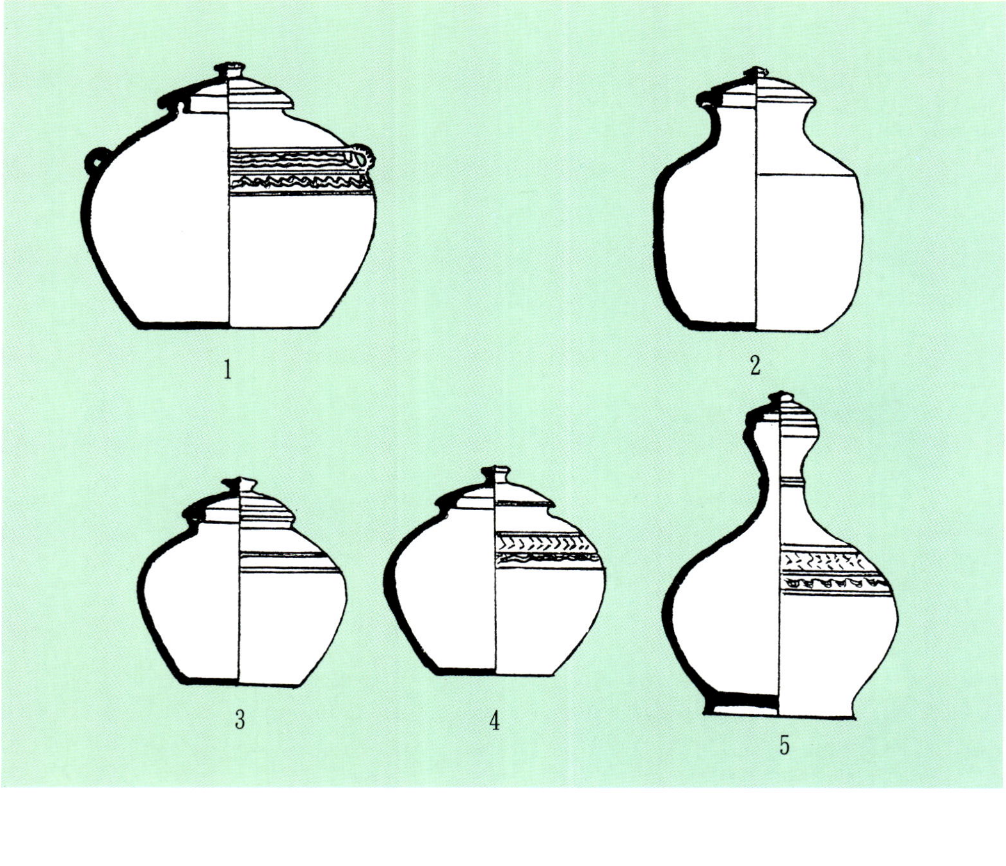

圖六二　西漢初期青瓷罐和瓶　1~4罐　5、瓶

（資料來源：《儀征張集團山西漢墓》，《考古學報》一九九二年四期）

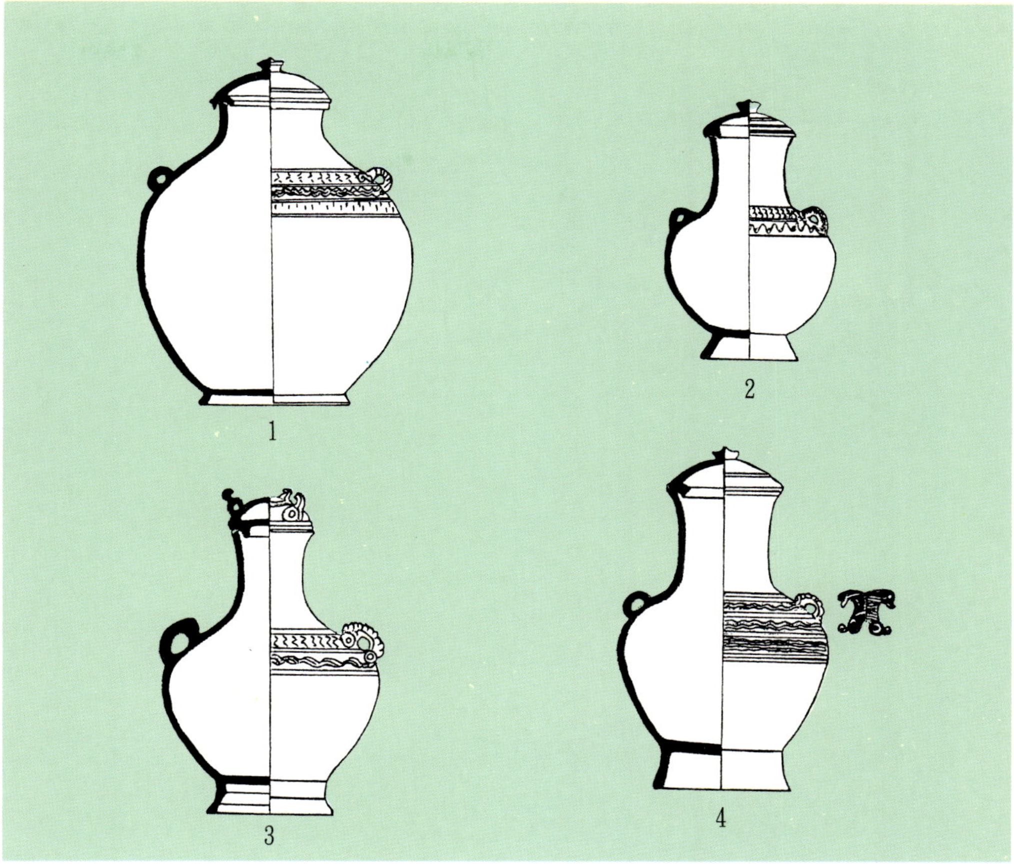

圖六三　西漢青瓷壺（資料來源：南京博物院等《儀征張集團山西漢墓》，《考古學報》一九九二年四期）

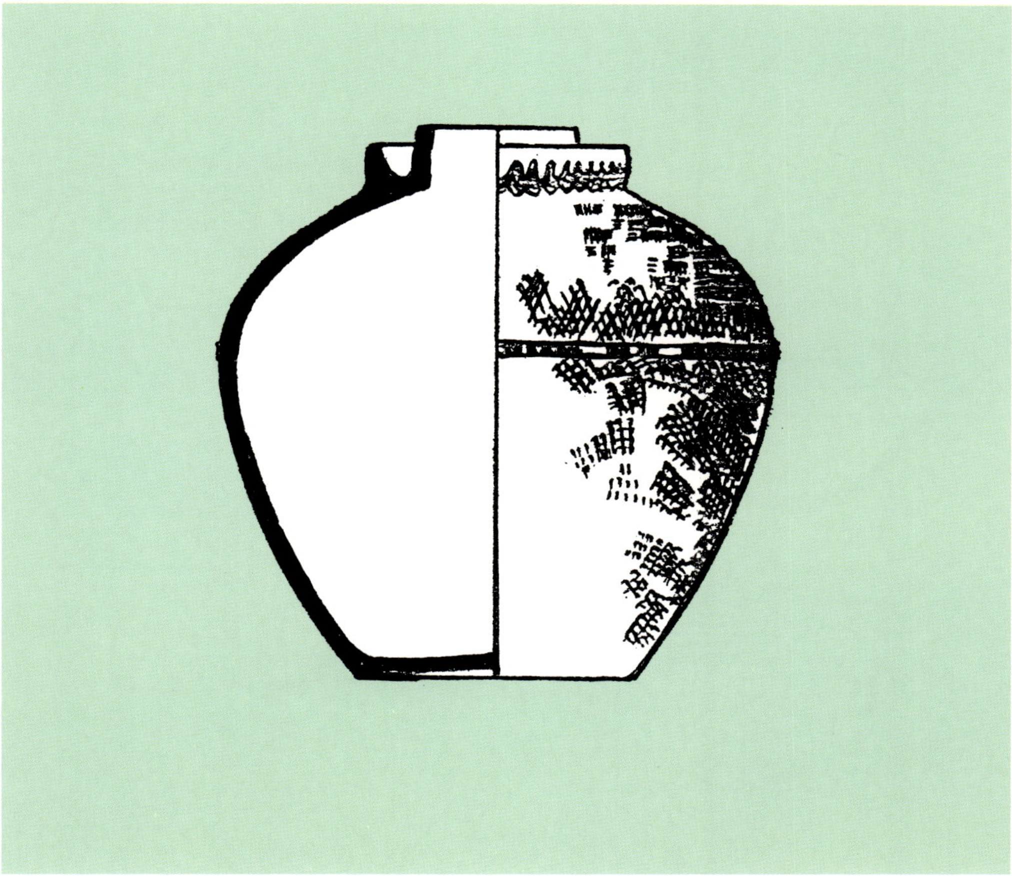

圖六四　西漢初期醬釉瓷罈（資料來源：《長沙西郊桐梓坡漢墓》，《考古學報》一九八六年一期）

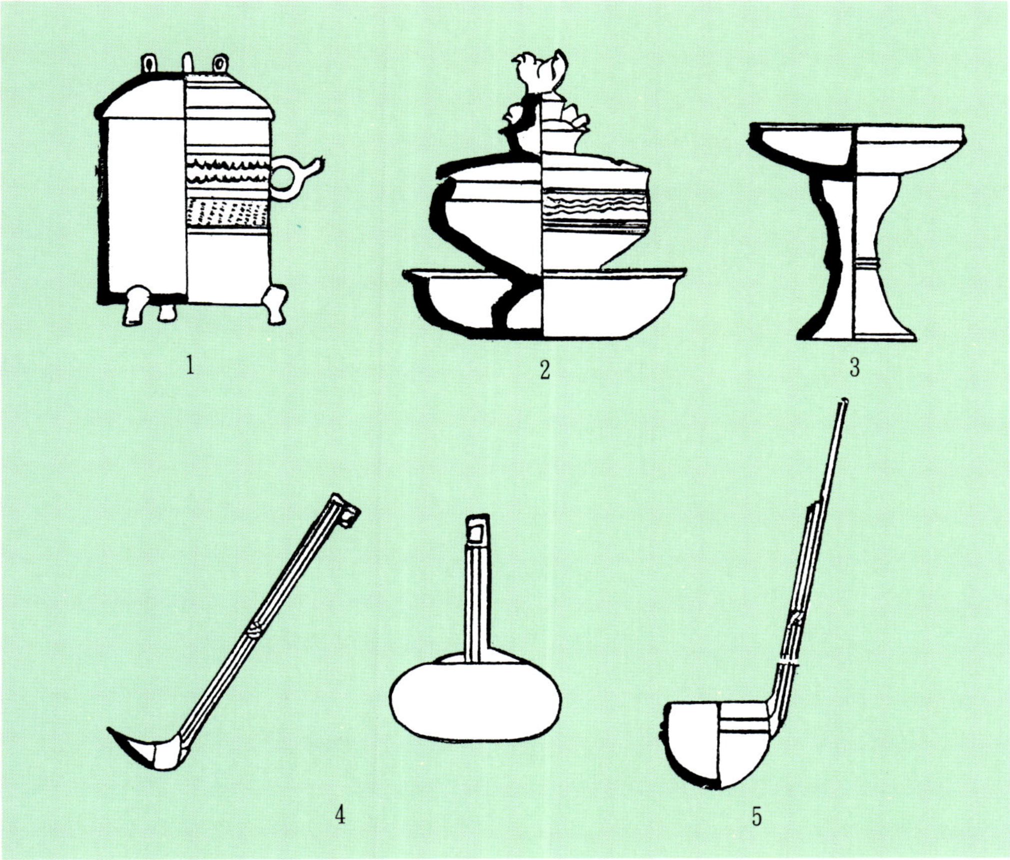

圖六五　西漢初期青瓷器　1、卮　2、香爐　3、燈　4、5勺
（資料來源：《儀征張集團山西漢墓》，《考古學報》一九九二年四期）

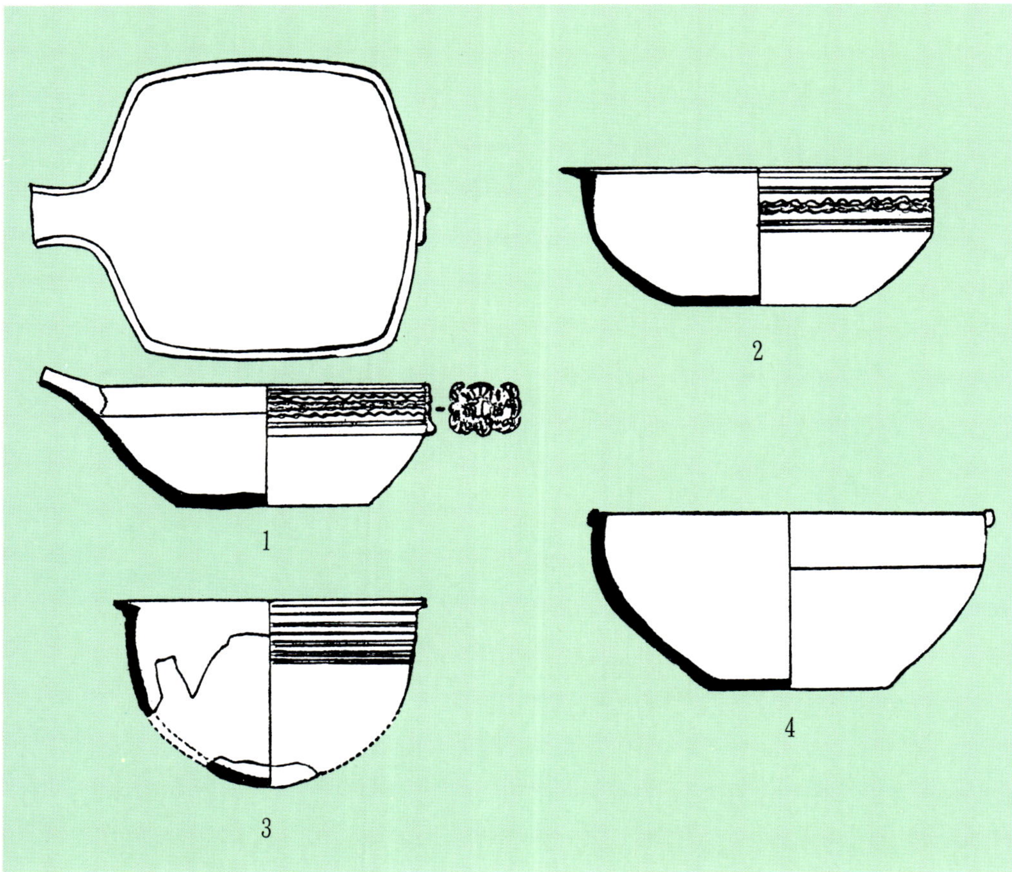

圖六六　西漢初期青瓷器　1、匜　2、洗　3、釜　4、盆
（資料來源：《儀征張集團山西漢墓》，《考古學報》一九九二年四期）

成緩坡形，中上腹最鼓出，下腹緩收，小平底，底承以扁矮小足，肩部安鋪首雙耳。初期雙耳高於口沿（彩圖一〇一）。到漢武帝時雙耳低於口沿，到西漢晚期，形體如罐。東漢以後不再生產（圖六一，1）。

鍾，江蘇儀征張集團山西漢初期墓葬出土二件。特徵是小口微侈，短頸收束，豐肩，腹體圓鼓而深，底部寬而平整，承以三小足。蓋為斂口，蓋面成緩坡形上鼓，蓋緣內側有一周凹槽，合於鍾上。蓋頂有圓形捉手，捉手頂部有圓錐形釘，肩一側有飾蕉葉紋半環耳，耳兩側各有兩個圓形貼飾，肩一側出一流，成扁方形。蓋內有墨書「鍾蓋」二字，因此方知此物為鍾。鍾西漢很少見，可能中期以後生產更少，或不生產（圖六一，2）。

鈁，四方形蓋，侈口，頸較長，溜肩，腹中部鼓出，方形圈足，足高，足沿外撇。肩部有一對蕉葉紋耳，耳上貼鋪首，耳下飾圓環（圖六一，3）。

彩圖一〇一　原始青瓷水波紋獸耳瓿　西漢　高三一公分，口徑二一·五公分　江蘇省徐州漢墓出土
北京故宮博物院藏

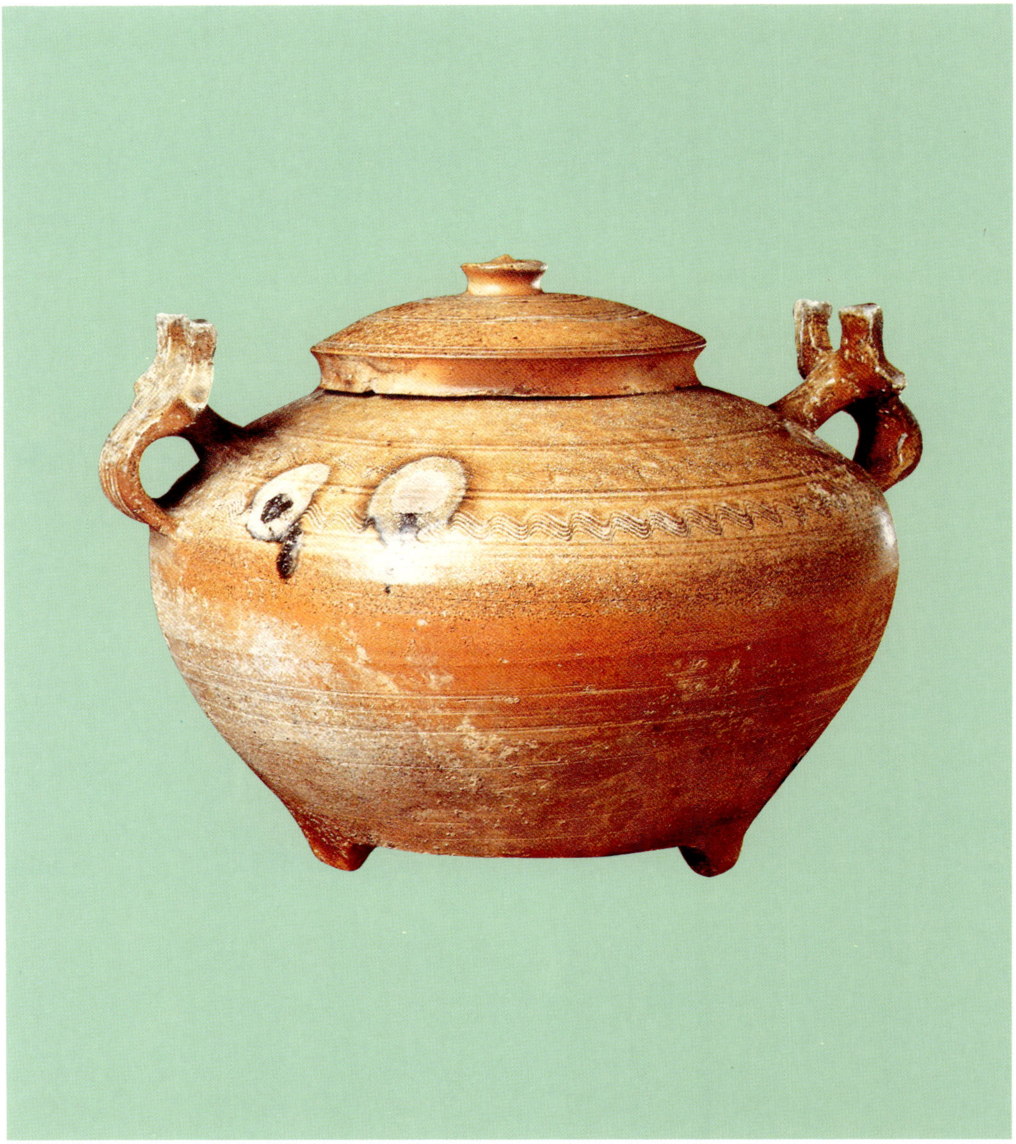

罐，漢初有一種折肩罐。侈口，高領，折肩，深腹微弧，大平底。蓋頂呈圓弧形，上有蘑菇狀捉手。蓋緣內側有一周凸稜，卡在罐口內。雙耳罐，口微侈，短頸，斜肩，腹體寬肥粗短，肩安雙耳，刻畫波浪紋。蓋和折肩罐一樣。弦紋罐，侈口圓脣，豐肩，肩腹較高，底部比以上罐類作品要窄一些（圖六二・1～4）。東漢瓷罐，造型特點為直口、豐肩、腹體較圓鼓，也比較寬，多數器物安四耳（彩圖一○二～一○四）。

壺，漢初，壺口微侈，短頸，緩坡形肩，長圓腹、平底，矮圈足，足沿微外撇，肩部有一對飾人字形或蕉葉紋耳。器形有大有小，大的高達四八點八公分，小的有三六點四公分。還有頸部較長，腹部較短，圈足較高，略微外侈。有的蓋上有三個捉手，有的蓋上安寶頂，肩部刻畫水波紋、弦紋。這類壺和青銅器、彩繪陶壺的造型相同（圖六三）。西漢末東漢初的青瓷壺，造型為侈口，薄脣，細頸，斜肩，

彩圖一○二　青瓷水波紋瓷罐　東漢　高一九・七公分，口徑一○・八公分
上虞百官漢代窯址出土　上虞縣文管會藏

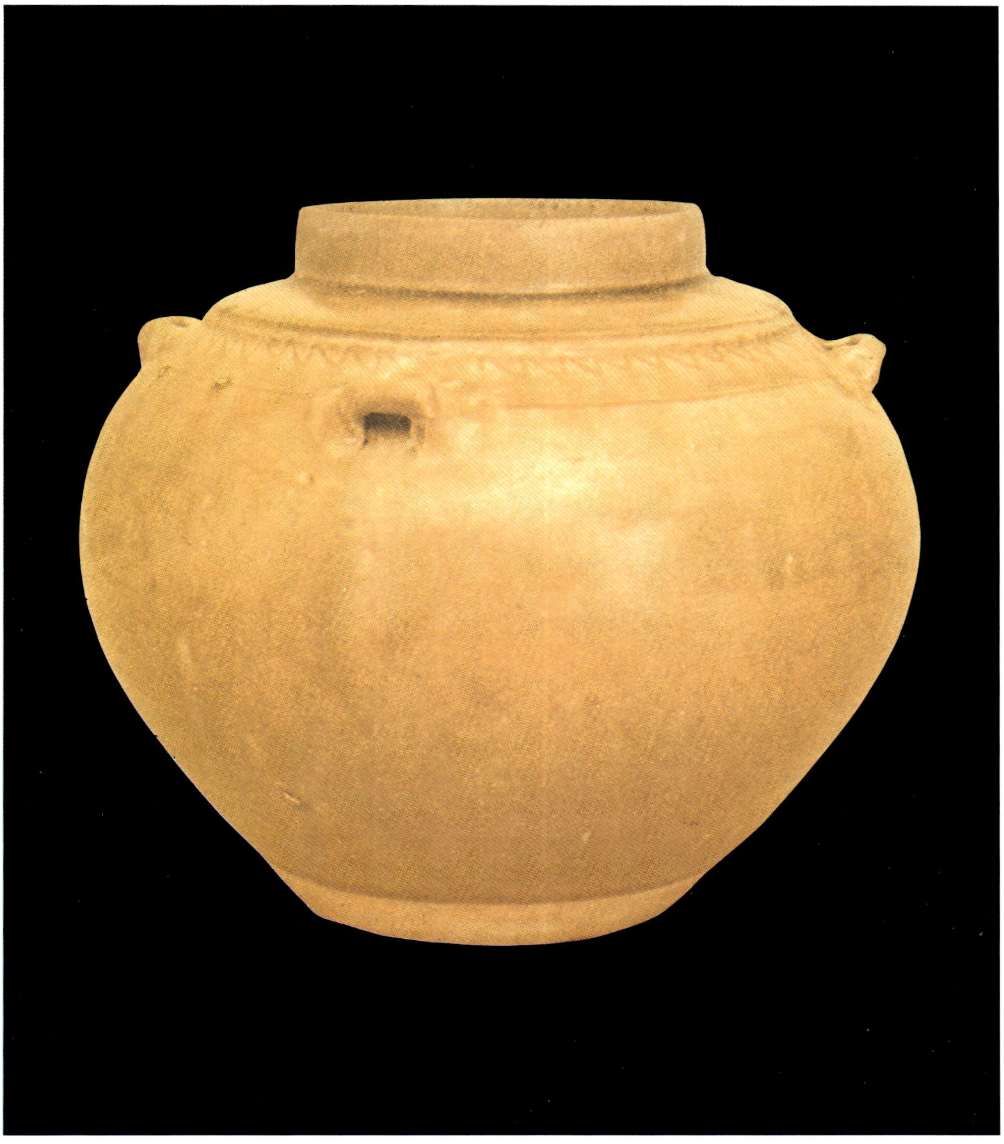

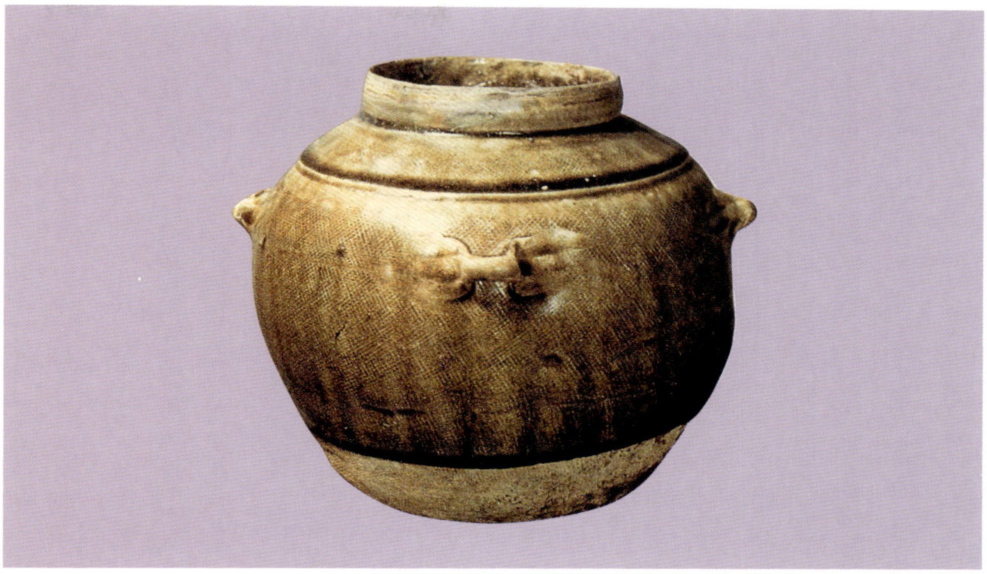

彩圖一〇三 青瓷四耳罐 東漢 高一六・五公分 河南省洛陽市出土 中國歷史博物館藏

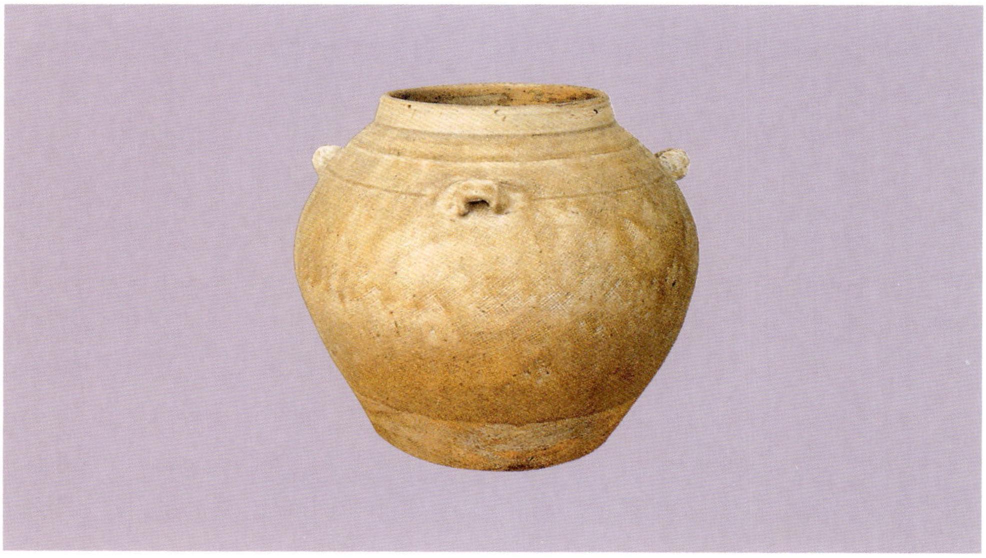

彩圖一〇四 青瓷四繫罐 東漢 高二一・六，口徑一四・五公分 浙江省慈溪縣東埠頭出土 慈溪縣文物管理委員會藏

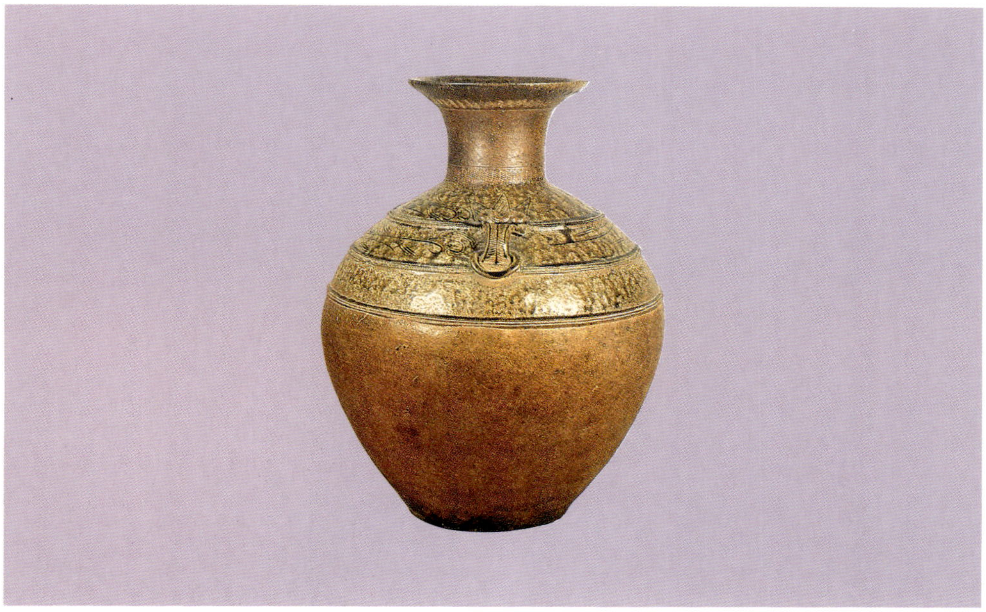

彩圖一〇五 青瓷刻花雲氣紋壺 西漢末東漢初 高四二・九公分，口徑一九・一公分，底徑一五・三公分 中國歷史博物館藏

腹體圓鼓、平底，肩部和腹部刻畫雲氣紋。胎體為褐色（彩圖一〇五）。

長頸瓶，侈口長頸，肩部豐滿圓鼓，形體修長，這類瓶生產時間很長，變化不大。

蒜頭瓶，瓶口和蓋成蒜頭形，往下收成細頸，肩腹特別寬肥，平底、圈足。西漢初的特徵是頸短，頸中端凸出兩道弦紋，腹體寬肥，最大腹徑在中部。西漢中期以後成長直頸，肩部豐滿，下腹緩收、平底、圈足（圖六二，5）。

鐔，與現在四川、湖南、湖北農村的泡菜罈相同，直口較細，外沿外侈而淺，豐肩，腹體較高，平底，底心略凹，上腹一周附加堆紋，下腹比較高。頸部刻畫水波紋，肩腹拍印網格紋（圖六四）。

卮，直筒形腹，平底，下承以三獸足，腹體一側安環形把手，蓋頂平直，安三個圓環形捉手（圖六五，1）。

香爐，西漢初期瓷香薰豎立在折沿盆的中心，成深缽形，下承碗形足。蓋很淺，和爐體成子母口相合，蓋頂成塔形，上塑三隻鳥（圖六五，2）。

燈，就是一個高柄豆，豆盤中心豎一尖錐（圖六五，3），作插蠟燭之用。

勺，有淺體長圓形、環底深杯形兩種，側面綁紮長柄使用（圖六五，4、5）。

盆，西漢初年為直口深腹，腹體寬，中腹以下較瘦，平底（圖六六，4）。中期以後腹體較直，平底。盆類器物變化不大。

洗，比盆小而淺，平折沿，上腹平直，下腹緩收，平底（圖六六，2）。隨時代發展器形逐漸變小。

匜，漢初的匜為方形，四壁成弧形，平底，在一邊的正中作出寬扁槽形，後面有鋬（圖六六，1）。

釜，在江蘇儀征西漢墓發現青瓷釜，這類作品是專門殉葬用的（圖六六，3）。

甑，這類器物和鼎釜之類器物一樣，屬於殉葬的明器（圖六〇，4）⑫。

虎子，東漢開始出現一類供人們使用的新器形，做成猛虎形象（彩圖一〇六）。

漢代青瓷中，仿青銅禮器的器物到西漢中期漸漸減少，或者由莊重高貴變成簡單實用、平易近人的器形，有些明器也做成鬼魂可以在地府照人間生活一樣使用，如竈、釜、甑、甗等。有的器物則由新器物所取代，如鼎、敦由盒代替，瓿變成罐。西漢晚期，壺、罐、匜、盆、洗、勺等日用器皿大增。適應愈演愈烈的厚葬風氣需要，房屋、畜圈禽舍、倉囷模型大量生產。

西漢青瓷的釉層比較凝厚，透明度不高，可能由於含鐵量高和胎體為深褐色的緣故，釉色多呈淡黃色，有些顯褐，比較光潤，有流釉的現象。不少器物胎釉密合不佳，有剝釉現象，尤其廣東、湖南地區漢墓出土的器物，剝釉現象常見。廣西地區漢墓出土的青瓷，胎體較粗，釉層出現起泡現象，有的氣泡很大，這是因為配方不當，施釉時胎體乾度不夠，裡面含有較多水分，入窯焙燒時，胎體水分氣化，被釉層封住，使釉層起泡，直到熄火後這部分氣體都未逸出，出窯時釉面就有大大小小的鼓泡存在。

西漢瓷器的裝飾，在壺類器物的肩部，黏貼簡化了的鋪首。在繼續用陰弦紋的同時，喜歡用細泥條黏上，作為凸弦紋，把肩、上腹隔成幾個裝飾區間。這些區間都不寬，刻畫出流暢的水波、卷草、雲氣和人字紋。北京故宮博物院珍藏一件瓿，肩上雙繫為獸面套環。在裝飾區間上層刻出五、六個頭，一身體的羽冠飛鳥四組，前後兩面鳥紋之間畫虎紋。下層是三頭一體羽冠飛鳥六組，清晰爽利⑬。西漢中期，有在壺上堆塑卷角龍頭。有的瓿在腹部刻畫出對稱的兩個半身人像。有的瓿耳印出舉劍持盾的武士，蓋頂的鈕塑成蛇形⑭。商周以來，神祕、莊重、繁縟的圖案，變成平易近人，通俗易懂，有一定故事情

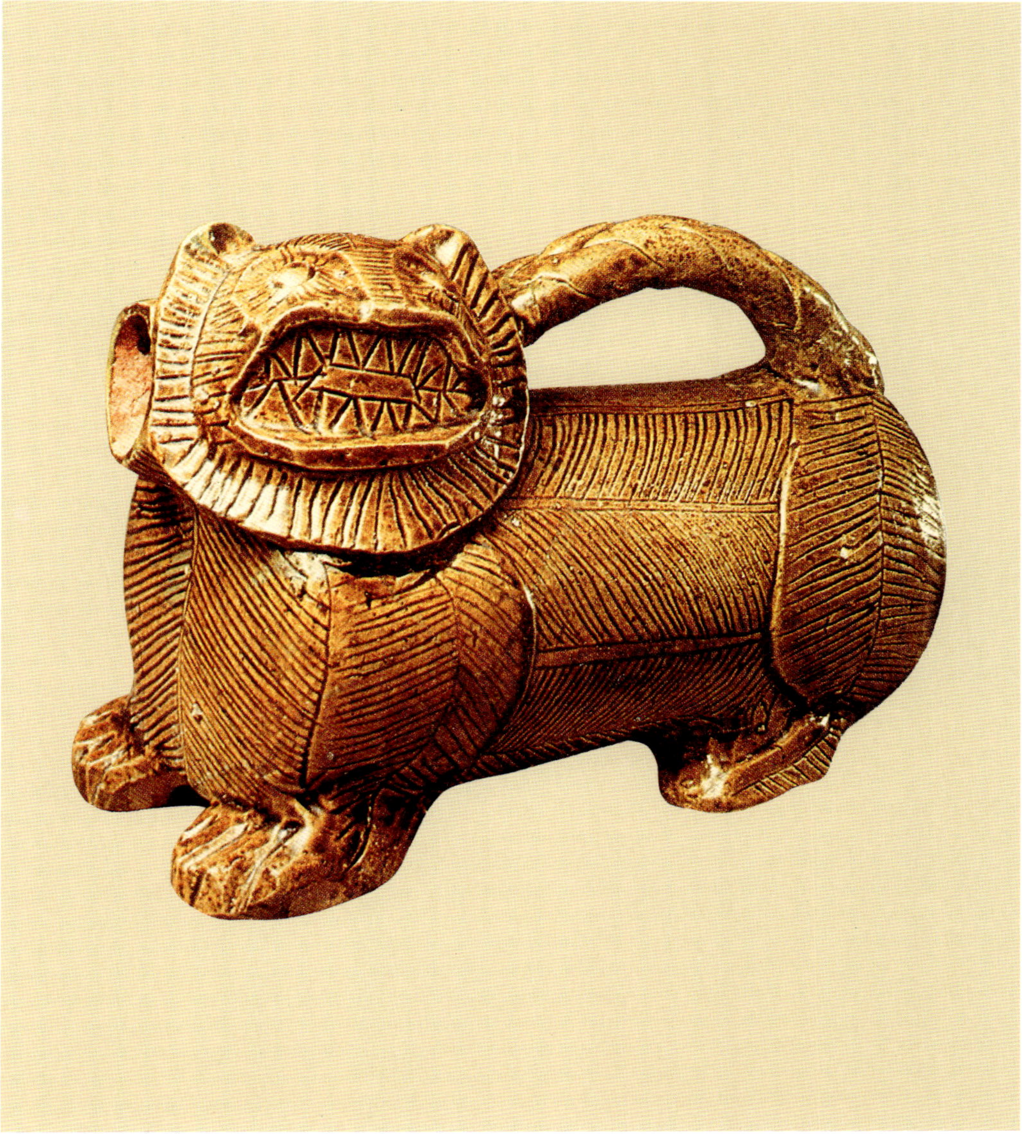

彩圖一〇六　灰青釉瓷虎子　東漢　高一八・〇公分，長二五・〇公分
江蘇省新沂縣唐店出土　南京博物院藏

節的內容。

東漢時期，仿青銅器，尤其商周青銅禮器的一些器形不再生產。各類器物都簡潔實用，如盤口壺、雙繫罐、直腹碗、淺腹盤、提梁盆、鏤孔香薰、五聯罐、鐎斗、缽、耳杯、燈等。有些器物很特別，如浙江省上虞縣百官地方出土的一件青瓷燈，高四七點八公分，燈座塑成一巨人，胸前抱一碩大的老鼠，肩、腿和手上均攀爬著許多老鼠，背面刻「吉祥」二字⑮。東漢製瓷工藝明顯提高，湖南地區東漢墓裡出土一些品質很好的青瓷，淺灰胎，釉層均勻，釉色很淡，有人稱為原始白瓷⑯。這是南方青瓷，離白瓷很遙遠，此提法雖不正確，但確實說明了青瓷水準有很大提升。此外，還燒成了黑瓷。

東漢時期，青瓷生產地區有很大發展，浙江上虞地區、淩湖周圍的廟後山、小仙壇、大陸岙等地都發現窯址。寧波地區在餘姚、鄞縣、慈溪，金華地區在義烏、衢州、金華、永康、龍游等地，湖南湘陰在青竹寺、樟樹鄉、窯頭山等地均發現窯址。有的地方如寧波地區，發現生產品質相當高的青瓷窯址就達十五處之多⑰。

中國科學院上海硅酸鹽研究所的研究人員，曾對浙江上虞小仙壇窯考古發現的青瓷片進行過研究。指出該窯生產的青瓷具有瓷質光澤，透明度較好，吸水率低的特點，燒成溫度在攝氏一千二百度至攝氏一千三百一十度。通體施釉，釉層比原始青瓷增厚，有較強的光澤度，胎釉結合緊密牢固。釉料含百分之十五以上的氧化鈣，並在還原氣氛中燒成。所以釉層透明，表面有光澤，釉光淡雅清澈。這些情況說明青瓷從原始青瓷出現開始，經過一千多年的發展，初步成熟了，達到早期瓷器階段。它的成就為三國兩晉南北朝的發展奠定了基礎。

註釋

①見《洛陽燒溝漢墓》，文物出版社。

②《史記・秦始皇本紀》。

③《漢書・楚元王傳》。

④陝西省文管會：《咸陽楊家灣漢墓發掘簡報》。展力、周世曲：《試談楊家灣漢墓騎兵俑——對西漢前期騎兵問題的探討》；《文物》一九七七年十期。

⑤易文：《徐州出土西漢兵馬俑》刊《中國美術報》一九八六年第二十五期3版。

⑥李知宴：《東漢擊鼓說書俑》（未刊稿）。

⑦《漢書・酷吏傳序》。

⑧黃河水庫考古隊：《河南陝縣劉家渠漢墓》，《考古學報》一九六五年一期。河南省博物館：《靈寶張灣漢墓》，《文物》一九七五年一期。

⑨孫傳賢：《介紹一件東漢晚期的陶水榭》，《文物》一九六六年三期。

⑩資料來源李家治：《我國古代陶器和瓷器工藝發展過程的研究》，《考古》一九七八年三期。

⑪見中國硅酸鹽學會主編《中國陶瓷史》。

⑫南京博物院等：《儀征張集團山西漢墓》，《考古學報》一九九二年四期。

⑬《中國美術全集》《陶瓷》1，圖一六一。

⑭《中國陶瓷史》，浙江省文物管理委員會：《浙江義烏縣發現西漢墓》，《考古》一九六五年三期。

⑮《中國陶瓷》圖八一。

⑯周世榮：《湖南陶瓷》，紫禁城出版社。

⑰林士民：《浙江寧波漢代窯址的勘察》，《考古》一九八六年九期。貢昌：《婺州古窯》，紫禁城出版社出版。周世榮：《湖南陶瓷》。

第四章　三國兩晉南北朝的陶瓷器

東漢後期，豪強大族的割據戰爭使社會分裂。但這個時期，陶瓷手工業獲得了發展的機會。戰爭的空前激烈和殘酷，獨尊儒術的陳舊思想動搖了，老莊玄學，佛教活動廣泛發展，科學知識的長進，深深地影響到文化藝術、手工工藝的各個方面，陶瓷工藝迅速提高。各割據勢力為支持戰爭，注意發展本地手工業，工匠的人身依附關係削弱，社會經濟比較活躍，陶瓷生產的布局大為改觀。

「洛京傾覆，中州之士，避亂江左者，十之六七。」①四處遷徙的人民把中原地區先進的生產力帶到江南和邊遠地區。南北交流加快，北方瓷窯體系的建立，和中原高度發達的經濟文化工藝結合起來，中國陶瓷，面貌一新。

北方絲綢之路全面開通，南方的海上交通很發達，中國的航船穿過南中國海進入印度洋，穿保克海峽進入阿拉伯海，到達波斯灣，和許多國家、地區進行廣泛的經濟文化交流。外域文化內容在陶瓷上大量出現。

陶瓷生產以驚人的速度向前發展。南方青瓷、黑瓷、釉下彩、釉上彩工藝取得新成就。北方青瓷、白瓷、釉陶工藝有重大突破。本章將這四個世紀的陶瓷特徵加以總結，供大家鑑定時參考。主要器物列表二。

第一節 東吳青瓷的時代特徵

東吳製瓷手工業發展很快，各地吳墓出土的青瓷數量多，品質高，簡潔實用。常見的器物有罐、壺、瓶、盆、杯、盂、碗、盤、多格盒、虎子（彩圖一〇七～一〇九）。豪強大族希望田連阡陌、牛羊遍野、高官厚祿、富貴長命、子孫繁衍，青瓷罐上就出反映上述要求的藝術形象。紹興出土的永安三年（二六〇年）穀倉罐就是這類作品的代表，它結構複雜，需要很高的技術水準。在一個寬沿豐肩的罐上，塑出宏偉的闕、高層建築、防水大缸、武士和樂人。建築物上爬滿了覓食、降落或展翅欲飛的眾多小鳥，罐沿和肩腹部位或塑或貼各種姿態的豬、狗、龜、魚等動物。兩闕之間，正對高層建築正門，立一碑，碑文：「永安三年時，富且羊，宜公卿，多子孫，壽命長，千億萬歲未見央。」（彩圖一一〇）。不但有青瓷的，還有紅

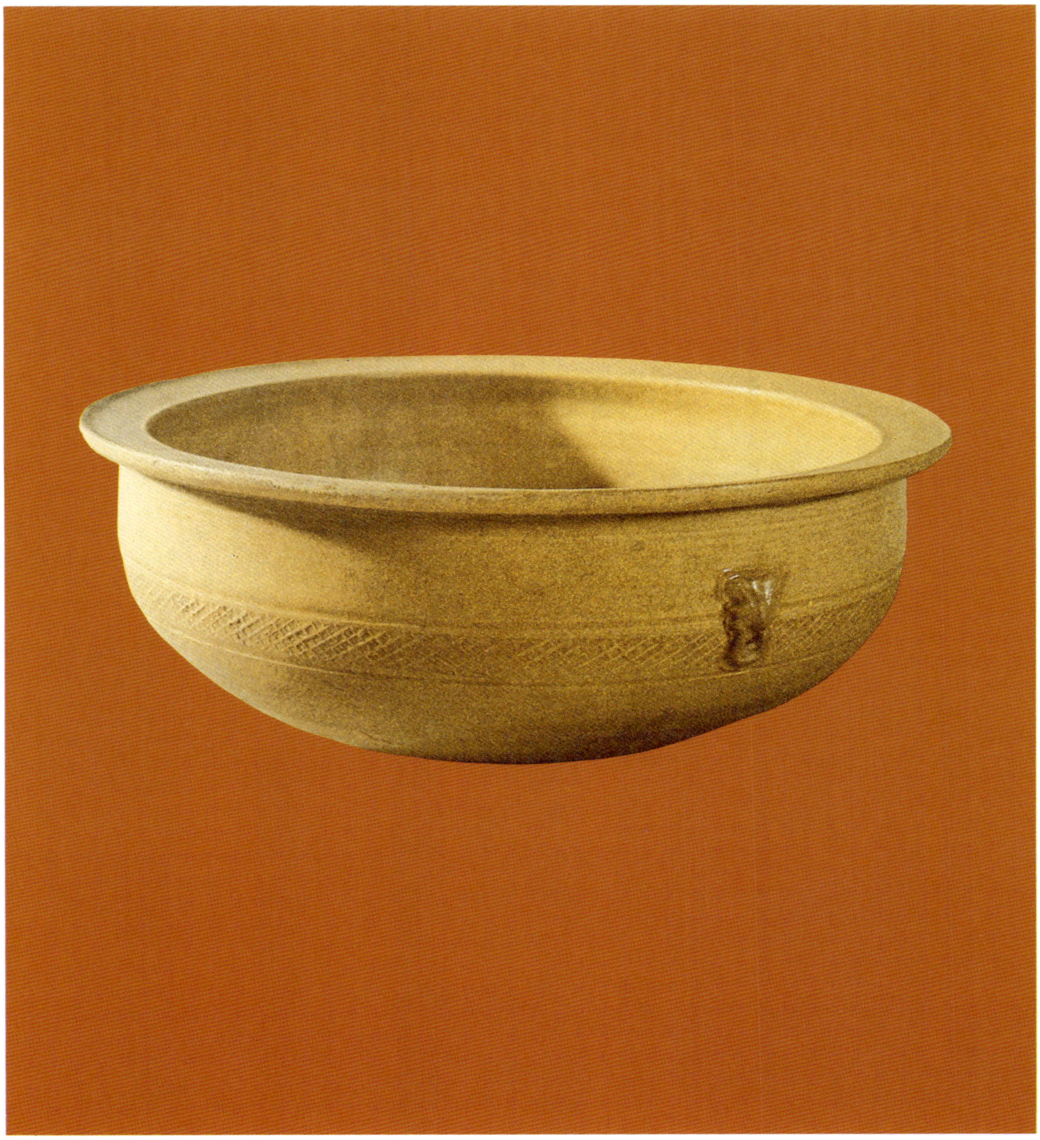

彩圖一〇七　青瓷盆　三國　高一二·五公分，口徑三三·七公分　中國歷史博物館藏

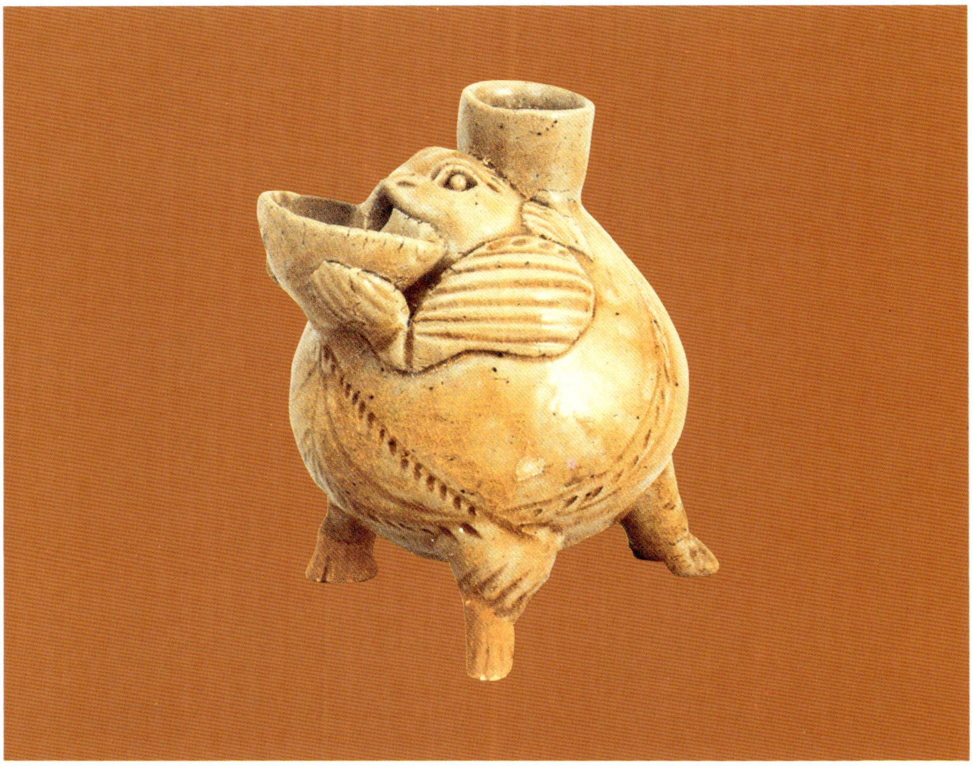

彩圖一〇八　青瓷蛙形水盂　三國　高一〇・二公分，口徑二・三公分
上虞聯江帳子山窯址出土　浙江省博物館藏

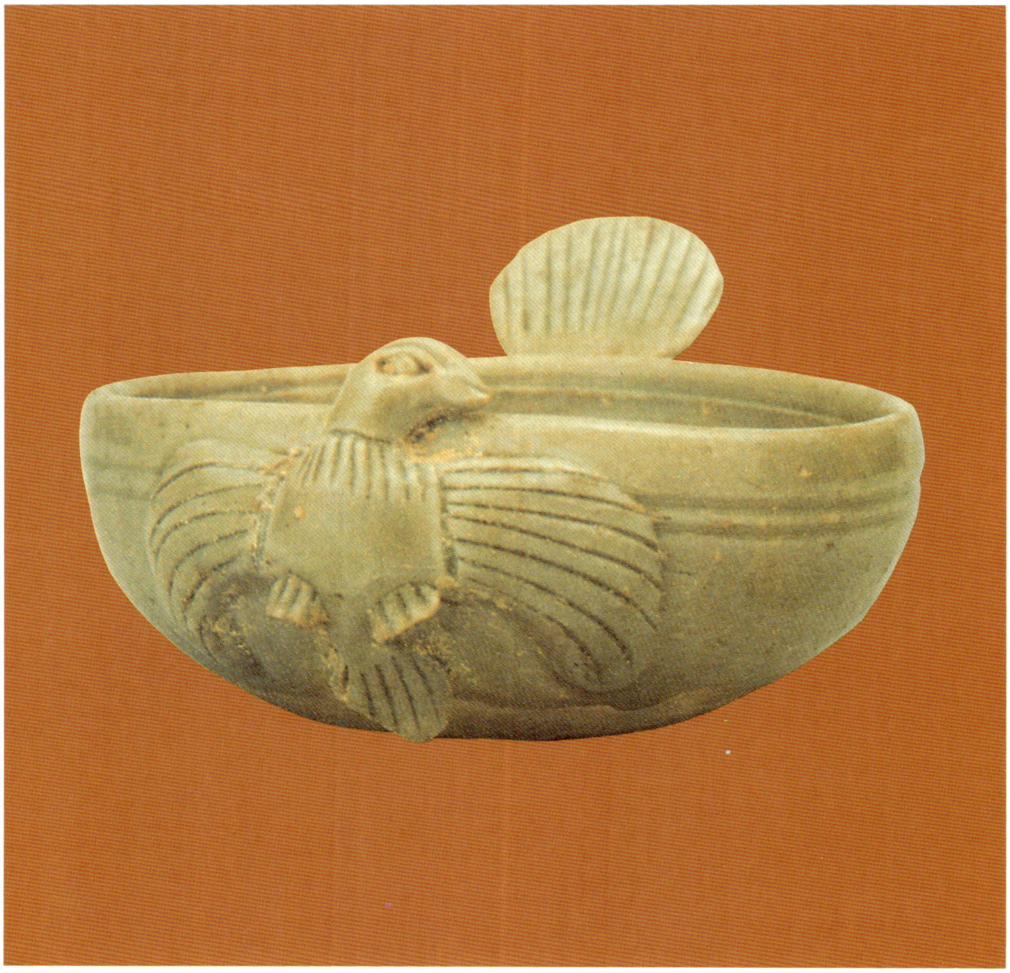

彩圖一〇九　青瓷鳥形杯　三國　高三・八公分，口徑一〇・〇公分
一九七四年上虞百官鎮鳳凰山磚室墓出土　上虞文物管理委員會藏

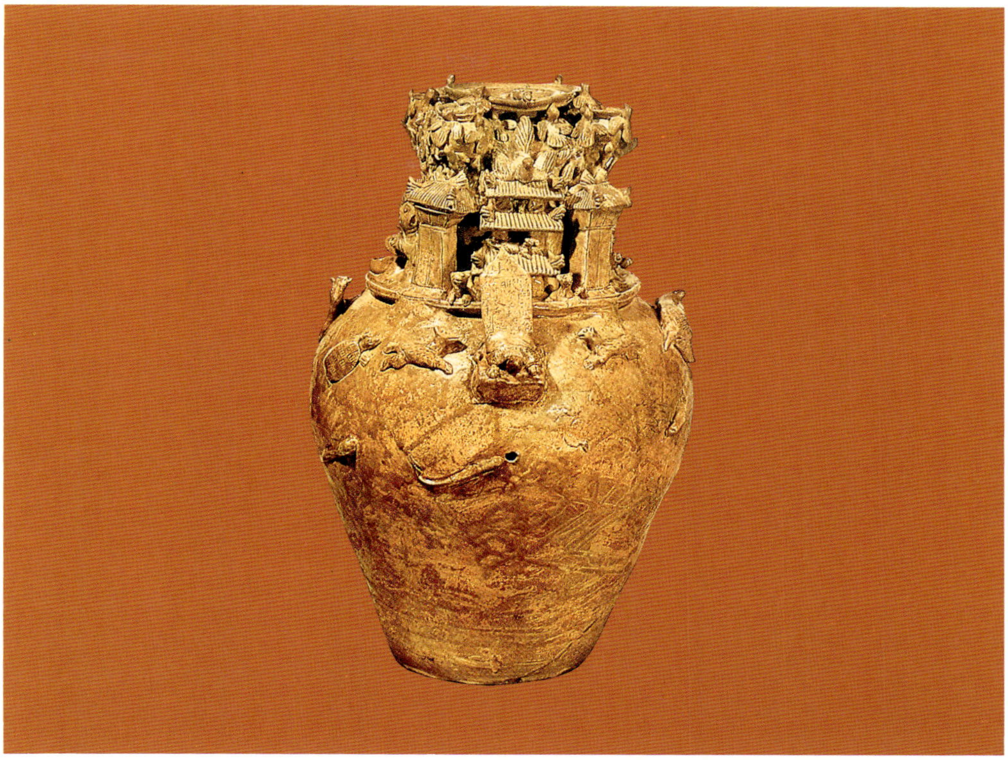

彩圖一一〇　青瓷穀倉罐　三國・吳・永安三年銘
高四六・四公分，腹徑二九・一公分，底徑一六・〇公分
浙江省紹興縣出土　北京故宮博物院藏

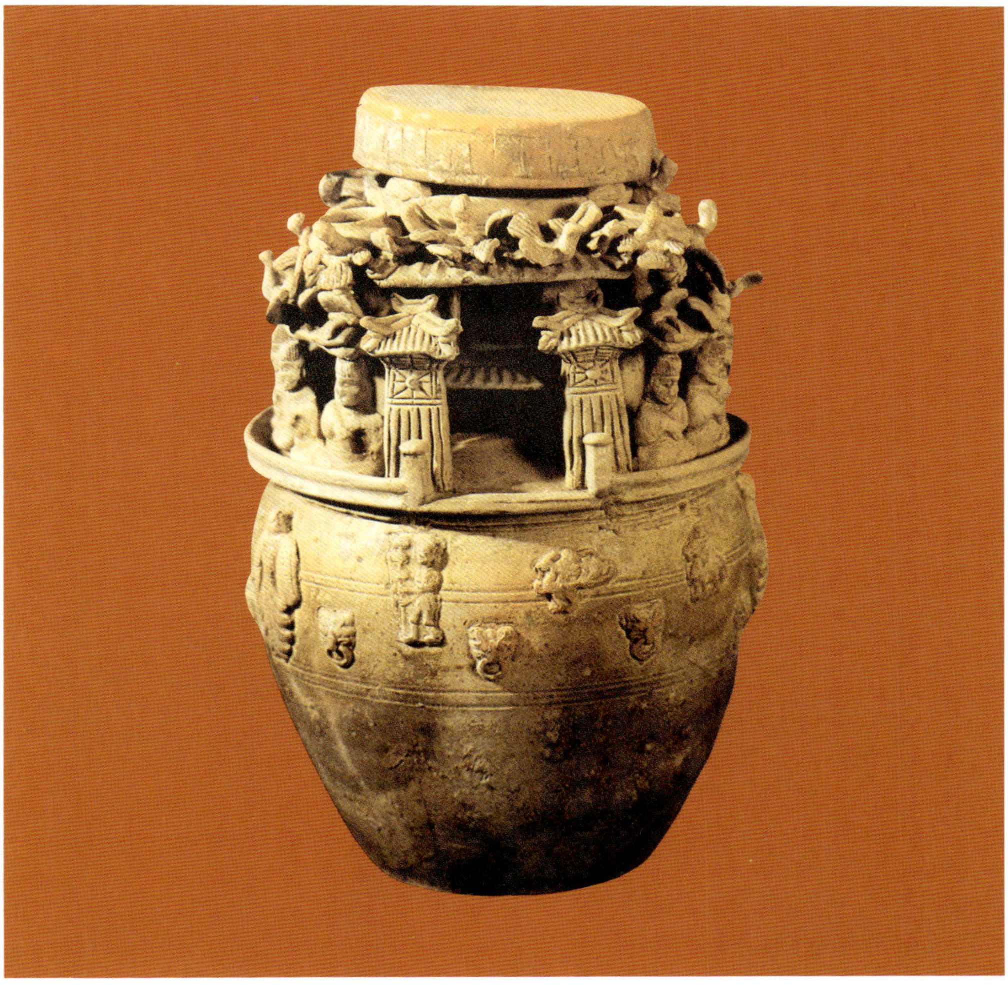

彩圖一一一　紅陶人物飛鳥穀倉罐　吳鳳凰二年　高三四・三公分，腹二三・八公分
南京市趙士崗吳墓出土　南京博物院藏

陶的（彩圖一一一）。江蘇省金壇縣白塔鄉金竹墩出土一件穀倉罐，雕塑建築等各類形象高度超過罐的高度。可見雕塑內容是主要的。建築的最下層，前端兩側是雄偉的闕，正面象徵廣場，衣冠楚楚的各類人物肅立恭敬，各類動物歡躍戲耍。其他三面也塑有人物、動物。第二層大門洞開，四角四個巨甕和圍著甕的飛鳥。第三層巨甕改為雕塑。第四層又是闕和動物。三層以上的房屋由單簷變成重簷。最上一層有圍牆，圍牆裏是四角攢尖的房屋和各類鳥兒雕塑。歡躍好動的鳥群表現出一派大富大貴的熱鬧景象。同墓出土的紀年磚上刻有「天璽元年九月十日為儲作甓」（彩圖一一二）。

青瓷羊形器，一般是用圓潤的線條刻畫出跪臥姿態的肥羊，卷角、睜眼，嘴微張。在胎體上刻畫出皮毛的紋理，肩後刻畫出翅膀。胎體淺灰致密，青釉細潤，綠色灰淡（彩圖一一三）。

青瓷燈，三國兩晉南北朝瓷器作出照

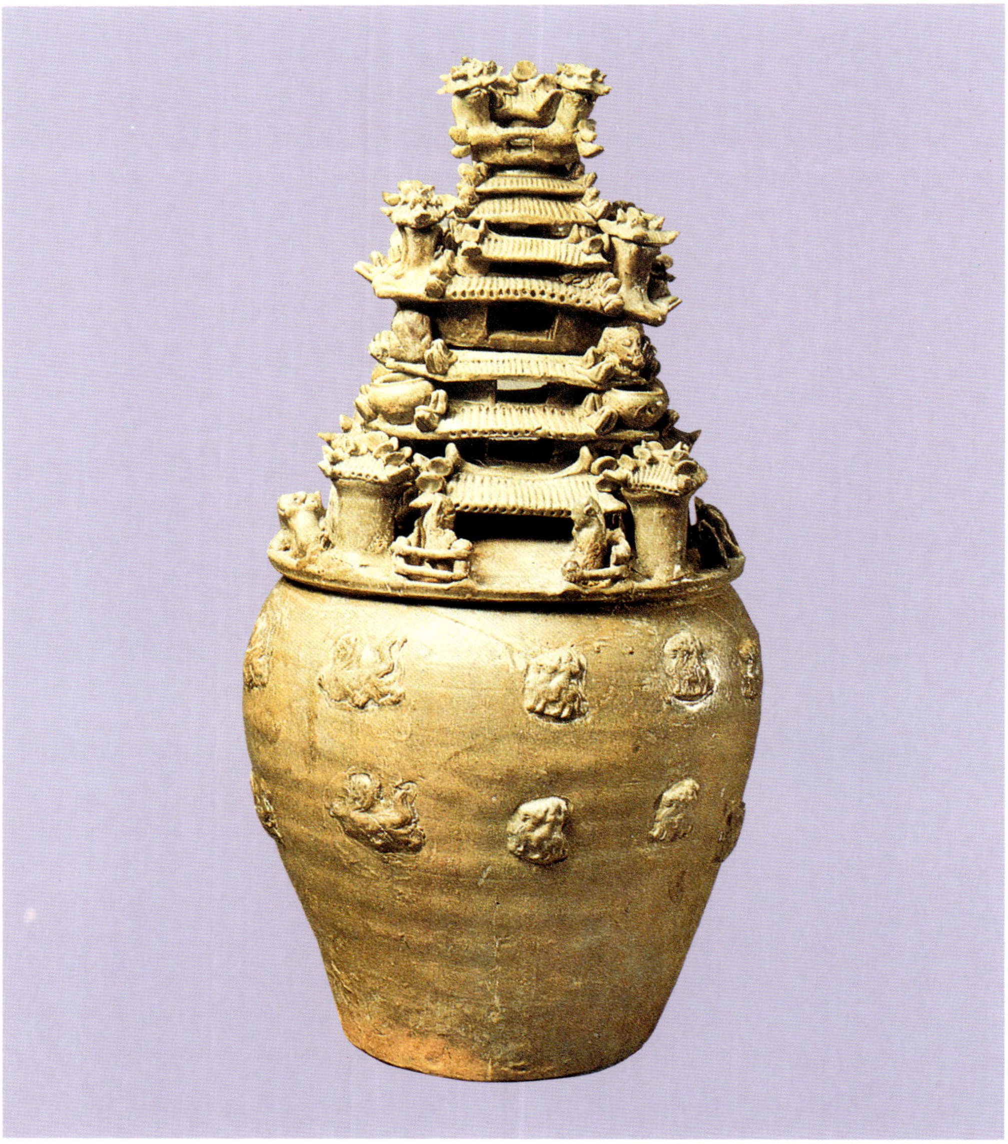

彩圖一一二　青瓷穀倉罐　三國・吳　高四八・〇公分，腹徑二四・五公分
浙江省金壇縣金竹墩出土　南京博物院藏

明用的燈，種類很多。一九五八年南京清涼山吳墓出土的一件青瓷燈，在折沿平底盆的中央，塑出一個前肢兩掌抱頭，挺肚蹲坐的熊，頭頂碩大的斂口碗，憨態可愛。底刻甘露元年（二五六年）（彩圖一一四）。

虎子，東漢就已出現，三國時期青瓷虎子做得最好。一九五五年南京市光華門外趙士崗東吳墓出土一件青瓷虎子，器身為一跪臥的老虎，虎頭上揚，口為圓筒形，背上提梁塑成一爬伏弓身的動物，器身滾圓。在身軀一側線刻「赤烏十四年會稽郡上虞師袁宜作」銘，另一側刻「製宜」二字（彩圖一一五）。

三國青瓷中，還有卷棚式的雞籠，切出方形出入口和長方形窗戶，有的小雞跳在籠頂上，有的在籠裏伸出頭來，有的爬在籠前。還有青瓷竈類作品，也是卷棚形，前端寬，後端成尖錐狀上翹。前端正面開一方形口，是為竈孔，竈的頂部作出竈眼，前眼放一直口扁腹罐，第二個竈眼放一稍大的罐，罐上放一甑。

一、三國青瓷的特徵：

第一，生活用具主要繼承東漢青瓷的器形，如罐類作品，直口，口徑比較寬，頸短，豐肩，腹部圓鼓而短肥，渾厚穩重。盆類作品規格比較大，比較深。中國歷史博物館收藏一件南京出土的青瓷盆，口徑達三三點九公分，深達十二點五公分。其他壺、碗、缽、洗、盒、香爐等，在結構上都有此特點（表二）。

第二，專門為殉葬用的明器結構複雜

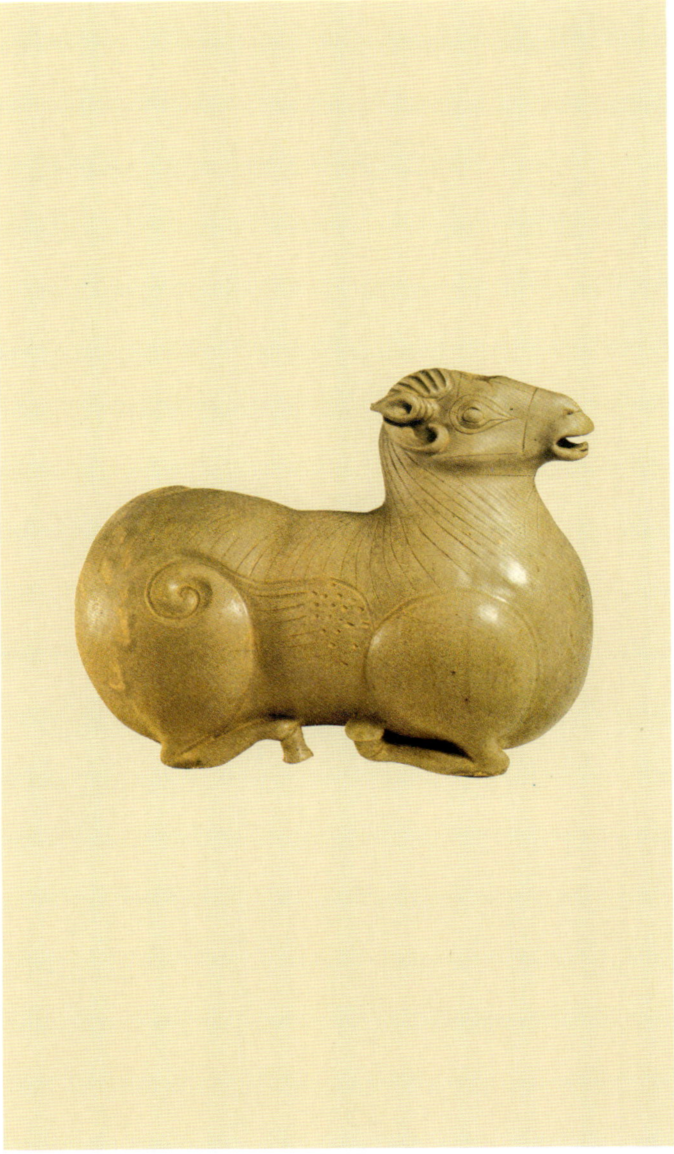

彩圖一一三　青瓷羊形器　三國　高一三·四公分，長二三·一公分　南京市郊區清涼山吳墓出土　中國歷史博物館藏

表二　南方系統的瓷器造型特點

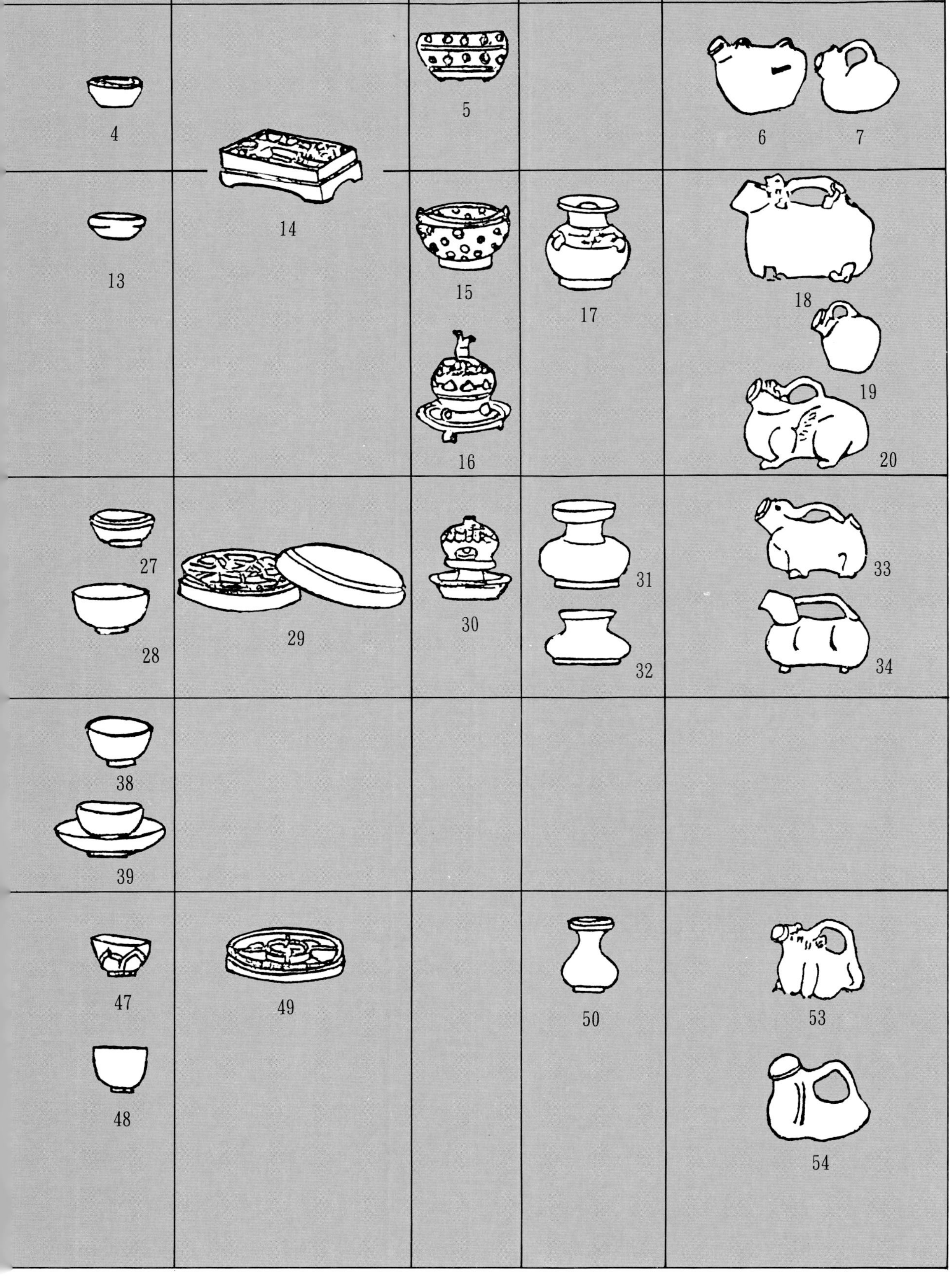

碗	多格盒	薰	唾盂	虎子
4		5		6　7
13	14	15 16	17	18 19 20
27 28	29	30	31 32	33 34
38 39				
47 48	49		50	53 54

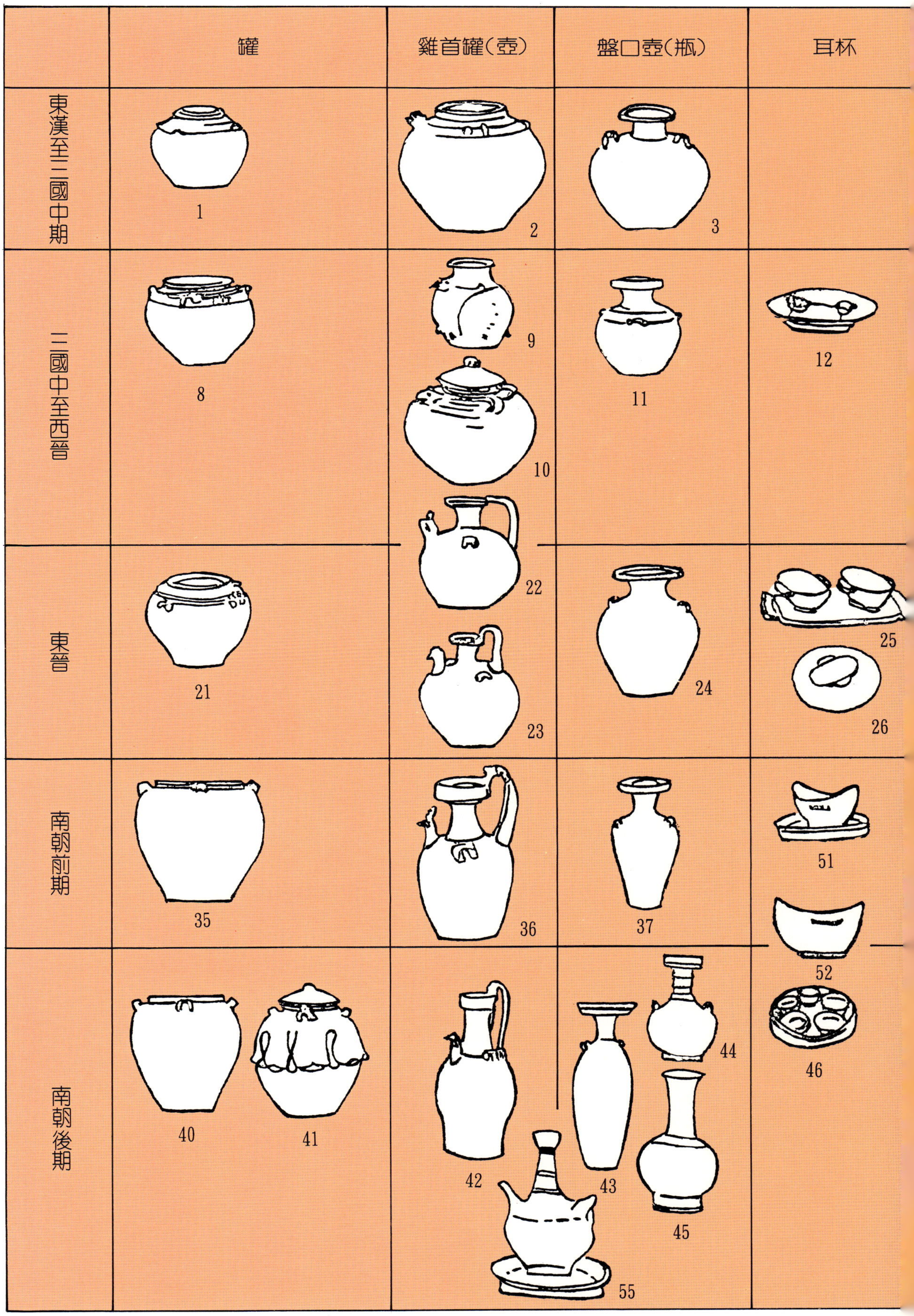
罐
雞首罐(壺)
盤口壺(瓶)
耳杯
東漢至三國中期
1
2
3
三國中至西晉
8
9
10
11
12
東晉
21
22
23
24
25
26
南朝前期
35
36
37
51
52
南朝後期
40
41
42
43
44
45
46
55

，除上面談到的建築、人物、飛鳥以外，還有悼念死者的孝道場面，罐的肩部貼黏的內容有佛像雜在其中，不占重要位置。各種內容安排合理，絕不擁擠零亂，排列有序，有很高的藝術水準。

第三，許多器形作成動物形象，如羊形器、熊形燈、虎子、蛙形水盂、鳥形杯等。有足的器物，足多作成獸類形象。在平常習見的器物上，運用動物形體結構的線條，做得既實用又優美。

第四，喜歡在器物上刻寫文字，有製作工匠的名字，有寄託人們的希望，有生產地，有年號。單是年號就有黃龍、赤烏、甘露、永安、寶鼎、鳳凰、天冊、天璽、天紀等②。

第五，胎體一般為淺灰胎，比漢代青瓷細膩，白度提高。只有少數器物燒結不佳，瓷化程度低。釉層是玻璃質釉，施得比較薄，有的為青綠，有的泛黃，有的為青灰色，顏色都比較淡。胎釉結合比較好。

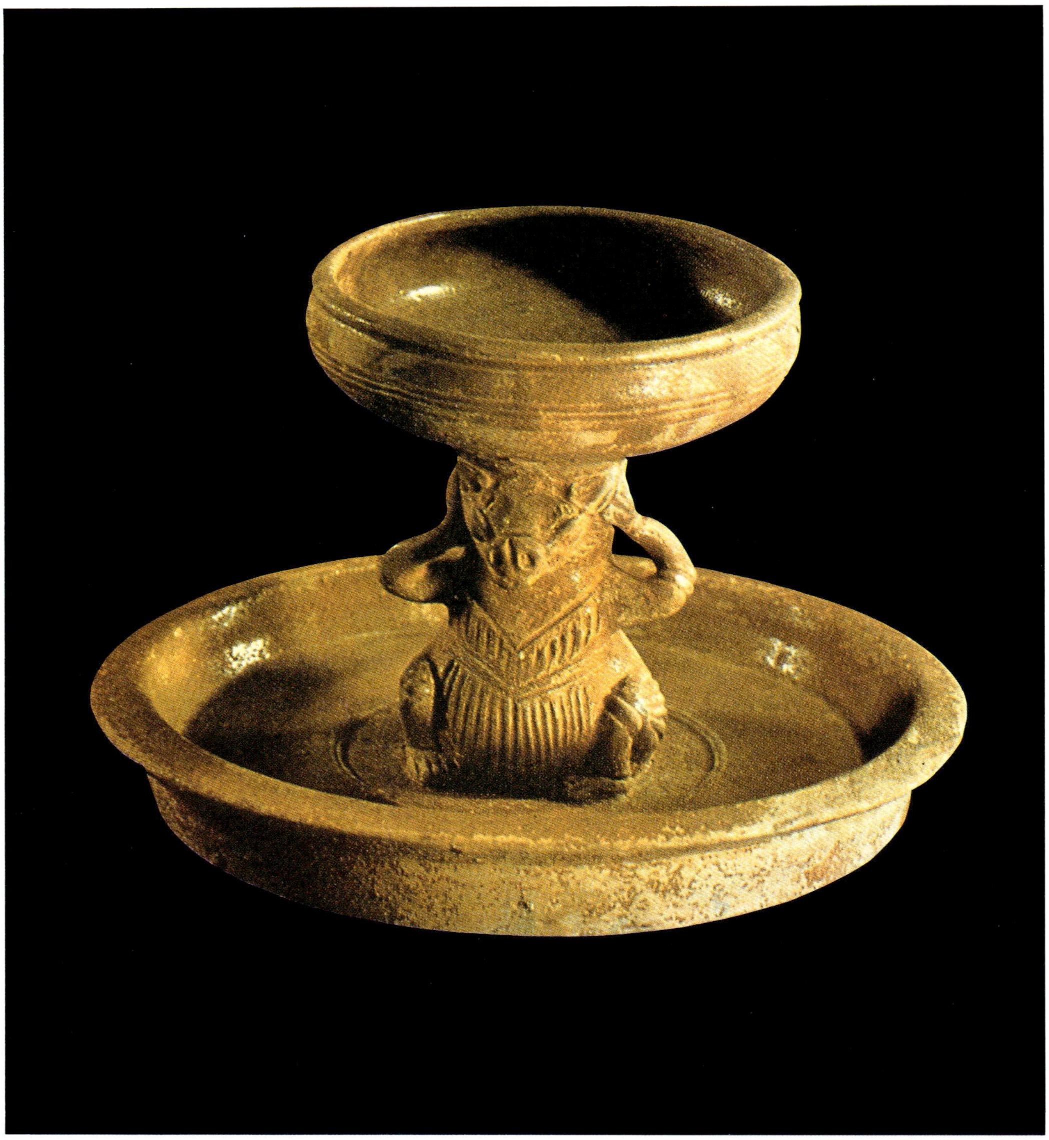

彩圖一一四　青瓷熊形燈　高一一·五公分　南京市郊區清涼山吳墓出土　中國歷史博物館藏

第六，裝飾花紋簡單，主要是弦紋、斜方格紋、刻畫的水波紋、拍印的葉紋和黏貼的鋪首。穀倉罐上複雜的裝飾是特定歷史時期的特殊產物。

三國青瓷已有贋品流入市面，大陸這類假骨董，主要是浙江地區生產的青瓷羊形器、穀倉罐。羊形器造型很逼真，不仔細分辨很容易上當受騙。主要特點是胎體很細膩，做得十分規矩，底部和露胎的部位施釉也很整齊。背上刻的翅膀線條雖細但很呆板，每根線條幾乎等距離。胎色很新，有的塗污染顏色，但不難看出作假者的用心。釉光特別明亮，有新瓷感覺。另一類是穀倉罐，又叫堆塑罈，主要特徵是白砂胎，粗鬆，堆塑的內容少又雜亂。青釉施得很薄，能清楚看到胎體的顆粒，邊角地方有積釉，成玻璃珠狀，翠綠色，很漂亮，開片。北方有用琉璃做出釉陶堆塑罐，工藝粗劣，一眼就能看出是假骨董。

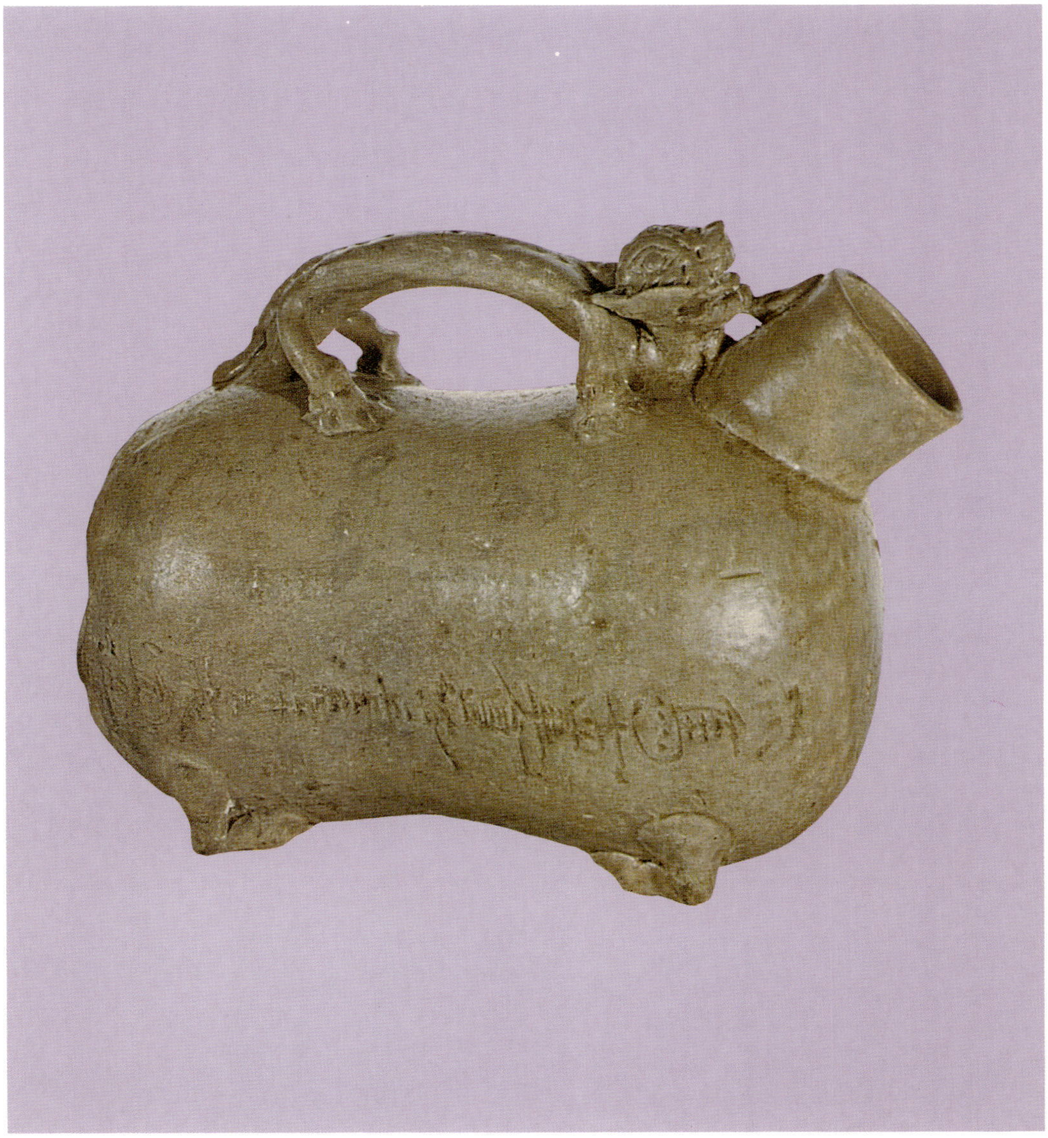

彩圖一一五　青瓷虎子　高一五·七公分，長二〇·一公分　南京市趙士崗吳墓出土　中國歷史博物館藏

第二節 晉代青瓷的成就

三國時期，許多瓷窯處於起步階段。進入晉朝則穩步發展，有的成為作坊連成一片的產瓷區，如浙江上虞縣境內發現六十多處窯址，比吳國時增加兩倍，比東漢增加十倍。紹興地區古窯址，有古窯庵、王家樓、九岩、禹陵等地發現十多處，在餘姚、鄞縣、寧波、奉化、蕭山、臨海等地也發現西晉窯址③。上虞、餘姚、紹興比較集中。

浙江中部的金華、武義、衢州等地發現西晉、東晉的青瓷窯址。使用化妝土來提高瓷器品質，發明了高溫釉下彩工藝。

浙江南部甌江出海口的永嘉、溫州地區，青瓷生產相當發達，發明了高溫青瓷釉上彩。詩人杜毓在《荈賦》中指出：「器擇陶揀，出自東甌。」潘岳在《笙賦》中寫道：「解嚴顏，擢幽情，披黃包以綏甘，傾縹瓷以酌酃。」在中國文字上，第一次出現「次」和「瓦」相結合的「瓷」字，把瓷器的本質和讀音清楚地表達出來。瓷器成為人們生活中不可缺少的用品，而且也為文化界所接受。從此以後，文化典籍中關於瓷器的研究、品評和謳歌就多起來了④。

在太湖以南，杭州以北的德清、餘杭、湖州等地，晉代窯址發現不少，不僅青瓷水準高，黑瓷也進入藝術瓷的行列。江蘇宜興地區，受浙江青瓷的影響，開始了瓷器生產⑤。

一、晉瓷工藝最突出的特徵是：

第一，三國以來的造型得到了繼承，罐、雞頭壺、盤口壺、耳杯、碗、多格盒、唾盂、香薰、虎子（表二），堆塑高層建築和大量人物、動物、飛禽的穀倉罐很流行，做得比三國時期更精美（彩圖一一六）。羊形器塑得更寫實，伸頸揚頭，彎角由頭的後端一直伸到脖子，角尖達到臉部，三國時的青瓷羊，角小得不成比例，只環繞耳際半圈。西晉羊眼珠鼓出，眼圈擴大，有細膩的眉毛刻畫，更真實也更傳神，頸、背、腹、臀部起伏多變。三國羊只用細線刻畫一個圈來表示有一對眼睛而已。三國羊著重輪廓的塑造，西晉羊重視細部刻畫，線條流暢，更有靈性。青瓷虎子也比東吳虎細膩，如虎頭、眉眼、鼻口刻畫都很清晰，背腹刻畫出翅膀，線條粗重，刀鋒犀利，更加神奇。

第二，興起對青銅器格調的模仿，如扁壺、簋、卣、侈口圈足壺、三足盤、盆、刻花雙魚洗、鏤孔香薰等器物，從器物到附件都做得有青銅器的氣質，端莊大氣，一絲不苟（彩圖一一七）。

第三，雕塑作品，除上面說的羊形器、虎子、辟邪水注、穀倉罐以外，還有大量的獅形水盂、蛙形水盂、熊形尊、神獸尊、仙人騎獅香插等。熊形尊塑造的是一個肥胖的坐熊，頭略低，小眼黑亮，肚子鼓出，突露於地。右掌摸著嘴裡的虎牙，左手撫摸肚子，兩腿盤曲，靠在肚皮上。滿身刻畫出長長的絨毛，憨態可愛。神獸尊是在一個盤口罐上巧做而成。罐的腹部有兩橫耳，腹部兩側各安兩橫耳，都很拙實實用。罐的一側塑出揚頭鼓睛，翻鼻張嘴，齜牙吐舌的猛獸。前掌貼在頸部，後肢貼於圓鼓的肚子上，牠是猛獸，但又刻畫出猛禽的翅膀，背部有水生動物的鰭，極富想像力（彩圖一一八）。辟邪水盂，雕塑成一猛獅，背上有圓管，刻畫羽毛（彩圖一一九）。這些作品規格都不大，但經過雕塑藝術處理，生機勃勃，在氣氛上給人的印象是十分巨大，可以和南京周圍六朝巨型石刻比肩抗衡。青瓷扁壺，瘦肩肥腹，頸的雙耳塑成老鼠，前爪緊抓瓶口，聳肩伸頭，雙眸鼓出，正緊張地在偷油。青瓷香薰，足塑成動物形象，蓋頂塑出舉目眺望的大鳥，圓鼓的薰籠，透雕三角形出氣孔，排列有序，很有圖案效果，這些貼近現實生活的藝術形式，在獨尊儒術的漢朝是不可想像的（彩圖一二〇）。這

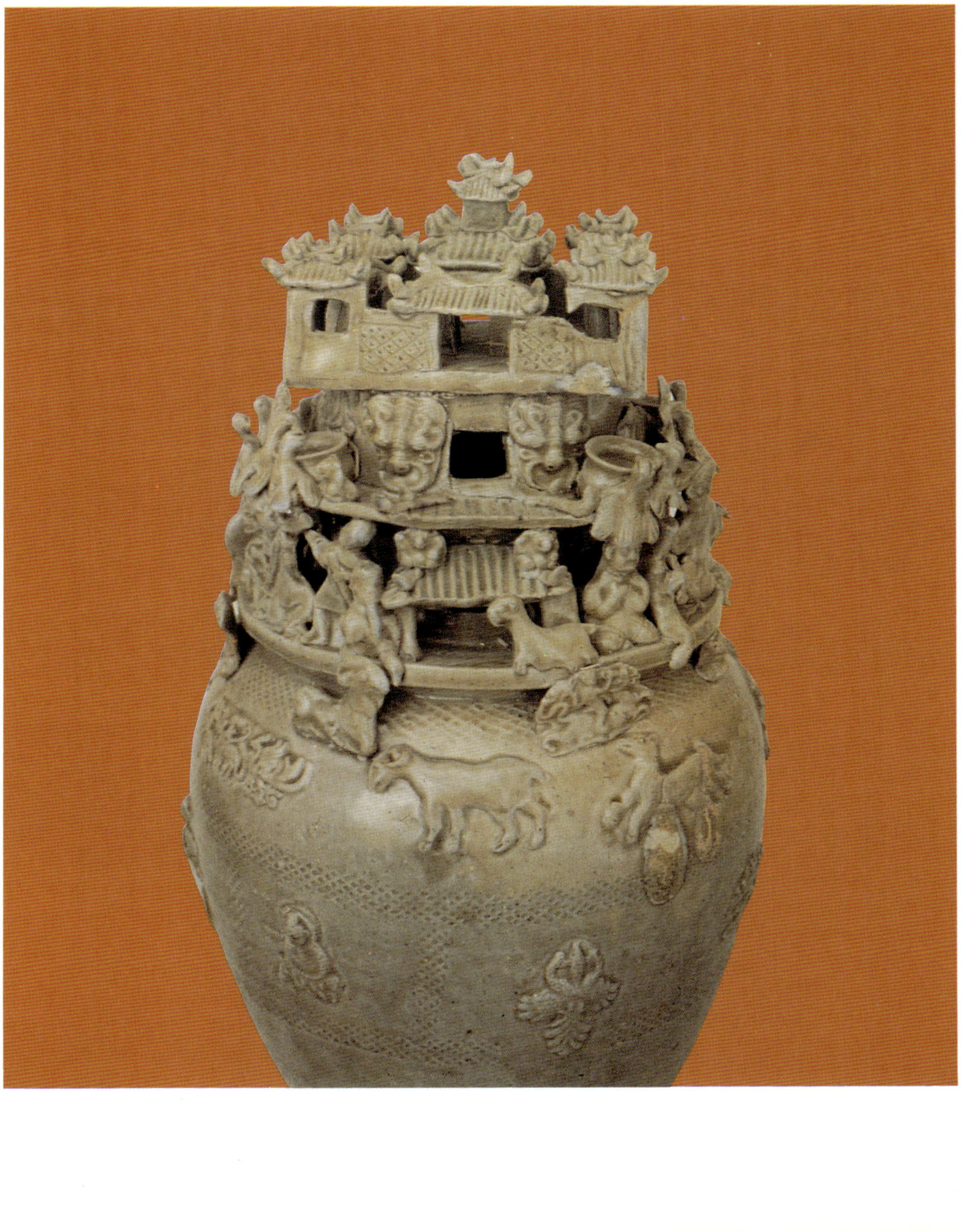

彩圖一一六　青瓷穀倉罐　西晉　高四六・三六公分　浙江省慈溪縣鳴鶴瓦窯頭出土
慈溪縣文管會藏

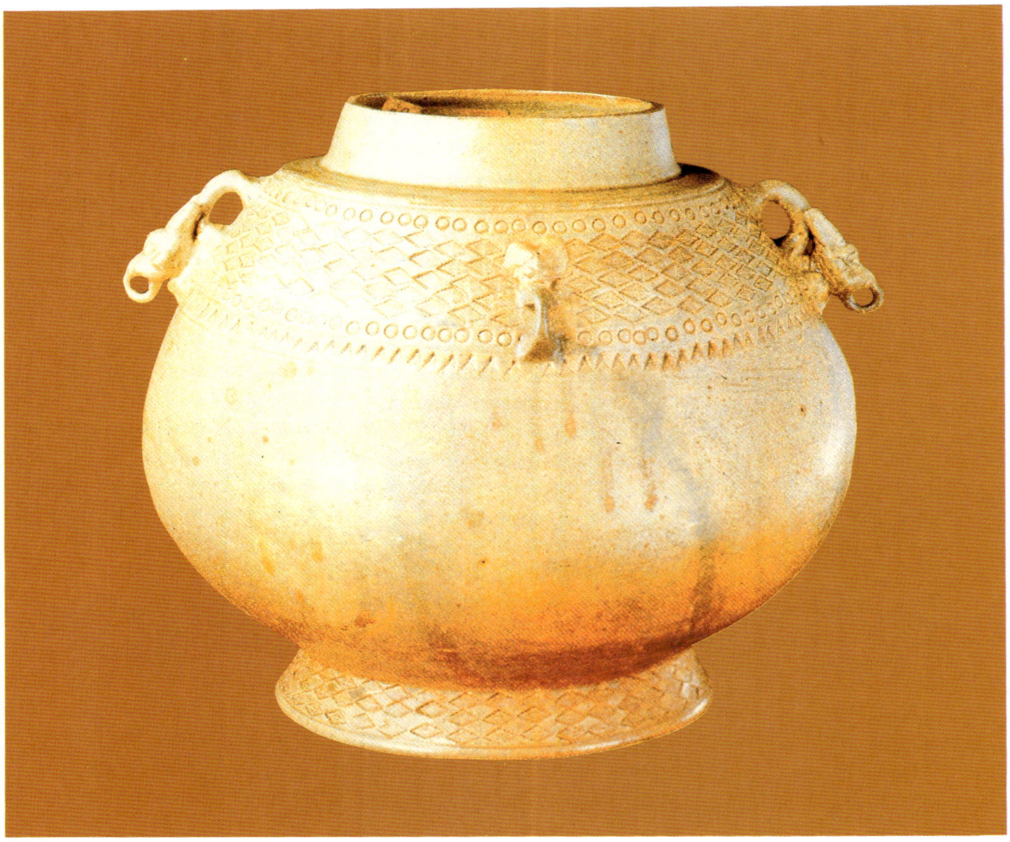

彩圖一一七　青瓷印紋缶　西晉　高二三・七公分，口徑一〇・六公分
北京故宮博物院藏

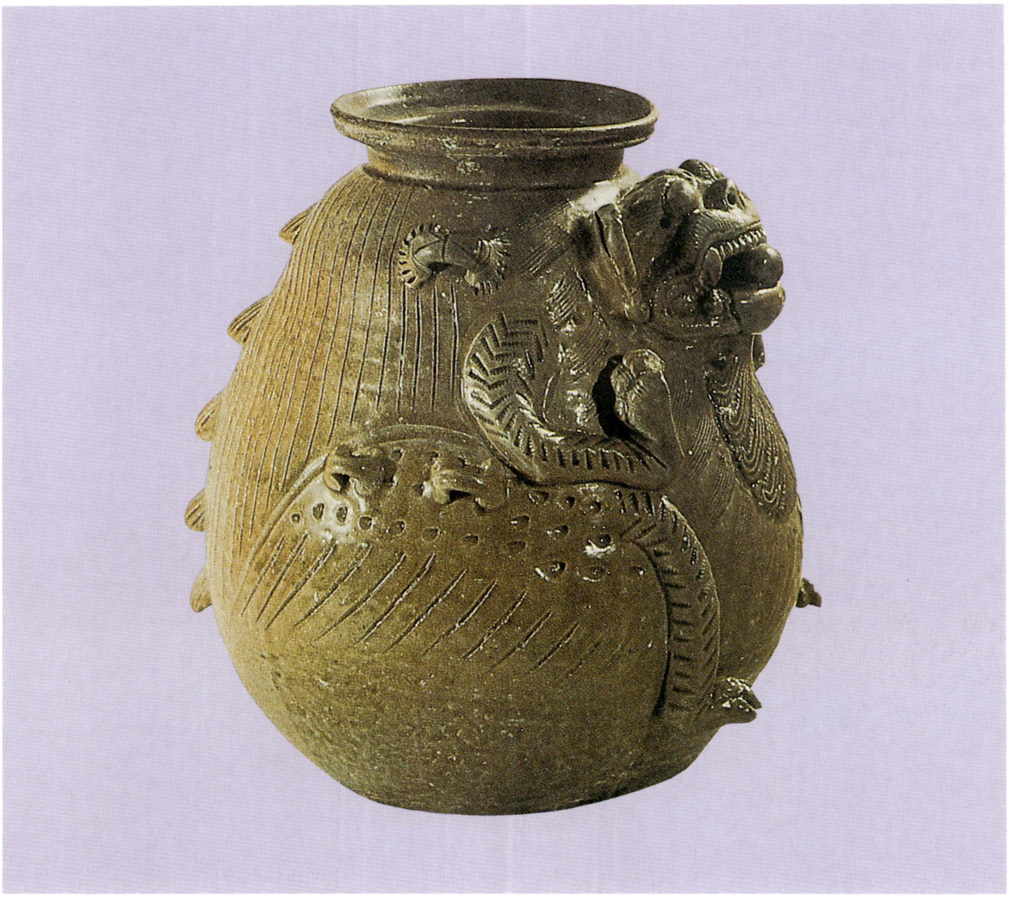

彩圖一一八　青瓷神獸尊　西晉　南京博物院藏
江蘇省宜興周墓墩出土

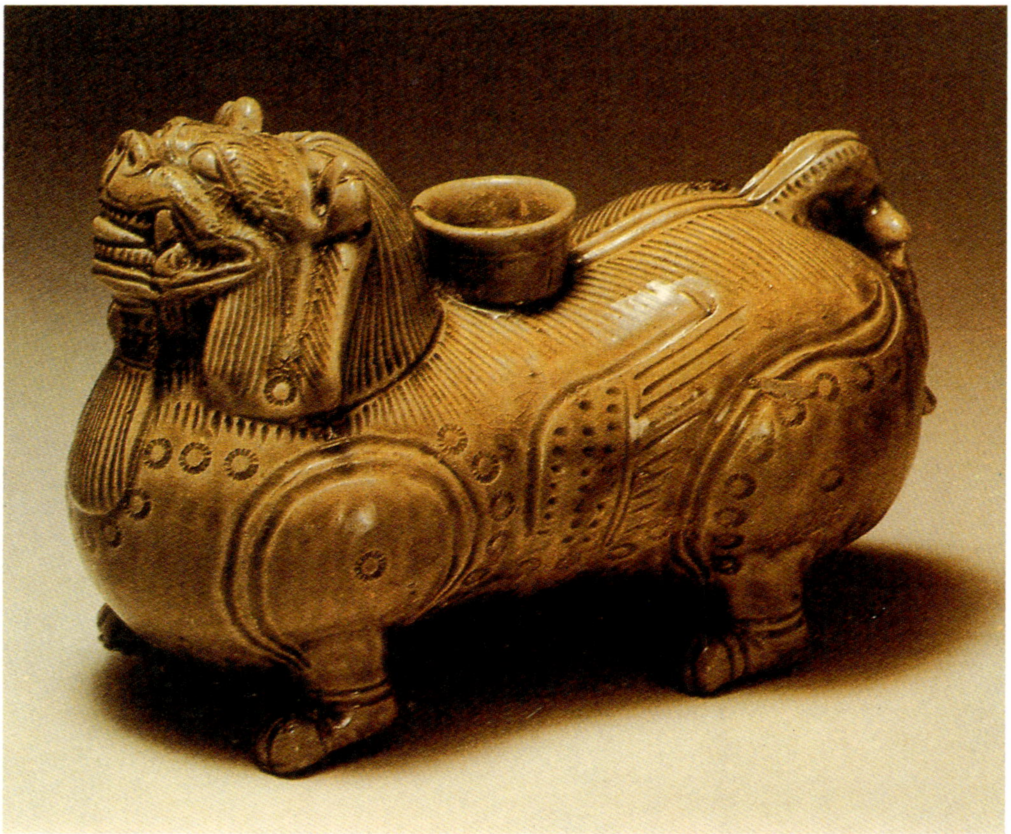

彩圖一一九　青瓷辟邪　西晉　高一三・四公分，長九・七公分
上海博物館藏

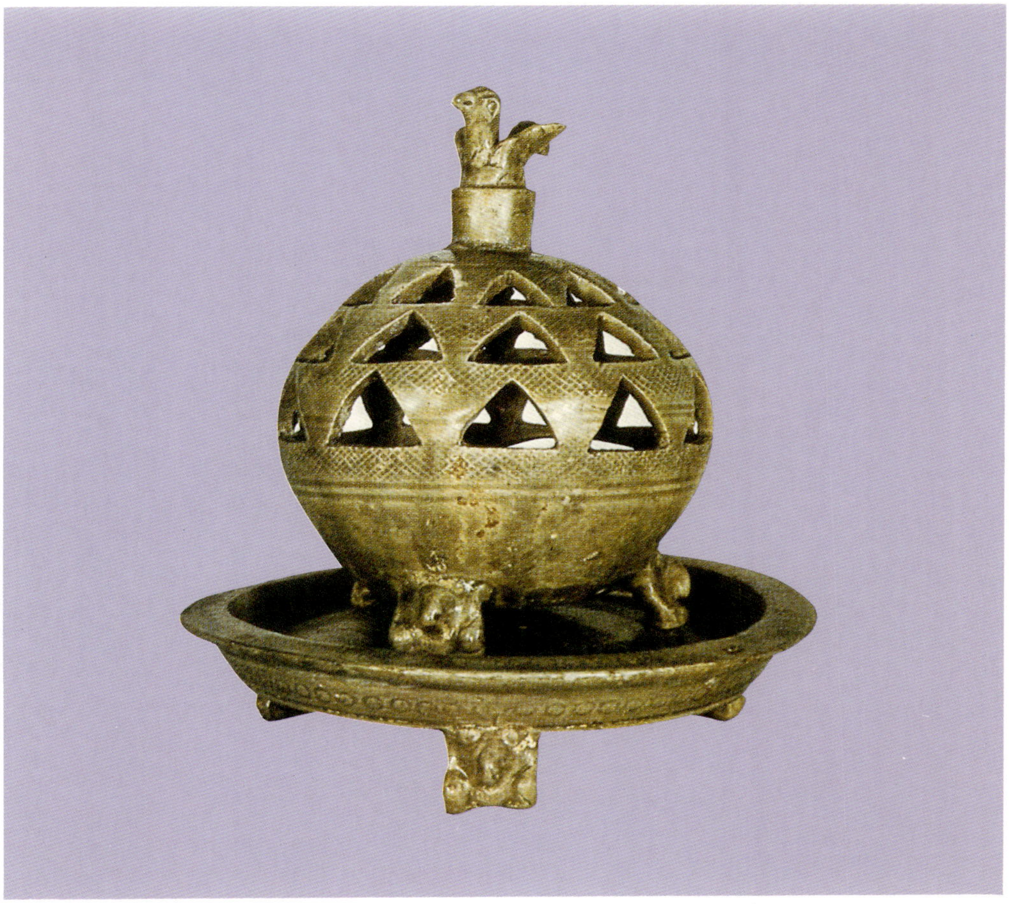

彩圖一二〇　青瓷香薰　西晉　通高一九・五公分
江蘇省宜興周處墓出土　中國歷史博物館藏

就為瓷器生產注入活力，使它進入一個更高的階段。

第四，人物形象，簡潔誇張，既寫實也寫意，著重精神的刻畫，比以往任何時候都更與人的感情相通。如騎獅香插，人騎在獅子背上，一手抓住獅子頭上的長毛，使其頭上揚，獅子鼓睛翹鼻，嘴一直咧到耳根。獅子是吃人的猛獸，人是不能靠近牠的。但在這件作品上，人竟能騎在牠的背上，而且抓住頭上的毛，將它提起來，獅子居然乖巧馴服。這種氣氛烘托出騎獅人的神奇。騎獅人塑得怎樣呢？在帽沿下亮相的是一個普通的中年漢子，頭上的帽頂和他的身軀一樣高，他沒有做任何滑稽表演，卻令人忍俊不止。北京中國歷史博物館珍藏的一套數十件青瓷人俑，塑造的是豪強大族的部武家丁、身負簡冊的文吏、勞作的奴僕、儀仗鼓吹等。工匠們用漫畫一樣的手法做出，一個圓球就是人的頭，一塊泥團就捏成軀體，彎曲的泥條就成為四肢，有的戴尖頂帽，有的戴圓頂帽，衣衫瘦小，擠眉弄眼，做不同的表情。他們手持武器，眼斜心不正，讓人一眼就看出是一群為虎作倀的惡棍，表現了門閥大族的惡劣和對社會的破壞作用。

湖南長沙金盆嶺永寧二年（三〇二年）墓出土一件青瓷騎馬人物，塑得頭大身小，手臂特長，頭戴厚厚的大頂帽，絆繩兜住下頷，揚頭鼓睛，使勁吹彎角形樂器。胯下的馬瘦小得不成比例，四腿又短又矮，胸前搭一塊方毯，自信自娛，樂在其中（彩圖一二一）。金盆嶺九號墓出土一件青瓷對坐俑，塑的是兩個知識分子。兩人對坐在書案前，一個捧書，一個拿紙捉筆，在探討問題，態度嚴肅認真，專心致志，以致鼻子都快碰到一起了。由於聚精會神，忘記周圍的一切。工匠抓住這一瞬間，表現出知識分子大智若愚的高尚精神境界。黑暗動盪的時代，豪門貴族無恥地爭權奪利、剝削人民，這件瓷塑表現出社會的反差，難能可貴（彩圖一二二）。

第五，文化交流的信息，這個時代南北、中外和各手工業部門之間的交流增強了。西晉時期，瓷器常見鋪首啣環、獸頭三足等，是繼承北方戰國以來青銅器的內容。而瓷器的肩、腹或口沿一圈，做出菱形紋、斜方格紋、小花組成的帶狀圖案，這是絲綢織品上常見的圖案。聯珠紋、獸頭紋、動物形象刻出翅膀，是西域鄰國，如波斯金銀器上愛用的紋飾。南亞佛教傳入中國，此時已氾濫起來，佛像和象徵佛教教義的蓮花在瓷器上出現。儘管不占重要位置，但是證明佛教思想已在社會上有很大的影響。這些現象說明文化藝術的交流已經展開，到南北朝時就更活躍起來。

西晉瓷器裝飾新工藝，是高溫釉下彩和釉上彩的發明。

一九八八年在南京雨花臺，一座三國至西晉初期的墓裏，發現一件帶蓋的扁壺，蓋頂塑鳥形鈕，上腹貼塑四個鋪首，二尊佛像，兩個連體鳥。灰白胎，胎上施白色的化妝土。這些特徵說明此壺是浙江金華地區的產物。在釉下的胎體上，用黑彩

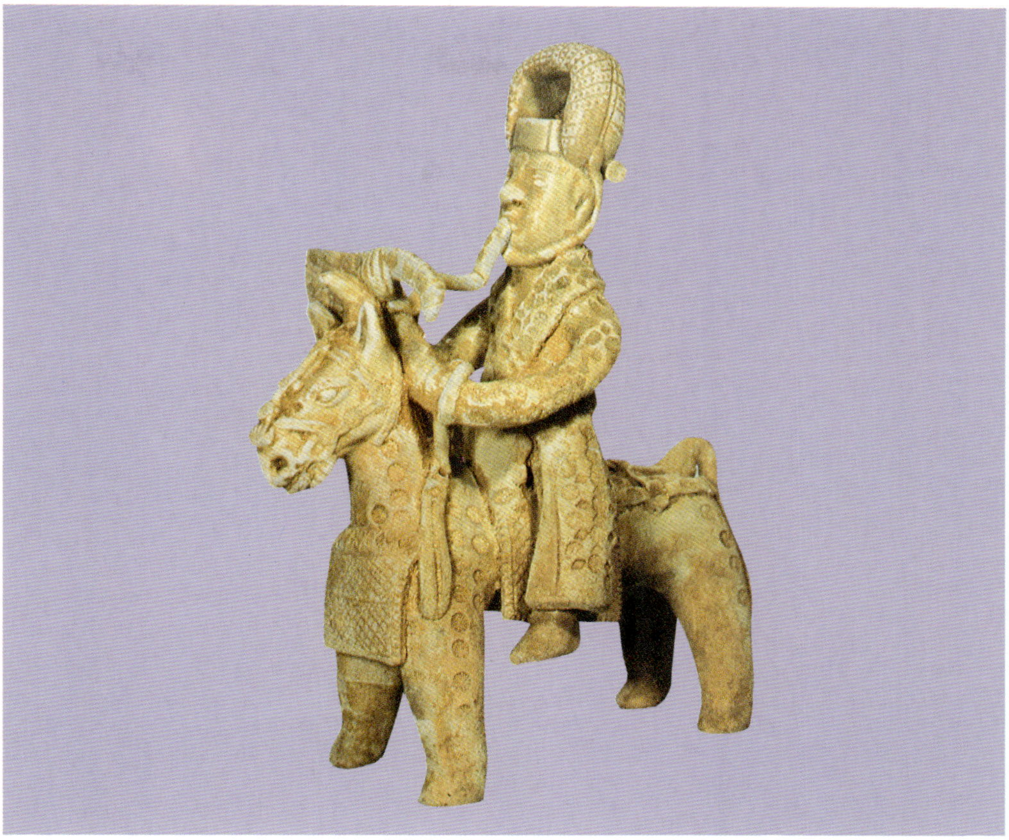

彩圖一二二　青瓷騎馬男俑　西晉　高二三・五公分
湖南省長沙市金盆嶺出土

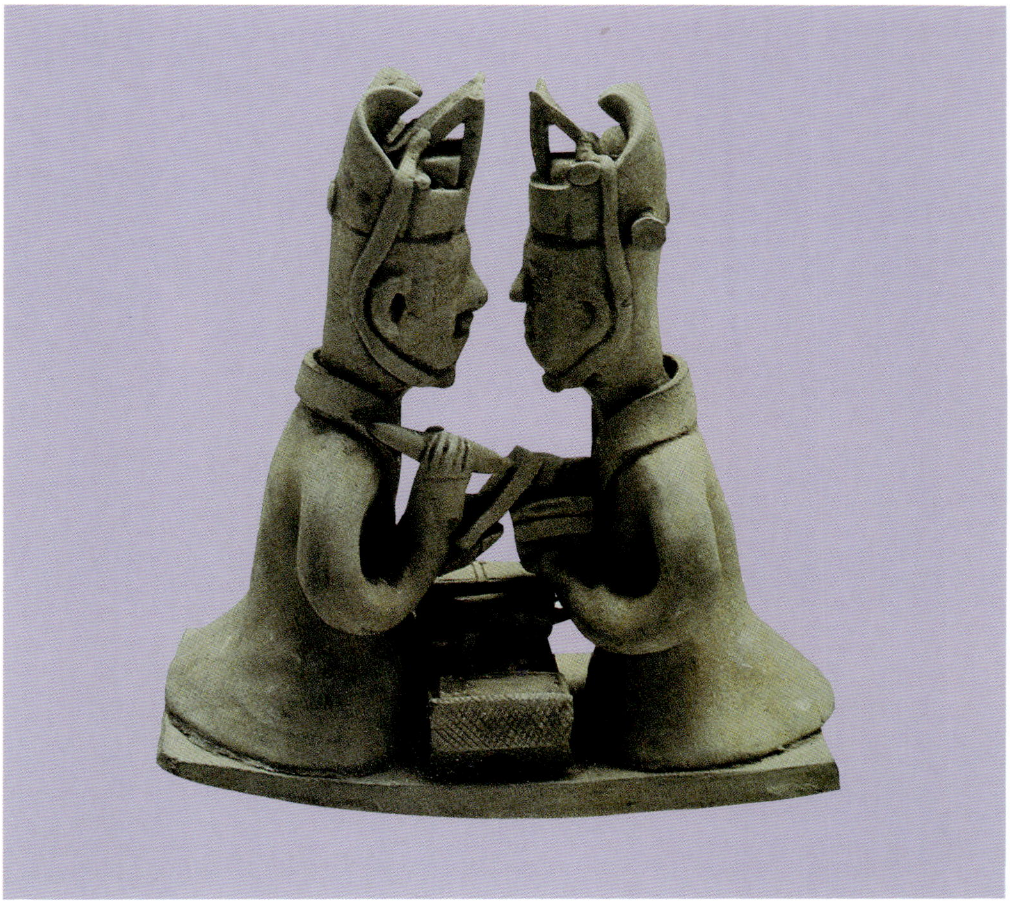

彩圖一二三　青瓷對坐讀書俑　西晉　高一六・五公分
長沙金盆嶺九號墓出土　湖南省博物館藏

滿繪神奇的內容。蓋鈕兩旁畫柿蒂紋，周圍繪兩個人首鳥身的形象在仙草上飛舞，仙草兩側各有一隻動物。頸部繪兩個並列的七口異獸，其間夾雜半身異獸圖像。腹部繪兩排持節羽人。仙草、祥雲、朵花、

彩圖一二三　青瓷釉下彩雙耳扁壺　南京雨花臺村西晉墓出土　南京博物院藏

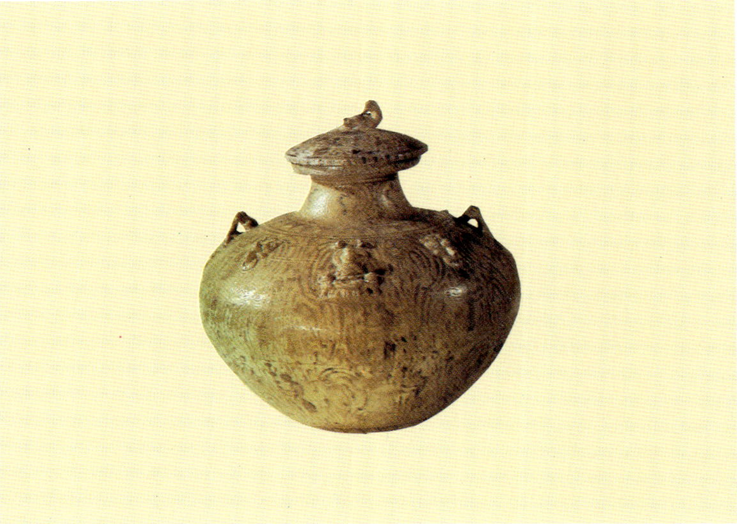

蓮瓣、弦紋、連弧紋等排列其間。內容雖多，但井然有序，加上線條有力，藝術上不同凡響（圖六七）。由於是在青瓷胎上作彩，顯色效果不佳（彩圖一二三）。這種工藝沒有發展起來，只有白瓷發明後，釉下彩工藝才得到發揮。

高溫釉上彩工藝，在浙江南部的永嘉、溫州地區青瓷上出現。主要是釉上褐斑裝飾，打破青瓷的單調感，提高瓷器的觀賞效果。鐵褐斑裝飾在東晉廣泛流行。

東晉瓷器，更注重器物的實用性，結構簡單，裝飾減少。碗、盤、碟、杯、瓶、罐等生產很多。常見的用具如蓋罐（彩圖一二四）、蓋缽（彩圖一二五）、蓋碗（彩圖一二六）、羊形器（彩圖一二七）、牛形燈（彩圖一二八）、雞頭壺、牛頭壺、羊頭壺（彩圖一二九）。裝飾上褐斑和佛教內容增多。

德清地區黑瓷工藝提高，像雞頭壺、四繫壺一類作品已進入藝術瓷的行列（彩圖一三〇、一三一）。

圖六七　盤口壺頸、腹部紋飾及貼塑摹本（資料來源：易家勝《六朝早期青瓷釉下彩盤口壺》，《文物》一九八八年六期）

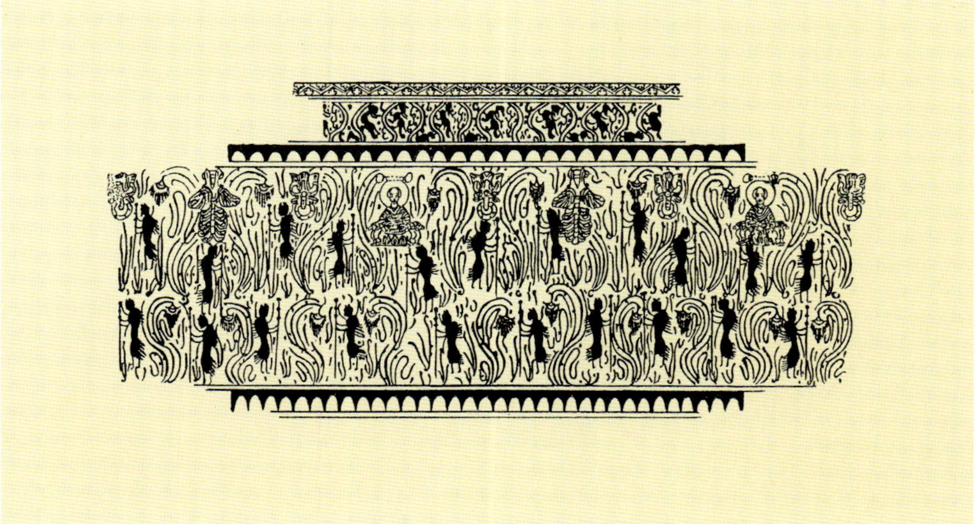

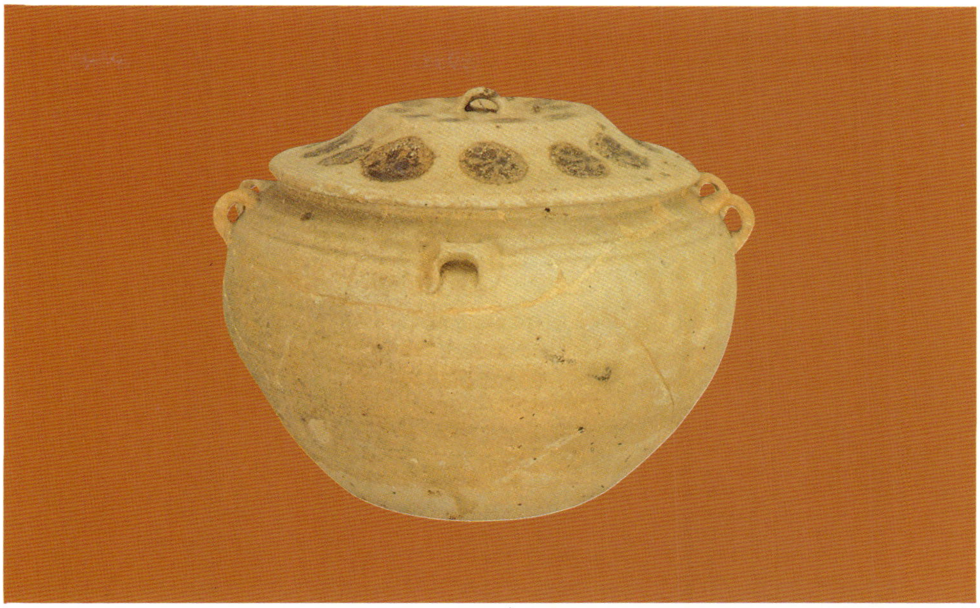

彩圖一一四　青瓷褐斑雙繫罐　東晉　通高一六・七公分
南京市郎家山四號墓出土
南京博物院藏

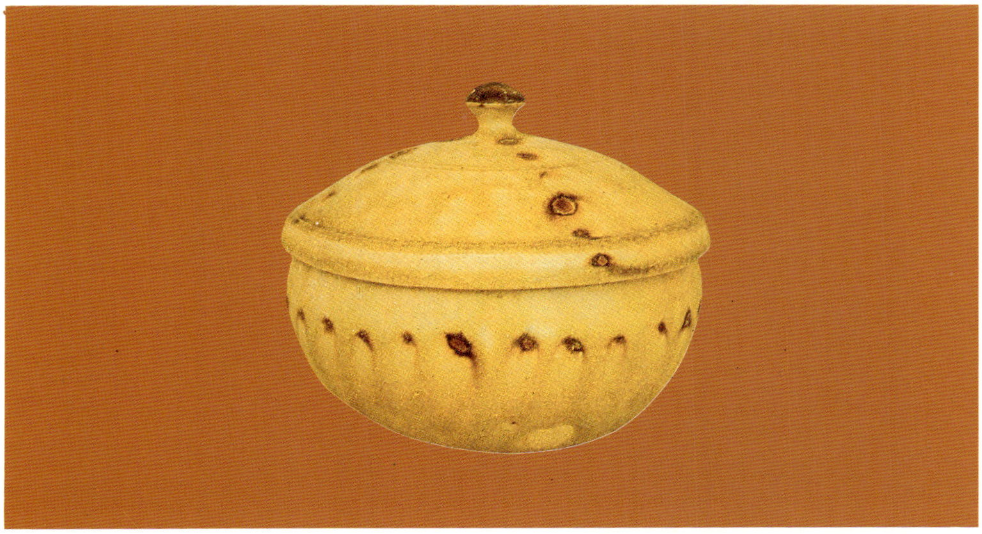

彩圖一一五　青瓷褐斑蓋鉢　東晉　高一一公分，
口徑一一・八公分　南京市新門外象
山七號墓出土　南京博物院藏

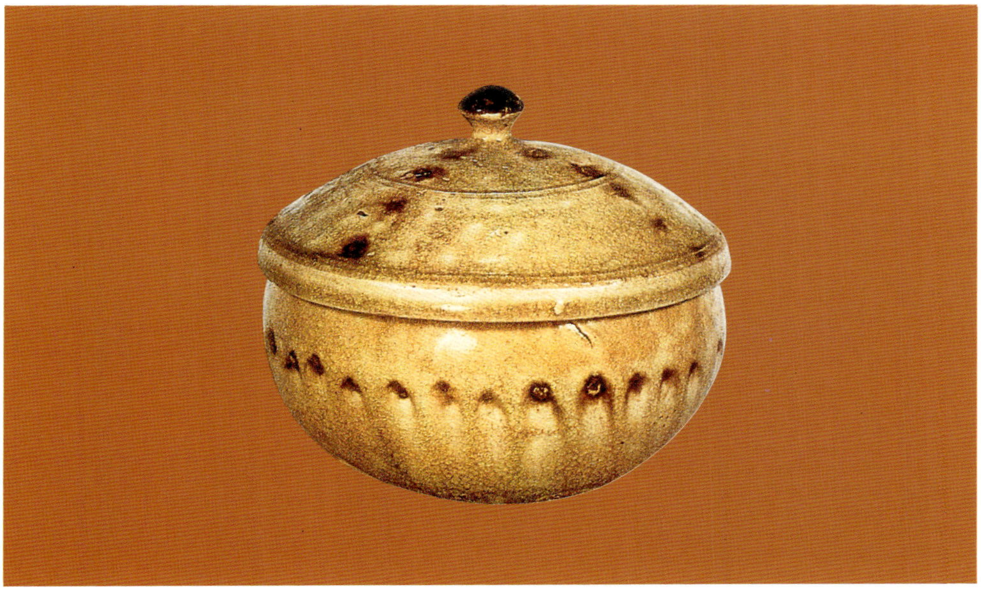

彩圖一一六　青瓷鐵斑蓋碗　東晉　通高一一・六公分
，口徑一二・〇公分　南京市棲霞區象山
七號墓出土　南京市文物管理委員會

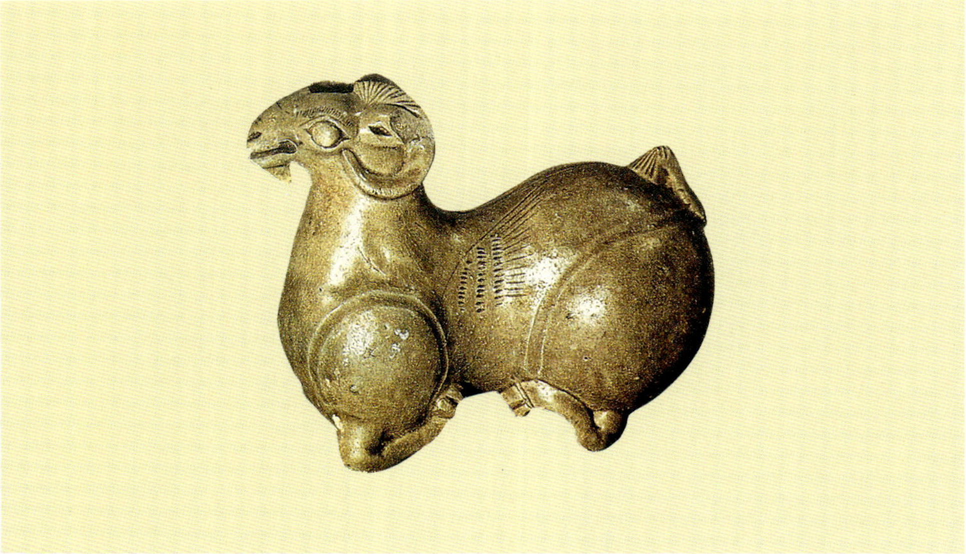

彩圖一二七　青瓷羊　東晉　高一二・四公分，長一五・五公分　江蘇省南京市棲霞區象山七號墓出土　南京市文物管理委員會

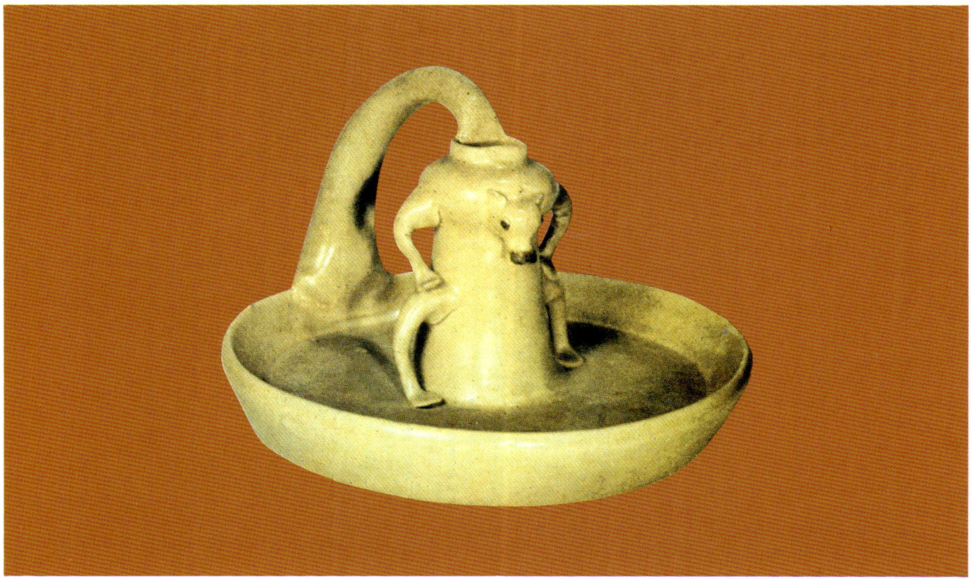

彩圖一二八　青瓷加彩牛形燈　東晉　高一三・五公分　一九五六年浙江省瑞安縣出土　浙江省博物館藏

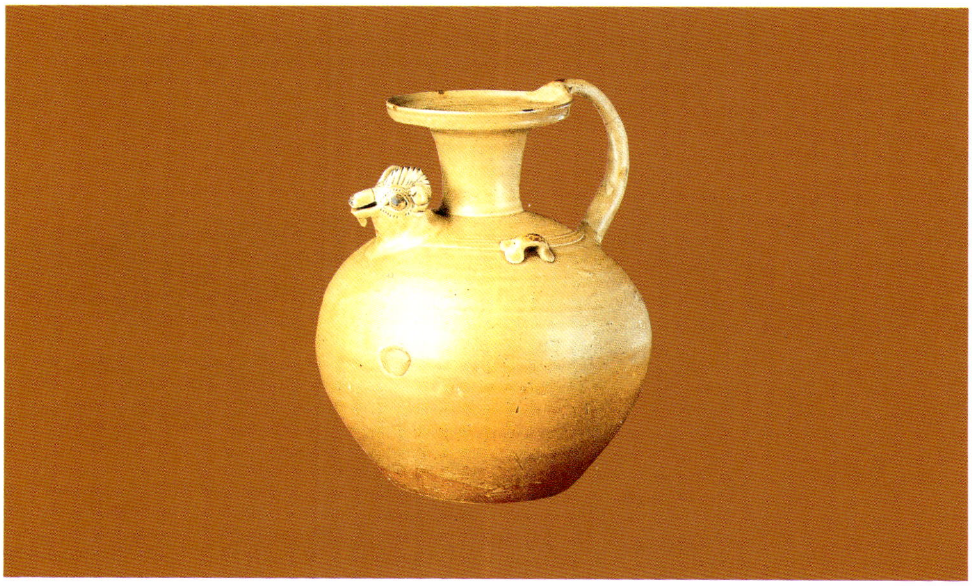

彩圖一二九　青瓷褐斑羊頭壺　東晉　高二三・八公分，口徑一〇・八公分　北京故宮博物院藏

彩圖一三〇　黑釉雞頭壺　東晉　高一八・六公分，口徑七・四公分
江蘇省鎮江市出土

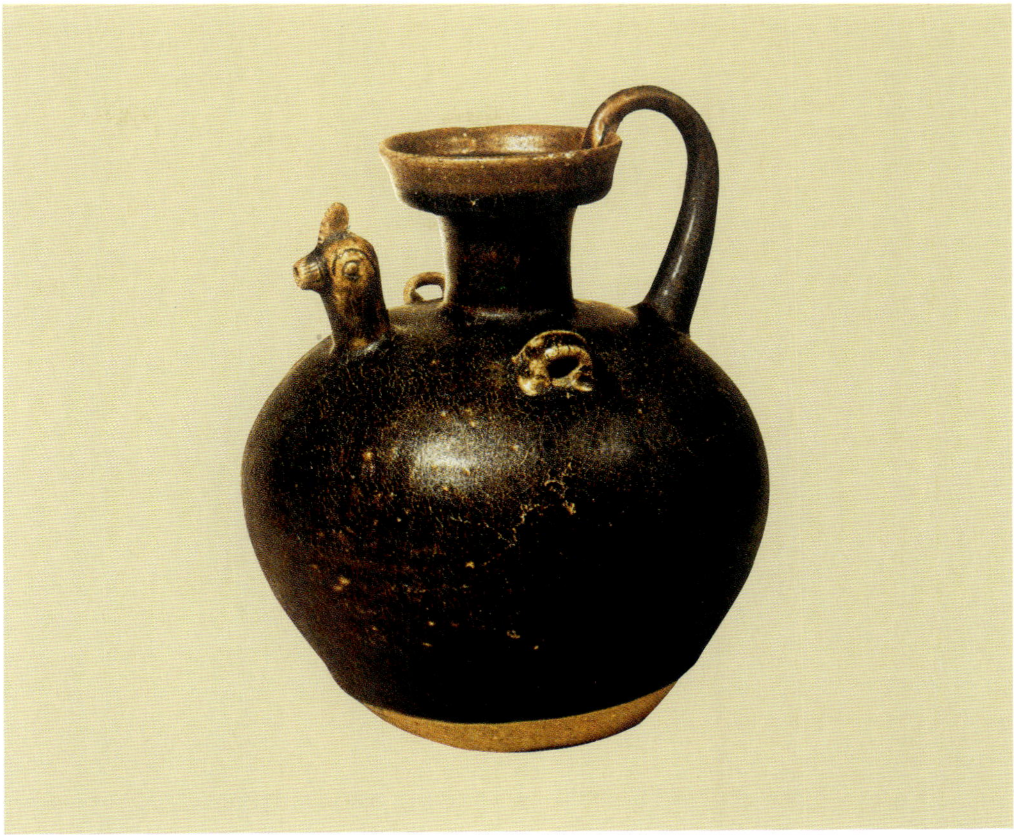

彩圖一三一　黑釉四繫壺　東晉　高二四・九公分，口徑一一・四公分
上海博物館藏

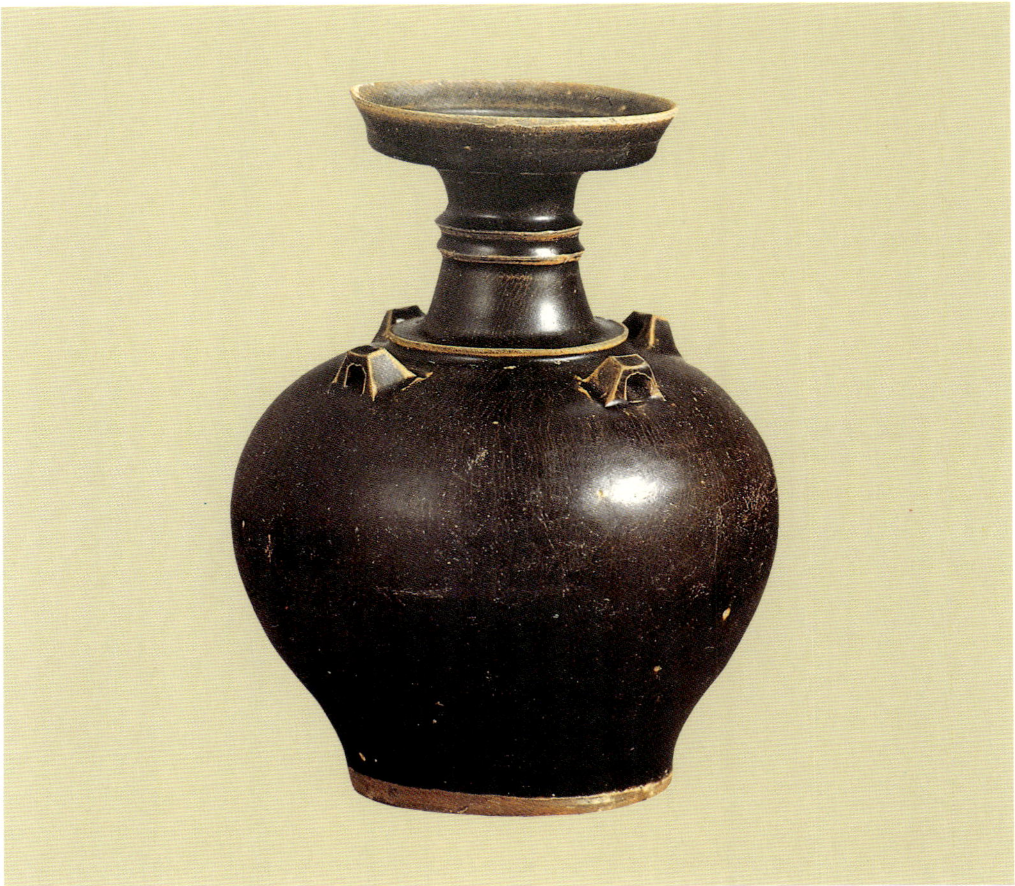

第三節 南朝瓷器的特點

南朝常見的青瓷器形有：罐、雞頭壺、長頸瓶、多格盒、唾盂、虎子等（表二）。

大口罐，有的為四耳，有的為六耳，口徑較大，深腹，腹體略微鼓出，下腹緩收，平底，肩部四個小繫。到南朝後期，口沿較高，上腹圓鼓，下腹略微收進，線型比前期有變化。有的大口罐下腹收得比較小（彩圖一三二）。

蓮形罐，直口豐肩，肩和上腹刻出蓮花瓣，環繞一周，形體比較矮（彩圖一三三）。

雞頭壺，三國時期的雞頭壺，只是一個雙繫罐安一流，西晉則有四繫罐安雞頭或鷹頭，安鷹頭者在罐的下腹塑貼出鷹爪，東晉則為盤口直頸雙繫壺，安雞頭和由口至肩攀曲的柄。南朝，比較而言，盤口縮小，頸腹修長，柄也高高的，有的將柄作成龍形（彩圖一三四）。日本出光美術館收藏一件雞頭壺做得氣宇軒昂，形體秀美（彩圖一三五）。

盤口壺，這類壺很早就出現，到南朝時，頸和腹體拉長，變成盤口瓶（彩圖一三六）。

雙耳壺，北京故宮博物院珍藏一件，造型是一個豐肩鼓腹罐，肩部安一管形流，很短，兩側安拙實的複式雙耳，與流相對一側安上翹的曲形鋬。通體刻蓮瓣和二方連續的忍冬紋（彩圖一三七）。

碗，分直口和侈口兩類。

杯，有直口深腹杯，也有一個平底盤上放五個杯子的五盅盤。

多格盤，都為圓形，一格大，其他格小，分成裡外圈。

唾盂，為淺盤形，比晉代頸部加長，腹體呈扁圓形。

盞托和碗托，南朝最流行的器物，托子是一個直口、平底、實足盤，盤的中心突出一個高一公分左右的圓圈，用以承托杯盞或碗。

耳杯（羽觴），學習漢代漆器造型，流行於三國兩晉。南朝前期形體較大，兩端上翹。南朝後期已經不見了。

荷花燈檠，福建南朝墓出土一些造型別致的器物。閩候南嶼出土的蓮花燈檠很有特色，在直口平底的圓盤中央，塑出一個厚重結實的蓮瓣包住的柱礎，礎上矗立六稜形柱，柱頂是盛開的荷花，兩側是結實的兩個圓環，用以放燈碗，柱下端塑出兩朵肥壯的蓮花。

博山爐，漢代流行博山爐，到南朝形制多了，也有很大變化。江西省永豐縣出土一件博山爐，底部是直口盤，中心豎起一粗短的柱，上為平托，在平托上用尖頭瘦長的蓮瓣圍成一朵含苞欲放的荷花。在蓮花下端開一方形口，裏面燒檀香。把以往山峰的造型完全改變了。

獅形燭臺，臺座做成一蹲伏的獅子，揚頭，扭向右側，齜牙咧嘴，尾成舵形上揚，背上安長方座，座上橫安長方形板，

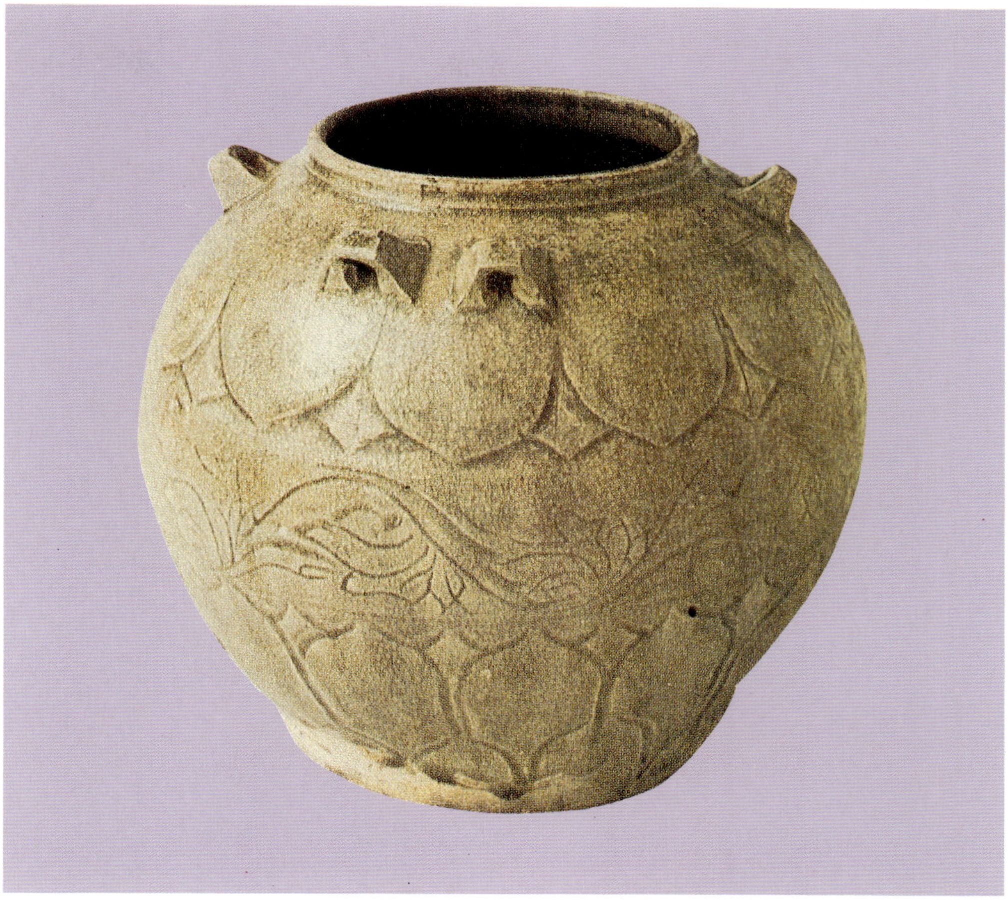

彩圖一三二　青瓷刻花蓮瓣紋六耳罐　南朝　高二〇・八公分，口徑一二・四公分，底徑一五・六公分　上海博物館藏

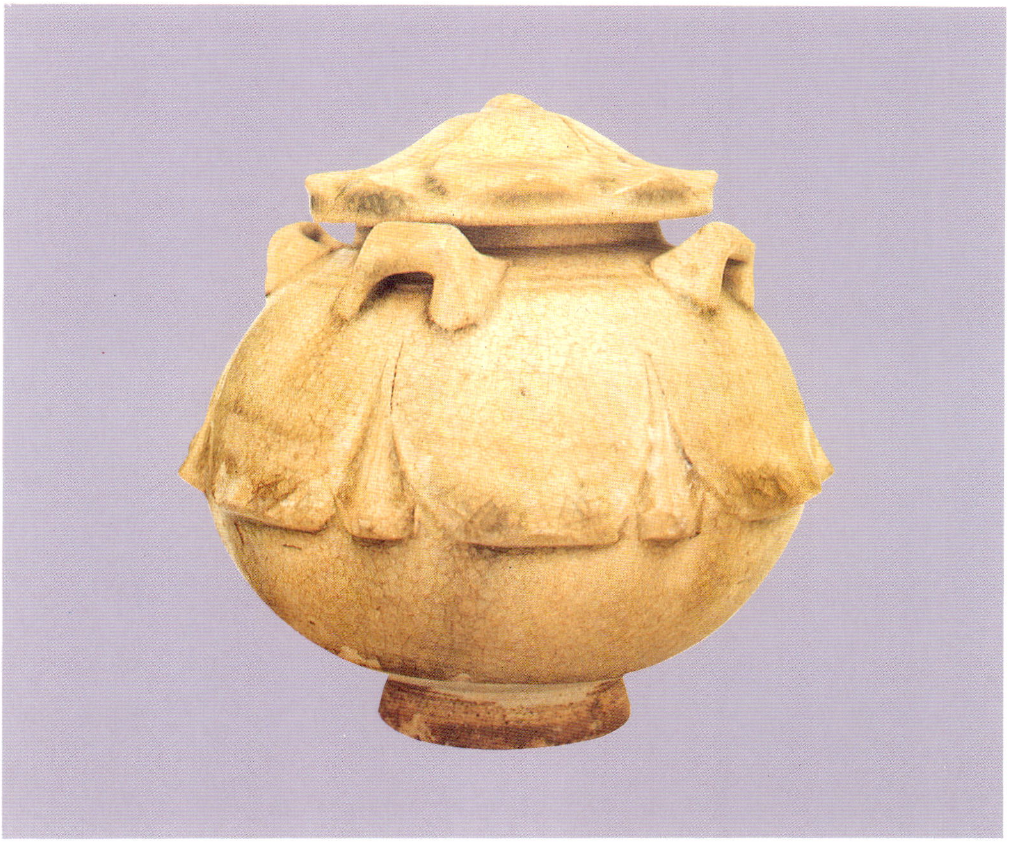

彩圖一三三　青瓷覆蓮形小罐　南朝　通高一一・〇公分，口徑五・〇公分　南京郊區出土　南京博物院藏

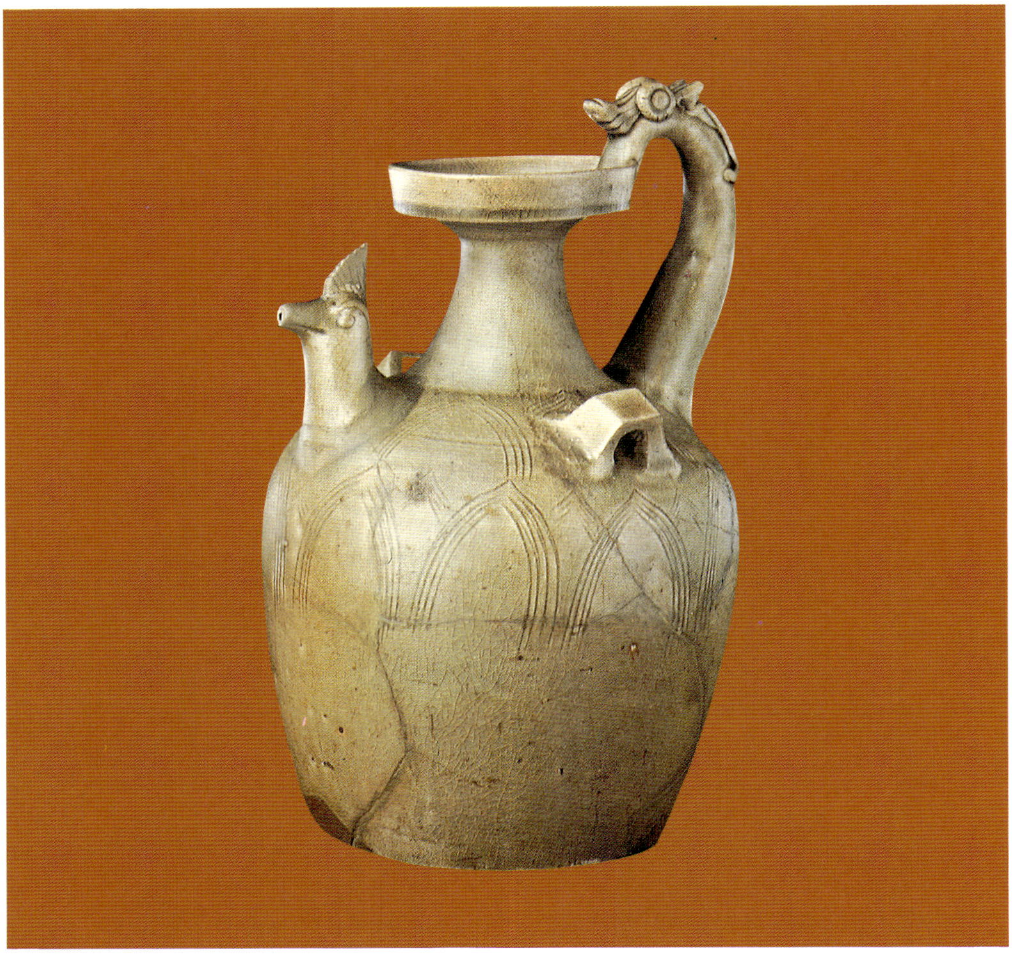

彩圖一三四　青瓷龍柄雞頭壺　南朝　高二七・六公分，口徑八・七公分
北京故宮博物院藏

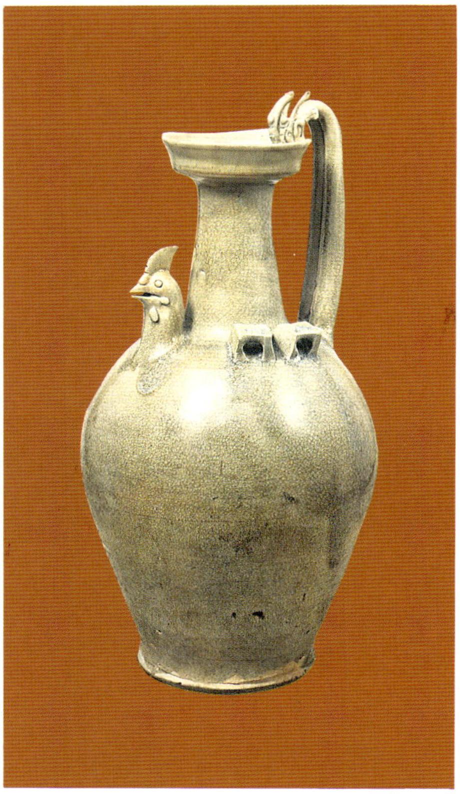

彩圖一三五　青瓷雞頭壺　南朝　高四七・四公分，口徑一一・九公分，
底徑一三・五公分　日本出光美術館藏

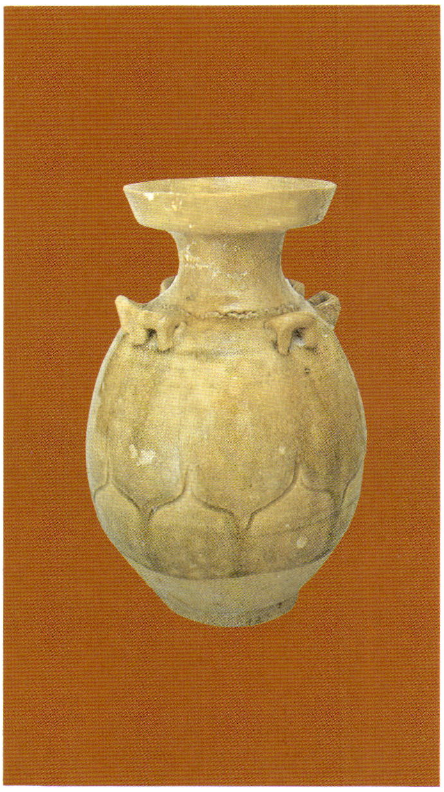

彩圖一三六　青瓷六耳盤口壺　南朝　高二三・九公分，口徑一〇・七公分
浙江省紹興王香山出土　紹興市文管會藏

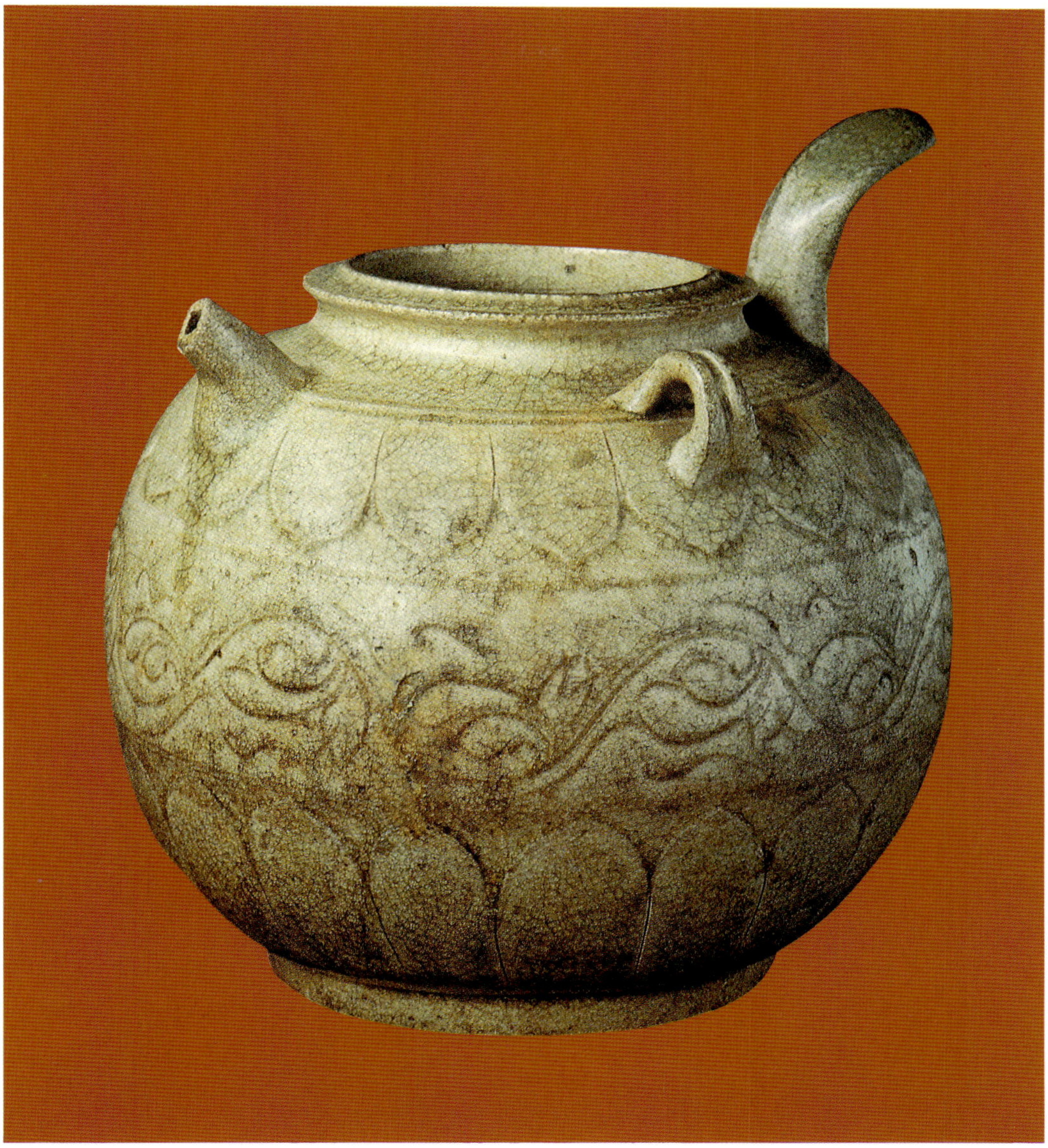

彩圖一三七　青瓷刻花壺　南朝　高二一・五公分，口徑一一・〇公分　北京故宮博物院藏

板上豎三個上大下小的花形燭管（彩圖一三八）。

蓮花尊，南朝蓮花尊造型特徵是，口外侈，長頸，頸部二道凸稜，頸肩交接處也有兩道凸稜，腹體圓鼓，下承以喇叭形圈足。口沿兩側有兩個小型橋形繫，肩安六個複式繫。蓋為淺碗形，刻畫成覆蓮。頸上部刻並列蓮瓣，下端是纏枝忍冬，肩部刻出窄條狀蓮瓣並列一周。腹上部一周刻尖頭外翹，頭朝下的寬肥蓮瓣。中腹以下是纏枝忍冬和寬肥的蓮瓣。這些花紋主要是以線雕工藝做出來的，莖脈細膩清晰（彩圖一三九）。

一九七九年武昌何家壠南朝墓出土一件高三八公分的蓮花尊，喇叭形口，頸部很長，分上下兩部分，橢圓形腹，喇叭形足。口沿下有兩個對稱的橋形繫，肩下部六個壯實的橋形繫，頸上半截是刻畫的花朵和黏貼的神獸；下部也黏貼神獸。肩和上腹刻捲枝紋，中下腹刻畫雙層蓮瓣，外翹的蓮瓣是黏貼泥片然後雕刻出來的⑥。

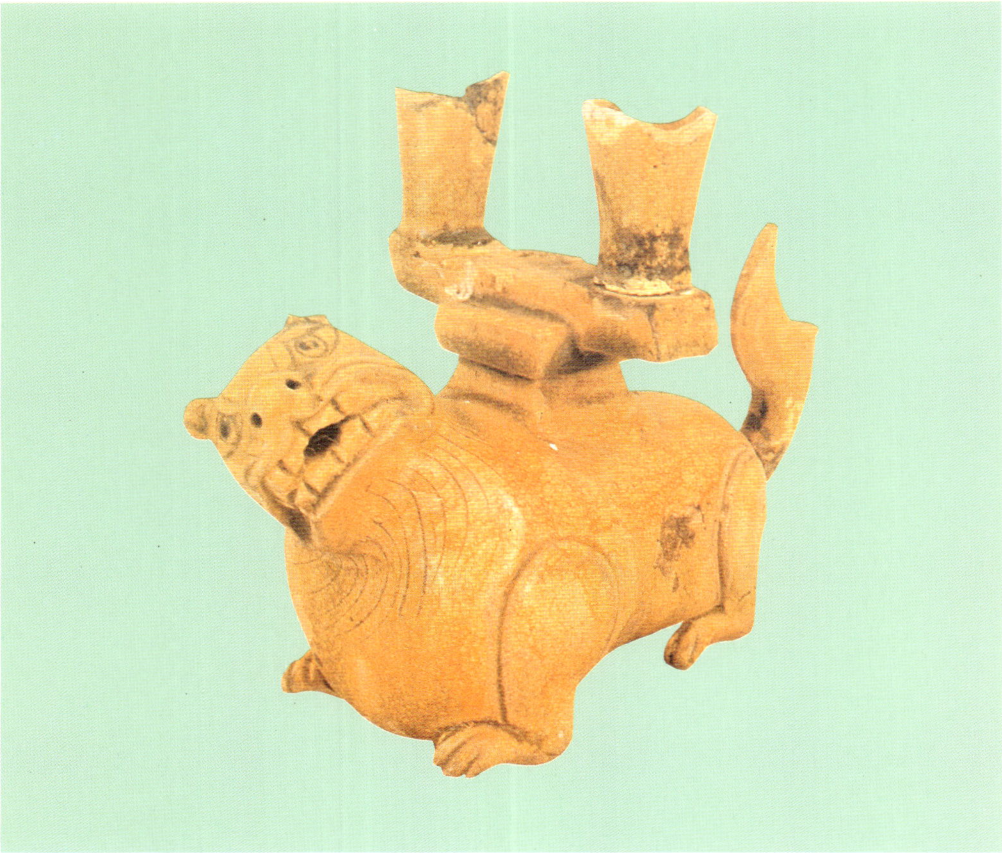

彩圖一三八　青釉獅形燭臺　南朝　高一四・四公分，長一七・五公分
浙江省紹興出土　紹興市文物管理委員會藏

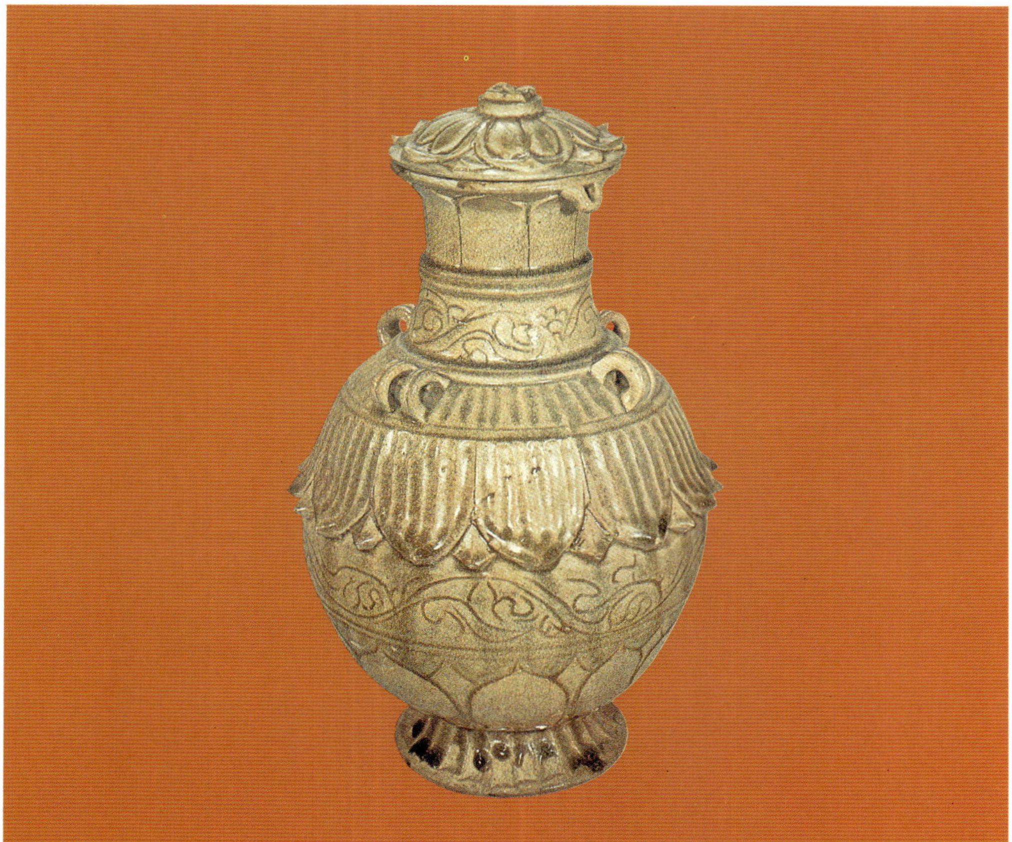

彩圖一三九　青瓷蓮瓣紋尊　南齊　通高三五・五公分　湖北省武昌縣劉覬墓出土
中國歷史博物館藏

湖北武昌地區南朝墓出土的蓮花尊種類還不止這些。有的厚重壯觀，很像北方的風格（圖六八）。

鑑賞南朝瓷器可以從以下六個方面進行分析：

第一，造型更趨實用，繁縟堆砌的內容減少了或根本沒有，穀倉罐類作品不生產了。以蓮花為內容的作品生產很多。

第二，造型精巧秀氣，和北朝瓷器形成截然不同的風格。這種風格一直是中國文化藝術南北兩大體系的特徵。

第三，浙江地區青瓷，胎體緻密堅硬，胎色淺灰，胎釉密合牢固。湖北、四川、福建等地的瓷器水準不高，胎體粗鬆，顏色灰中泛紅，胎釉密合不佳，常有開片剝落的現象。

第四，釉層都是玻璃質釉。浙江地區青綠透明，相當漂亮。四川青瓷發灰，透明度不佳。湖北、福建地區有的泛黃，有的泛灰黑。

第五，鐵斑裝飾繼續生產，但少得多了。器物上網格紋、雲氣紋、鋪首等內容很少使用。青瓷不再使用化妝土。以雕塑手段做出的器形和裝飾減少，多用線刻手法做出裝飾，佛教藝術成為主要裝飾瓷器的內容。

第六，青瓷生產地域擴大了，幾乎都受浙江青瓷工藝的影響。各地發展不平衡，由於工藝傳統、審美情趣、原料品格的不同，青瓷出現了地區風格，為唐、五代不同瓷窯體系的出現奠定了基礎。

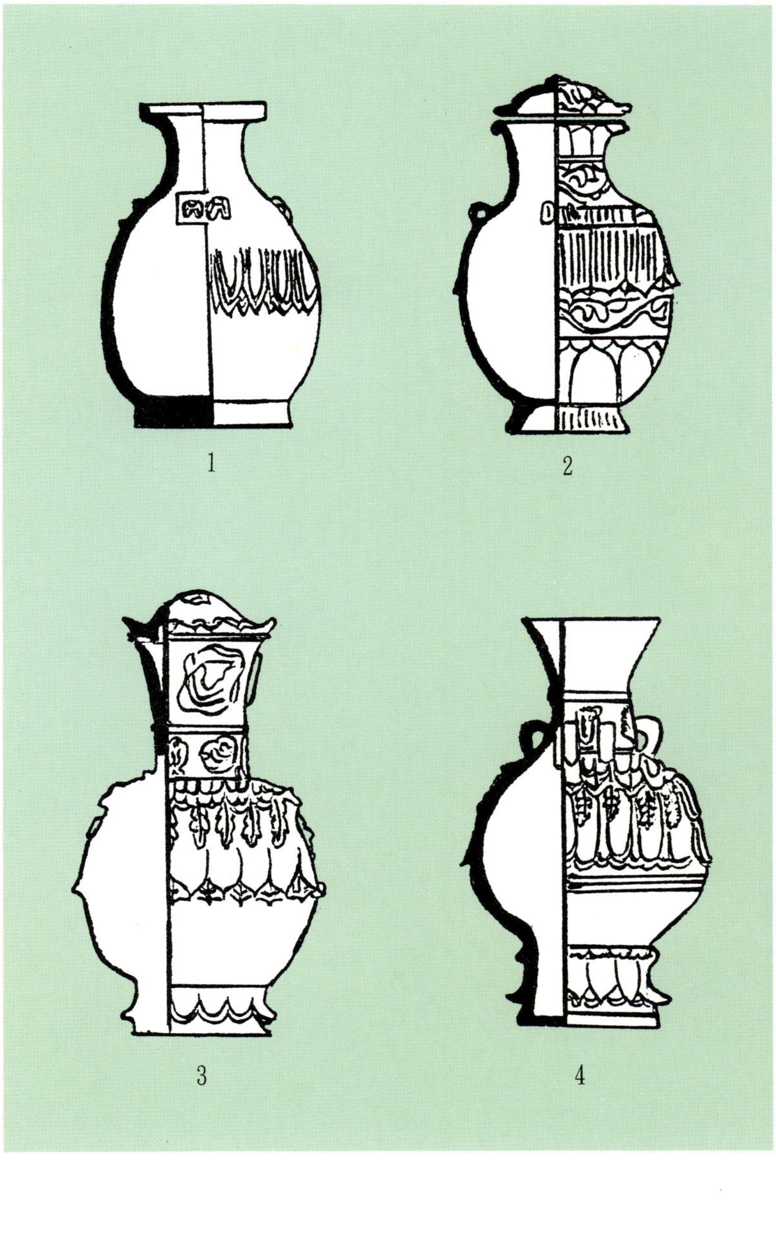

圖六八　南朝青瓷蓮花尊　湖北武昌地區南朝墓出土

第四節 北朝的青瓷、白瓷和釉陶

一、北朝青瓷

考古工作者在發掘北朝貴族墓葬時，不斷發現瓷器，如河北省景縣東魏天平四年（五三七年）高雅墓出土的黃褐釉獸首柄四繫瓶（彩圖一四〇）。四十年代在河北景縣發現的封氏墓群，有太和八年（四八四年）封魔奴墓，興和三年（五四一年）的封延之墓，河清四年（五六五年）的封子繪墓，最晚的是隋開皇七年（五八七年）封延之妻崔氏墓。打開這些墓葬的群眾將文物分散了，後來收集上來瓷器三十五件，其中封子繪墓出土的四件仰覆蓮花尊代表了北朝瓷器的宏偉氣魄（彩圖一四一）。封氏墓群還出土有四耳瓶、長頸瓶、唾盂、四耳罐、盤、碟、盞托、高足盤、醬黃釉玉壺春瓶等；山西大同太和八年司馬金龍墓出土青瓷唾盂；河北河間邢氏墓出土的青瓷碗；吳橋封思溫墓出土的蓮瓣裝飾的六耳罐、四耳瓶；平山天統二年（五六六年）崔昂墓出土的四耳罐、錞于、蓮花形四耳罐、碗和唾盂；山西太原武平元年（五七〇年）婁叡墓出土的青瓷碗、盤、扣盒；河南安陽武平六年（五七五年）范粹墓出土青瓷碗、小口罐；河南濮陽李雲墓出土的四耳罐；陝西華縣北朝墓出土盤口細頸瓶等等，主要器形列表三。

這些瓷器風格一致，屬一個瓷窯體系，上海中國科學院硅酸鹽研究所對一些作品進行測試分析，證明和南方原料成分不同，屬北方瓷土，工藝風格也屬於北方系統。

二、白瓷出現及其特徵

中國古代文獻中關於白瓷的出現相當早，晉人呂忱在《字林》中寫道：「白瓷長頴」。《玉篇》一書指出：「頴，身也」，恐怕指的是一種形體修長的白瓷長頸瓶吧，只是實物至今沒有看到。《諸葛恢集》一書中有「詔賜恢白甌二枚」及「天恩廣州白碗，庾翼與燕王書云，今致白甌二枚」。這些記載尚未為考古資料所證實⑦。

日本《世界陶磁全集》10刊出韓國忠清南道公州郡公州邑武寧王陵出土，高五點三公分的白瓷碗。從圖片看，胎體是白色的，釉層發青，能不能叫白瓷尚需要研究。韓國《東亞日報》一九八九年九月六日報導，一九八九年九月十二日至十月十二日清州博物館將舉辦中國瓷器特別展，將把韓國發現的中國瓷器一起展出，其中還將第一次公開世界上最早的中國白瓷燈。此燈也是出自公州武陵王墓，只是我們沒有看到實物，很難作出評價。

在河北省內丘縣文化館，收藏有邢窯早期的白瓷作品，有碗、四耳罐等，數量不多。特徵是胎、釉都比較粗，白度不高。但無論是胎，還是釉，確實是白的。河南安陽武平六年范粹墓出土了一批北朝瓷器，有青瓷，有白瓷。白瓷有碗、杯、三

表三　北方系統的瓷器造型特點

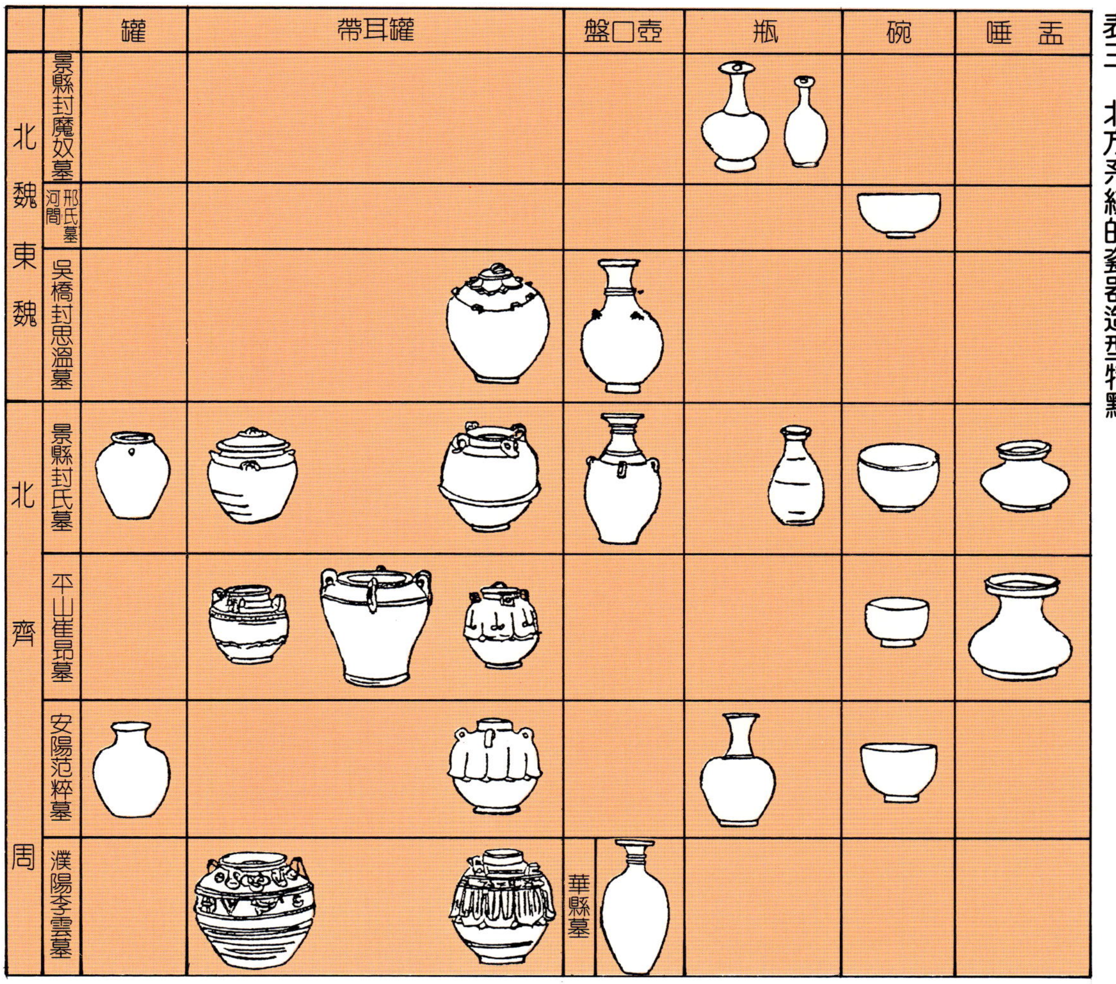

繫罐，胎和釉都是白的，水準不高，釉色不夠穩定，但北朝發明白瓷是不容懷疑了。和青瓷相比，白瓷數量和品種都極少。但過不了幾年，到隋代白瓷發展就很迅速。隋代墓葬中出土的白瓷，水準相當高，白瓷工藝進步速度之快，超乎人們的想像。

三、釉陶工藝的恢復和發展

漢代興盛一時的釉陶，到東漢末年衰落了。從考古資料看，大約有二個多世紀沒有見到。到十六國時期又開始出現，遼寧省北票縣北燕太平七年（四一五年）馮素弗墓出土一件紅胎低溫釉陶壺，施灰黃色鉛釉。半個多世紀以後，山西大同石家寨發掘的太和八年（四八四年）司馬金龍墓就出土釉陶俑三百四十三件，還有動物俑和生活用具⑧，數量之多實在驚人，說明釉陶生產在北方迅速恢復。司馬金龍墓的釉陶，胎是普通的紅褐色泥質陶，其釉是厚薄不均勻的綠色、黑褐色。本質上和漢代釉陶一樣，工藝水準還沒有漢代釉陶水準高。

北魏時期，北方社會經濟比較平穩地向前發展，陶瓷手工業發展尤其迅速。北方瓷器體系的建立，使南北製瓷手工業均衡起來，有利於資源的利用和技藝的交流。經過七十多年的發展，可能由於統治集團需求的關係，釉陶作品的製作，由用普通泥土做胎，改用北方瓷土，即坩土來製作。坩土是北方特有的瓷土，又稱次生高嶺土，白淨細膩，從此釉陶工藝走上了新的迅速發展的道路。

山西省壽陽縣發掘了北齊顯赫一時的大官僚庫狄迴洛夫妻合葬墓。該墓葬於河清元年（五六二年），出土了白胎釉陶作品。有淡黃釉貼花蓮瓣紋尊七件、黃釉碗八件、盤七件、杯八件、盒四件⑨。根據唐、宋三彩釉陶生產情況對比分析，這類釉陶應該在製瓷作坊中生產。瓷器發明以後，陶瓷生活用具，分成兩個檔次不同的手工業作坊。為下層老百姓生產陶器用具的作坊，各地都有，規模小，資金少，技術力量不高，產品價格低。當然這些作坊也生產一些殉葬用的雕塑藝術品，有的水準也很高，如山西省太原市北齊張肅肅墓出土大批男、女陶俑和彩繪牛車，有很高的藝術水準（彩圖一四二）。高檔的生活用具和藝術品則在製瓷作坊中生產，服務對象是社會上層有錢有勢的官僚貴族。釉陶生產作坊的改變，有十分重要的意義，資金雄厚，技術力量強，工藝程序嚴格，有廣闊的前景。可以預見更高級的釉陶藝術品，將從這些製瓷作坊中生產出來。

山西太原王郭村發掘的武平元年（五

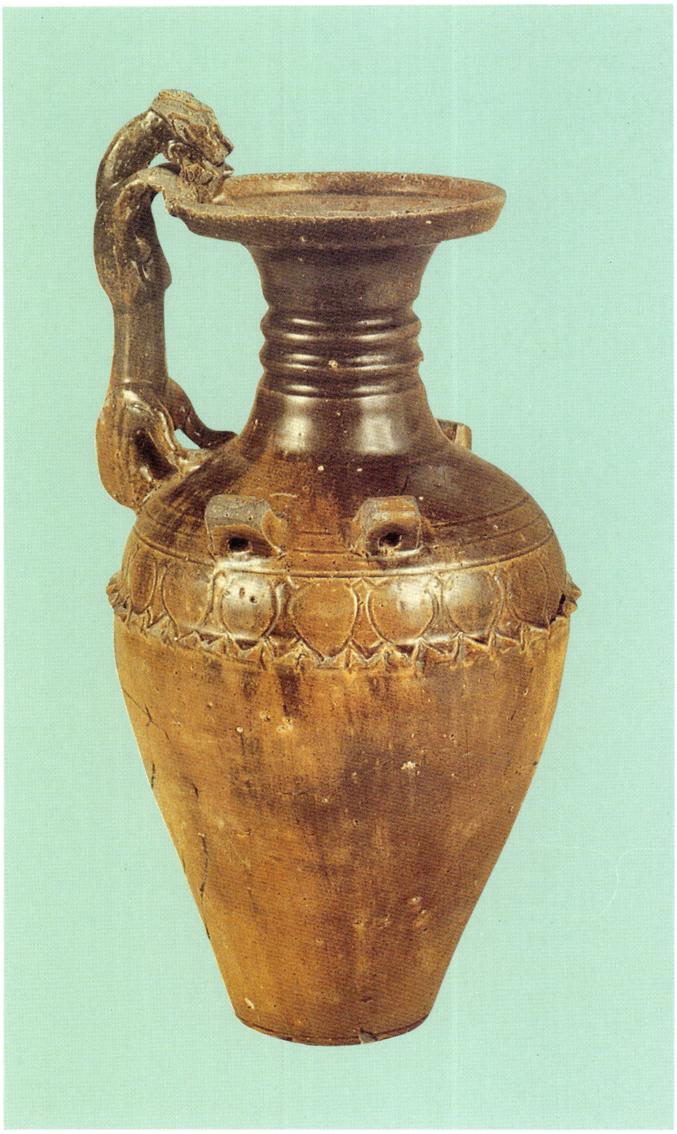

彩圖一四〇　黃褐釉獸首柄四繫瓶　河北省景縣高雅墓出土　中國歷史博物館藏

七〇年）下葬的鮮卑貴族、皇室嫡親、總領帝機宰輔重臣婁叡的墓葬，出土高品質的單色釉陶貼花壺、雞頭壺、燈臺和彩色釉陶七十六件（圖六九）。尤其水盂，胎體潔白，施彩釉，以黃、綠二色彩釉繪出七道彩色條紋，從口沿至下腹流動浸漫，製作很工整，彩色絢麗，不同凡響⑩。釉中掛彩的作品在六世紀七十年代生產比較多。有河南安陽北齊武平六年范粹墓、河南濮陽北齊武平七年李雲墓出土的黃褐釉扁壺（彩圖一四三）、白釉綠彩瓶（彩圖一四四）、淡黃釉綠彩罐（彩圖一四五）等。在器物的種類、規格、掛彩工藝方面都有很大的提高，北朝釉陶的新成就，為唐代絢麗多彩的三彩藝術奠定了基礎。

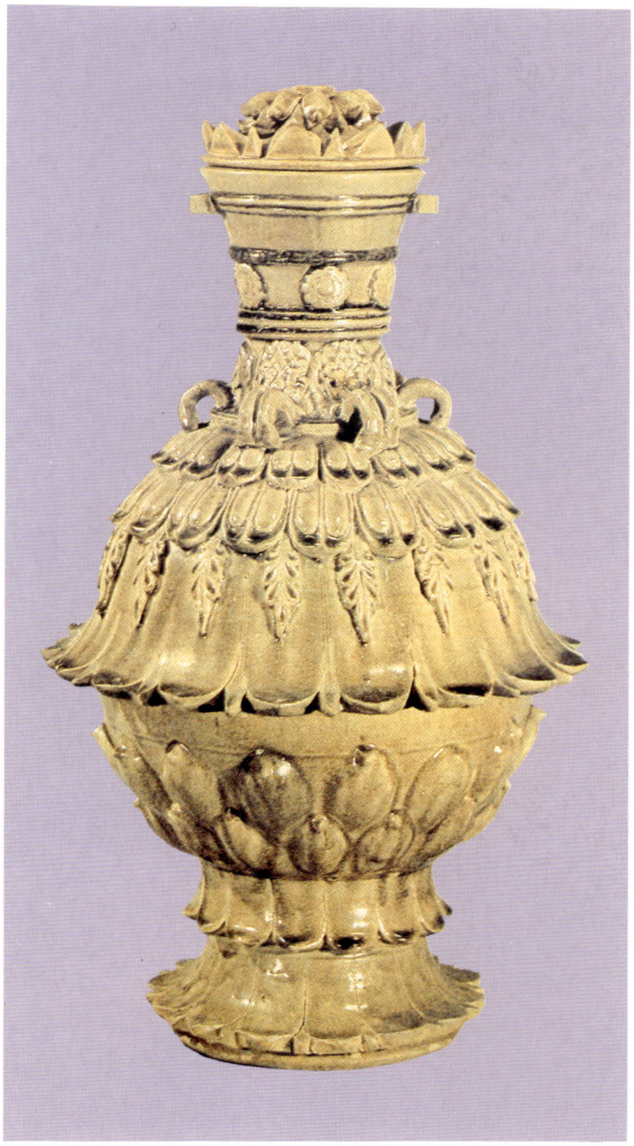

彩圖一四一　青瓷蓮花形尊　北齊　通高六九・八公分　河北省景縣封子繪墓出土　中國歷史博物館藏

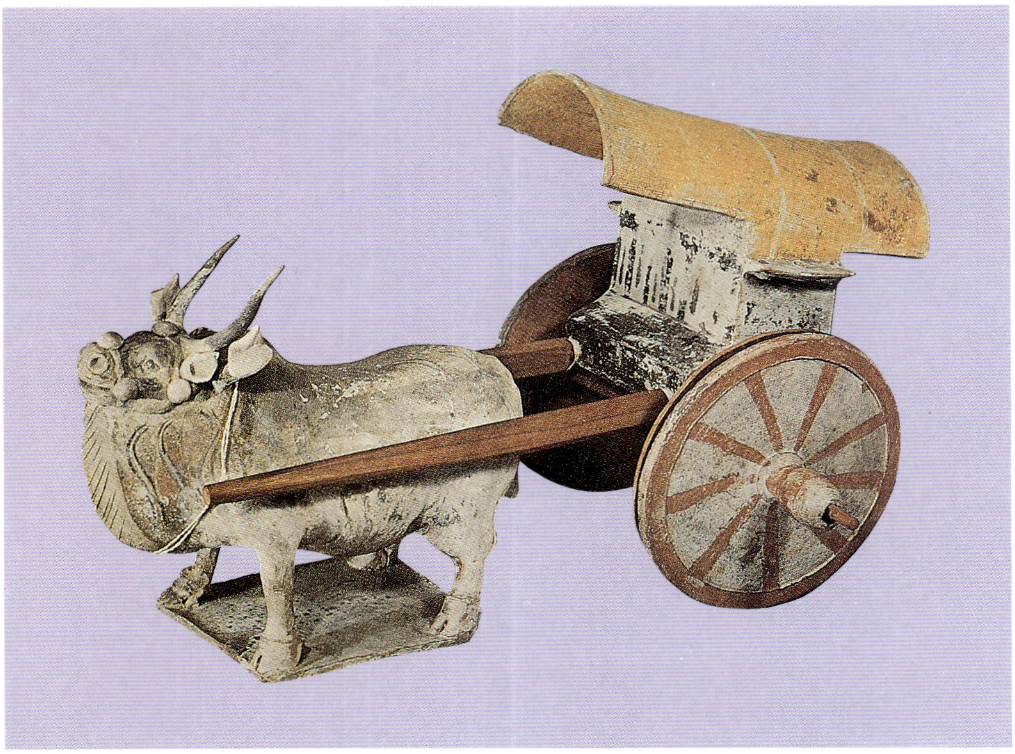

彩圖一四二　灰陶彩繪牛車　北齊　高二九・一公分
山西省太原市北齊張肅肅墓出土　中國歷史博物館藏

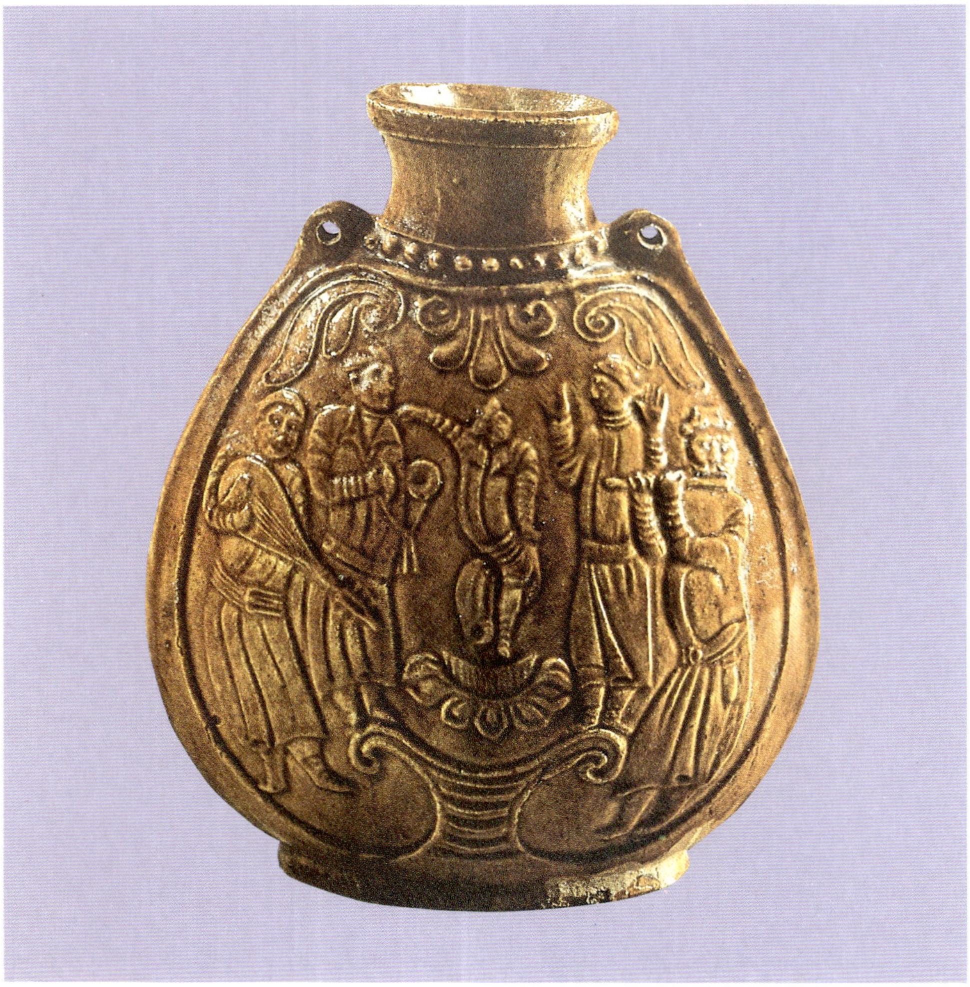

彩圖一四三　黃褐釉印花人物舞蹈紋扁壺　北齊　高二〇・三公分
，口徑五・二～六・三公分
河南省安陽市洪河屯范粹墓出土　中國歷史博物館藏

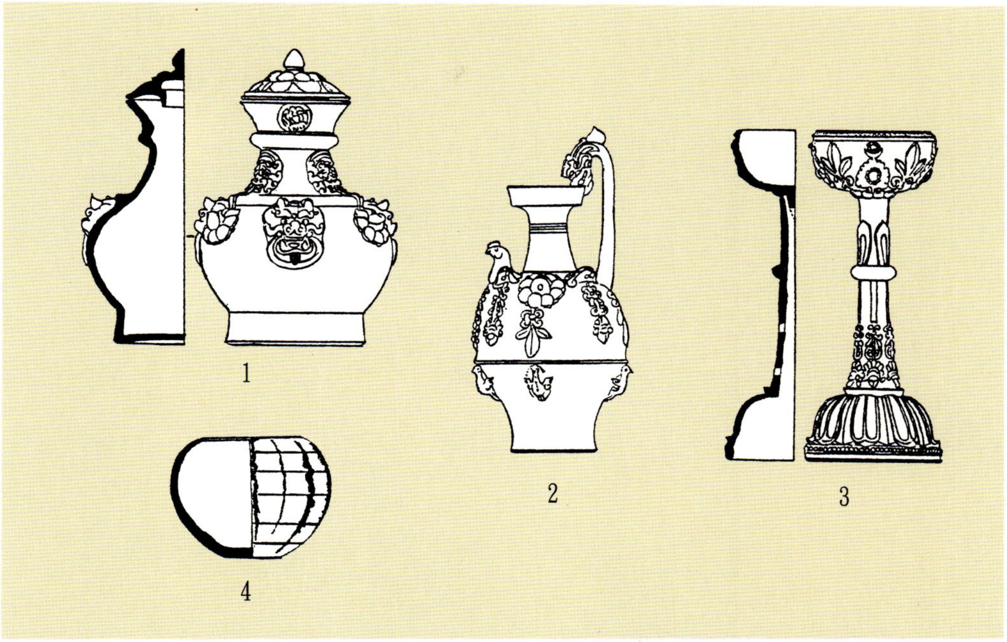

圖六九　北朝低溫釉陶　1、貼花壺　2、雞頭壺　3、燈
4、彩釉陶水盂

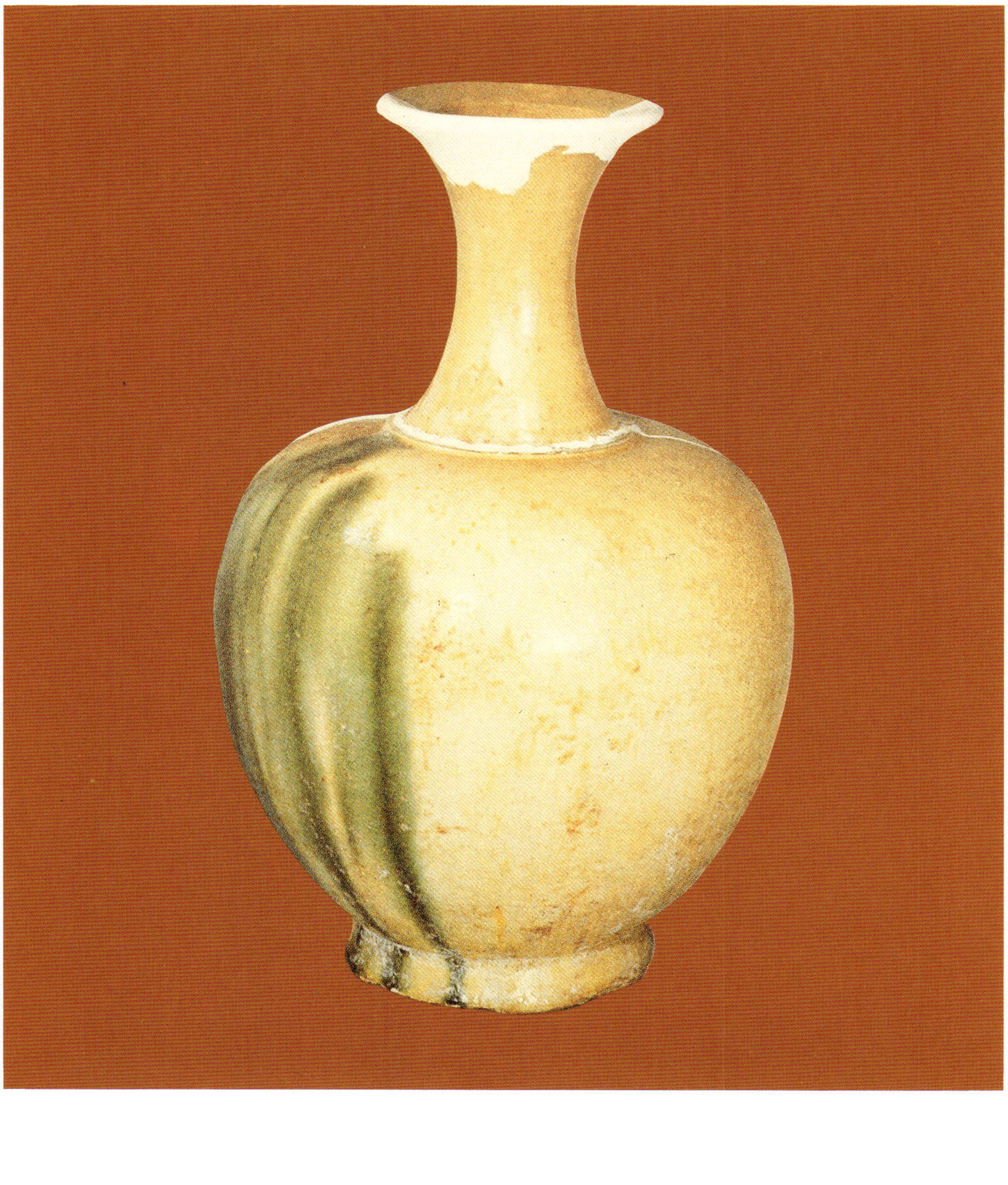

彩圖一四四　白釉綠彩釉陶瓶　北齊　高二二・〇公分，口徑六・七公分，底徑七・〇公分
河南省安陽市洪河屯范粹墓出土

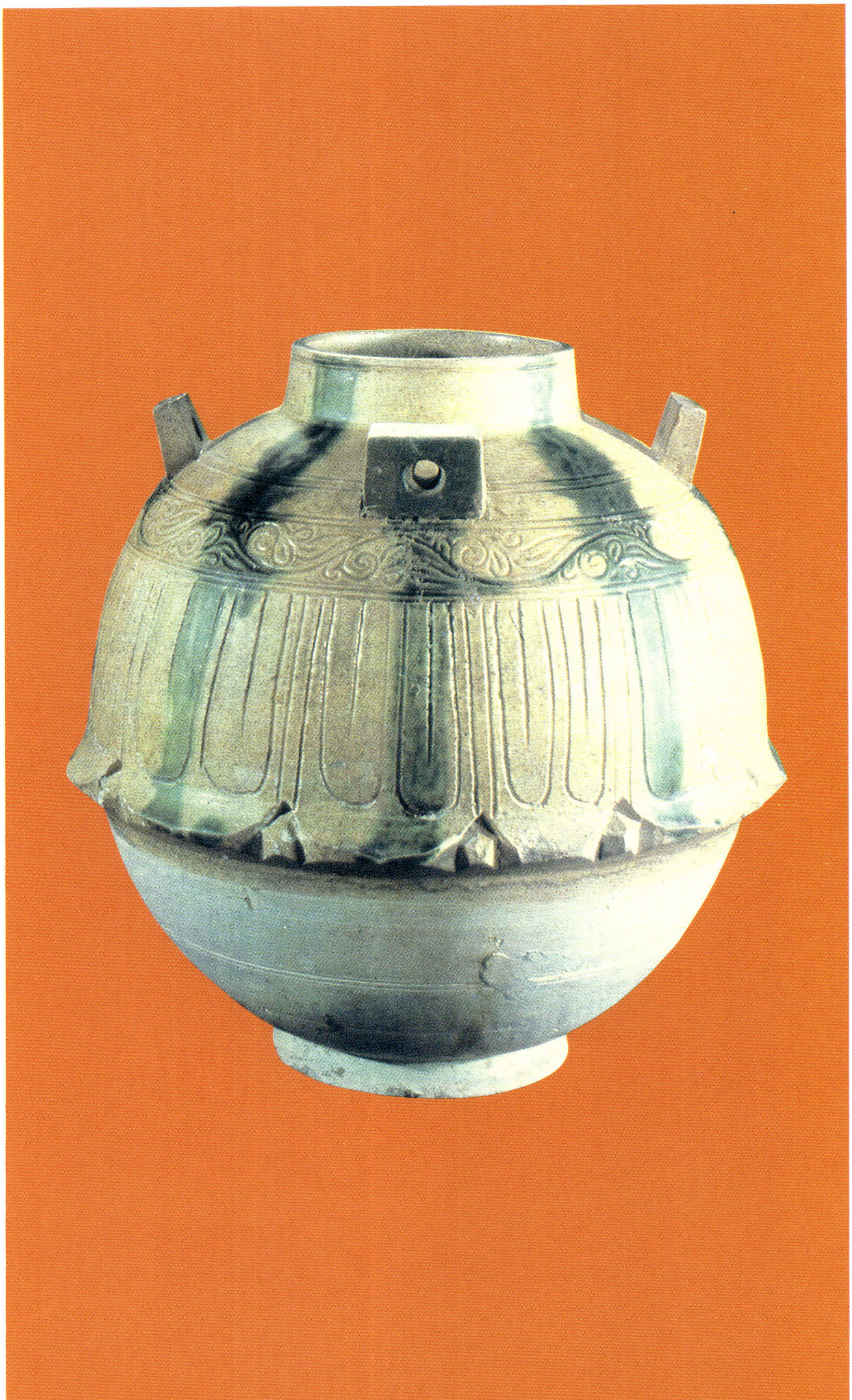

彩圖一四五　淡黃釉綠彩罐　北齊　高二四公分　一九五八年河南省濮陽李雲墓出土　河南省博物館藏

註釋

①《晉書・王導傳》。
②見鄧白：《源遠流長豐富多彩的中國瓷器——原始社會到南北朝的陶瓷藝術成就》刊《中國美術全集》。拙著：《中國陶瓷》。
③朱伯謙：《越窯》，上海人民美術出版社出版。
④拙著：《中國陶瓷》，文物出版社出版，八八頁。
⑤宜興陶瓷公司《陶瓷史》編寫組：《江蘇宜興丁蜀鎮附近六朝青瓷窯調查》、南京博物院：《江蘇宜興澗漴窯》均見《中國古代瓷窯調查發掘報告集》、《中國陶瓷史》。
⑥況紅梅：《武漢地區出土的三件瓷器》，《文物》一九九三年二期。
⑦葉喆民：《中國陶瓷史綱要》輕工業出版社出版。
⑧山西大同市博物館等：《山西大同石家寨北魏司馬金龍墓》，《文物》一九七二年三期。
⑨王克林：《北齊庫狄迴洛墓》，《考古學報》一九七九年三期。
⑩山西省考古研究所等：《太原市北齊婁叡墓發掘簡報》，《文物》。李知宴：《北朝陶瓷研究的新資料》，《文物》一九八三年十期。

第五章　隋唐五代陶瓷的輝煌成就

隋唐五代是我國陶瓷史上的繁榮時期，製瓷工藝成熟了。各個地區都有藝術風格獨特的瓷窯作坊建立起來。唐代文獻也以州的名字來給各地瓷窯命名。浙江東北部越州地區生產青瓷的瓷窯叫越窯，北方邢州地區生產白瓷的瓷窯叫邢窯。在社會上有較大影響和發展前途的瓷窯有生產白瓷、青瓷、黑瓷和三彩釉陶的鞏縣窯。生產青瓷的瓷窯還有婺州窯、甌窯，生產青瓷、黃釉瓷和黑瓷的有壽州窯，生產青瓷和釉下褐綠彩裝飾的有岳州窯、長沙窯邛窯，江西生產青瓷的窯址有洪州窯、景德鎮的黃泥頭窯。北方著名的瓷窯有曲陽窯、陝西銅川的黃堡窯等等。

越窯青瓷和祕色瓷工藝最精湛，南北各地的瓷窯都學習它，甚至亞洲許多國家的陶瓷工藝都受它的影響。長沙銅官窯的釉下褐綠彩充滿了異國情調，通過陶瓷之路和越窯青瓷、邢窯白瓷一起暢銷許多國家。壽州窯雖然在江淮之間，但瓷器作品厚重雄放，具有北方風格。

北方邢窯白瓷和南方的越窯青瓷並駕齊驅，形成南青北白的局面，它的產品和越窯祕色瓷一樣為皇宮生產。三彩釉陶不僅技藝精湛，豐富的內容表現了整個唐朝的社會面貌。

本章將用比前幾章都豐富的篇幅，將隋唐五代的陶瓷特點加以概括的介紹。

第一節　隋代瓷器的特點

隋王朝的建立，結束了南北分裂的局面，偉大的中國再一次統一起來。經濟基礎雄厚的黃河流域和迅速發展的長江流域結合起來，社會經濟基礎深廣雄厚，在短短的三十七年中，青瓷生產種類之豐富，白瓷發展之迅速，表現了隋代製瓷手工業已經達到一個新的高度。

根據歷年隋墓出土的隋瓷看，瓷器手工業的分布範圍相當廣泛。以北方來說，主要集中在以安陽為中心的關東地區，陝西西安為中心的關西地區，以山東濟南為中心的黃河下游地區。南方的湖南、浙江、江蘇、安徽、四川等地都有瓷窯發現，湖北、江西、廣東、福建等省隋墓出土瓷器相當多。湖北武漢周家大灣一座隋墓就出土瓷器六十多件。河南安陽張盛墓、陝西西安李靜訓墓、姬威墓、山東濟南洪家樓等地都有成批瓷器出土。南北各地隋代瓷窯有河北磁縣的賈壁窯、臨城窯，河南鞏縣窯、安陽窯、滎陽翟溝窯，山東曲阜窯、泰安窯，安徽淮南窯、湖南湘陰窯等。這些瓷窯技術力量都很強，一直到唐代還在生產。把歷年隋墓出土的瓷器和唐代初期墓葬出土瓷器相比較，可以看到唐朝初年瓷器生產比不上隋朝瓷器數量大，品種也沒有隋代豐富。說明隋瓷在陶瓷史上有重要地位（表四）。

隋瓷的種類，有貯盛器，如罐、壺、罈、盆、缽、缸、盒等；飲食器，有平底盤、臥足盤、碗、杯、尊、盂；寢室用具，有枕、三足爐、博山爐、燈、燭臺、唾盂等；文房用具有硯臺、水盂等；娛樂用具，有拍鼓、棋盤等；日用器物模型，有井、櫃、房屋、憑几、凳子等。此外，還有權（稱鉈）、瓷俑、獸座、象座等（圖七〇～七五）。

隋代瓷器以下特點很突出：

第一，隋瓷的造型，兼容南北兩大瓷窯體系的優點，生產的作品比北朝胎體薄，器形秀氣，比南朝要粗獷。罐類一般為短頸、直口、腹部圓鼓，腹的中部有一周粗壯的突棱，使腹部明顯地分為上下兩部分。上腹豐滿，下腹較瘦，腹徑與通高的比例，大多數為一比一點五左右，少數為一比一。頸肩之間安複式豎形雙耳或橋形耳，或者兩種耳相間排列（圖七〇，彩圖一四六）。姬威墓出土的白瓷罐，一種為深腹寬底的直桶形，一種為僧帽形（彩圖一四七。圖七〇，6）。如果把隋代瓷罐和南北朝、唐代瓷罐相比，可以看到南北朝瓷罐造型寬、矮，腹徑和通高相比，一般為一：一。有的把罐的上端一周做成並列的蓮瓣。唐代初期的瓷罐，一般肩部比較傾斜，肩、腹、脛之間轉折圓滑，角度一致，比較飽滿（圖七六，四耳罐）。

第二，瓶、罐、尊、唾盂等一類器物，口部多做成盤形，或淺杯形，口微侈，頸部拉長，肩成緩坡形（圖七一，彩圖一四八），開始注意線條的轉折圓滑。南北

表四　隋唐典型器物排比表

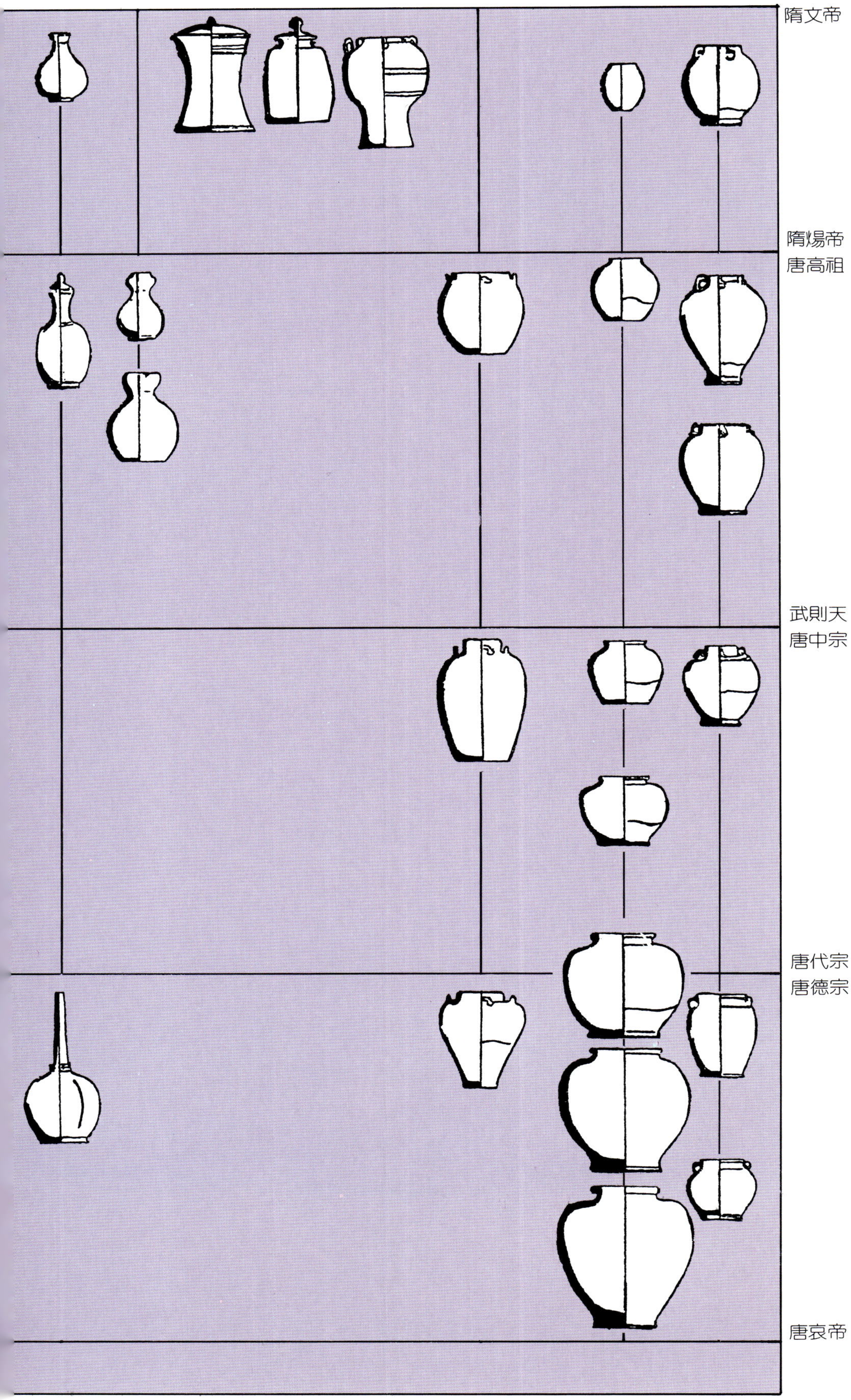

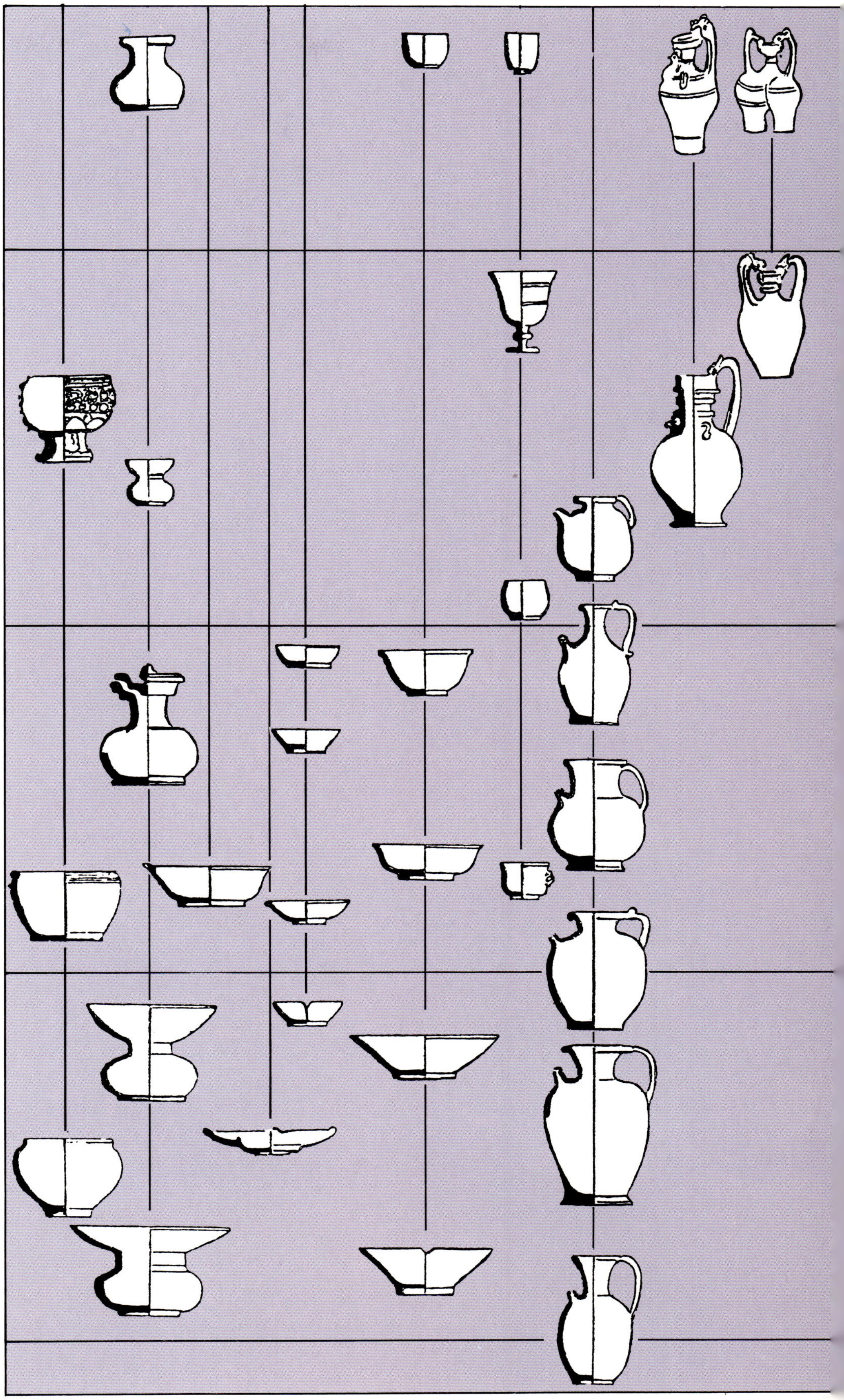

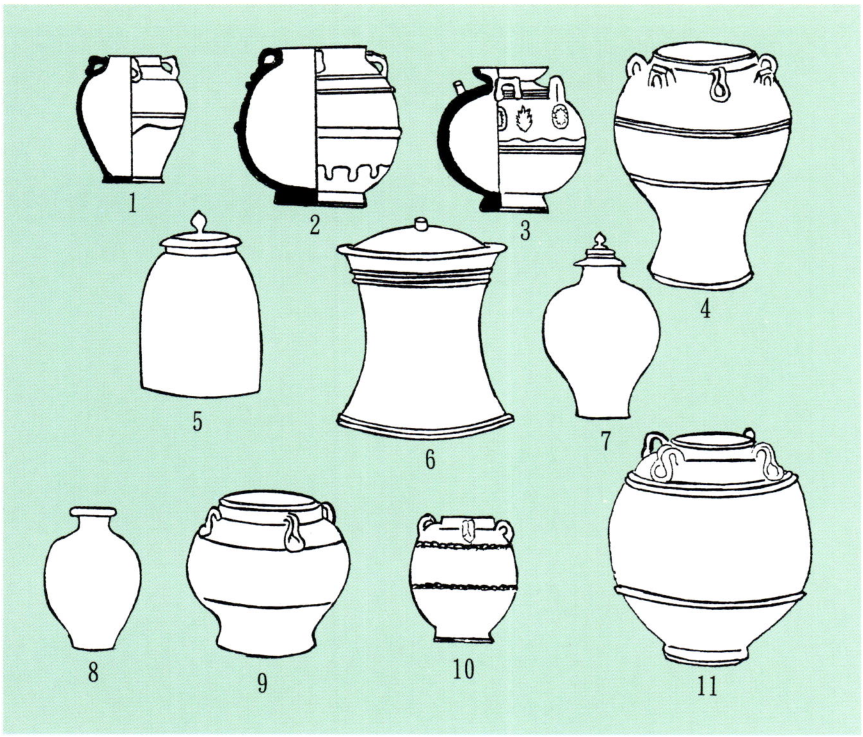

圖七〇 隋代瓷罐 1、安陽隋仁壽三年卜仁墓出土 2、西安隋墓出土 3、長沙隋墓出土 4、西安隋大業四年李靜訓墓出土 5、西安隋大業六年姬威墓出土 6、姬威墓出土 7、安陽開皇十四年張盛墓出土 8、西安郭家灘隋墓出土 9、李靜訓墓出土 10、西安隋大業十一年劉世恭墓出土 11、劉世恭墓出土

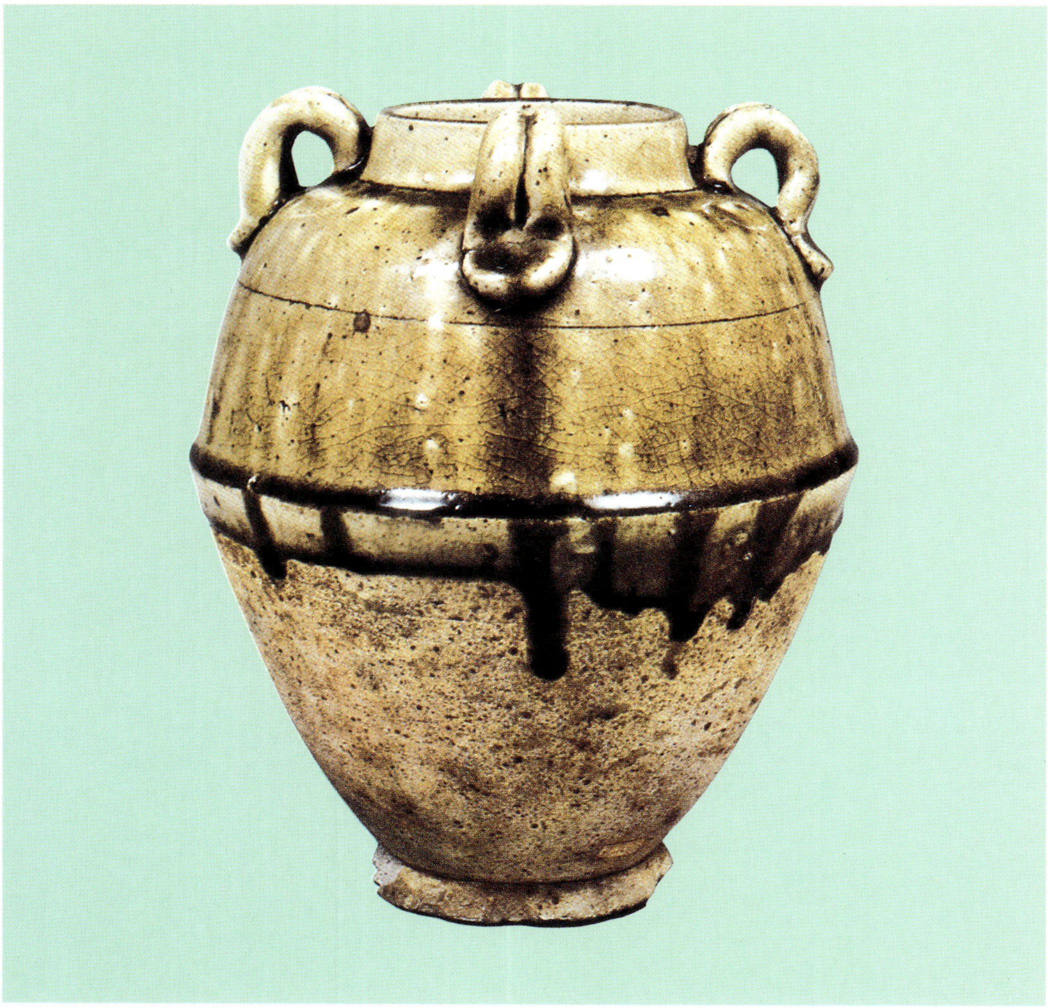

彩圖一四六 青瓷四耳罐 隋 高二三·一公分 日本京都大學藏

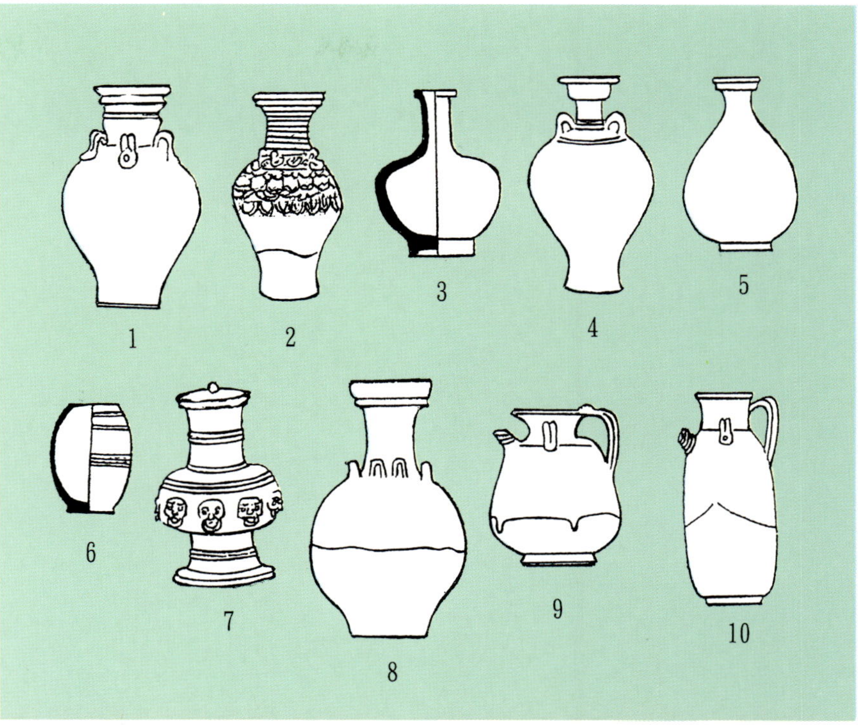

圖七一　隋代瓷器　1、尊（西安地區隋墓出土）　2、尊（北京故宮博物院藏）　3、瓶（西安地區隋墓出土）　4、瓶（李靜訓墓出土）　5、瓶（故宮博物院藏品）6、蓮子形罐（西安隋墓出土）　7、壺（安陽張盛墓出土）　8、壺（湖南地區隋墓出土）9、執壺（西安地區隋墓出土）　10、執壺（北京故宮藏品）

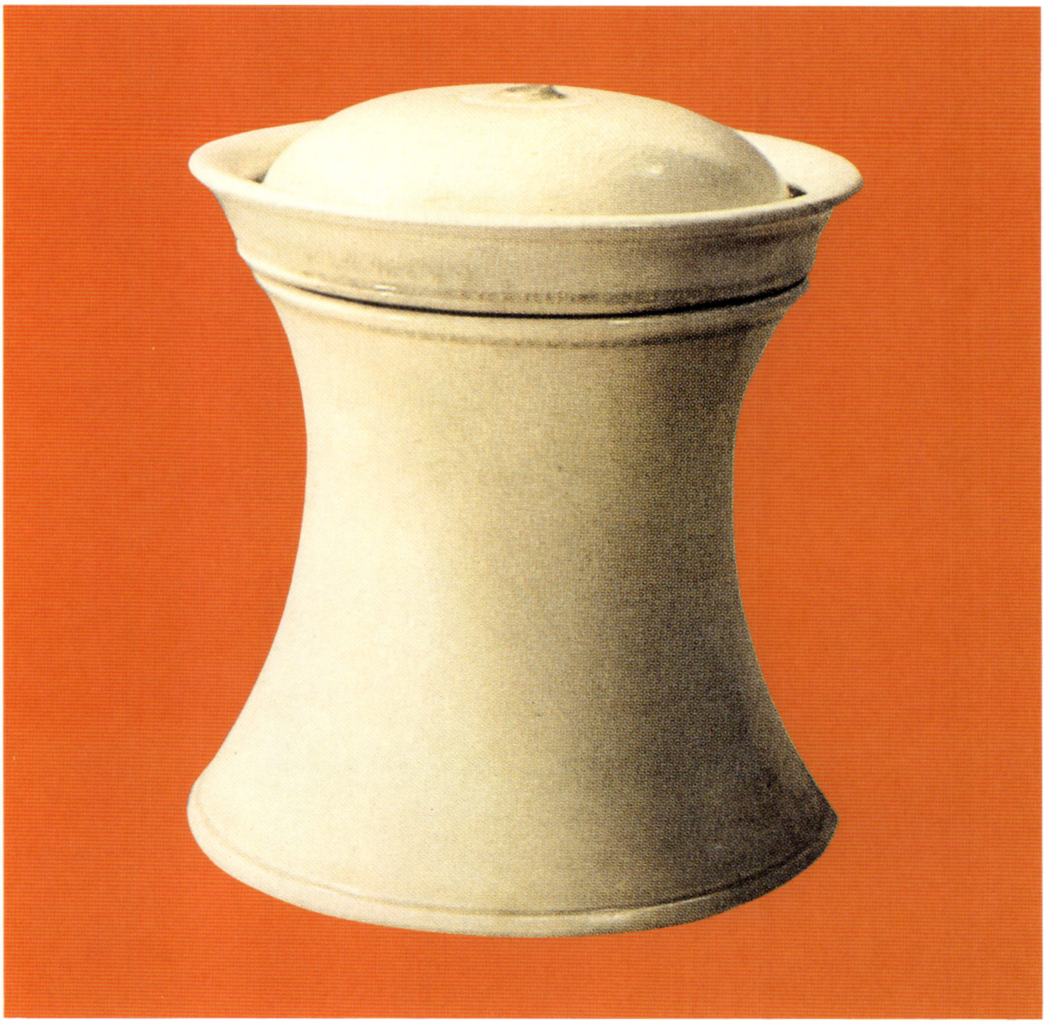

彩圖一四七　白瓷僧帽形罐　隋　高一四·七公分　陝西省西安姬威墓出土　中國歷史博物館藏

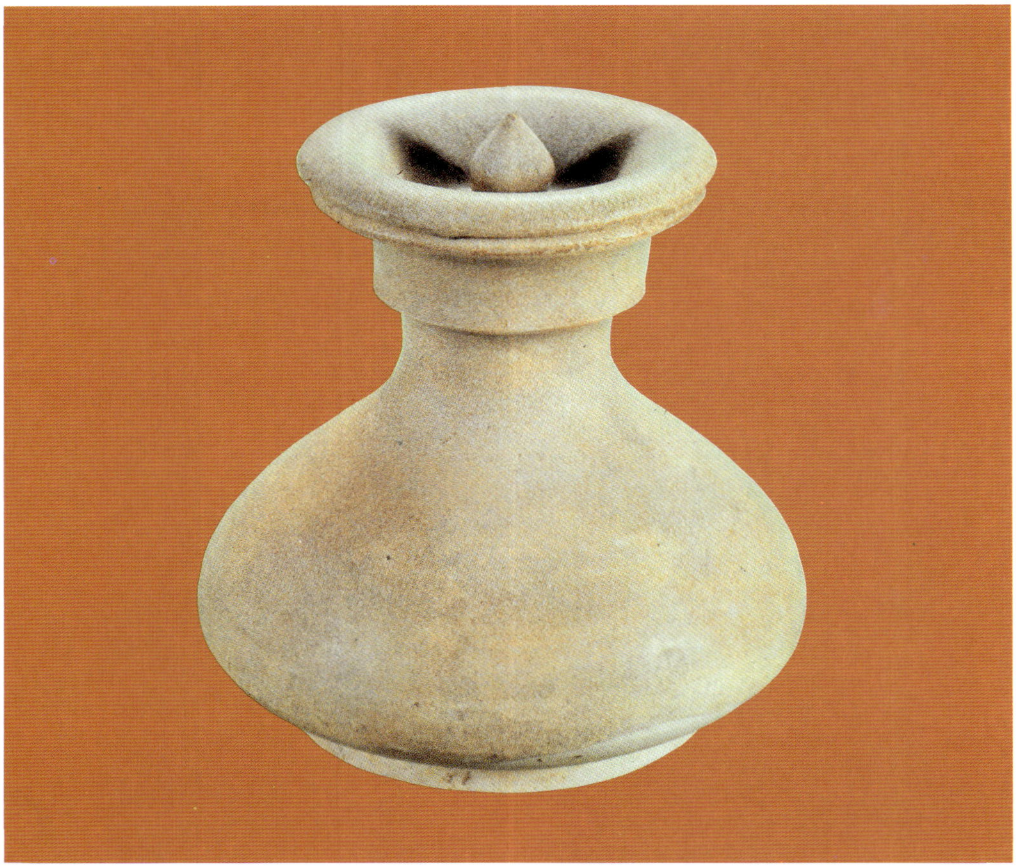

彩圖一四八　白瓷帶蓋唾盂　高一一・五公分，口徑七・九公分
首都博物館藏

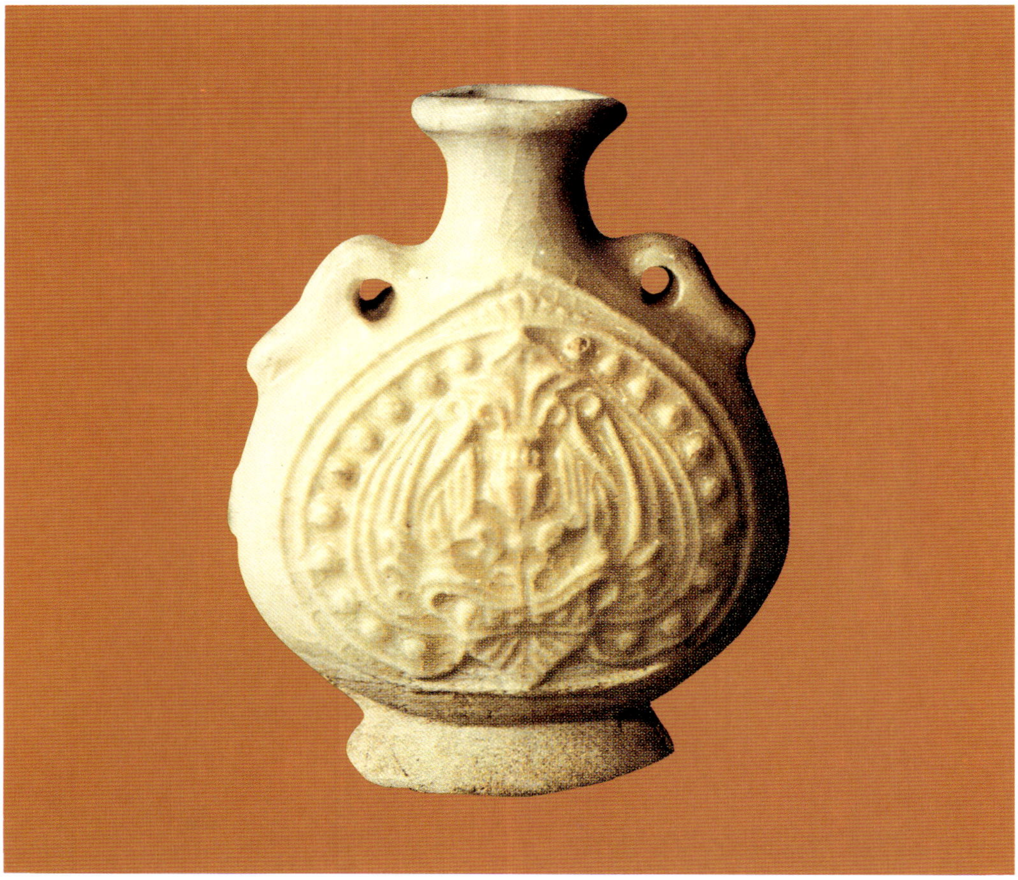

彩圖一四九　白瓷印花扁壺　高八・八公分　隋大業四年李靜訓墓出土
中國歷史博物館藏

朝時種類沒有這樣多，造型上口沿較直，較深，各部分線條比較挺直。從初唐開始，大多數杯口變成淺盤形口，線條更加優美。李靜訓墓出土的白瓷扁壺，腹體成杏仁形，比北朝范粹墓出土的黃褐扁壺精巧玲瓏得多（彩圖一四九，圖七二，6）。

第三，隋代白瓷中有雙龍柄雙身尊，做得優美活潑。南北朝未見這類器形，唐代也沒有。唐代流行雙龍單身尊（圖七二，3）。雞頭壺一類器形，南北朝時期壺體的盤口又寬又深，多數頸粗且短，肩、腹、底也都比較短。隋代大為改觀，肩和上腹圓鼓，下腹修長，底部較小。頸部也拉長，在頸的中部做出兩道突稜。雞頭塑得仰揚高冠，頸腹挺拔，好像雄雞在鳴唱（彩圖一五〇，圖七二，1、2）。唐代雞頭壺已經退化，形體不美，相當於今天的茶壺類器形（圖七六）。

隋代有些藝術水準很高的器物，本身就是精美的雕塑品。例如日本大和文華館收藏的白瓷雙龍博山爐，高三八公分，在

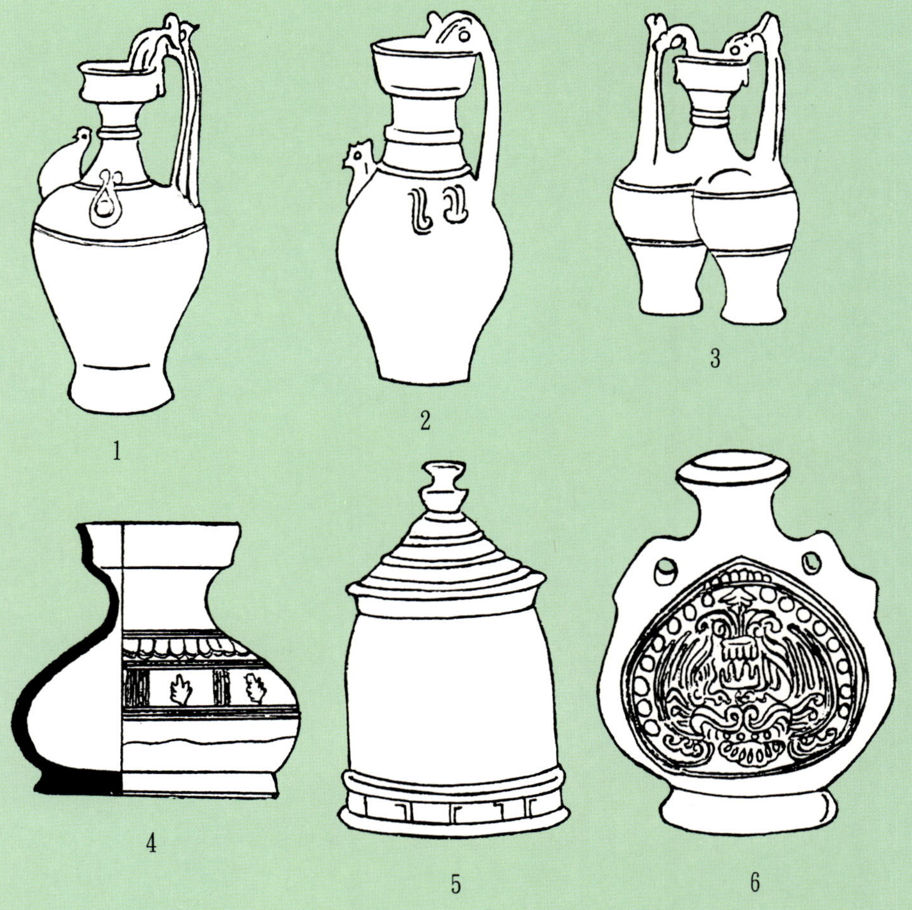

圖七二　隋代瓷器　1、雞頭壺（隋李靜訓墓出土）　2、雞頭壺（湖北武漢隋墓出土）　3、雙龍柄雙體尊（隋李靜訓墓出土）　4、唾盂（湖南隋墓出土）　5、罈（安陽張盛墓出土）　6、扁壺（隋李靜訓墓出土）

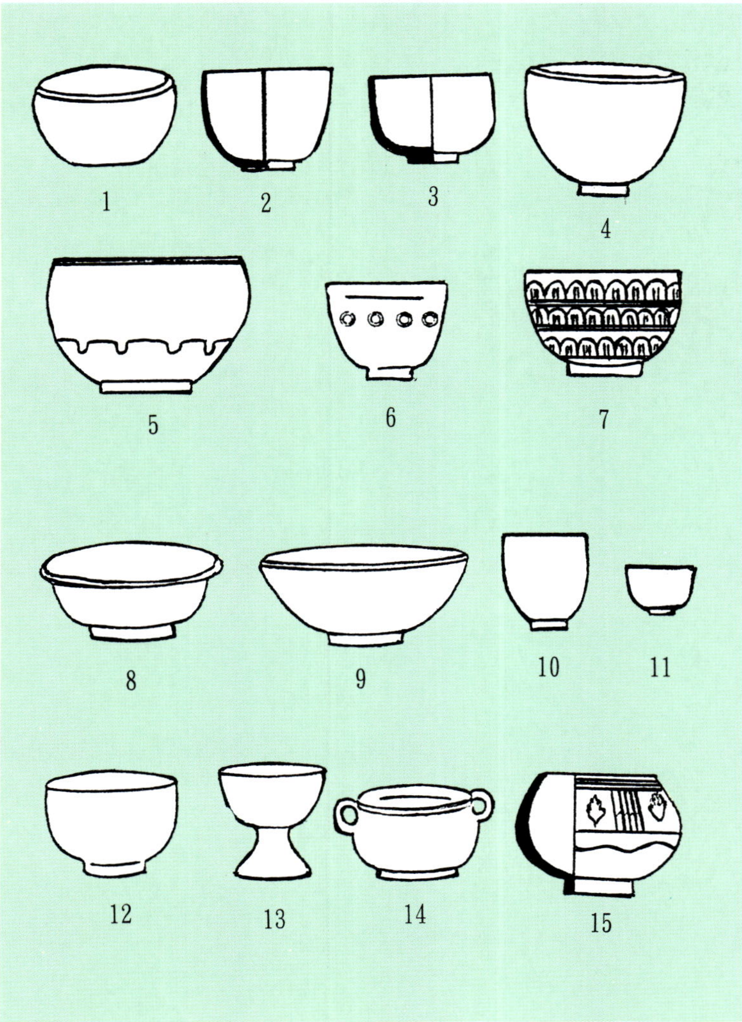

圖七三　隋代瓷器　1、鉢（河南安陽隋開皇十四年張盛墓出土）　2、Ⅰ式碗（河南安陽隋仁壽三年卜仁墓出土）　3、Ⅰ式碗（陝西西安地區隋墓出土）　4、Ⅰ式碗（湖南長沙地區隋墓出土）　5、Ⅱ式碗（河北磁縣賈壁村隋瓷窯址出土）　6、Ⅲ式碗（北京故宮博物院藏品）　7、Ⅳ式碗（北京故宮博物院藏品）　8、Ⅴ式碗（張盛墓出土）　9、Ⅵ式碗（北京湖南長沙地區隋墓出土）　10、Ⅰ式杯（陝西西安白鹿原隋墓出土）　11、Ⅱ式杯（北京故宮博物院藏品）　12、Ⅲ式杯（湖南長沙地區隋墓出土）　13、Ⅳ式杯（江西清江隋墓出土）　14、水盂（張盛墓出土）　15、水盂（湖南長沙地區隋墓出土）

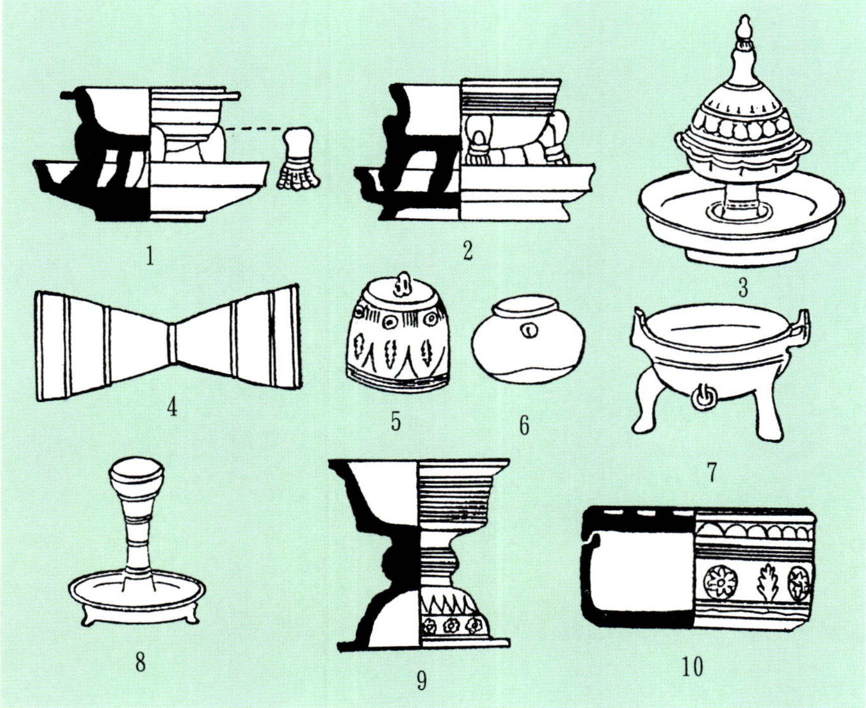

圖七四　隋代瓷器　1、2帶盤足器（湖南長沙地區隋墓出土）　3、薰爐（安陽隋開皇十四年張盛墓出土）　4、拍鼓　5、6罐（北京故宮博物院藏品）　7、爐（張盛墓出土）　8、燈（安陽地區隋墓出土）　9、燈（湖南長沙地區隋墓出土）　10、盒（湖南長沙地區隋墓出土）

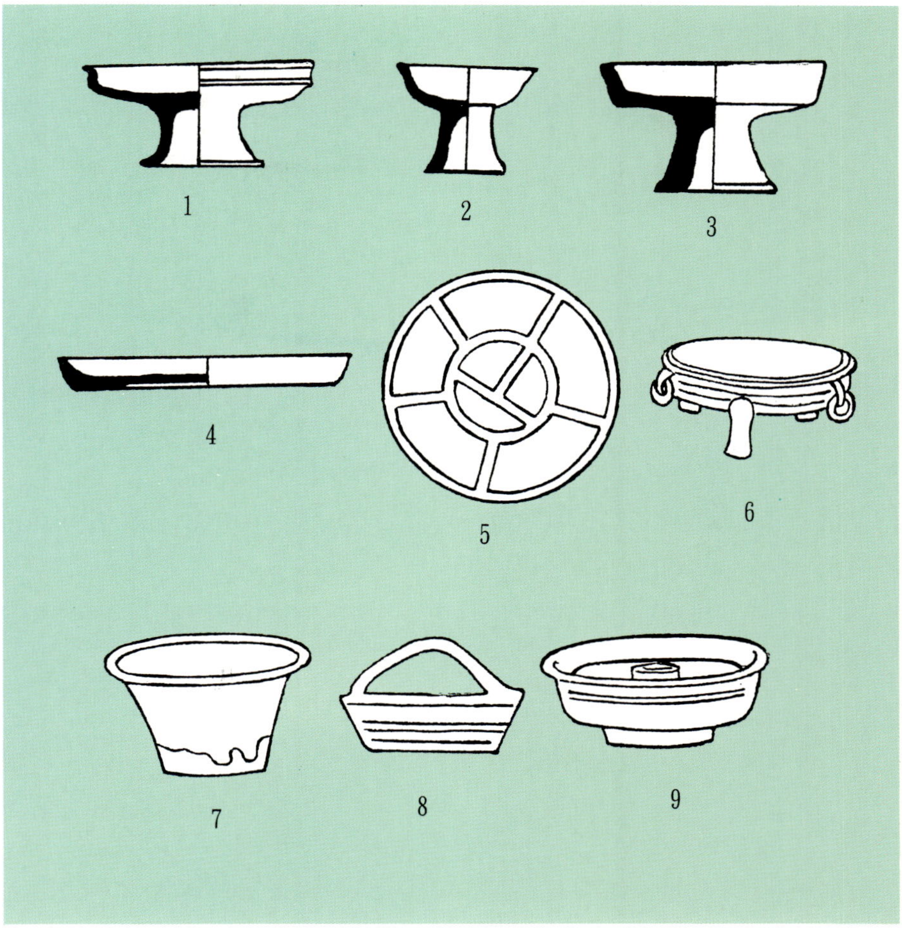

圖七五　隋代瓷器　1、高足盤（安陽隋仁壽三年卜仁墓出土）
2、高足盤（西安白鹿原隋墓出土）　3、高足盤（湖南長沙地區隋墓出土）
4、臥足盤（西安白鹿原隋墓出土）　5、盤（江西清江隋墓出土）
6、三足環耳盤　7、盆（張盛墓出土）　8、提梁盆（張盛墓出土）
9、燭臺（張盛墓出土）

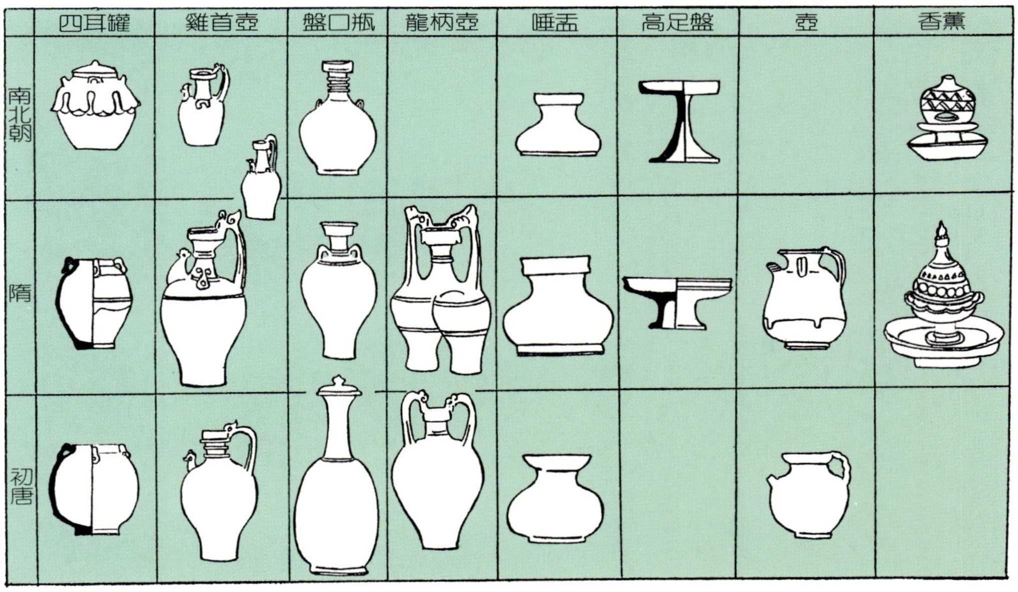

圖七六　南北朝、隋、初唐典型器物排比表

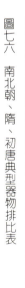

一個有喇叭形足的托盤中心，樹立一根粗壯的柱子，柱上兩條矯健的巨龍盤卷在柱上，牠們強健的爪托起薰爐，薰爐由層層蓮瓣圍繞而成，爐蓋是由印製的寶相花小片堆疊而成，上端一個寶頂，雄渾優美，把造型和裝飾融為一體，這在南北朝時期很難見到。三足盤一類器物厚重結實，保持北朝瓷器的特點。隋代還有一些特殊器形是為了滿足人們文化生活的需要，如河南安陽開皇十四年張盛墓出土的棋盤一類作品即是（彩圖一五一）。

第四，隋代瓷器和釉陶上的裝飾，用刻畫工藝做出的幾何圖案花紋，手法趨向細膩明快，看起來很清晰，如陰弦紋、凸弦紋、繩紋、瓦溝紋、蓆紋、聯珠紋、直線方塊紋、雙圈紋、雲頭紋等。用刻畫或貼塑手法做出龍、鳳、蟠螭、雞頭、象首等。一些較雄偉的器形則講究裝飾和形體的和諧。改變南北朝青瓷蓮花尊一類作品，裝飾占主要位置，掩蓋造型優美的作法。日本《世界陶磁全集》上刊載一件尊，

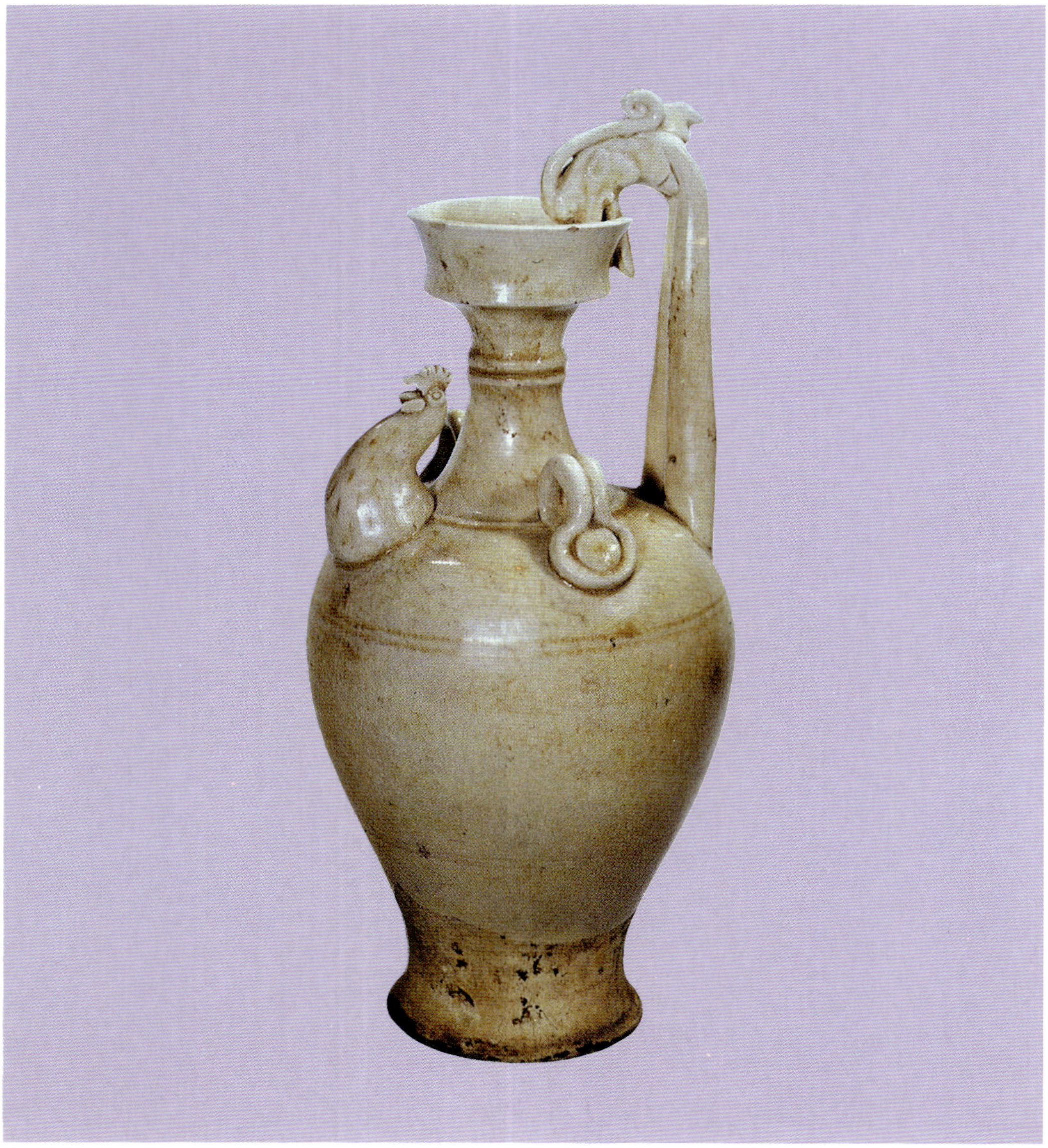

彩圖一五〇　白瓷雞頭壺　隋　高二六・五公分　西安隋大業四年李靜訓墓出土　中國歷史博物館藏

頸和足都成喇叭形，腹體像個斂口缽，施褐紅釉，貼花。用貼花手法在項、腹、底做出鋪首、坐佛、寶相花、寶石等豐富的內容，但裝飾沒有掩沒主體，而是把主體烘托得很壯美。在手法上也很簡潔。還有一件碩大的綠釉貼花壺，只在上腹和中腹之間黏貼兩周範印的花紋。上腹是聯珠圍成的寶相花，大小相間。下周是鑲聯珠的寶石和彈奏樂器的菩薩，疏朗開闊，比南北朝時期同類器物水準有所提高①。

第五，人物形象的塑造比南北朝時期更細膩，不但注意人體線條的起伏變化，而且用黑彩點畫五官、衣帽（彩圖一五二）。

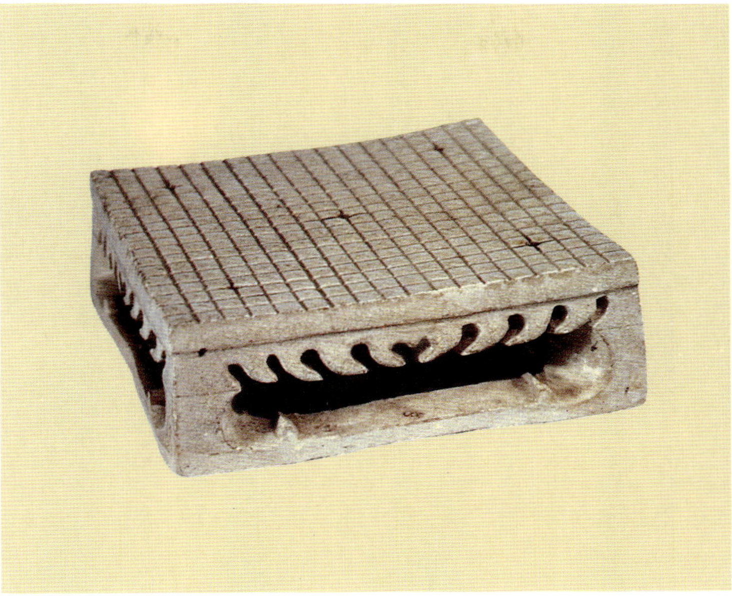

彩圖一五一　青瓷圍棋盤　隋　河南省安陽張盛墓出土　中國歷史博物館藏

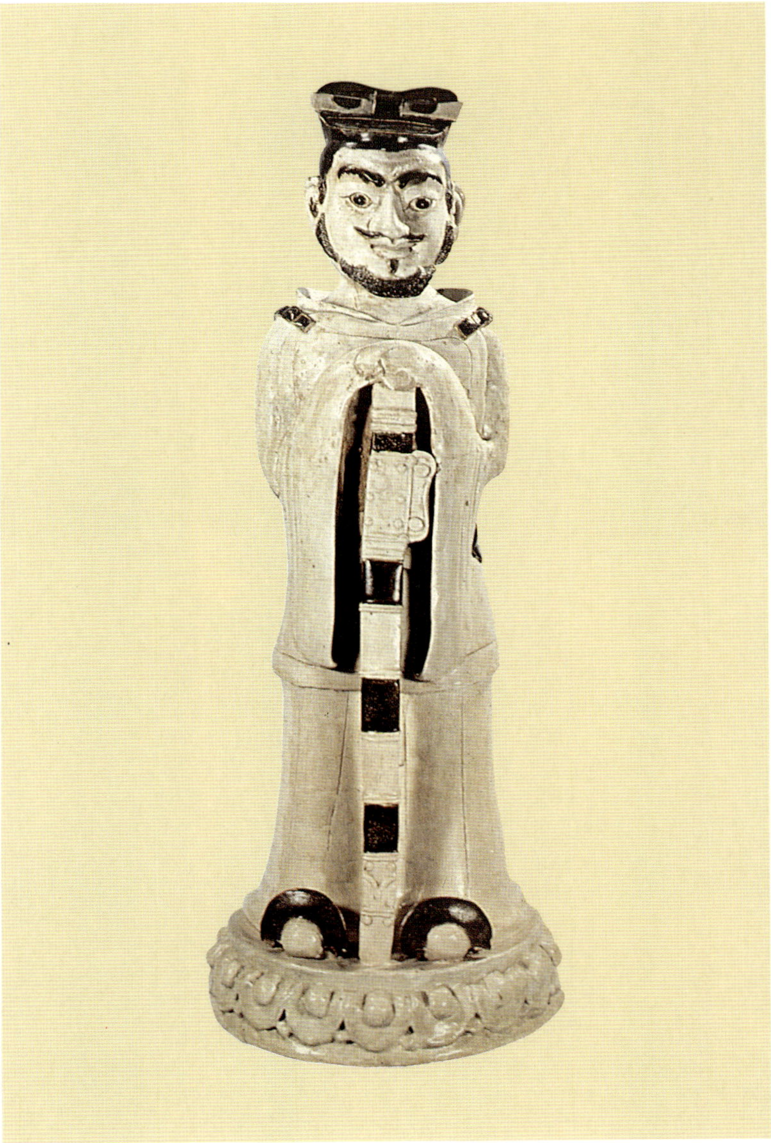

彩圖一五二　白瓷黑彩文吏俑　隋　高七二公分　河南省安陽縣張盛墓出土　中國歷史博物館藏

第二節 越窯青瓷和祕色瓷

唐代瓷器生產中，越窯青瓷成就突出，陸羽在《茶經》中品評各地生產的瓷碗時，對越窯青瓷碗評價最高，將其排在眾窯之首，指出越窯青瓷的優點是類冰類玉，越瓷青而茶色綠②。詩人皮日休，歌頌越窯碗造型輕盈靈巧為「圓似月魂墮，輕如雲魂起。」詩人陸龜蒙歌頌其釉色之美為「千峰翠色」。韓偓歌頌它的使用功能，說其泡茶「越甌犀液發茶香」。這些膾炙人口的千古絕唱，把越窯青瓷的特點淋漓盡致地描寫出來。唐朝沒有一種工藝美術品能享受如此的殊榮。徐夤在〈貢餘祕色茶盞〉詩中說：「陶成先得貢吾君」，在封建社會裏，這樣美好的物品自然要首先貢獻給皇帝。所以在越窯生產的中心窯區，有可能出現「貢窯」。上貢的瓷器，貢瓷即為「祕色瓷」。

中國考古工作者很早就對越窯青瓷進行了考古調查。從三十年代陳萬里先生開始至今，發現屬於越窯青瓷體系的窯址有四百多處③。浙江東北部十來個縣，包括象山縣周圍的一些海島，也發現生產越窯青瓷的窯址④。在這些窯址中，以餘姚的上林湖（現在晝歸慈溪縣管轄）和上虞窯寺前窯工藝水準最高。上林湖窯區生產歷史達數百年之久，唐後期為宮廷燒祕色瓷貢品的作坊可能就在這一帶。

唐朝初期的越窯青瓷，可能受隋末戰爭的破壞，社會動盪，生產不發達，可以確定為唐初的窯址極少。把墓葬出土的瓷器加以排比，此時的青瓷，無論數量和品質都比不上隋代，甚至比不上南朝。常見的器物種類有罐、葫蘆形瓶、雞頭壺、碗、杯、硯臺等。

罐，淺盤形口，頸短而直，豐肩，腹體較寬厚，下腹略微內收，平底，有的安四耳，有的安六耳，比南北朝瓷器的形體要修長一些。

瓶，只在總章元年（六六八年）李爽墓中出土一件葫蘆瓶。北京故宮博物院收藏一件瓶，淺盤口、細頸、斜肩、下腹向外鼓，即玉壺春瓶。這類瓶生產時間很長。

壺，雞頭壺，總章元年李爽墓出土一件，特徵是洗口、頸部較寬，凸出二道粗稜，肩腹圓鼓，下腹較瘦，足底外侈。雞頭小，管形流短，與腹體不通。腹部和頸部相比，比例小。在形體結構上不如南朝優美。

碗，有隋代流行的高瘦直腹碗，但最多的是一種寬體曲腹碗。

唾盂，為淺盤口，細頸斜肩，扁腹形，底部較寬。

初唐越窯製作工藝，不夠細膩，質地較粗，胎體厚重，精細之做極少。器物下腹向內收，足略向外撇，器足做成圓餅形實足。釉層薄，不夠光潤，發木光，一般都綠中泛黃。

這個時期的越窯青瓷不講究裝飾，光素者多。裝飾瓷器的紋樣，有弦紋、蓮瓣、二方連續的忍冬蔓草、獸蹄、雞頭、龍形柄等。圖案裝飾是用傳統的刻畫和貼塑方法做出的。

盛唐時期，即唐中宗至唐德宗時期，西元八世紀初至九世紀初，所謂大唐盛世時期，越窯青瓷得到很大發展，以寧波港為中心的浙江東北部、中部很多製瓷作坊建立起來。瓷器品質明顯提高，各類器物做得很規矩，很實用。雞頭壺器形已經不見，帶流帶柄的執壺廣泛流行。腹體飽滿，足做成寬平的圓餅，開始將足中心挖空，挖得不多，很像漢代玉璧的形象，人們稱為玉璧底。碗、杯、唾盂、盒等類器物生產較多。器物做得圓正飽滿，一絲不苟，氣魄也比較宏大，但創新的器物尚不多見。

胎質做得比較細，淺灰色，釉層略厚，光亮度有所增加。釉色青綠略微泛黃，施得很均勻。

晚唐時期，從順宗到哀帝，即九世紀初至十世紀初。這是越窯青瓷大發展的時期，生產出許多新型器物。碗類作品，常見的造型是侈口、薄唇、淺腹、平底、玉璧形足。新的器形有四出葵口、蓮瓣口、菱花口形狀的碗。還有高足碗、六出船形曲口碗、海棠形碗，大小相配，成套生產。

執壺，為了實用，多盛水，把腹體加長，上腹很豐滿，即最大腹徑往上提，流嘴前尖後肥，很實用。這種壺形一直成為我國茶壺的基本造型。為了打破造型線條的單調，把腹體壓成瓜體形。

人們寢室內的用具有唾盂、枕等。唾盂，將初唐、盛唐的杯口、淺盤口改成大敞口，細直頸，豐肩，腹體圓而扁，平底，圈足。文房用具有硯臺、水盂、印盒都配套生產，玲瓏清秀。蛙形水盂早已不生產，為滿足王公貴族、市民遊閒之輩養鳥的需要，形體很小的鳥食罐生產很多，在唐墓裏常有出土。

由於瓷器生產能力增強，表現社會需求的內容增加。胎泥在成型過程中十分柔軟，可以在上面刻寫文字，各地有錢之家就到作坊訂做，寫上銘文，有的做墓誌，有的做買地券。有的器物整個器壁刻滿長長的字文。浙江餘姚縣出土一件會昌二年（八四二年）青瓷罐形墓誌，誌文刻滿全身。上林湖出土一件買地券（罌），上面刻有大中四年（八五〇年），胡珍妻朱氏於此租地作墳墓，恐於後無誌，故記此罌，全文為：「維唐故大中四年歲次庚午八月丙午朔，胡珍妻朱氏四娘于此租地，自立墓在此，以恐於後代無誌，故記此罌。」既是墓誌銘，又是租地券，可見越瓷的多種用途。此時，一般器物也喜歡在上面刻寫文字，如寫「壽」字。有的還將皇帝更改年號，即改元的事也刻在瓷器上，如唐宣宗李忱取代唐武宗登上皇帝寶座，將會昌年號改為大中年號，一九三七年上海市場上發現一件殘瓷壺，腹體刻「會昌七年改為大中元年三月十四日清明故記之耳」。類似情況說明，越窯青瓷生活氣息很濃，這是以前所沒有的。

晚唐越窯青瓷品質很高，燒結良好，《樂府雜錄》記載當時音樂家郭道源，用越窯青瓷碗和邢窯白瓷碗，裡面加上水，可以演奏出美妙的樂章。

晚唐越窯青瓷比較講究裝飾，有畫花、刻花、模印和鏤孔。有的青瓷枕通體鏤刻出尖長的菊瓣形團花。刻花主要是一些蓮花瓣紋，刀鋒清秀，有層次。清澈透明的青釉罩蓋，水氣淋淋。越窯裝飾最擅長的是畫花，也就是線刻，主要是一些花鳥、飛蝶、對蝶、鸚鵡、游魚，紋輕線細，極為流暢，畫面生氣盎然，而龍鳳等神奇動物則氣勢恢宏，意境不凡（彩圖一五三、一五四）。

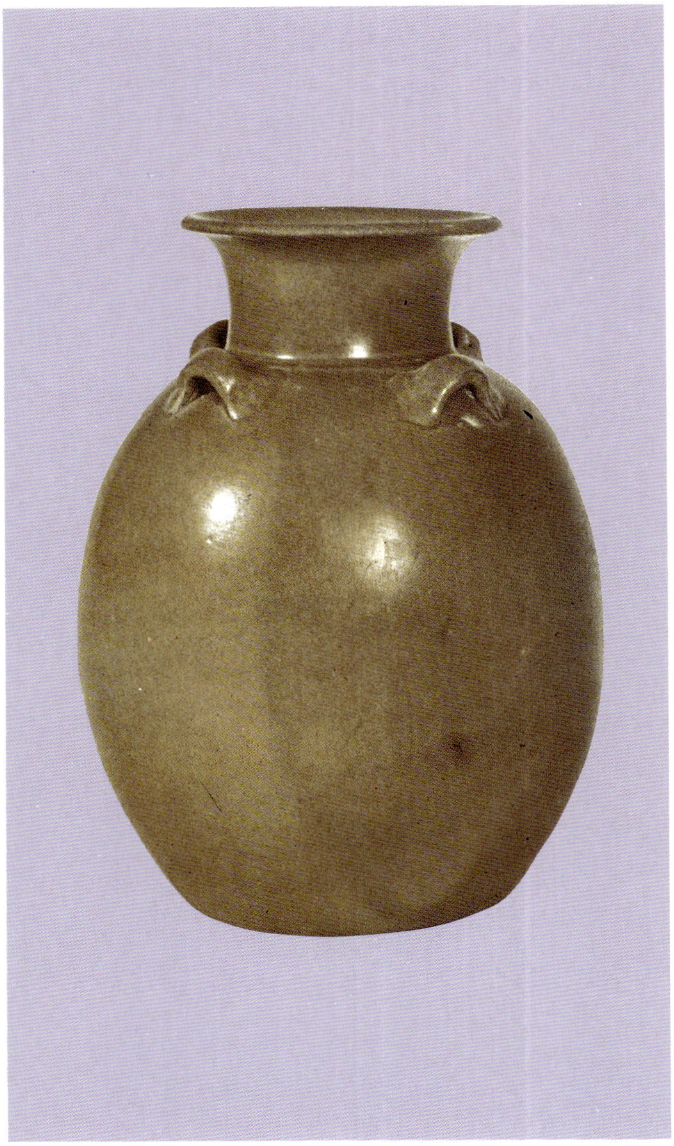

彩圖一五二　越窯青瓷四繫壺　唐　高一五・五公分，口徑六・七五公分，底徑七・一二公分　上海博物館藏

一、祕色瓷器的特徵

祕色瓷就是專門向宮廷進貢的高級越窯青瓷，貢窯不是官窯是民間工藝水準最高的作坊，為皇室看中，指定為皇宮燒瓷，這些高級青瓷民間不得使用，稱為「祕色瓷」。

祕色瓷這個名詞，在唐代詩文中就已出現。一九七七年考古工作者在上林湖發掘一座晚唐墓，出土一件越窯青瓷罐。該墓出土的墓誌誌文說，墓主人中和五年（八八五年）在明州慈溪縣上林鄉逝世，光啟三年（八八七年）葬於當地「貢窯」之北山。一九八一年在上林湖窯群中發現一件青瓷盤，上面刻「官樣」二字。這些資料說明上林湖地區出現了為官府生產使用瓷的作坊。官府使用的瓷器有官樣。只有技術力量雄厚的瓷窯才能成為貢窯，為皇室燒貢瓷。這個推斷如果不錯的話，晚唐還沒有出現官窯，祕色瓷是民窯生產的優秀青瓷，向皇室進貢。

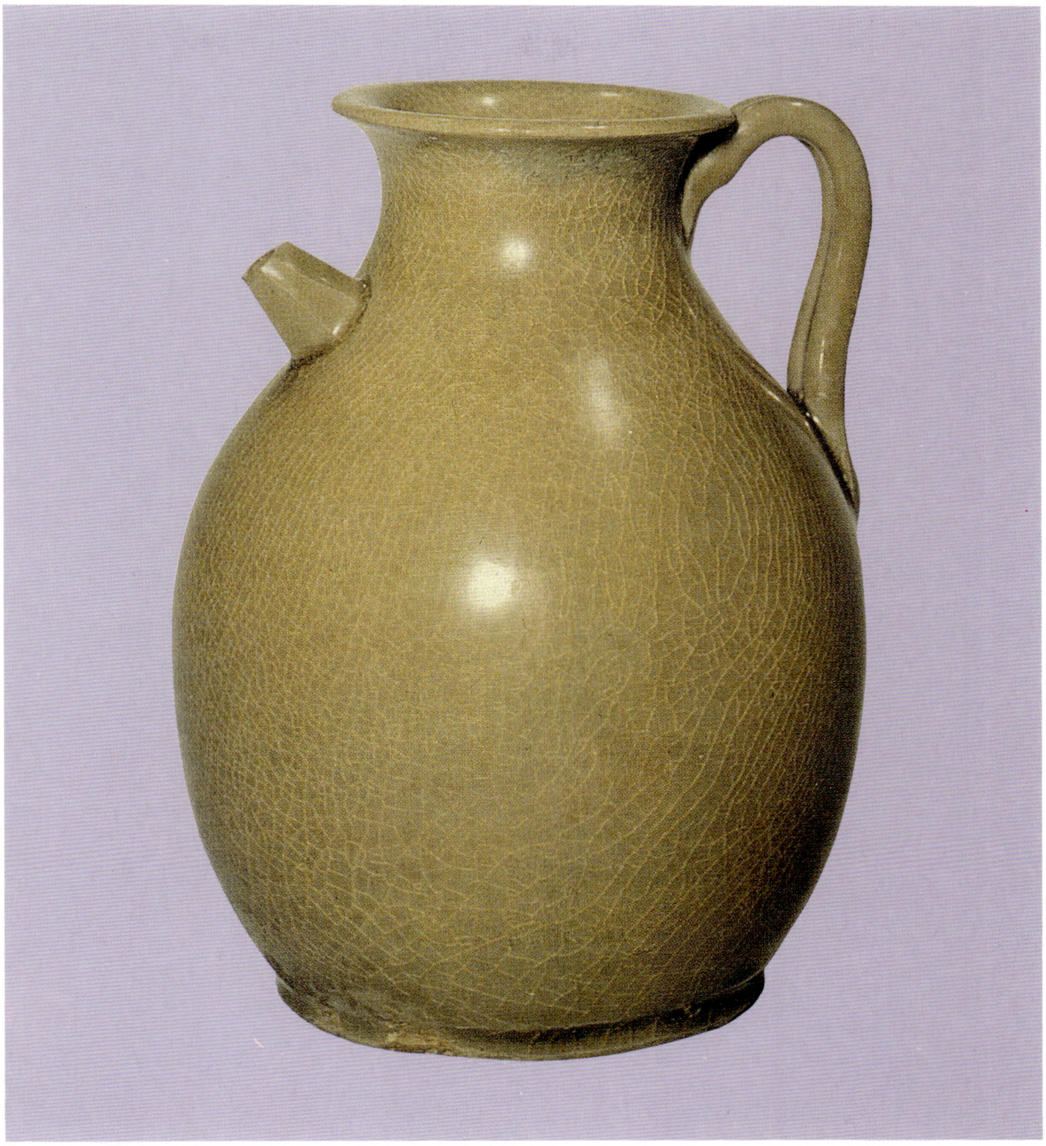

彩圖一五四　青瓷執壺　唐　越窯　高一三·四公分　浙江省紹興王叔文夫人墓出土　北京故宮博物院藏

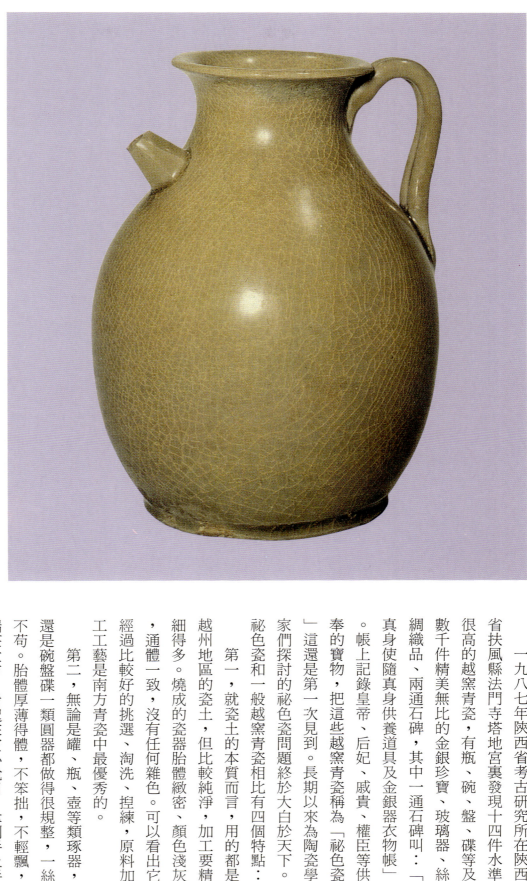

一九八七年陝西省考古研究所在陝西省扶風縣法門寺塔地宮裏發現十四件水準很高的越窯青瓷，有瓶、碗、盤、碟等及數千件精美無比的金銀珍寶、玻璃器、絲綢織品、兩通石碑，其中一通石碑叫：「真身使隨真身供養道具及金銀器衣物帳」。帳上記錄皇帝、后妃、戚貴、權臣等供奉的寶物，把這些越窯青瓷稱為「祕色瓷」這還是第一次見到。長期以來為陶瓷學家們探討的祕色瓷問題終於大白於天下。祕色瓷和一般越窯青瓷相比有四個特點：

第一，就瓷土的本質而言，用的都是越州地區的瓷土，但比較純淨，加工要精細得多。燒成的瓷器胎體緻密、顏色淺灰，通體一致，沒有任何雜色。可以看出它經過比較好的挑選、淘洗、捏練，原料加工工藝是南方青瓷中最優秀的。

第二，無論是罐、瓶、壺等類琢器，還是碗盤碟一類圓器都做得很規整，一絲不苟。胎體厚薄得體，不笨拙，不輕飄，端莊大方。看起來賞心悅目，拿到手上手感極好，有很好的內在含蓄美。能做到這點，是泥料配好之後，經過良好的陳腐，獲得極佳的成型穩定性，燒窯時還原氣氛和溫度都控制得恰到好處，所以燒成的器物既不歪扭變形，也沒有雜色、氣泡、窯裂、落渣等缺陷。

第三，釉層比較薄，釉質細膩均勻，光澤度極好。越窯用龍窯燒瓷。龍窯有很多優點，主要是修建費用低，便於南方起伏的坡地築窯燒瓷。但有一個缺點難於克服，就是封閉不能很嚴密。因為由下而上順坡築窯，蜿蜒曲折，用土坯或磚頭砌窯。窯側有投柴孔和窯門，燒窯時用泥土封堵，堵口的泥塊受熱乾裂，或任何一個地方出現裂縫，新鮮空氣進去都會使釉色受到影響，輕者泛黃，重者成為污染的敗色。但法門寺地宮出土的祕色瓷有十四件，青如美玉，青翠碧綠，像湖水一樣明澈。有兩件顏色發黃，但並沒有影響到它的美觀，唐代也沒有叫別的名字，都叫祕色瓷，可見祕色瓷在釉色上不是一個色調。

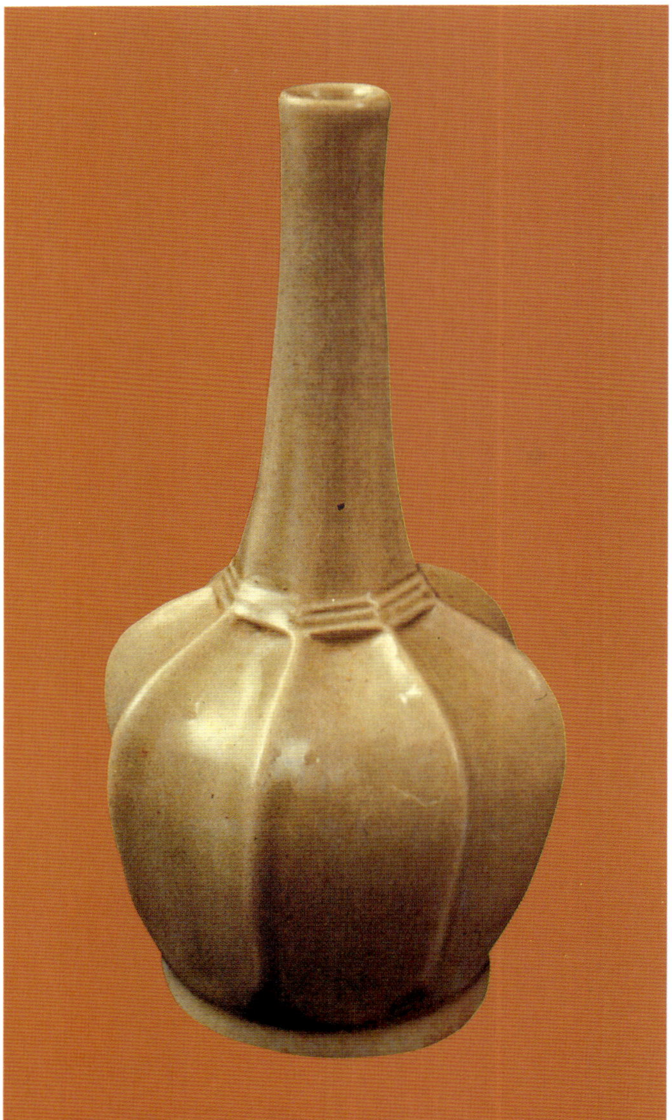

彩圖一五五　祕色青瓷淨瓶　越窯　陝西省扶風縣法門寺地宮出土

第四，給法門寺地宮供奉珍寶的皇帝是懿宗李傕和僖宗李環，他們是在九世紀中期作皇帝。再把寫詩歌頌、著文評價越瓷的人物活動時期對照起來看，祕色瓷出現的時代是在九世紀中葉。九世紀中葉至唐朝末年，唐王朝雖然日漸衰亡，但瓷器手工業卻在繼續發展，取得許多新的成就。祕色瓷到五代仍然在提高。

祕色瓷裝飾不多，所見的就是將長頸瓶做成瓜稜形（彩圖一五五）。碗、盤類作品作成荷葉形。法門寺地宮有兩件作品口做外壁鑲嵌螺鈿，這是把唐代螺鈿鏡工藝用在瓷器上，把青瓷裝飾得十分精美。

第三節　邢窯和曲陽窯瓷器

一、邢窯窯址的發現

在群窯興起的唐朝，越窯工藝代表了青瓷的成就，邢窯則代表了白瓷的成就。

從西元八世紀中葉陸羽的《茶經》到九世紀末段安節的《樂府雜錄》一百三十多年的時間裡，唐朝的文人、詩人、音樂藝術家，從各個不同的角度記載了邢窯的存在、特點、邢窯所在的地點，以及深遠的社會影響。人們評價唐朝瓷器生產的突出特點是「南青北白」。南方青瓷的代表就是越窯，北方白瓷的代表就是邢窯白瓷。當然無論南方北方一個瓷窯都不止生產一個品種，因為中國陶瓷手工業在發展過程中總是物盡其用，把所能弄到的原料分清特性，製作不同的產品，只是青瓷以越窯最好，白瓷以邢窯最好。邢窯除白瓷外還有青瓷、黑瓷、青黃釉瓷、三彩低溫釉陶。和全國其他各窯產品相比，水準也很高。

邢窯窯址自一九八〇年五月以來，考古工作者在河北省臨城泂河兩岸的祁村、崗頭村等地發現十七處窯址。其後，在南北長二五公里、東西寬四公里範圍內陸續有發現。臨城地區，共發現二十多處。

一九八四年，河北省內丘縣也發現窯址，在小馬河、李陽河流域一百二十平方公里範圍內發現窯址二十八處。縣城周圍，以西關、南關窯群為中心，發現大量精細白瓷，包括在唐大明宮遺址發現的帶「盈」字款的精細白瓷。細白瓷的比例較大，在城周圍的老校場等地，還發現三彩釉陶和窯具。內丘窯址和臨城窯址連成一片，顯示出一個巨大的瓷器生產區。與唐人李肇在《國史補》中說的「內丘白瓷甌，天下無貴賤通用之。」的記載完全符合。

二、邢窯瓷器的品種

1. 青瓷和青黃釉瓷

內丘縣和臨城縣交界處的陳劉莊，南北三千公尺，東西五千公尺的範圍裏，發現十四處窯址。臨城的賈村、祁村，內丘縣的馮唐、西邱、南雙流、北雙流、南嶺、北大豐、中豐洞、吳村、白家莊、南關等窯址都生產青瓷和青黃釉瓷。這兩類瓷器以青釉為基調，只是呈色上的不同而已。質地粗、青灰胎、厚重堅硬，不夠緻密，從露胎部分偶爾可以看到沒有封口的孔隙，或露出的砂粒。青釉很厚。施釉一般從口沿至腹部，下腹至底露胎。釉層邊緣往往出現積釉，積釉呈綠色或黑綠色玻璃狀。如果不施化妝土，釉色為綠褐色，青釉特徵明顯。北京故宮博物院珍藏的青釉龍柄鳳頭壺，出土於河南北部，主體是一個盤口細頸斜肩的瓶，口部安一槽狀流，把蓋塑成一鳳鳥的頭，瓶底安喇叭形足，在與流相對的一側塑一龍柄。龍攀爬而上，伸頭吸水。壺的口沿和頸是粗大的聯珠、覆狀蓮瓣，肩部刻畫出忍冬紋，最圓鼓的腹部是聯珠圍成的六個圓餅，中心是深目高鼻，滿臉髭鬚，身軀肥碩的胡人，身披長帔，伸開雙臂，翩翩起舞。周圍是大串的葡萄，上端有飄浮的流雲、月亮。下腹是六朵寶相花，寶相花之間是圓月和星星，脛和喇叭形足也是聯珠和刻畫的蓮瓣。厚重敦篤，有金銀鎚鍱藝術的效果。就工藝水準而論，只有邢窯能做出來，估計應該是邢窯的產品（圖七七，彩圖一五六）。

在青瓷胎體上上一層白色化妝土，釉光就比較明亮。由於化妝土不夠潔白，加之燒成氣氛不佳，釉色呈青黃色，就是所謂的青黃釉。

黑瓷，主要器形有盆、匜、鍑、缽等，產量和品種都沒有青瓷、白瓷多，多數胎體厚重。工藝高超，做得端莊圓潤，氣魄不凡。南北各地的黑瓷水準都不能和它相比。釉層凝厚，釉光瑩潤。

醬釉瓷，質地較粗，器物有罐、瓶等類產品。釉層不厚，釉面光平，有的呈芝麻醬色，有的呈醬紅色，火候很高。

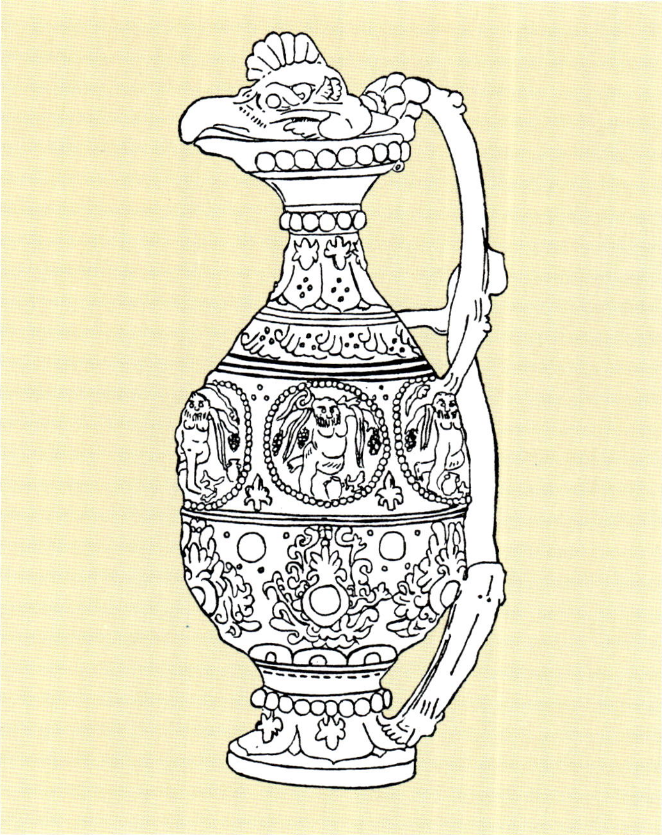

圖七七　青瓷龍柄鳳頭壺（北京故宮博物院藏）

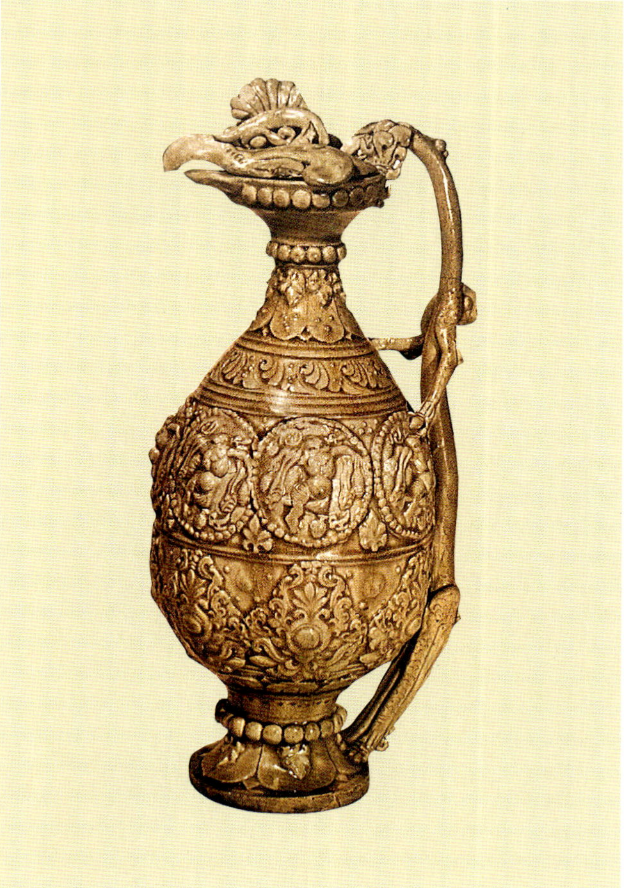

彩圖一五六　青瓷龍柄鳳頭壺　唐　高四一・二公分，口徑九・四公分，底徑一〇・〇公分　北京故宮博物院藏

乳濁釉瓷，只有少數窯址有這類產品。與河南的魯山、禹縣、郟縣的黑釉彩斑瓷器一樣，屬二液分相釉，質地粗厚，產品有罐等。

三彩釉陶，主要在邢窯中心地區，即內丘城關鎮附近的瓷窯生產。和精細白瓷一樣，屬於作坊中的高檔品種。器物有缽、杯、盤、鍑、罐等。僅根據調查所見不多的資料看，品種和數量都沒有鞏縣窯多。在藝術水準上不低於鞏縣窯。鞏縣窯除生活用具以外，還有大量的人物、動物形象，而邢窯三彩目前所見主要是生活用具。今後大規模發掘可能會有更多的發現。

白瓷，為邢窯的主要產品，數量大，品質高。通過陸路和河流等交通線，將產品運往各地。上自皇帝貴族下至地主、商人、城市平民百姓都用它。北方通過絲綢之路，南方通過海上通道，運往亞洲各國、非洲東部、北部海岸。許多瓷窯都向它學習，它的工藝技巧影響到國內許多瓷窯，中國亞洲的鄰國，甚至遠至埃及、阿拉伯世界都受它的影響。

三、邢窯瓷器的鑑定

關於邢窯瓷器的鑑定，主要有三方面的內容，一是鑑定邢瓷在三個世紀裡的發展情況，不同階段有不同的品種特徵；二是判定邢瓷和其他窯系同類品種的區別；三是判別真偽。

1. 初唐瓷器的特徵

初唐從高祖李淵立國算起，至武則天，把唐朝推向興盛階段，經歷了唐高祖、太宗、高宗、中宗、睿宗、武則天。由隋末戰亂到國家統一，打敗騎馬民族突厥等強悍武裝的侵擾，休養生息。特別是唐太宗、武則天開拓進取，經濟蒸蒸日上，社會經濟基礎的廣度和深度都超過漢朝。這一百多年是唐朝朝氣蓬勃的時期。

瓷器生產主要是青瓷、青黃釉瓷和粗白瓷。造型和北朝、隋朝區別不明顯，看得出是處於恢復和初步發展階段。瓷器的特徵是質地較粗，原料基本上沒有什麼加工，雜質較多，器物做得厚重，雖然堅硬結實，但氣孔多，有的氣孔相當大，出現細小裂隙。轆轤成型，胎面輪鏇紋雖細但不夠均勻。燒成溫度高，氣氛不夠穩定，有的露胎部分呈紅褐色，沒有任何裝飾，靠施化妝土來增加釉色的美觀，釉面有流釉、縮釉現象。現將這個時期的器形列表如下（表五）。

青瓷、青黃釉瓷主要器皿有碗、盤、缽、罐等。碗類器物，一類是侈口坦腹碗，口沿厚而薄，腹體厚而淺，平底，圓餅狀實足，碗心留有三個支釘痕。第二類碗，腹體較深，形體較小，下腹瘦長，圓餅形足較高。盤類，侈口尖唇，盤體淺，底部沒有隋代同類盤平整，大小規格很多。缽類，只有斂口曲腹圜底缽一種。罐類，一般口都較小，肩腹圓鼓，底部小，肩部多安複式雙耳或四耳，也有橋形耳。瓶類有盤口瓶和四耳瓶。

白瓷，主要是缽類器皿，大多數屬於粗白瓷。只有西安乾封二年（六六七年）

表五　各個時期邢窯器物排比表

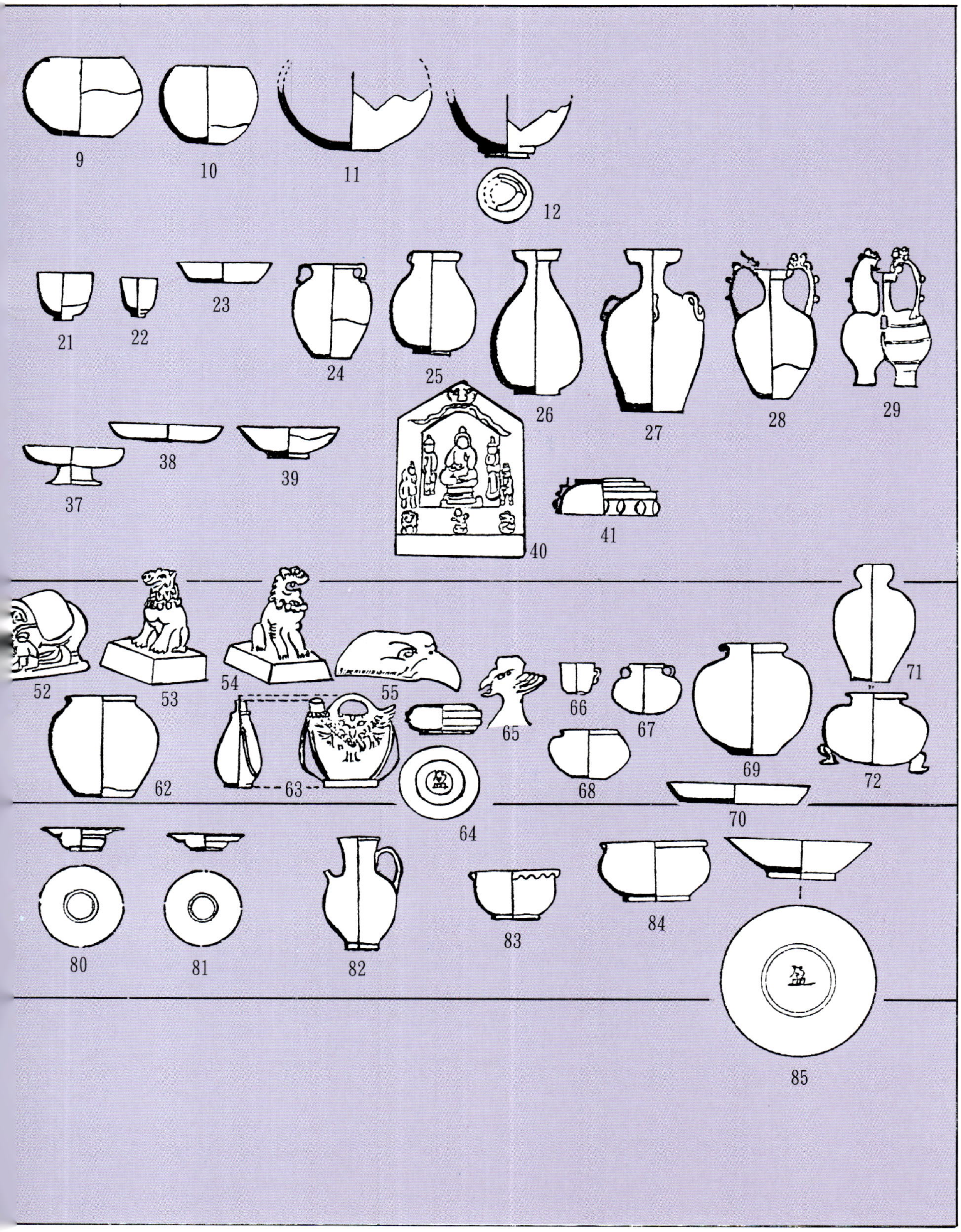

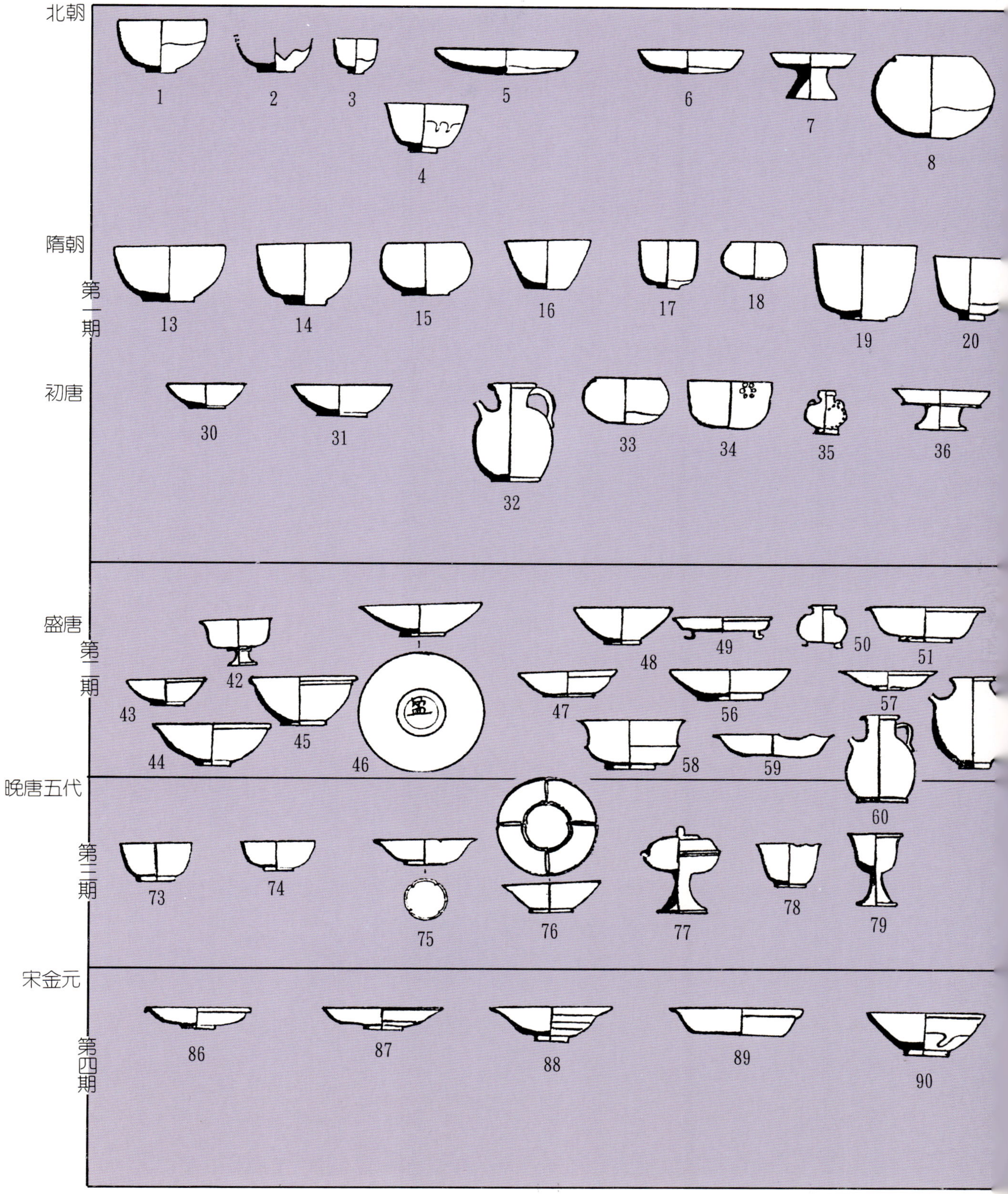
北朝
隋朝
第一期
初唐
盛唐
第二期
晚唐五代
第三期
宋金元
第四期

段伯陽墓出土的一件白瓷貼花高足鉢是優秀代表。採用貼花、刻花、印花等手法做出瑰麗的裝飾（彩圖一五七）。

在邢窯窯址中，發現一種寬腹碗，比較矮，腹壁弧度不大，底下的圓餅形足又寬又矮，足徑超過口徑的二分之一，釉的白度不高，質地也比較粗。這類碗在西安地區初唐墓中出土很多。窯址中發現二件硯臺，形制和總章元年李爽墓中出土的多足硯一樣，都是初唐的特點。掌握了它的種類和特點，就掌握了鑑定初唐邢瓷的要領。歷代工藝美術品都有鮮明的時代特點和群體意識。各地瓷器造型和邢瓷都一致。對各地墓葬、窯址出土初唐瓷器特點的了解，有益於對初唐邢瓷的鑑定。

2. 盛唐邢瓷的特徵

從唐中宗到德宗，經過殤帝、玄宗、肅宗、代宗、德宗。從八世紀初到九世紀初一百多年裡，特別是唐玄宗文治武功，對國家的繼續開放，使唐朝社會發展到鼎盛時期，有重要作用。其間雖然有安史之亂的大震盪，對最高統治集團是一個沈重的打擊，但整個社會經濟文化仍然繼續在發展。對外經濟貿易往來進入最活躍時期，邢窯瓷器生產此時期得到巨大的發展，工藝水準提高到一個嶄新的階段。

青瓷、青黃釉瓷、黑瓷繼續生產，水準又有提高。表現在胎體變薄，釉層明亮，製作精巧，和細白瓷相比，數量相對下降。三彩釉陶水準很高，數量相當大。

粗白瓷，不僅數量增加，而且品質有很大提高。邢窯粗白瓷只是和本窯精細白瓷相比顯得粗厚，但和全國各地，尤其北方各窯瓷器相比，它的水準還是要高得多。以盤口雙龍柄尊為例，做得雄偉豪放，

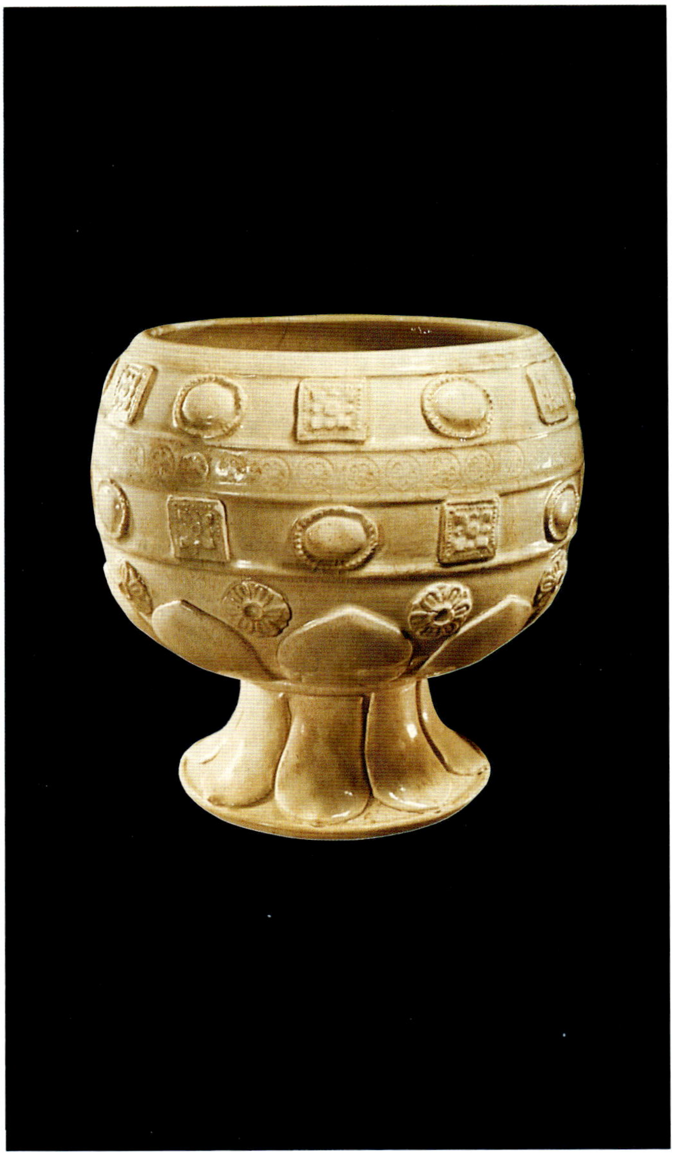

彩圖一五七　白瓷貼花高足鉢　唐　高一三·〇公分　陝西省西安郊區乾封二年（六六七年）段伯陽墓出土

精良壯美。不足者胎體較粗，白度不夠高，釉層較薄，略微泛黃。這類器物其他各窯很少見到。

細白瓷，胎體細密堅緻，選用優良瓷土，經過細心加工，從成型到裝飾做得一絲不苟，潔白無瑕，沒有任何變形和釉面污染的現象。這個時期瓷器的特點是圈足比較短，足挖成玉璧形，雖然用轆轤車拉坯成型，但修琢十分精細，胎面看不到任何輪鏇紋理。釉汁直接施在胎面上，不施化妝土。胎釉很潔白，看起來如銀似雪。胎體中含三氧化二鋁比較高，要求攝氏一千三百二十度以上溫度才能燒成。從取樣品分析，為保證坯體不變形，窯中溫度仍然控制在攝氏一千二百三十度左右，所以吸水率比較高。

白釉屬於氧化鎂——氧化鈣——三氧化二鋁——氧化硅系統（MgO-CaO-Al_2O_3-SiO_2），即「鎂——灰」釉。釉質精細，光澤瑩潤，燒成火焰為弱還原焰，釉色白中泛青。

器物種類明顯增加，日常器物有碗、盤、杯、瓶、壺、罐、盞托、蠟臺、鳳頭壺、皮囊壺、菱花形碟、深腹缽、騎馬人、獅子等。這些作品沒有什麼特別的裝飾，造型比例準確，端莊秀美，線條流暢，顯示出大唐盛世的宏偉氣魄。器形典雅大方，把白瓷的胎釉素淨美和質感美發揮到最大限度。它美在質樸、崇高，沒有任何故做雕琢之嫌，美得令人陶醉，而又予人以含蓄蘊藉的感覺。全國各窯都學習它，荷口碗、葵口碗等精細薄胎瓷器在這個時候大量出現。三足盤、獅子、人物與象等雕塑品也在這個時候流行。造型特徵，碗類器物比較矮，碗壁弧度不大，足徑是口徑的二分之一，少數超過二分之一。高度一般只有口徑的四分之一。底足內牆低於外牆，或兩者相等。足心挖得很淺，足高只有通高的十分之一（彩圖一五八）。許多器物底部刻「盈」字款。刻「盈」字、書寫或刻「翰林」字樣的瓷器在長安大明宮遺址、墓葬中出現。據唐代文獻的記載，皇宮裡有專門為皇帝收藏珍奇珠寶和銀錢的御庫，一個叫「大盈庫」，一個叫「瓊林庫」。刻「盈」字款的瓷器就是為皇宮燒的貢瓷，到皇宮後收入大盈庫。

3. 晚唐時期邢瓷的特徵

唐王朝從九世紀初到十世紀初就是它的晚期，政治腐敗，國力衰微，藩鎮割據，戰亂不止。可是南方經濟卻繼續得到發展。在中外關係方面，雖然北方的絲綢之路已經衰落，但沿海地區海上貿易卻極為活躍。邢窯瓷器繼續發展，主要表現在精細白瓷品種和數量都有所增加。包括生活用品、藝術陳設品、動物形象，瓷器在社會上的使用面擴大了。以前精細白瓷出土主要是在皇宮遺址、達官顯貴的墓葬中，中小墓葬、沿海港口城市，文化遺址很少見到，現在則在一些身分不高，並不富有者的小墓，以及沿海港口城市出土很多。日本、印度、泰國、菲律賓、斯里蘭卡等國出土的邢窯精細白瓷都是這個時期的產品（表五）。

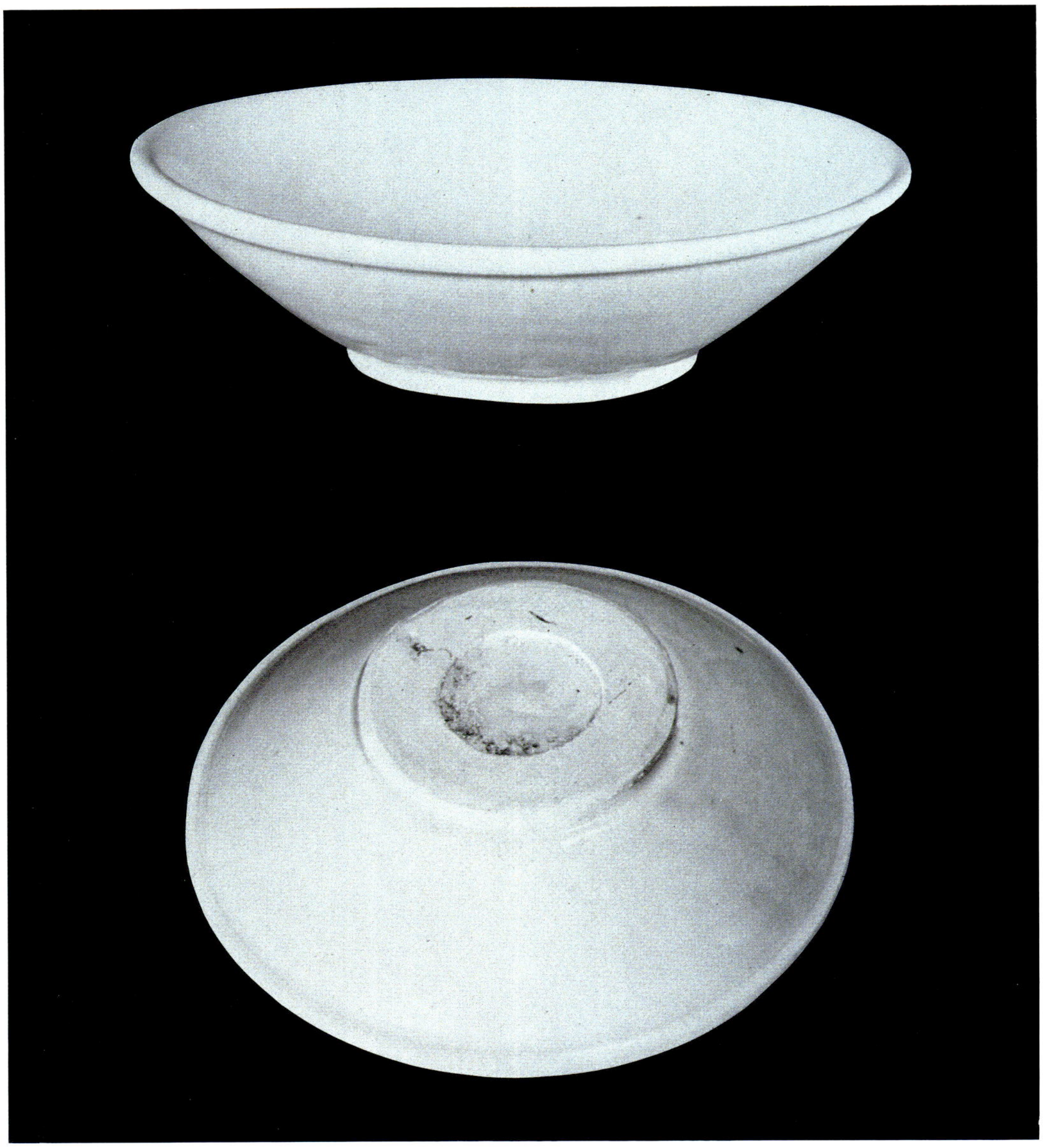

彩圖一五八　邢窯白瓷碗　口徑一四・一公分　採自日本小學館《世界陶瓷全集》(隋、唐)

邢窯瓷器生產得最多的是日常生活用具，學習金銀器的工藝特點，做出的器形有葵口碗、盤、碟、盞托，精細而飄逸。胎體燒結情況良好，沒有任何生燒的現象，所以郭道源用邢窯和越窯瓷碗能奏出美妙的樂章。造型、質地、釉色以今天的標準來看，也是無可挑剔的。大陸文物市場上出現的假邢瓷，主要仿製這個時期的產品。根據真假文物的特點對比分析，突出的特點是假骨董工藝粗糙，胎體沒有做得那麼緻密。邢窯白瓷的白度在唐代就很高了，但不像今天贋品那樣白得發死，真品白得柔和瑩潤，看起來悅目，贋品則為冷白色、僵硬，看起來不舒服。晚唐邢瓷修坯技巧很精湛，就像用車床鏇出來的一樣，而現在臨城一些瓷廠做的假骨董修坯總是不規整，不精細，線條不挺拔，不圓潤。唐代工匠製瓷是一種創作，責任心很強，全部身心都投入創作中去，表現出較高的文化修養。做假骨董本來就是一種缺德的損人利己的行為，既不講道德，更無文化修養，幾十年的大鍋飯，已使人對任何事情都漫不經心。在做假骨董時，盲目自信，認為別人不懂，以為任意製作別人都會信以為真，騙錢是容易的事，馬虎草率則隨處可見。在分量上也是輕飄飄的。有的故意加厚底足，使人有良好的手感，但各部分則顯得笨滯。

晚期邢瓷，特別是碗、盤、碟、罐等形體加高，比較修長。罐瓶類器物最大直徑往上提，下腹較瘦，比較秀美，底部加寬，圈足有所提高，有玉璧形足，也有玉環形圈足（表五）。

晚唐除生產白瓷以外，還生產黑瓷和花釉瓷器。

四、曲陽窯瓷器

曲陽窯就是宋代定窯的前身，在河北省曲陽縣澗磁村窯址的下層，時代為晚唐，有青瓷、褐黃釉瓷和白瓷。前兩者沒有什麼特別之處，和唐代粗瓷一樣。白瓷也比較粗，釉色發黃，器物底部有玉璧底。在澗磁村以北的北鎮地方，發現晚唐白瓷窯址，生產數量較多，有一定規模，工藝水準比較高。

曲陽窯學習邢窯工藝，利用當地瓷土進行生產，北鎮的工藝，起步晚於邢窯。學習邢窯的製作工藝，基本上是模仿。模仿是中國古代手工藝傳播的主要方式，先模仿一個名窯或附近的作坊，手藝練好了，累積了經驗，在資金比較雄厚的基礎上再進行創新，製作出風格新穎的產品。北鎮窯址沒有進行發掘，就發現的資料看，產品種類不多，主要生產碗罐等類。原料雖然比澗磁村下層白，但加工不細，含細砂，質地堅硬，胎色白中泛灰。釉質也比較粗，白中泛黃或泛灰。成型工藝比較好，器物做得很規整，但修坯操作不嚴，尤其足部鏇修都不夠準確，挖足後用刀切削足沿，留下刀痕。這是一次挖不成功，再用刀切，才留下刀痕；而邢窯一次成型就很成功，由於技藝嫻熟精湛，挖足時既準確又精到，也有修坯，不留痕迹，這是曲陽窯不如邢窯之處。但從生產的氣魄和周圍生產條件看，雖然起步較晚，還是比北方其他瓷窯水準高得多，而且產品銷往各地，在泰國、斯里蘭卡等國都有發現。它瞄準唐代水準最高的白瓷窯作為學習的榜樣，當然比閉門製作的小作坊高明，所以它的前景很光明。

第四節　鞏縣窯的各類瓷器和三彩釉陶

北方製瓷作坊，除邢窯之外，就數鞏縣窯規模最大了。陶瓷窯址集中在鞏縣老城東南，隴海鐵路南側，遺迹集中的地區有大黃冶、小黃冶、窯貨嶺、鐵匠爐、白河鄉、龍王廟、電灌站、養豬場等。有一條長十多公里的河流，上游因為唐代生產白瓷的關係叫白冶河，中游因為生產三彩釉陶，叫黃冶河，下游叫泗水。這些千百年來流傳下來的傳說，說明唐代陶瓷生產在民間的影響。調查窯址，看縣志、聽傳說，很有幫助。黃冶河，從發源到與伊洛河匯合，注入黃河為止，沿岸有許多瓷窯遺址。根據考古資料證實，從隋代至宋代，生產了大量的青瓷、白瓷、青花瓷和三彩釉陶。鞏縣窯最興盛的時期是盛唐。從窯址看，作坊規模大，各類作坊有明顯的專業分工，生產效率高，特別是三彩釉陶，種類多，工藝精湛，藝術水準很高。晚唐，由於戰亂逐漸衰落，但戰爭的空隙時間，人們又出來繼續生產。不過江河日下，工藝水準下降，失去昔日的光輝。鞏縣各類陶瓷有以下特徵：

青瓷，器形有罐、高足盤、碗、瓶等。胎體比安陽窯、山東泰安窯、曲阜窯的作品要薄一些，釉色略微發黃，釉層比較光亮，但和白瓷相比則顯得粗厚、敦實。

白瓷，器物種類比較豐富，有瓶、罐、碗、盤、杯、壺等。有的作品做得氣勢恢宏，很有水準，雖然白度不夠高，但造型規整方面不遜於曲陽窯，初唐產品也不遜於邢窯。西安乾封二年（六六七年）段伯陽墓出土的白瓷四繫罐，其特點符合鞏

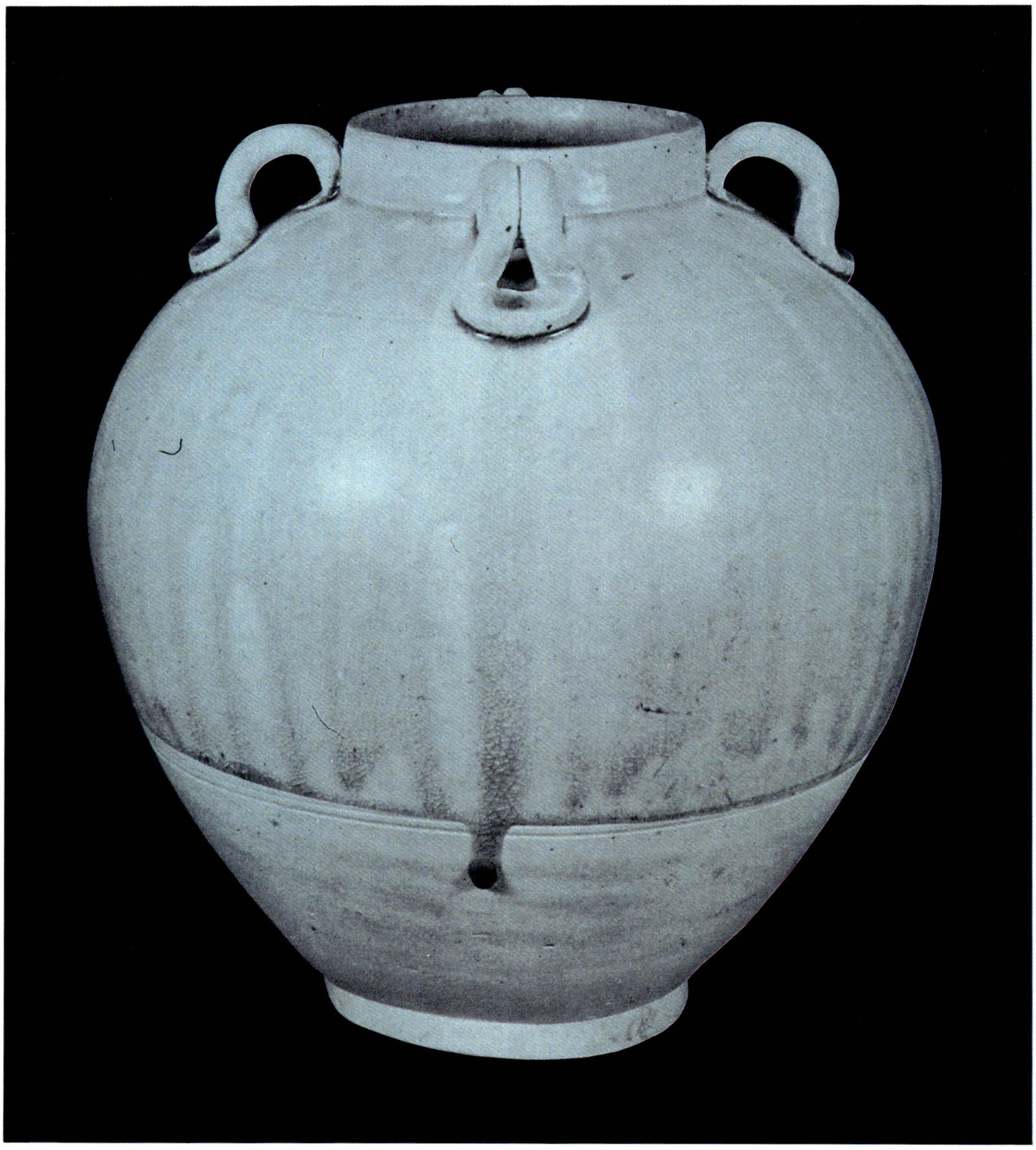

彩圖一五九　白瓷四繫罐　唐　高二二・四公分　陝西省西安郊區乾封二年(六六七年)段伯陽墓出土

縣窯早期白瓷的特點，代表了鞏縣窯白瓷的水準（彩圖一五九）。

胎體由於原料質地較粗，加工不夠，造型做得比較厚重。

釉質和釉色，釉質比較粗，大多數泛黃。經過科學測試，鞏縣窯配製的釉料裡，白瓷含鐵量只有百分之零點五七，這樣低的鐵含量，應該燒出比宋代定窯更白更細的白瓷，但並非如此，而生產出來的產品大多數只能和邢窯的粗白瓷相比。說明瓷器工藝光有原料好還不行，還要有高超的技藝和嚴謹的操作規程，才能燒出理想的作品，所以製瓷行業千百年來流行的說法是「一料、二工、三火」缺一不可，是很有道理的經驗之談。

青花瓷器，在唐代瓷器的鑑定鑑賞中，需要介紹一下唐代發明的青花瓷器。青花，即白釉藍花瓷，於晚唐發明，此時江南各地廣泛開展海外貿易，尤其和波斯、阿拉伯國家經濟貿易、文化藝術、各類工藝技匠交往十分頻繁，唐朝白瓷工藝成熟，在中外經濟貿易發展過程中，呈現藍色的鈷料運用到瓷器裝飾上去了。根據考古發掘中出土的唐代青花瓷器彩料、胎料、釉料分析，這些青花瓷器源自於鞏縣窯。考古工作者和硅酸鹽化學工作者在鞏縣窯的調查中都發現了青花瓷片⑤。鞏縣窯生產大量三彩低溫釉陶，三彩中使用鈷藍的情況很普遍，甚至整件器物都是藍色釉。

根據對青花藍色彩料的測試，它是一種低錳、低鐵、微量銅的鈷料，還含硫等成分。與波斯已知的鈷料相差很遠。所含成分不同，發色效果自然有所不同，工匠採取的相應工藝也有所不同，因此和元、明初青花藝術效果有顯著的區別。英國牛津大學實驗室在七十年代初期，對唐三彩中的藍彩進行過測試，指出它來自波斯，要從新考慮。波斯是西亞富庶而強大的國家，是亞洲（特別是中國）通往西亞、非洲、歐洲的必經之地。波斯產鈷，很早就在燒陶、燒玻璃、紡織品的裝飾等各方面都有藍彩作裝飾，畫面格外漂亮。唐朝在追求異國情調時，用中國鈷藍來裝飾瓷器是很自然的⑥。

波斯和中國，通過陸路、海路往來一直很密切，包括陶瓷、絲綢織品在內，中國工藝對波斯的影響自不待言，大量的波斯精美工藝品傳入中國，對中國工藝美術也產生許多影響。唐代陶瓷工藝受到的影響特別明顯，唐人用國產鈷料來美化陶瓷，是一大創造。

唐鞏縣窯生產了青花瓷器，唐人很少使用，距鞏縣很近的洛陽、都城長安及內地遺址和墓葬都沒有發現青花瓷器。只有作為海外輸出的重要港口城市揚州，在它的唐城遺址裡有所發現。估計當時中國人尚不太習慣使用，青花瓷器可能遠銷波斯、阿拉伯、埃及等國家和地區，也可能是居住在揚州的波斯人、阿拉伯人在使用。揚州唐城遺址出土的青花瓷片可能是居住在揚州的波斯人、阿拉伯人使用中打破了遺留下來，也可能是準備和其他貨物一起輸往海外，在揚州損壞一些而遺留下來。

三彩釉陶，唐代的三彩釉陶工藝取得卓越的成就。生產三彩的窯場，目前所知規模最大的是鞏縣窯，其他還有河北的邢窯、陝西銅川的黃堡窯和四川的邛窯。

唐代三彩釉陶有兩類作品，一類是用紅陶作胎，施單色釉居多，有綠釉、醬色釉作品。這類作品可能不在製瓷作坊中生產，而在製陶作坊中生產。唐代製陶工藝水準也很高，紅胎釉陶，由於瓦胎粗糙，釉質也比較粗，加上襯底的顏色不漂亮，這類釉陶水準不高。現在大陸文物市場上出現一些紅胎釉陶的贗品，紅胎施綠釉，製作時採取了措施，紅胎細，釉層薄，沒有任何鬆散掉落的現象，偶爾在底部露胎的邊角有磕碰掉落的小塊，不是古陶剝蝕掉落的特點，而是人為敲掉的，然後用污色塗染，但仍然有新色痕迹，如果用軟紙或棉球沾水拭洗，新的陶色就能看清。不了解這些情況還以為是唐三彩的上好之作而上當。再者，真品做得比較粗，質地比較鬆，假骨董做得很細、堅硬，無論是器皿還是人物、動物形象都用手摸得很平，真品不用手摸，用刀修刮，修刮不仔細，留有刀痕。真品施的釉多為醬褐色、老綠色等單色釉，凝厚深沈；色調不純正；贗品多為綠釉，釉層薄，有浮光，光亮好看。在硬度上，真品硬度低，贗品硬度大。

用瓷土做的白胎三彩作品數量很大，其成分和白瓷（粗白瓷）相近（見表六）。

唐三彩釉的化學成分，綠釉含二氧化硅為百分之三十點六六，三氧化二鋁為百分之六點五六，三氧化二鐵為百分之零點五六，氧化鈣為百分之零點八八，氧化鎂為百分之零點二五，氧化鉀為百分之零點七九，氧化鈉為百分之零點三六，氧化鉛為百分之四九點七七，三氧化二磷為百分之零點二九，氧化銅為百分之三點九一。如果是黃釉，則釉中的三氧化二鐵為百分之四點零九或四點七一。如果是藍彩或藍釉，則氧化鈷為百分之一點零三至一點零九。

儘管釉裡配色的金屬只有銅、鐵、鈷，由於工匠完全掌握了上述金屬的呈色機理，使其相互搭配，流動浸漫，以及窯中焰火的溫度、氣氛的靈活操作，出現許多色彩。唐三彩的基本顏色是白色、綠色、醬黃色，就是由於工藝手段的巧妙，各種顏色又能分出許多新色。如綠色在三彩釉陶上就有老綠、嫩綠、翠綠；黃色有赭黃、嫩黃、深黃；醬色有醬紅、褐紅；藍色有淺藍、天藍、藏藍；其他還有茄紫、黑色等。紅、醬、褐、黃等色屬於重彩，氣氛熱烈，有助於表現大唐盛世欣欣向榮的時代景象，唐俑中的文吏武將、呆滯的動物如駱駝、麒麟、老牛等、莊重的器皿如塔形罐多用這些色彩。藍、白、綠則比較淡雅，表現和諧優美的歡樂氣氛，年輕侍女、活潑的小動物、靈巧的器皿多用這些色彩。不同的器物採用與之相應的色彩，唐三彩做得極為成功。古往今來，任何時代的釉陶作品都不能和它相比。

唐三彩種類很多，飲食器皿有碗、盤

、高足盤、杯、盞、樽、渣斗、執壺、各種獸首杯、獅形角杯、龍頭角杯、牛頭角杯、羊頭角杯（即來通）、缽、高足缽、九盅盤等；盛貯器有罐、瓶、尊等；文房用具有水盂、硯臺；寢室內用具有燈、燭臺、唾盂、香爐等（彩圖一六〇～一六二）。

雕塑藝術形象，有天王、力士、文吏、貴婦、男僮、女侍、女扮男裝者、牽駝牽馬的漢人或胡人、胡商、胡廚、樂人、舞人、雜耍人物、戲弄人物、小鬼、鎮墓獸等。動物形象有麒麟、牛、驢、駱駝、羊、狗、獅子、老虎、兔、蛙、馬等。模型類有庭園、糧倉、廁所、假山、車、櫃、磨、井架、舂、碓等（彩圖一六三～一七〇）。

唐三彩主要是為了滿足唐朝社會厚葬風氣需要而做的明器，特別是三彩陶俑，幾乎把唐朝社會的等級制度、王公貴族、達官顯貴，以及社會下層勞動者的衣著打扮、精神風貌都用雕塑手段藝術地再現了

表六　河南鞏縣窯址白瓷和三彩胎體對照表

標本名稱	胎色	SiO_2	Al_2O_3	Fe_2O_3	CaO	MgO	K_2O	Na_2O	灼減
白冶河粗白瓷胎	白色	69.91	30.10	0.71	0.43	0.28	1.24	0.72	0.29
景龍三年三彩陶器	白色	65.55	29.48	0.40	0.35	0.51			1.14

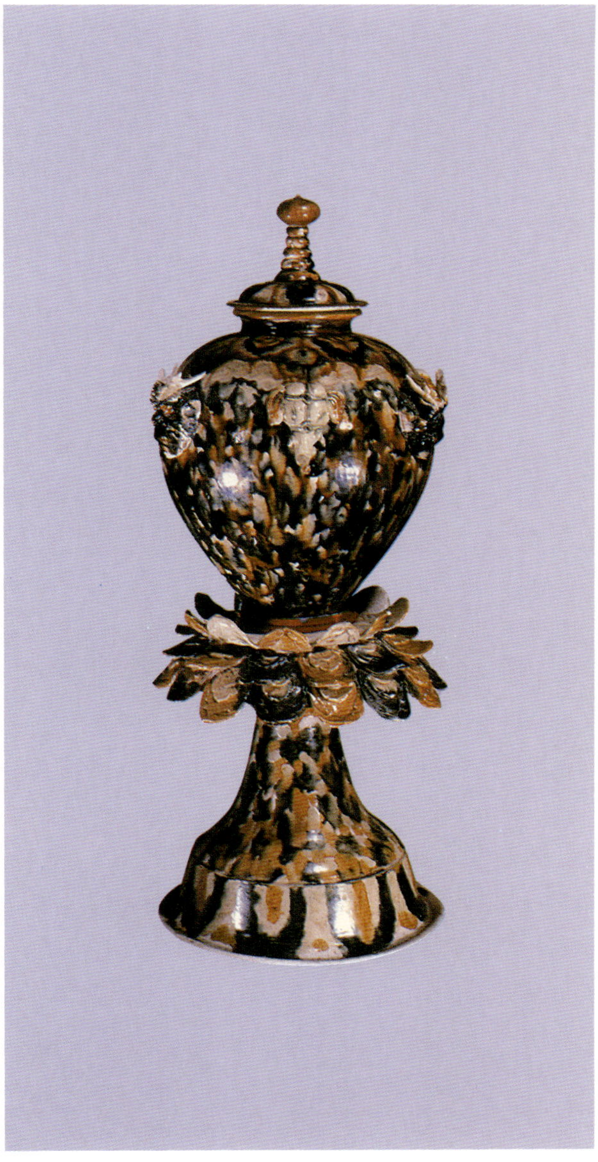

彩圖一六〇　三彩塔形罐　中國歷史博物館藏

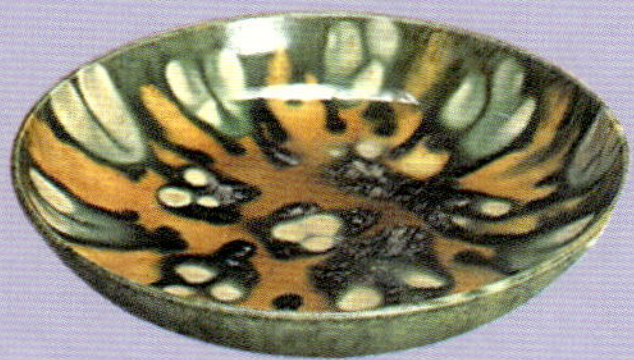

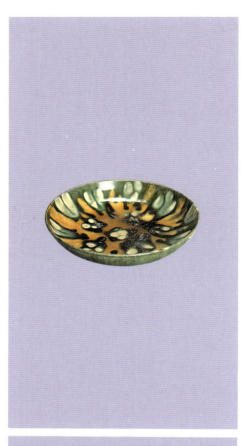

彩圖一六一　三彩盤　唐　高二・五公分，口徑一一・八公分　永泰公主墓出土　陝西省博物館藏

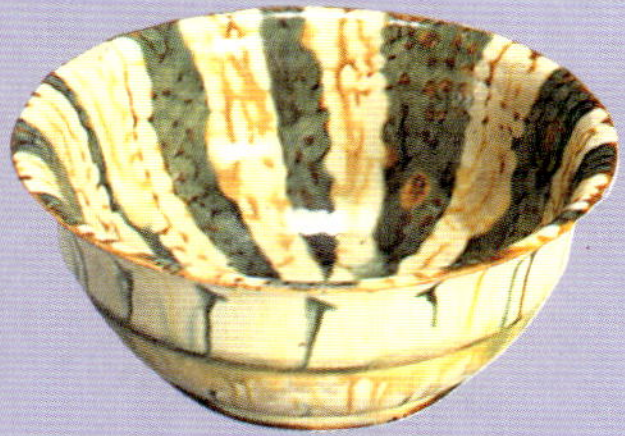

彩圖一六二　三彩折腰碗　唐　高一七・五公分，口徑一七・二公分　永泰公主墓出土　陝西省博物館藏

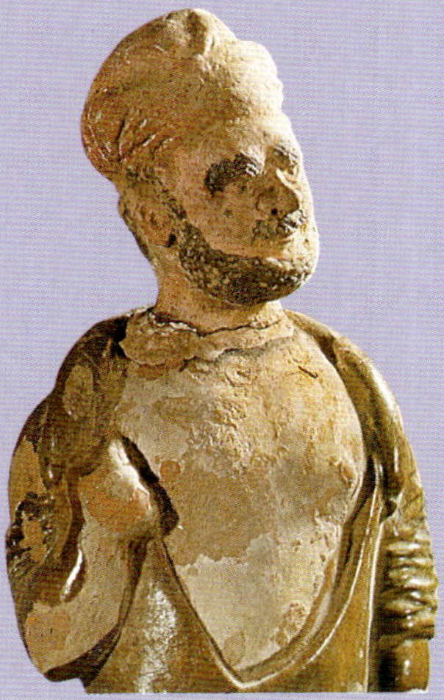

彩圖一六三　三彩胡人執事俑　唐　高三一公分　河南省洛陽唐墓出土　洛陽市博物館藏

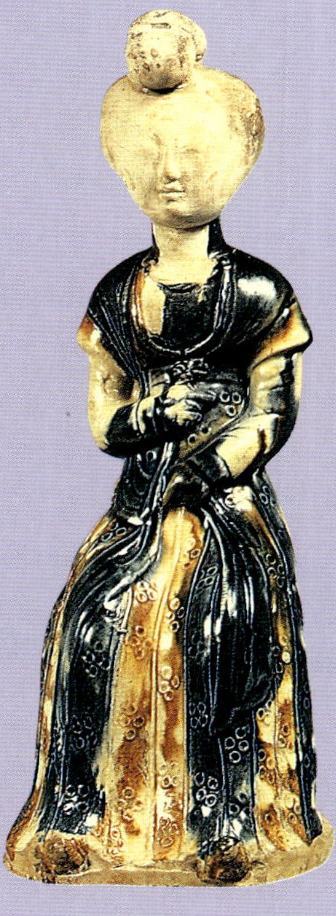

彩圖一六四　三彩女坐俑　唐　高二八・五公分　一九五四年西安唐墓出土　陝西省博物館藏

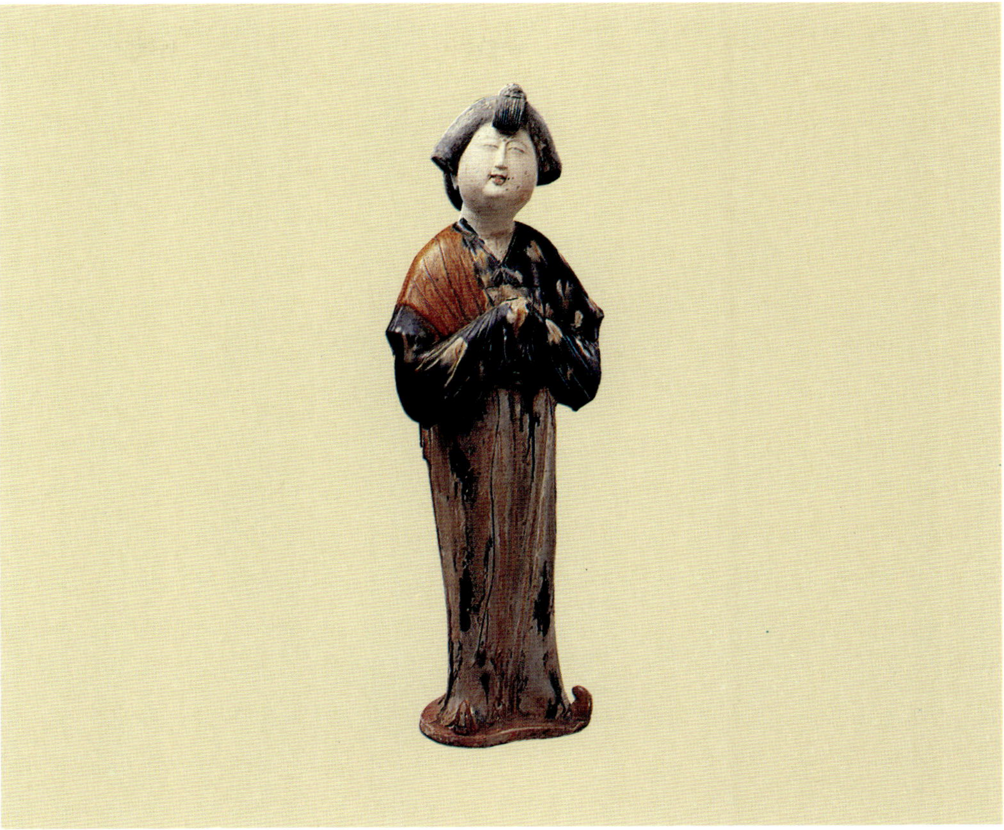

彩圖一六五　三彩女俑　唐　高四四・五公分
一九五九年陝西省西安市中堡村唐墓出土　中國歷史博物館藏

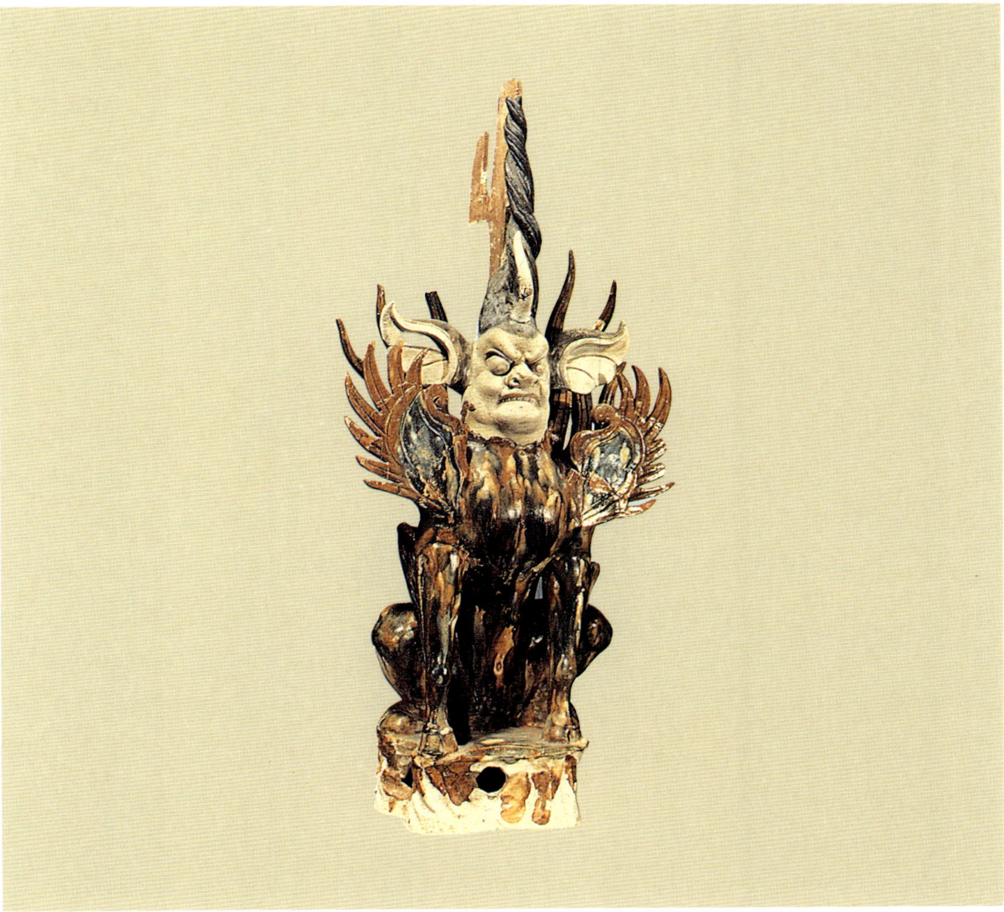

彩圖一六六　三彩鎮墓俑　唐　高五七・五公分
西安市中堡村唐墓出土

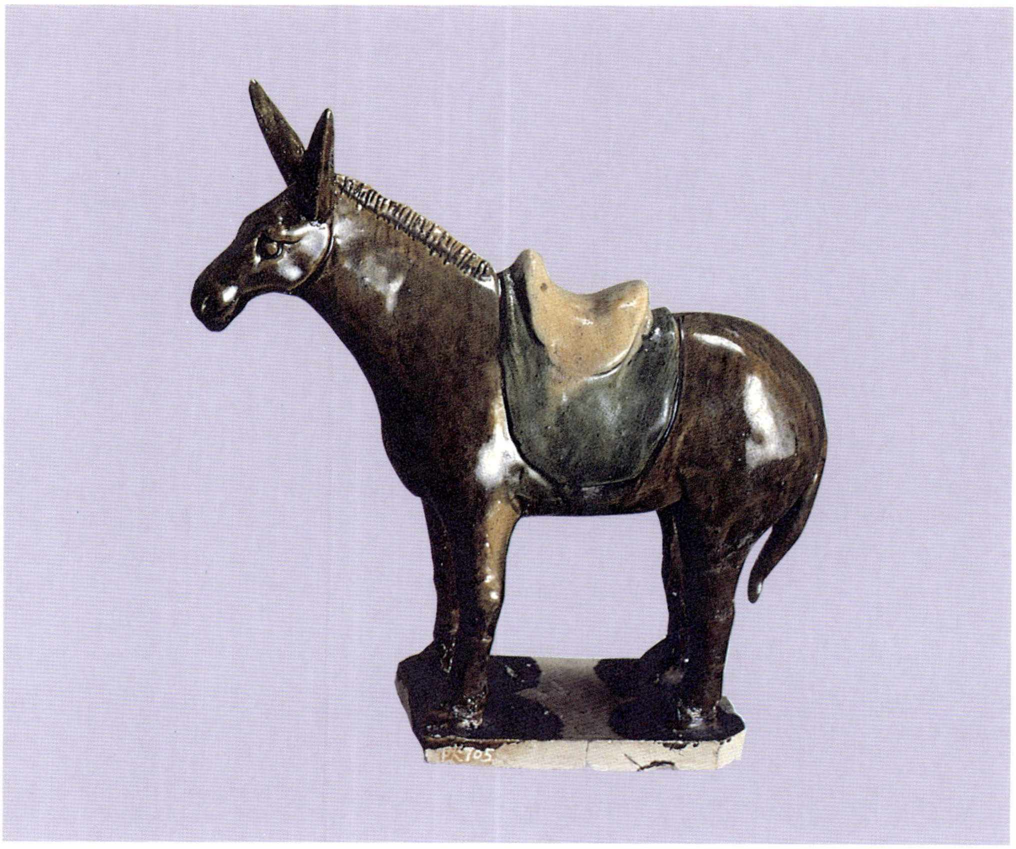

彩圖一六七　三彩毛驢　高一六・五公分
一九五五年西安西郊韓森寨唐墓出土　中國歷史博物館藏

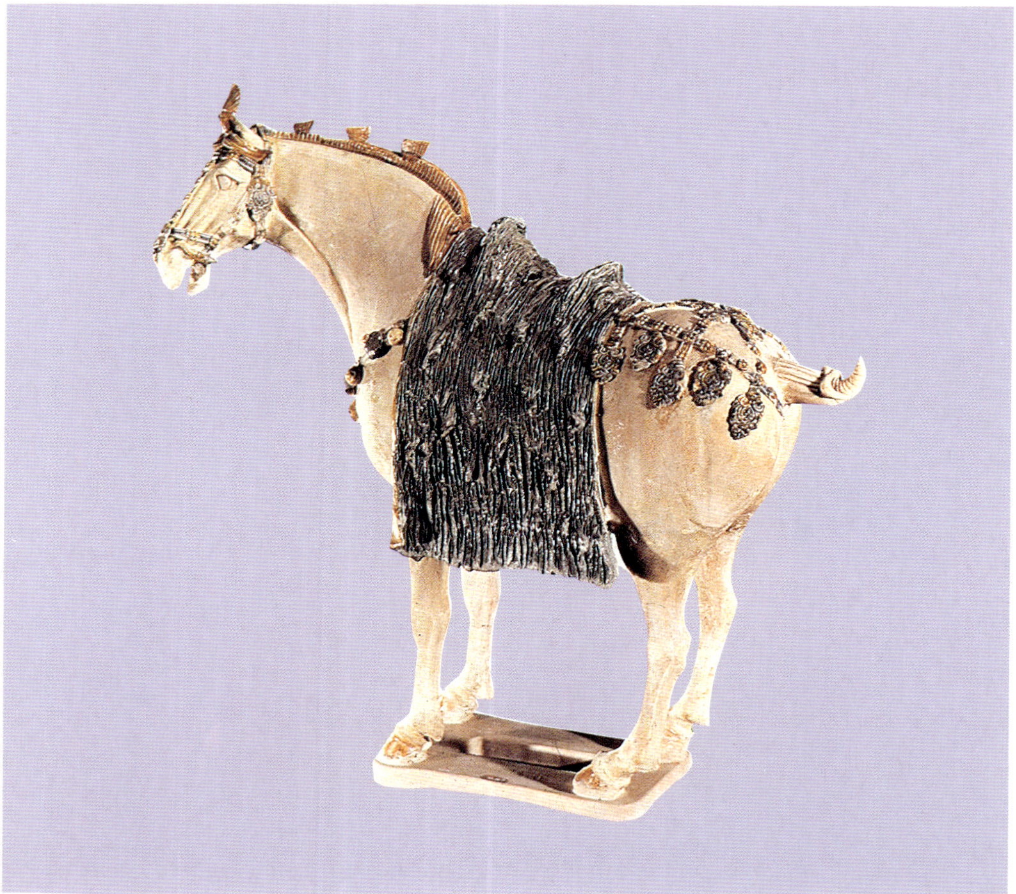

彩圖一六八　三彩馬　高五四・六公分
一九五七年西安市南何村唐墓出土　中國歷史博物館藏

彩圖一六九　三彩駱駝　中國歷史博物館藏

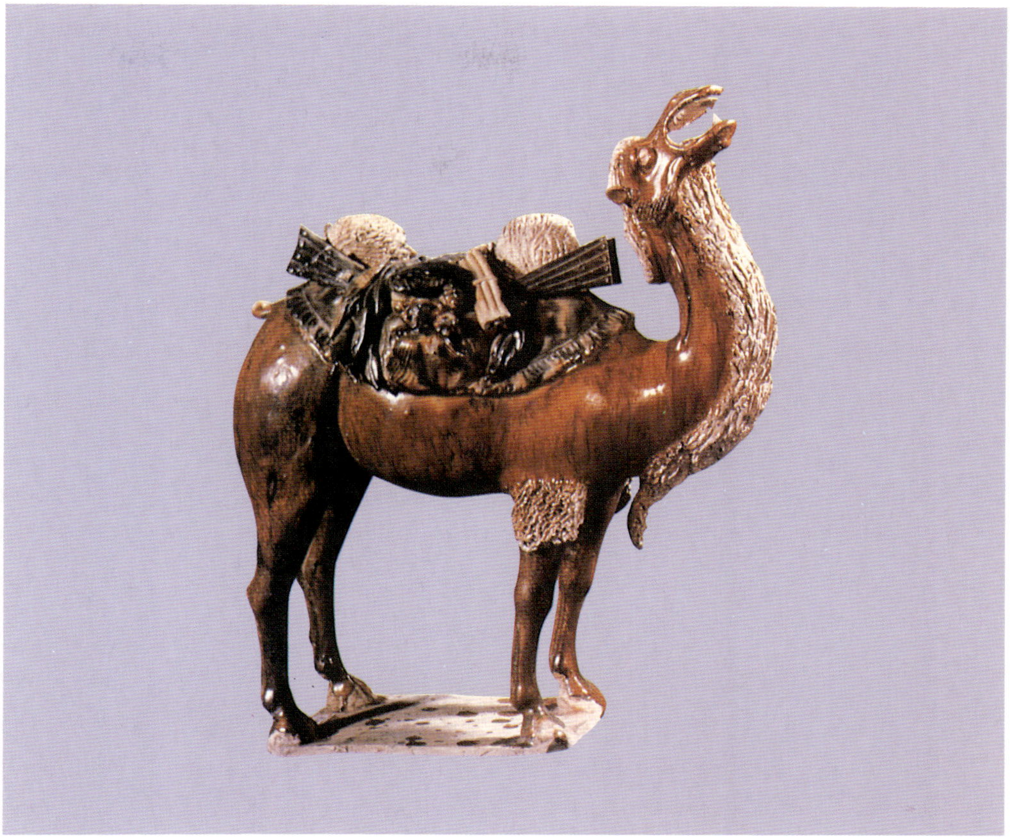

彩圖一七〇　三彩假山水池　陝西省博物館藏

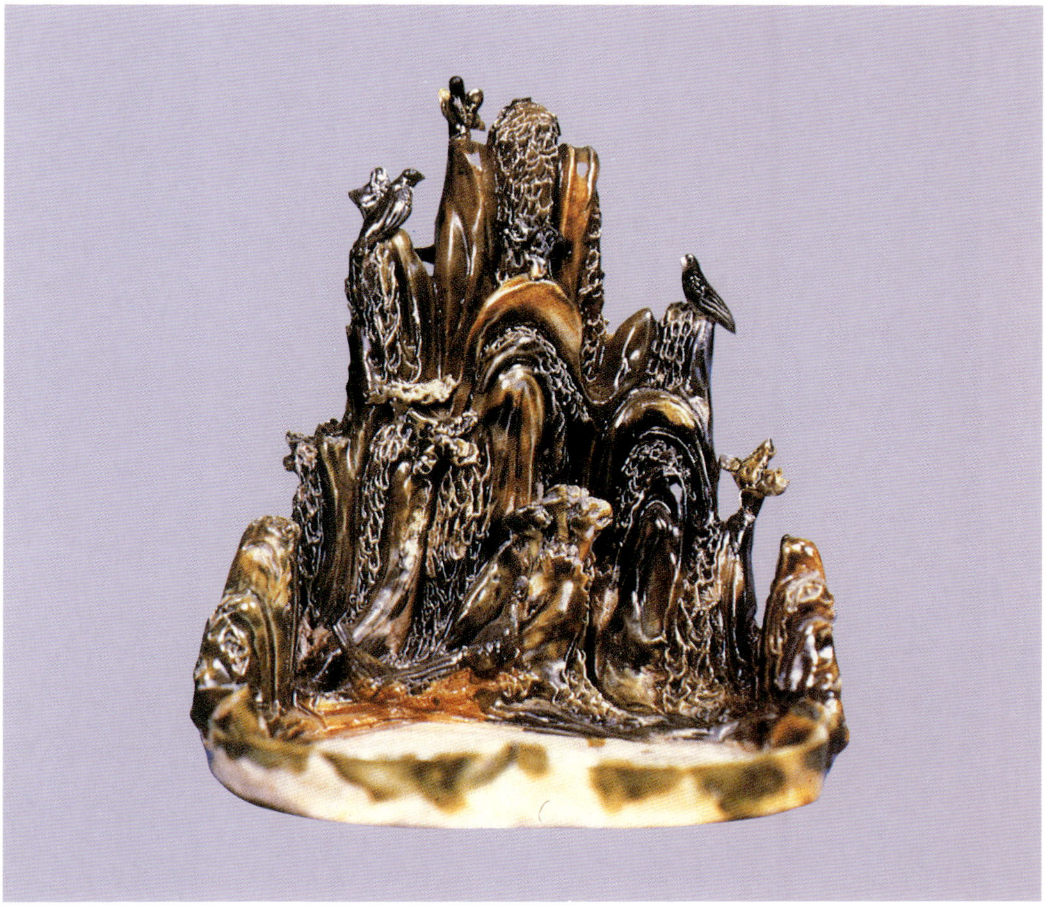

出來。文官武吏的莊嚴顯示統治機構的成員形象，武士俑的年輕瀟灑，戰馬俑的英姿煥發，反映了唐朝武裝力量的強盛。貴婦和侍女揭示了上層社會的嬌奢生活。深目高鼻的胡俑和憨厚溫順的駱駝，表現當時的中國漢族和少數民族，中國和亞洲鄰國之間的開放、交流、和睦相處的情況。

生活用具做得十分精美，飲食器具和貯盛用具大部分能在生活中使用。大小規格都便於使用，經過攝氏九百度高溫焙燒，其硬度不遜於日用的灰陶器皿。加之表面有光亮潤滑的釉層，便於拭洗，用起來很愜意。鉛釉有毒，當時人們並沒有今天這樣高的科學、衛生常識。三彩釉陶中的鉛對人體的毒害是一個緩慢的過程。道士煉丹往往加大量的鉛，其毒性比三彩大得多，所以當時人們並不介意，更不了解。

唐三彩在本世紀初，隴海鐵路修到洛陽一帶時，挖掘了大量古墓，一些唐墓成批出土各類三彩作品。古物專家王國維、羅振玉等人注意到它的價值並加以研究介紹，這類藝術品才逐漸被人們所認識。古物收藏家、研究者、博物館、外國古物愛好者逐漸出錢收藏。洛陽一帶辦起了仿製唐三彩的作坊，由一些技藝高超的工匠來製作，做得很逼真，當時人們就不容易分清，到現在存放了幾十年，人們更難分辨真偽。國外有一些大型圖書刊載唐三彩的精品，有的就是贗品。

二十紀七十年代以來，為了滿足人們好古的要求，大量仿製唐三彩，開始做得比較精細，後來一窩蜂，鋪天蓋地的做起來，利慾的驅使，懂技術的做，不懂技術的也做，粗俗不堪。沒有多久，大唐盛世遺留下來的這分文化遺產就被糟蹋了，全國上下，滿街都是，人們看都懶得看一眼。這些劣作，鑑定起來並不費勁。但是有些有幾十年經驗的老藝人，和技術能力強的工廠，下大力氣進行仿製，做得水準很高，與真品無異，它們混入文物流通市場，混入走私隊伍，在中國大陸以外的地方出現，使一些收藏家、博物館受騙上當。

鑑定唐三彩應從以下幾方面入手：

一、胎體，真品胎泥加工不細，白度不高，硬度小。贗品胎體又白又細，有的白得像石膏，硬度很大，燒成溫度很高。

二、釉層，真品多施化妝土，釉層厚而潤澤，色彩豐富，流動性很強。贗品不施化妝土，色彩單調，釉層薄，很明亮，流動性小。

三、贗品的偽裝，污泥塗抹露胎部分，用酸浸泡釉面，釉層像木頭一樣沒有光澤。用軟布擦釉面，留下道道平行擦痕，仔細看能察覺。

四、造型上不符合唐三彩造型規律，粗糙。

第五節 岳州窯和長沙窯瓷器的特點

唐代瓷器藝術，取得突出成就的瓷窯，除越窯、邢窯、鞏縣窯以外，就是湖南的岳州窯及長沙窯了。

岳州窯的窯址，主要在湘陰縣的城關

鎮、窯頭山、白骨塔、窯滑里等地。陸羽在《茶經》中稱讚其優點時，將它和越窯並列，說「越州瓷、岳州瓷皆青，青則益茶。」岳州窯在南朝開始生產，唐代有所發展，但和越窯青瓷不能相比。製作的器物是一些灰胎青釉的粗瓷。可能生產規模較大，由於陸羽本人偏愛青瓷的緣故，所以將其排在唐代名窯的第四位。為掩蓋粗糙的毛病，胎體多施白色化妝土。釉中以石灰石作熔劑，含鐵量不高，青中泛黃，類似青棗皮，玻璃很強，開細碎冰片。生產的日用器皿以碗、盤、高足盤、缽等為主，還有盤口壺、罐、盂、罈等（彩圖一七一）。

裝飾花紋有拍印的小團花、刻畫的直線紋、錐刺的篦點紋等。

目前尚未見到仿製岳州窯的贗品出現在文物市場上，對它的鑑定主要是分辨它和同時代其他瓷窯產品的區別。從工藝角度看，特殊之點是工藝不精細，底足不是用墊餅或小墊餅而是用墊圈，這不同於越

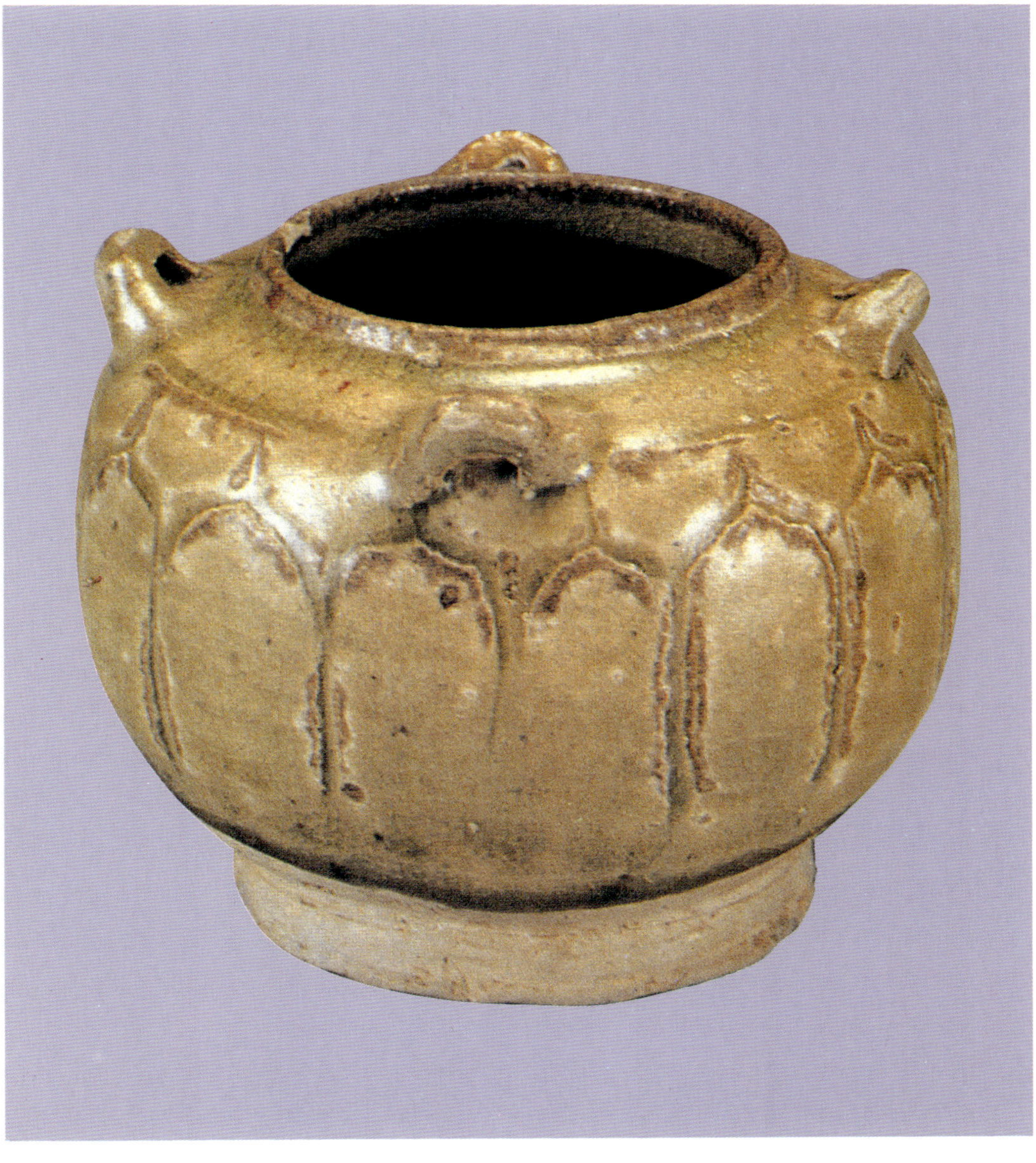

彩圖一七一　青瓷四耳罐　岳州窯　初唐　高一三公分，口徑八・五公分　首都博物館藏

窯，也不同於北方各窯，北方用三叉支釘。從觀感特徵看，岳州窯釉色較淡，棗青色、淺綠泛黃等，不管什麼顏色的釉，玻璃質感都很強，開細碎片紋，看上去一覽無遺。由於湖南的土地是紅色土壤，著色力很強。青瓷埋在地下，紅土微粒滲透進青瓷開片的裂縫，也顯紅色，出土的瓷器很難將裂縫裏的紅色洗掉。青瓷釉面片紋也呈紅色，這是其他瓷窯所沒有的。

長沙窯，在長沙市望城縣郊區，範圍很大，主要窯址有瓦渣坪、銅官鎮、石渚湖窯場區。沿湘江岸邊共發現幾十處遺迹。

根據出土資料判斷，長沙窯在初唐就開始生產，經歷了二個多世紀的漫長歷程，到晚唐時期，取得輝煌成就。在鑑定長沙窯所取得成就的時候，有以下幾點是突出的：

第一，長沙窯不像過去一些文章所說的生產時間在晚唐五代，時間不長。而是生產時間很早。考古發現的盤口長頸四耳壺、短頸直口四耳罐、直口深腹碗等器物，有明顯的初唐特徵。在三個多世紀裡，各個作坊發展不平衡。有些作坊，特別是比較早些年代的作坊，產品粗糙，質地疏鬆，用手摳挖底足露胎部分，可以畫出道道痕迹。還有一種厚實的缸胎，胎料中摻有細砂，其顯孔率為百分之四點一二到百分之十八點六九。吸水率為百分之一點八二至八點八五。燒成溫度為攝氏一千一百至一千二百度。瓷化程度不高。胎釉密合不佳，許多器物釉層剝落，甚至全部剝落。只有到九世紀以後，這種沒有瓷化的現象才消失。考古工作者在瓷窯考古中發現有元和年號（西元八〇六年至八二〇年）的瓷器。浙江寧波和義路出土有書寫大中二年（八四八年）的器物，已進入唐朝晚期，胎釉品質都很高，可和越瓷比美。

第二，工藝上繼承和創新表現都很突出，總結長沙窯瓷器造型，可以看到長沙窯在岳州窯基礎上發展起來，在繼承中國瓷器工藝傳統，生產實用器皿方面表現得很突出。雖然唐代文獻裏沒有談到長沙窯，但長沙窯比任何窯場的產品都豐富。根據窯址發現的瓷器統計，各種形狀，各種規格的碗、盤、缽、盂、碟、杯、洗、壺、瓶、罐、盒、爐、罈、枕、燈、碾槽、文房用具、瓷塤、人物、動物形象和玩具等都有。邢窯、越窯生產的器物做成的葵口、蓮瓣口、瓜稜體、魚形造型，它都生產，做得也很精巧玲瓏。不僅如此，同時代金銀器上的鑽花、鎚鍱藝術及其他造型特點，如橫柄、鉚釘、範印貼花等形式，都在它的器物上做出。與人類共同生活的鳥、獸（獅、羊、狻猊、豬、龜、蛙）等形象，長沙窯都製作出來（圖七八～八三），像漫畫一樣活靈活現，栩栩如生。說明長沙窯在繼承傳統的基礎上，有許多創新精神。

第三，長沙窯的彩色裝飾，長沙窯瓷器是青瓷，工匠們巧妙地將成色金屬物質，如鐵、銅的氧化物配在彩料中，用筆沾上彩料在釉下、釉中或釉上作畫，瓷器入

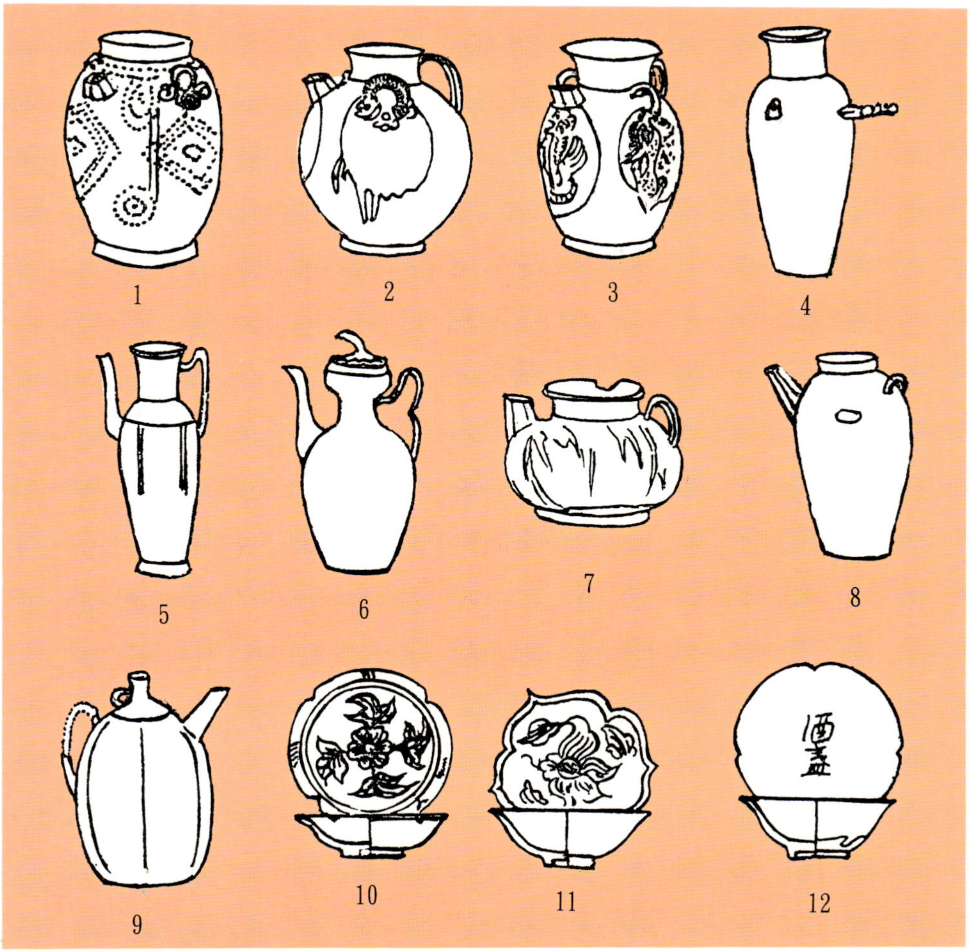

圖七八　長沙窯晚唐五代時期的酒具和茶具　1~3、7晚唐執壺　4、5、6、8、9五代執壺　10~12碗盞（資料來源：周世榮《石渚湖長沙窯出土的瓷器及其有關問題的研究》，載《中國古代窯址調查發掘報告集》）

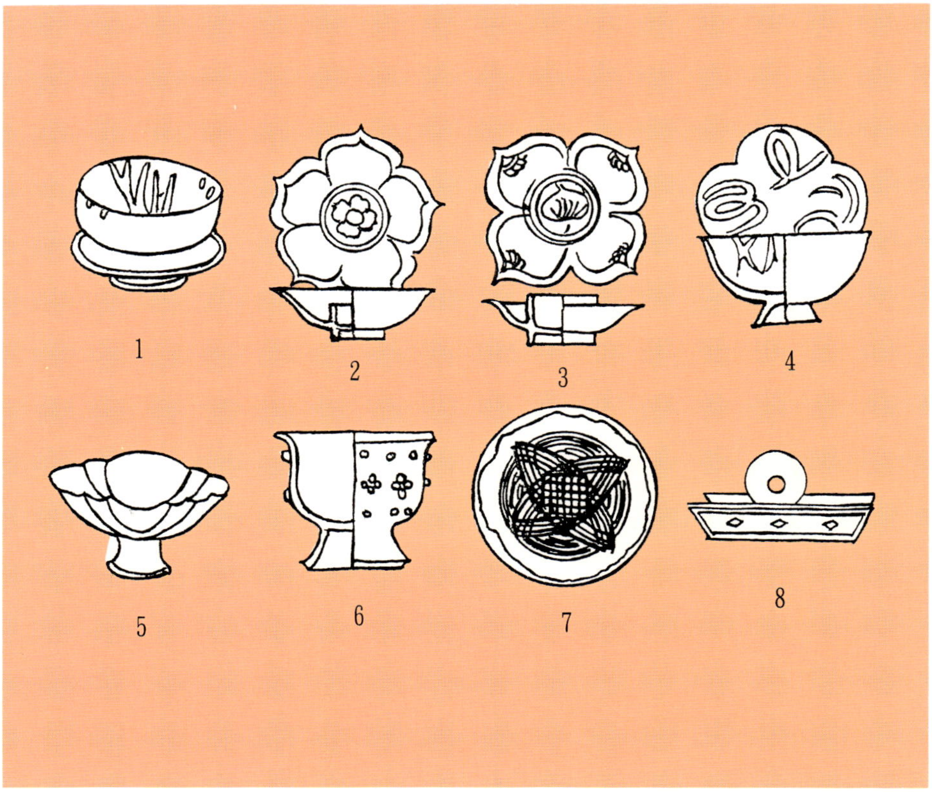

圖七九　長沙窯晚唐五代時期的酒具和茶具　1、盞和盞托　2、3盞托　4、葵口高足碗　5、船形多曲口高足杯　6、高足杯　7、碾缽　8、碾槽（資料來源：周世榮《石渚湖長沙窯出土的瓷器及其有關問題的研究》刊《中國古代窯址調查發掘報告集》）

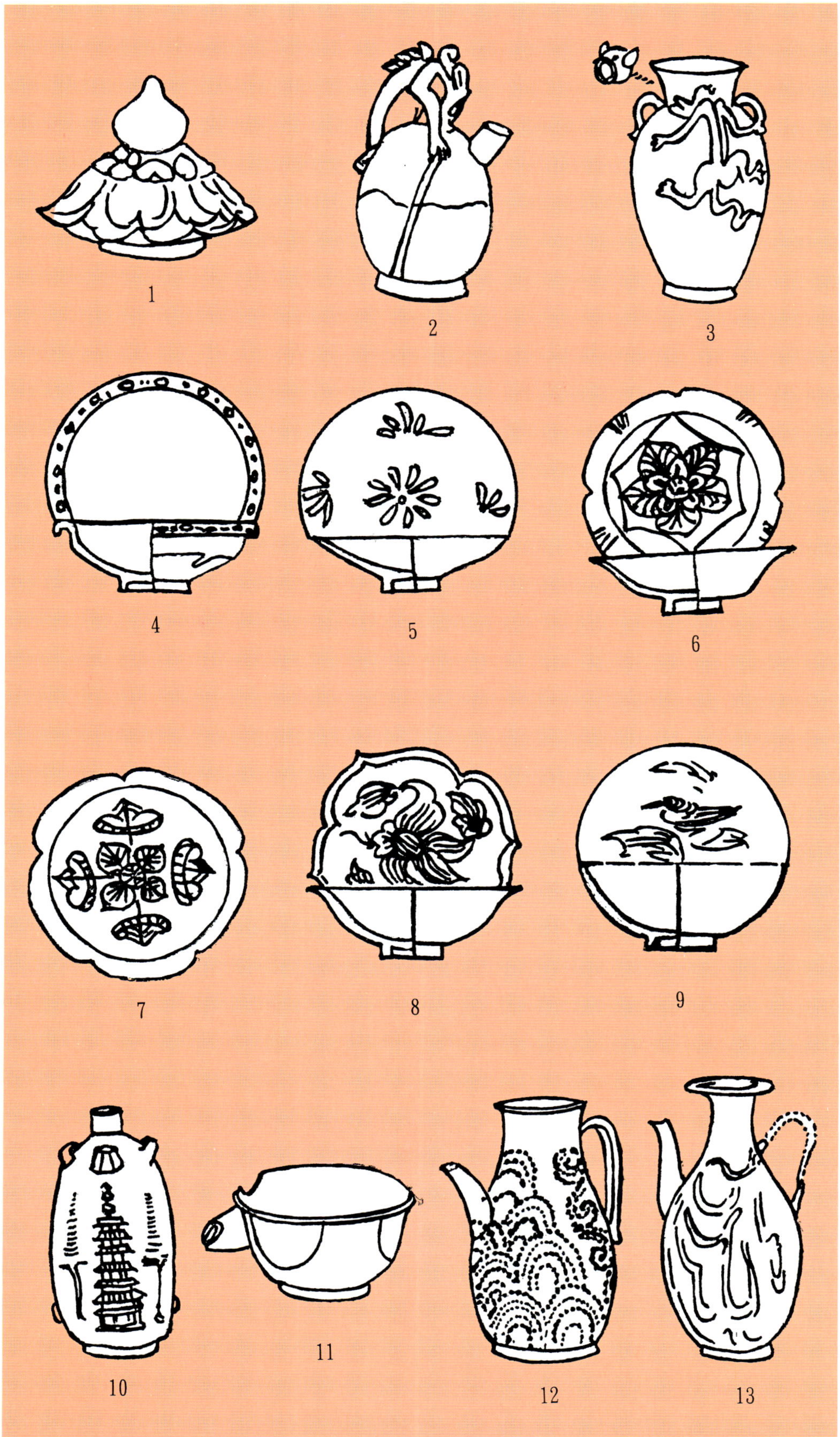

圖八〇　長沙窯裝飾藝術　1、雕刻蓮花形器蓋　2、3堆塑螭虎執壺　4、彩繪點圈圖案碗　5、彩繪小花碗　6~8、彩繪花卉圖案碗　9、彩繪飛鳥紋碗
10、彩繪寶塔紋壺　11、塗抹彩斑帶流水盂　12、彩斑花卉紋執壺　13、流釉彩斑執壺　（資料來源：《中國古代窯址調查發掘報告集》）

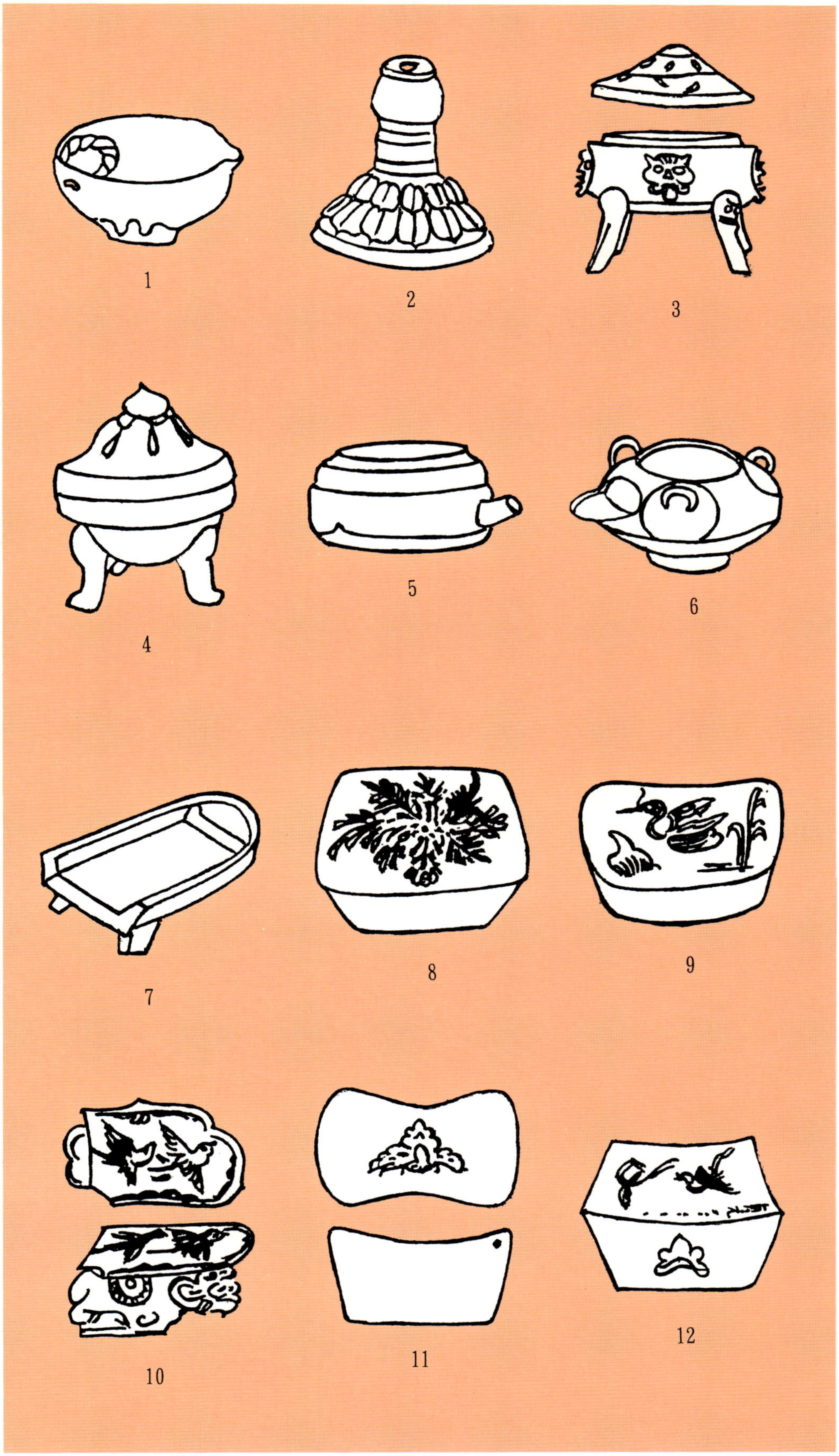

圖八一　長沙窯室內用具　1、燈　2、蠟臺　3、4薰爐　5、6書案上的小水盂　7、硯臺　8～12枕

（資料來源：周世榮《石渚湖長沙窯出土的瓷器及其有關問題的研究》）

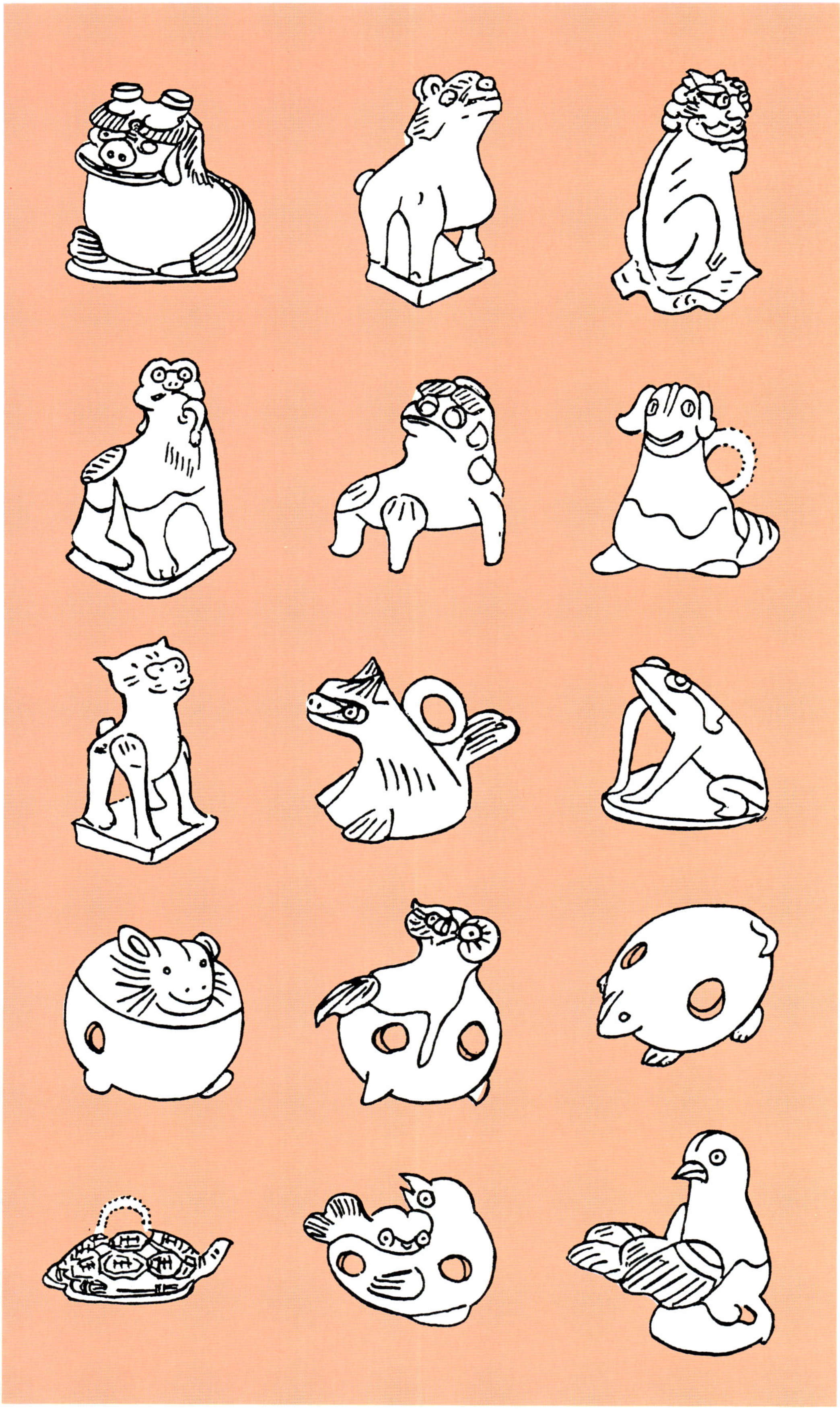

圖八二一 長沙窯瓷塑藝術中各類動物形象（資料來源：《中國古代窯調查發掘報告集》）

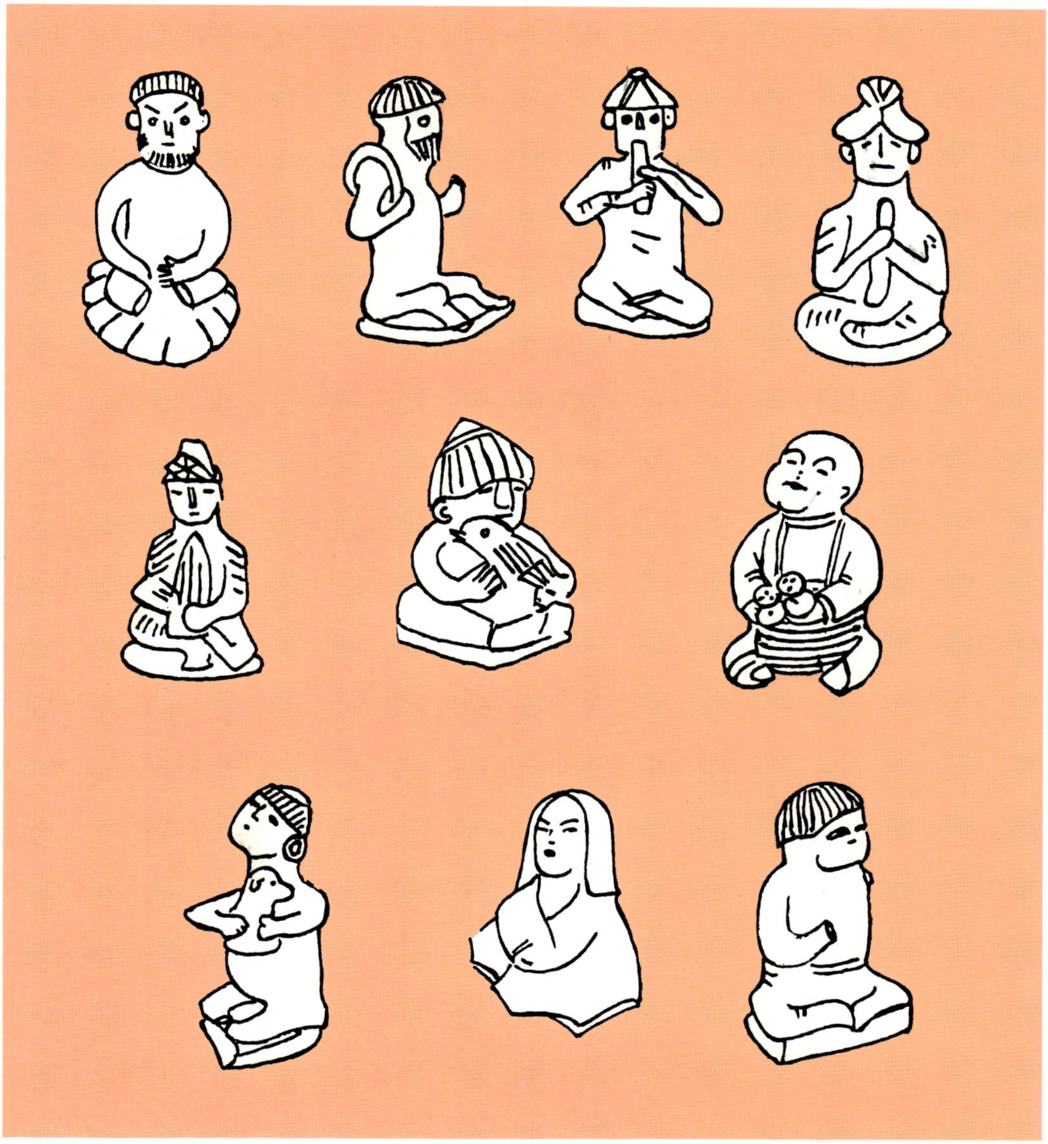

圖八三　長沙窯瓷塑中各類人物形象（資料來源：《中國古代窯址調查發掘報告集》）

窯經高溫焙燒時，彩料和釉料融熔，形成一種流動性極強的彩釉裝飾效果。有富於圖案效果的網格紋、菱花紋、流雲、聯珠等；動物或神奇動物形象有蛟龍、飛鳳、奔鹿、鴛鴦、游魚、雀鳥等；也有茅舍、寶塔、遠山近水、飛泉瀑布等繪畫內容；人物故事、舞蹈形象特別生動，表現鄉村兒童生活的畫面，如兒童扛荷圖等，線條極為流暢活潑，誇張寫實，以簡潔的筆法畫出兒童的天真稚氣，十分可愛（彩圖一七二）。把模印舞蹈人物的泥片貼在器壁，上釉，加彩做出的人物舞蹈，騎馬揚鞭、胡人吹簫（圖八四）的場面，異常新穎，充滿了異國情調。

長沙窯這種彩繪裝飾，在四川的邛窯也有，邛窯工藝也很精湛，但沒有發展起來，主要因為是四川交通不便，銷路不暢，影響了這種藝術的發展。在長沙窯，這些內容最富於創造性，生產最多，在國外影響最大，發現很多。

第四，長沙窯工藝與當時的時代精神

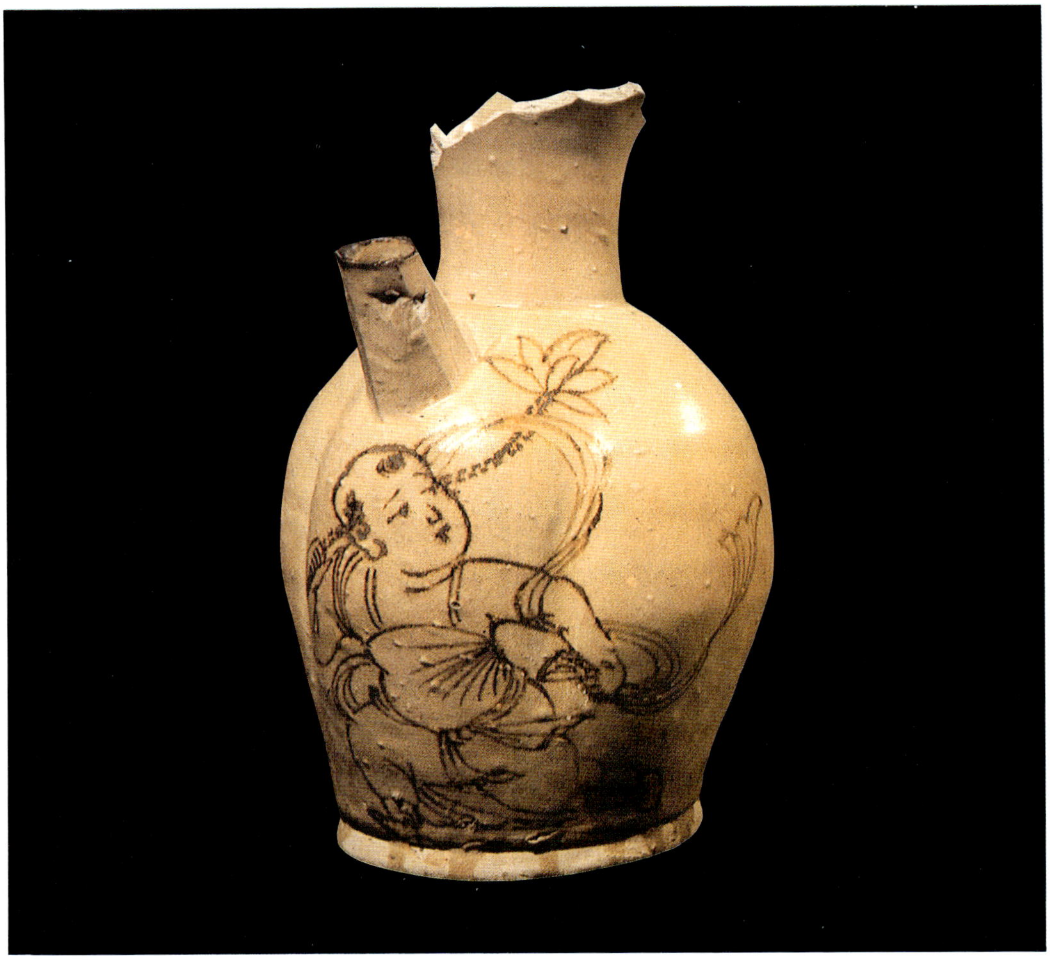

彩圖一七二　青瓷褐彩兒童扛荷圖執壺　唐　長沙窯　湖南省長沙市望城縣長沙窯址出土

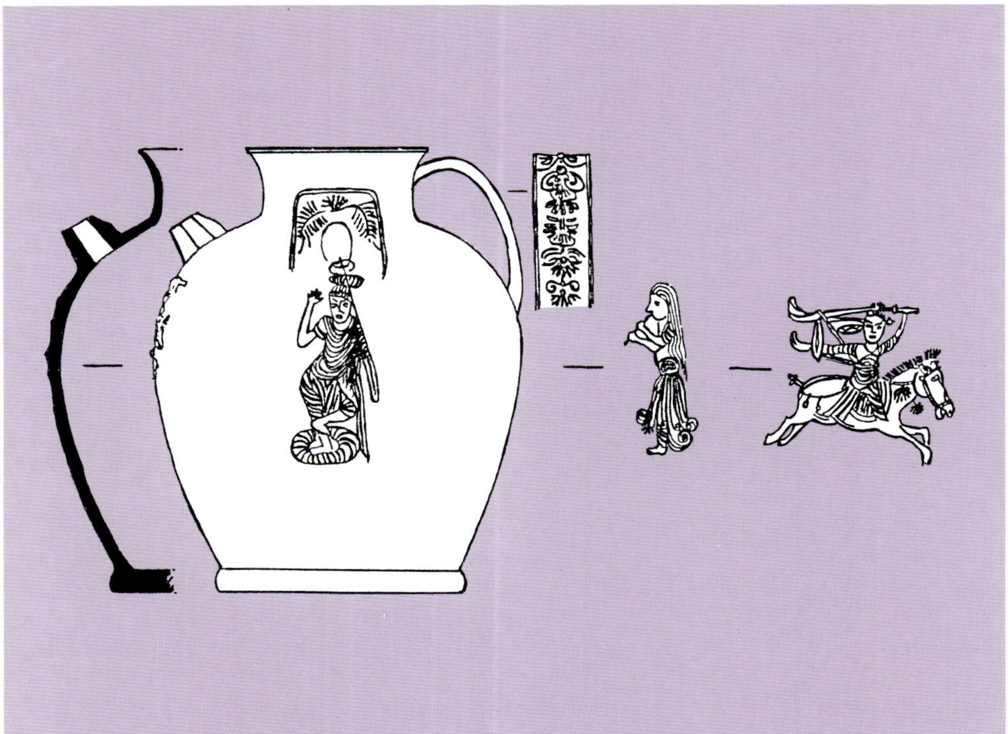

圖八四　長沙窯貼花人物紋壺（資料來源：李啟良《陝西安康出土青瓷器》，《考古與文物》一九八八年一期）

相結合。唐代文化藝術欣欣向榮，是表現大唐盛世的極重要的方面。尤其詩歌特別發達，唐詩是我國文化寶庫中極為豐富，極為珍貴的文化財產。當時全國上下都吟詩作畫，歌頌興盛的時代，抒發感情，或揭露社會的黑暗。但翻開全唐詩，也不難發現，浩瀚的詩篇都是貴族官僚和士大夫文人學士們寫的。只有長沙窯瓷器上的詩是工匠寫的，他們寫的詩歌，在文學修養、語言辭藻、藝術技巧等方面雖不如文人學士的水準高，且有些粗糙，但他們生活在社會下層，最貼近廣大社會的生活，和勞動人民在一起，有豐富的生活基礎，他們的詩歌文字簡潔，感情豐富，散發著泥土的芳香。這些情況表明，瓷器生產不僅是一種商品生產，也是一種精神生產。為適應當時社會飲茶風尚的需要，生產大量茶具，在一些碗上書寫「茶垸」二字，也有寫上唐朝年號的（彩圖一七三）。

第五，長沙窯工匠將亞洲各國的藝術、工藝技巧運用到瓷器上，做出新穎別致

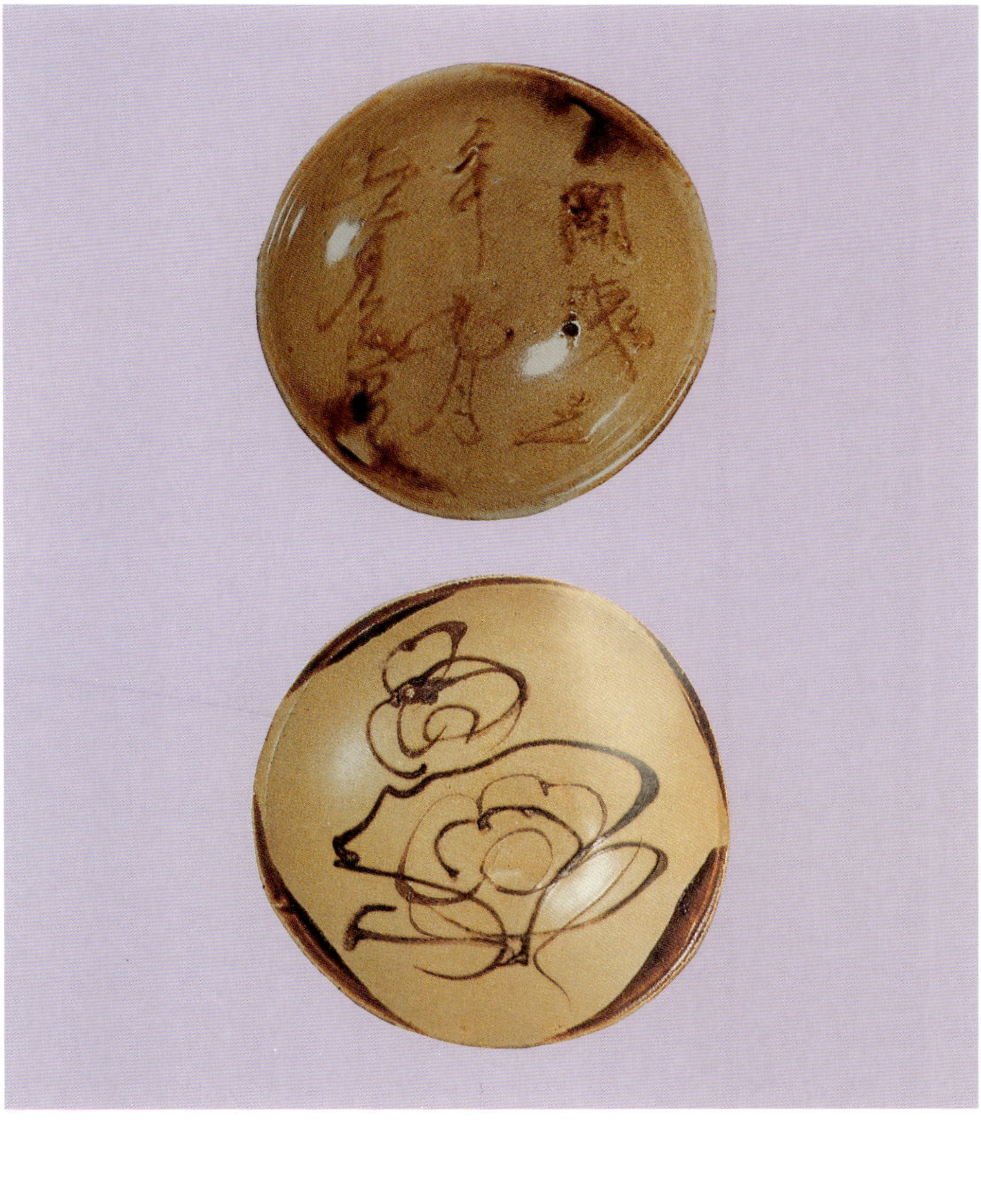

彩圖一七三　青瓷釉下彩碗　長沙窯　上：開成三年銘　日本東京國立博物館藏　下：牡丹花卉圖
傳沖繩縣西表島古墓出土

的器形和裝飾內容。如果說唐文化充滿了異國情調，那麼長沙窯瓷器就表現得最充分。如學習波斯薩珊王朝金銀器上的聯珠紋，在中國各種工藝形式上都有，長沙窯用得很多，不僅用聯珠紋做邊飾、做各類花紋之間的間隔，甚至整幅畫都用聯珠做出。如揚州出土一件釉下褐綠彩雙耳罐，從肩到腹是一幅碩大的蓮荷圖，完全用聯珠圍成，既水氣淋淋，又富有金銀重器的厚重效果。在人物形象上，有深目高鼻，身著異服的洋女郎、胖妞與胡人。在瓷器上用褐彩寫出阿拉伯文字：「真主的僕人」、「阿拉的僕人」等。

第六節 其他各窯的瓷器

唐代各地興起的瓷窯體系中，有的出現很早，有的出現比較晚，除上面介紹的各窯之外，大多數工藝提高不快。有的模仿別的瓷窯工藝，經過晚唐五代的發展，到宋代形成自己的獨特風格。有的一開始就別具一格，到宋朝形成一個完整的工藝體系。總而言之，唐朝瓷窯很多，初步形成了中國陶瓷手工業的格局，遠遠超過唐朝文獻的記載。為了節省篇幅，選出一些較重要的瓷窯加以介紹，供大家鑑賞唐代瓷器時參考。

一、陝西銅川黃堡窯和玉華宮窯

黃堡窯，窯址在陝西省銅川市黃堡鎮（圖八五）。唐中期開始生產，生產青瓷、白瓷、黑瓷和三彩釉陶各類器物，規模很大。生產的種類繁多，工藝有高有低，以白瓷來說，都是碗盞一類小器皿，胎體粗而厚實，含細砂。白釉白中泛黃、泛青。各類器皿造型特徵是侈口圓唇，腹壁斜無弧度，底部很厚，大多數是平底，有的加圓形實足，有的加玉璧形圈足。主要是工藝起步較晚，所以圓餅形器皿和玉璧形足並不證明它生產時間早。青瓷生產不多，黑瓷很有水準，不但釉面平整光滑，而且又黑又亮，能燒出黑瓷塔形罐那樣很有水準的作品。

玉華宮窯，在唐朝行宮銅川玉華宮附近，生產青瓷，有罐、缽、碗類作品，淺灰胎，施玻璃質青釉，光亮透明，開片，片紋很碎很深，釉層和胎體密合得很好，雖然片紋裂到和胎體相接處，但沒有剝落的現象。有的作品有刻花，是捲枝蔓草，因為是灰色，釉層又厚，刻花只能看到朦朧的影子，藝術效果不佳。

二、壽州窯

唐人陸羽在《茶經》中提到壽州窯，並將它排在唐代六大青瓷體系中的第五位，評價不高，指出「壽州瓷黃，茶色紫」。壽州窯瓷器被陸羽看到，他在《茶經》中加以品評，可能不是由於品質高，而是由於產量大，社會使用很廣泛的結果。壽州窯窯場確實很大，在淮南上窯鎮、李嘴子、徐家圩、費郢子、李家嘴子、馬家崗、余家溝、外窯等都有瓷窯遺迹。有的窯場範圍達二公里。

壽州窯生產的瓷器，器形主要是碗、盤、盞、罐、瓶、壺等，胎體比較厚實，器形做得很拙實。壽州窯瓷器的風格很有北方工藝的風格（圖八六、八七，彩圖一七四）。

壽州窯瓷器釉層凝厚，玻璃質感很強，入窯時一件件坯子相疊，每件坯子之間用北方流行的三叉支釘墊燒，器物中心留下三個支燒痕迹，每個支釘之間成一百二十度角。釉色有黃釉、青釉和黑釉三種。前兩種主要是燒成時火焰氣氛不同而出現的顏色效果。黃釉是氧化焰焙燒，青釉是還原火焰焙燒的結果。黑瓷則含鐵量增加到百分之五、六，釉層加厚，用還原火焰焙燒，就能燒出又黑又亮的黑瓷。

三、魯山花瓷

這個名詞是唐代音樂家南卓在《羯鼓錄》一書中提出來的。他考證唐宮廷用的

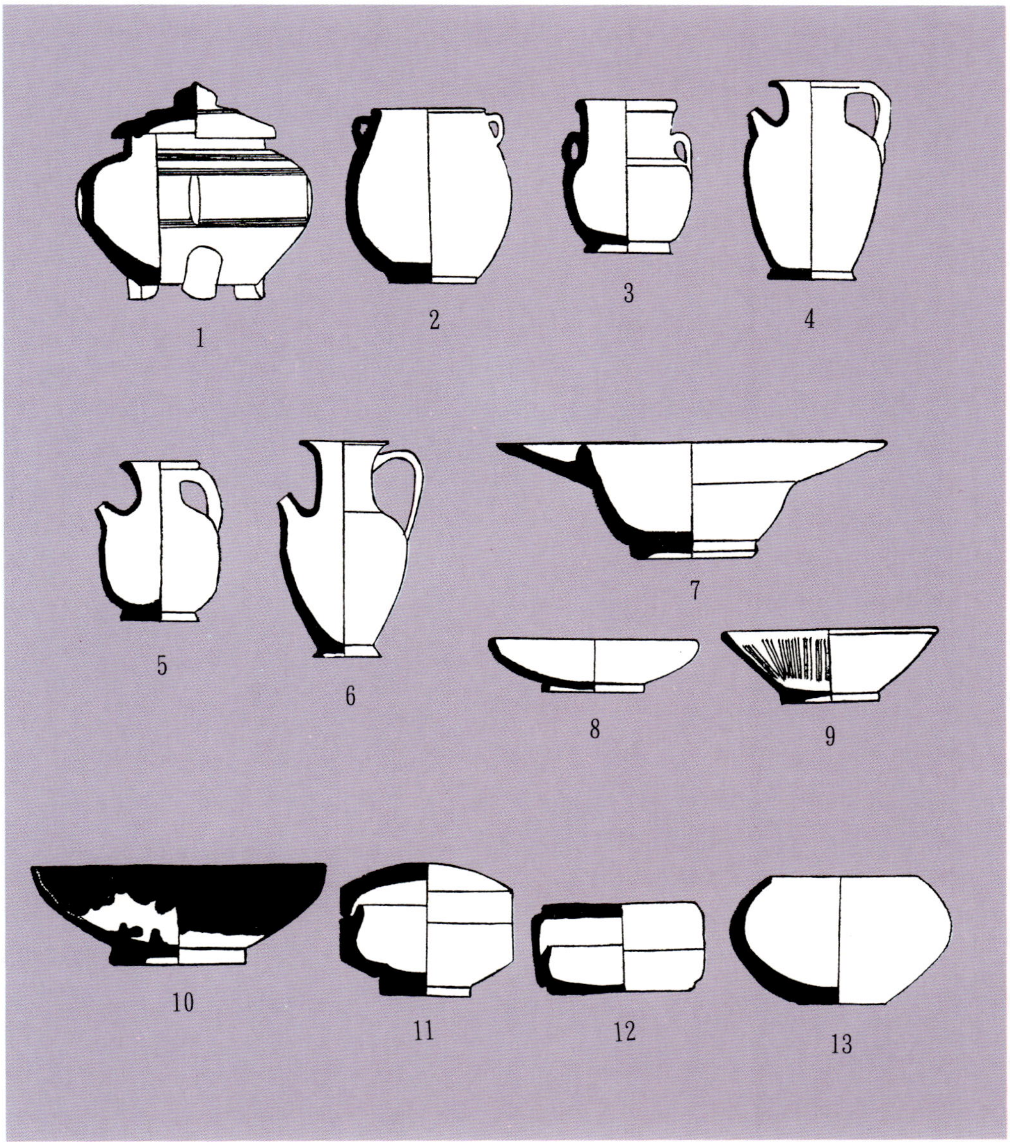

圖八五　唐代耀州窯瓷器　1～3罐　4～6執壺　7、盞托　8、碗　9、碾缽　10、碗　11、12盒　13、水盂（資料來源：《景德鎮瓷器》一九八三年總十一期）

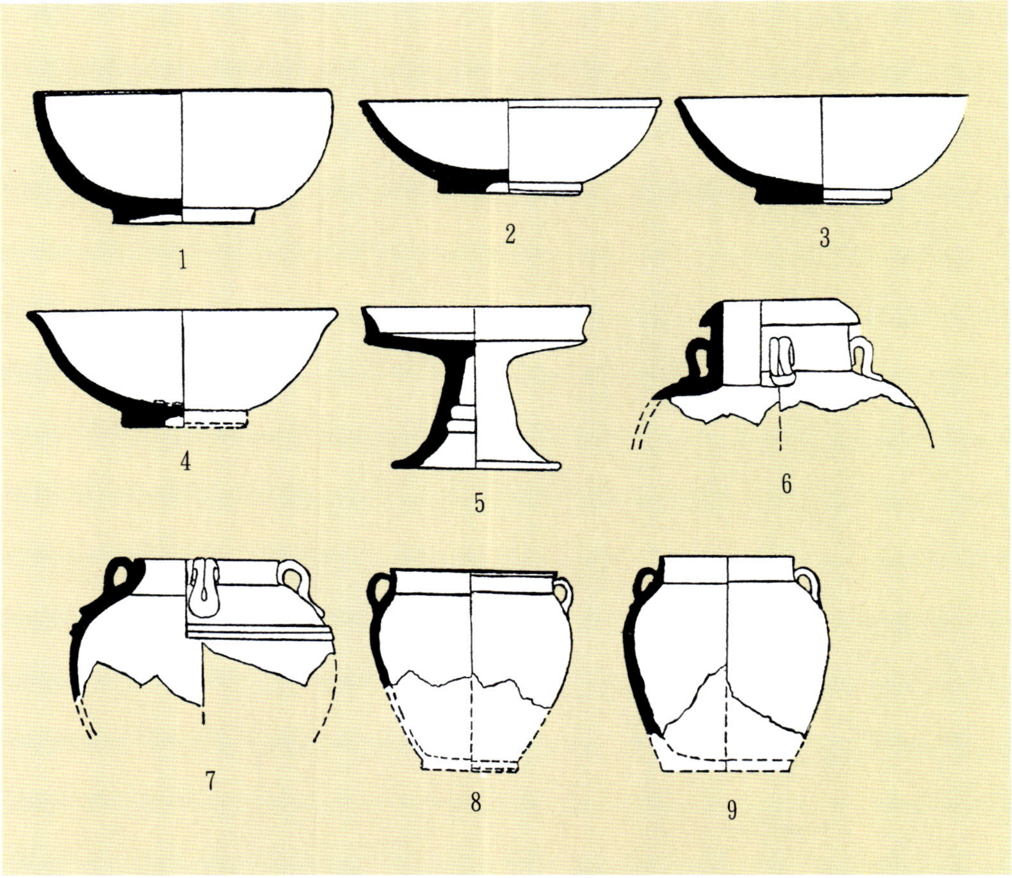

圖八六　壽州窯瓷器　1~4、碗　5、高足盤　6、7四繫罐　8、9雙繫罐
（資料來源：胡悅謙《談壽州窯》，《考古》一九八八年八期）

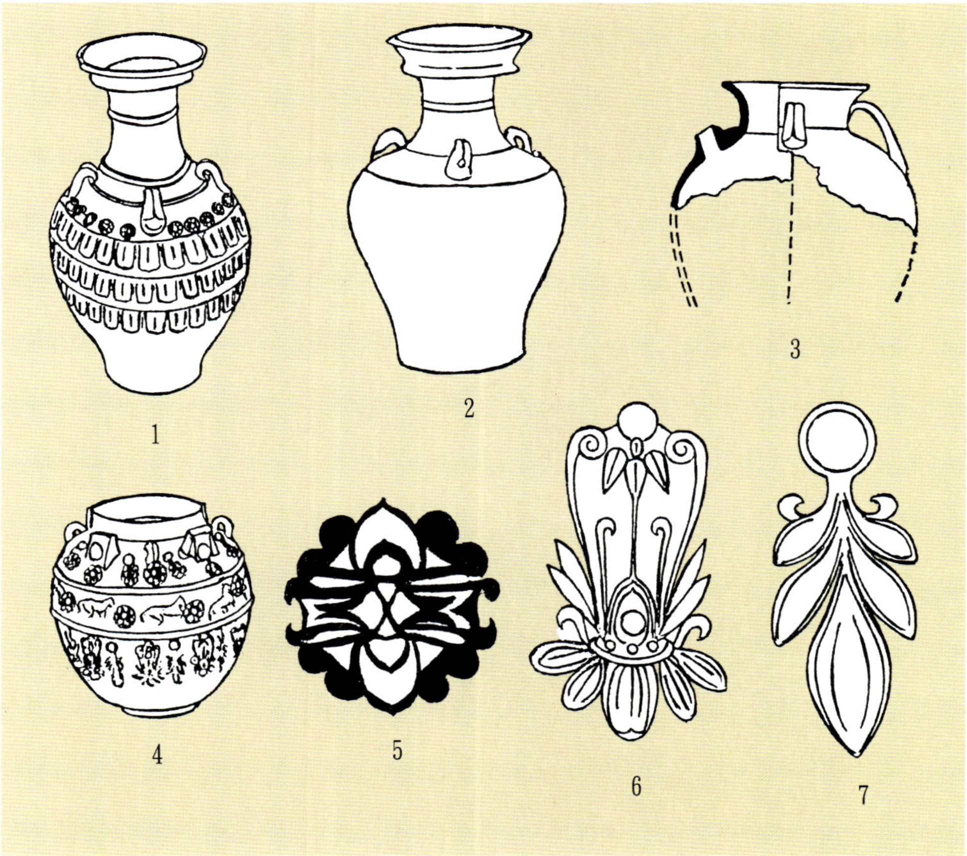

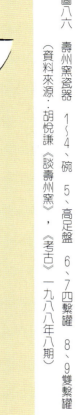

圖八七　壽州窯瓷器　1、盤口刻花四繫壺　2、盤口四繫壺　3、執壺　4、貼花八繫罐　5~7印花模子（資料來源：胡悅謙《談壽州窯》，《考古》一九八八年八期）。

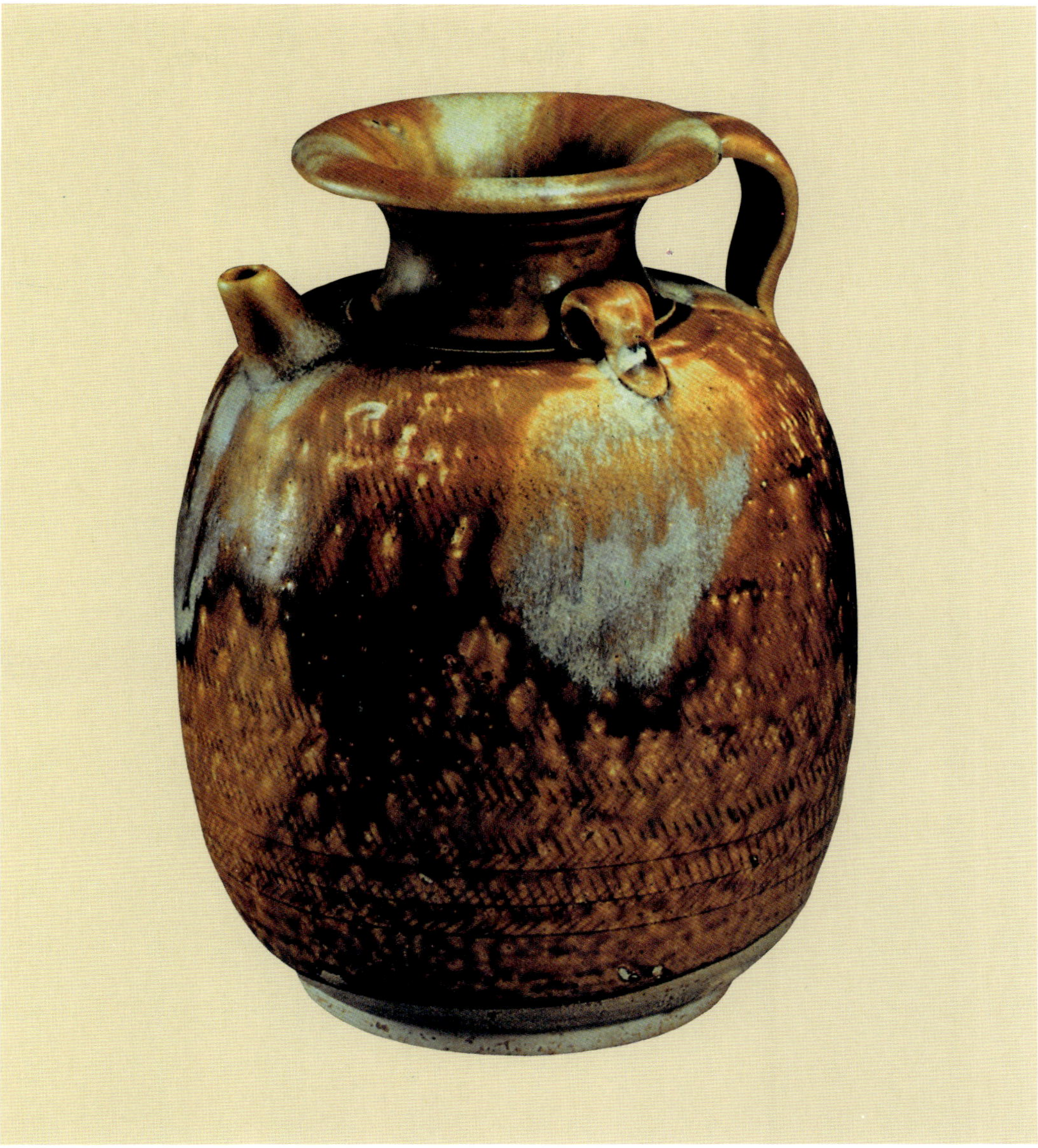

彩圖一七四　黃釉彩斑執壺　唐　壽州窯　首都博物館藏

各種鼓時，指出一種瓷質拍鼓就是魯山花瓷做的。這種魯山花瓷拍鼓在北京故宮博物院珍藏一件，做得極為精美。在淺灰色胎體上，施凝厚的黑釉，然後再潑彩，彩色是一種釉料中加入孔雀石、石灰石、磷酸鈣等礦物配成的懸浮液體，裡面含銅、鐵、錳、磷。大筆塗抹，好像潑灑一樣，經窯火高溫焙燒，與黑釉熔融，形成一種二液分相釉。釉層上出現彩霞、流雲、樹葉一樣的塊斑，奇妙無比，非常精美。底色釉有黑釉、褐黃釉、茶葉末釉等。

筆者一九七八年赴河南魯山專門考察花瓷窯址，發現了和北京故宮博物院珍藏的拍鼓一樣的瓷片。這類花瓷在河南西部的禹縣、郟縣等地都有生產（彩圖一七五～一七七）。花瓷的二液分相工藝在宋代發展成為一種斑駁燦爛的鈞瓷。

魯山花瓷現在有仿製品，作偽者就是窯址附近的人，他們打古人的主意發財，用當地的原料，照窯址出土的瓷片和北京故宮出版的圖錄製作，採用少量做，高價出售，每售一件都編造一套如何從古墓盜掘出來的謊言，還附帶把唐墓出土的銅錢、銅鏡一齊帶上，說盜墓時同出，騙人上當。花瓷拍鼓贗品在北京、廣州等地出現，其破綻主要有兩點：第一，成型工藝方面，唐代是一節一節做好，兩節相對，接合縫成人字形，凸稜兩面成坡形。贗品各段則像竹節一樣，接縫上的凸稜一面成斜坡形，一面比較垂直。第二，真品有黑釉、褐黃釉、茶葉末釉，顏色比較淡，光澤比較柔和。贗品只有黑釉一種，像瀝青一樣油黑發亮，表面成絲絮狀紋理。

四、婺州窯和甌窯婺州窯瓷窯

婺州窯，以金華為中心，包括蘭溪、武義、東陽、義烏、衢州、永康、江山等浙江中部地區。

婺州窯生產青瓷，工藝上和越窯關係密切，青釉配方和越窯基本相同。器物主要有盤口壺、雞頭壺、執壺、雙耳罐、缽、碗、多角罐等（圖八八）。

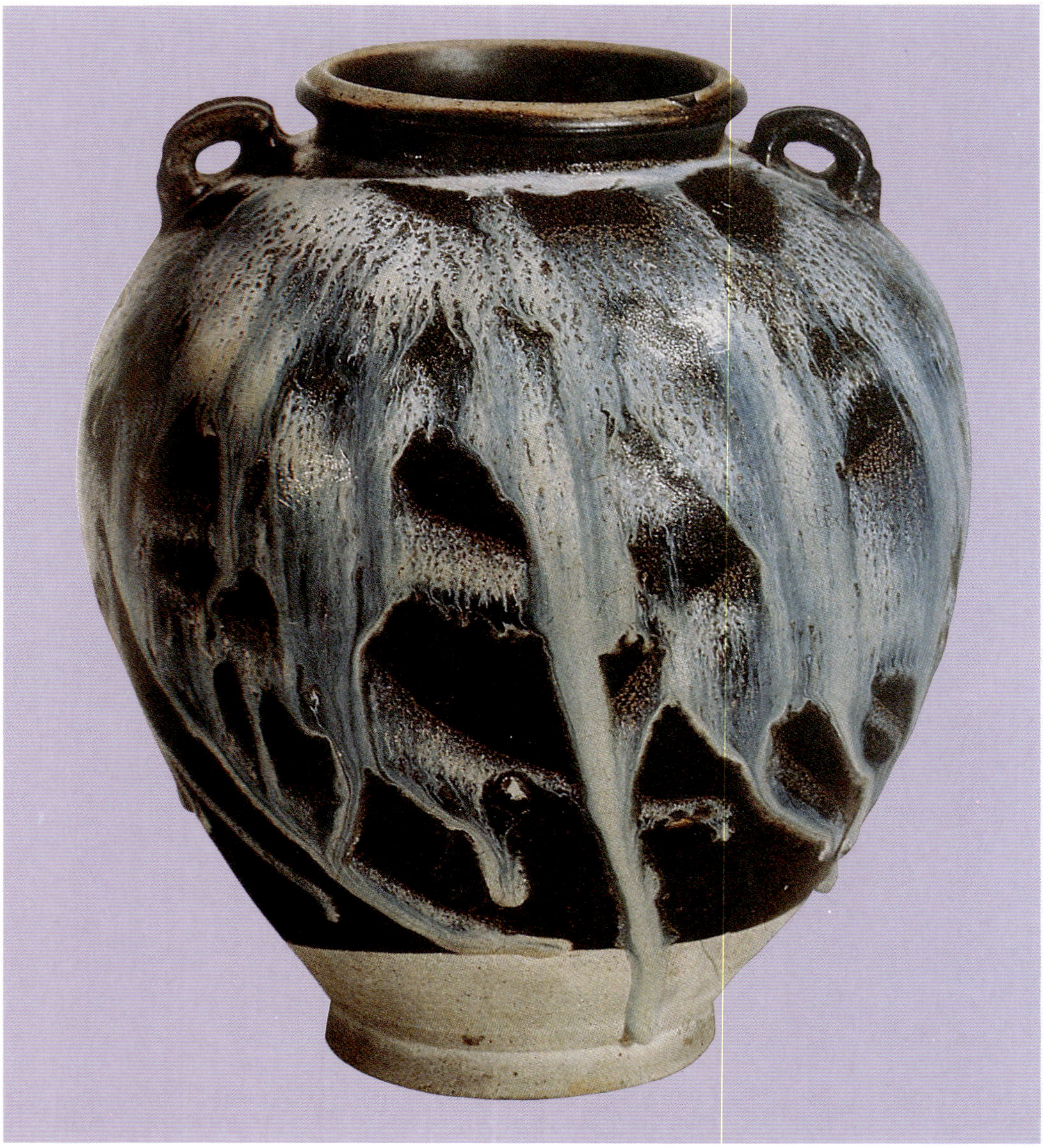

彩圖一七五　黑釉彩斑（花瓷）雙系罐　唐　高二五公分，口徑一〇・七公分　上海博物館藏

彩圖一七六　花釉瓷罐　唐　通高二八・一公分，口徑一〇・一公分，底徑九三公分
採自日本小學館《世界陶磁全集》(隋、唐)

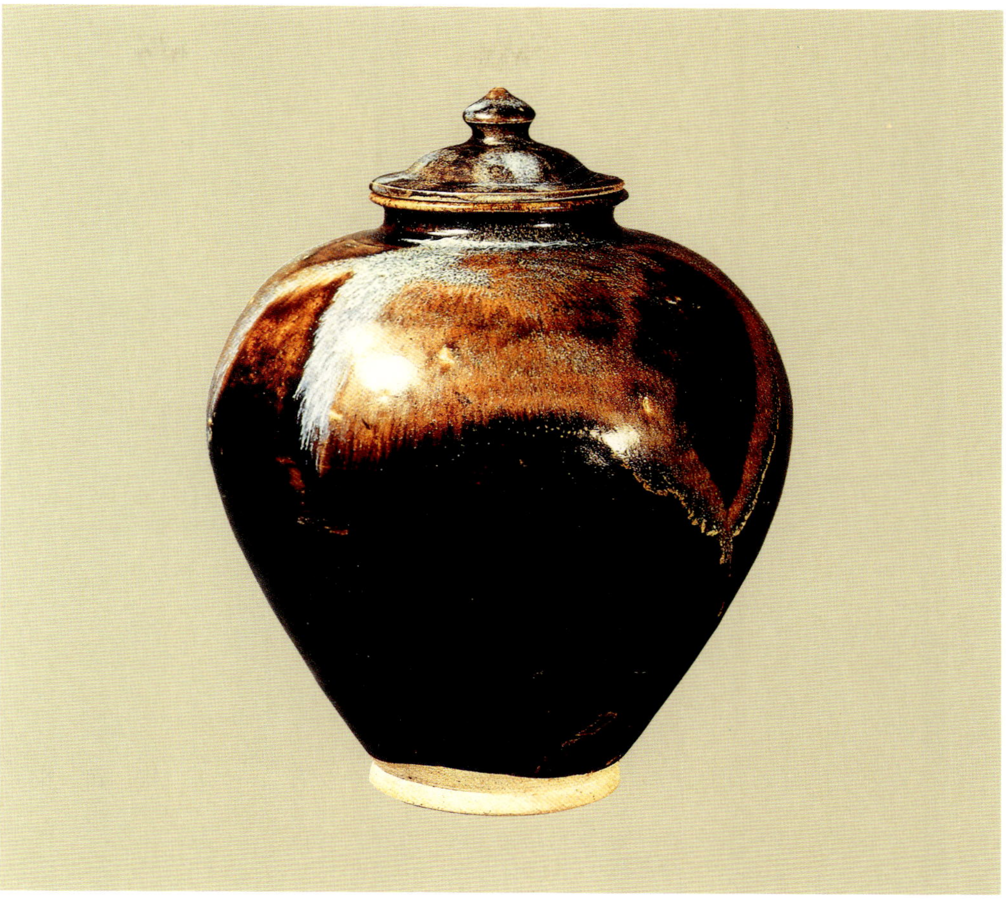

彩圖一七七　黑釉彩斑腰鼓　唐　長五九公分，口徑二一・二公分
北京故宮博物院藏

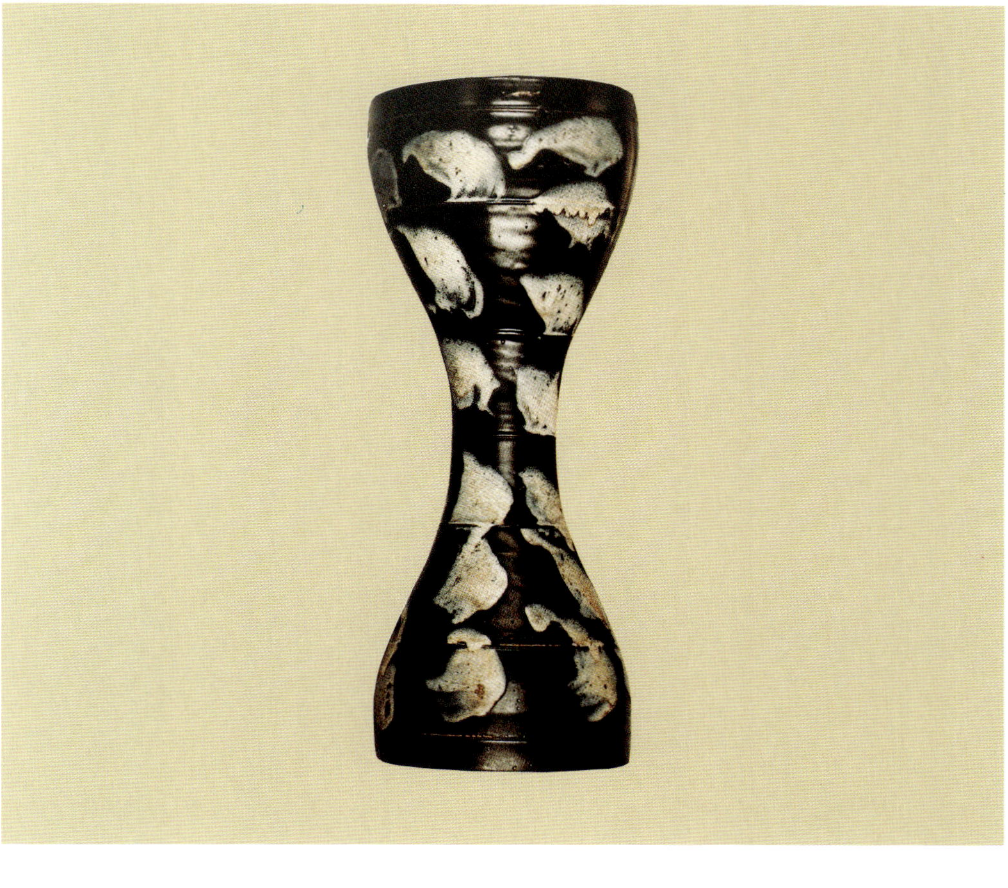

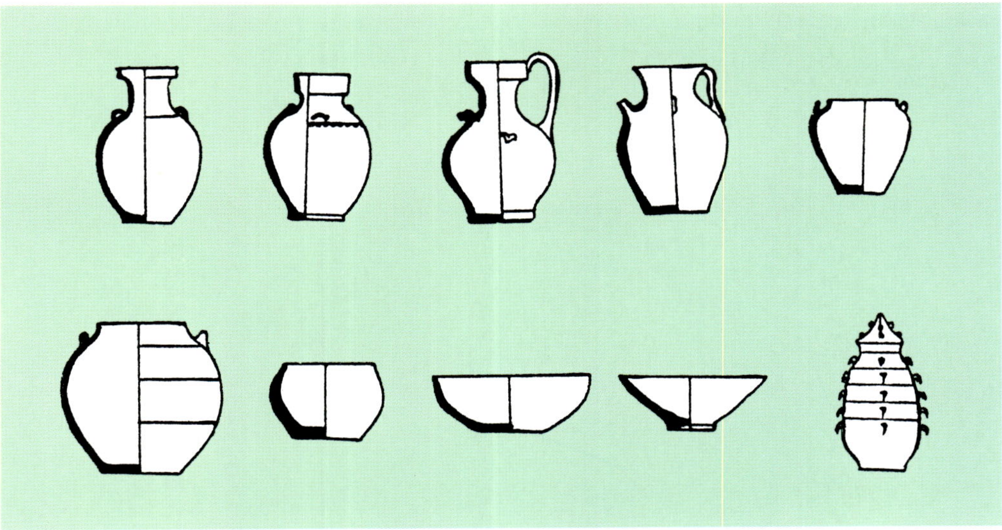

圖八八　唐代婺州窯瓷器
（資料來源：貢昌《婺州古瓷窯》）

婺州窯瓷器的鑑定，主要應注意以下兩點：第一，婺窯青瓷在唐代工藝水準不高，原料採來不經過精細加工就使用，鐵的氧化物等雜質特別多。所以質地粗，成深灰色或灰褐色，不緻密。釉色不夠穩定，一件瓷器上，有的發灰，有的泛黃，光澤不夠明亮。第二，釉層開片，開得很瑣碎，片紋成奶白色，像牛毛一樣。盛唐以後，品質有所提高，但釉層薄，玻璃質強，積釉處釉色深綠發翠，越窯就沒有這種現象。

甌窯，繼承南朝工藝傳統，水準不及越窯，但比婺窯水準高很多。產品以執壺、盞、盞托、碗、盤為主。甌窯青瓷主要特徵是：第一，器物胎體做得比較薄，手感比較輕，顏色淺灰。第二，釉質比較鬆，施釉比較薄，很光亮。無論是青綠釉或是黃褐釉，釉色都很淡，開片。初唐作品常有剝釉現象，盛唐以後就不剝釉了。色淡光亮是它和越窯青瓷的主要區別。

五、四川地區的瓷窯

四川地區的瓷窯主要有成都青羊宮窯、邛窯、江油九嶺窯等。工藝水準不高，胎體為灰胎，質地粗。燒得好的堅硬結實，燒得不好的成紅陶胎，水準相差很遠。釉層很薄，尤其邛窯青瓷只能看到稀薄的一層。盛唐時期水準提高，器物靈巧適用。晚唐邛窯有褐綠彩裝飾，工藝不凡，但由於釉層太薄，使彩色很難鮮艷明麗。

六、洪州窯

在江西豐城的羅湖，窯址群範圍很大。生產日用粗瓷。特點是胎色發紅、青褐，厚重粗糙（圖八九）。釉層薄，釉色不正，不光亮。陸羽在《茶經》中評價不高，說「洪州瓷褐，茶色黑，悉不宜茶」。以刻畫、拍印工藝做出裝飾花紋，有雙圈紋、蓮瓣、小團花等。

七、廣東地區青瓷窯

唐朝晚期，經濟發展水準比較快，青瓷手工業有相當水準，產品在東南沿海民間使用。東南亞、南亞的許多鄰國都有發現。現已查明的重要窯址有潮州北山窯、梅縣水車窯、三水窯、新會官沖窯等。它們的工藝風格很一致。主要器物有三耳扁壺、罐、橫柄壺、雙耳橫栓蓋罐、碗等。淺灰胎，厚重，施玻璃質釉，玻光強，釉色很深，開片，片紋深。由於埋葬地下，紅色泥土滲透進來，片紋發紅，比較容易鑑定（彩圖一七八）。

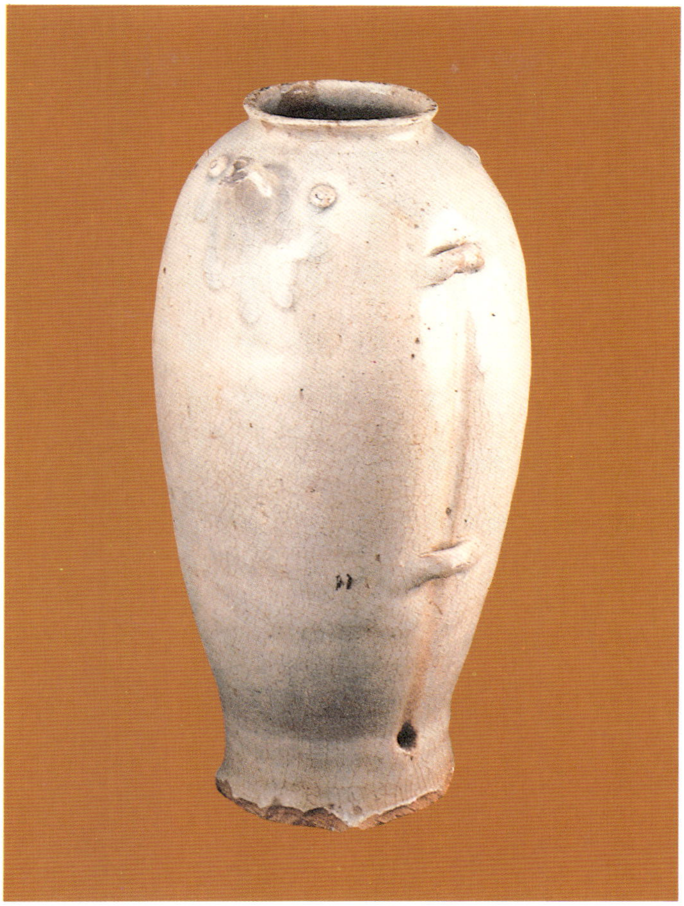

彩圖一七八　青瓷壺　唐　高二七・五公分，口徑七・五公分
一九七六年（廣東省）梅縣瑤上一號墓出土

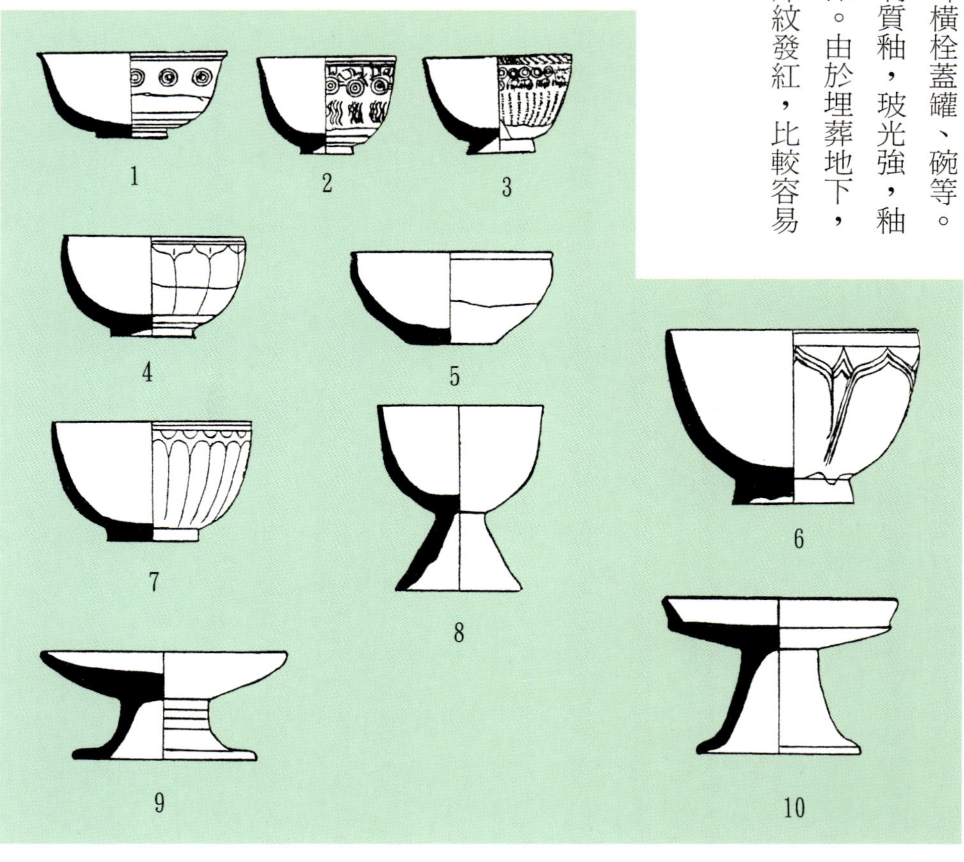

圖八九　唐洪州窯瓷器　1、碗　2、3杯　4、碗　5、碗　6、7刻花碗　8、高足杯　9、10高足盤（資料來源：《江西豐城羅湖窯調查發掘簡報》，《中國古代瓷窯調查發掘報告集》）

第七節 五代瓷器的新成就

一、越窯

五代是越窯青瓷大發展時期，和唐代越窯青瓷相比，有以下幾點很突出：

第一，青瓷品質普遍提高，尤其統治吳越地區的錢氏家族墓葬出土的青瓷，品質都很高。可以說祕色瓷在五代比唐代生產多、水準高，在社會上的使用面廣泛得多。

第二，器物種類比唐代增多，以墓葬出土器物統計，有碗、盤、盞、盞托、碟、洗、鳥形杯、缽、瓶、罐、執壺、唾盂、缸、盒、罌、燈等。成型工藝很嫻熟，修坯工藝很講究，一絲不苟。碗、盤、盒、碟等圓器輕盈靈巧，十分規矩。壺類作品形體修長，嘴長而彎曲，腹體壓出瓜稜形。胎體淺灰緻密，器底為淺圈足，足沿略微外捲。器底的小墊餅做成豌豆形。成型工藝的一大成就是大型作品燒製很成功，如錢元玩墓出土的幾件越窯青瓷大缸，有高達三七公分，口徑達六二點五至六四點七公分的。彩繪四耳瓶高達五十點七公分，腹徑三一點五公分，相當規矩（圖九〇，彩圖一七九～一八四）。

第三，釉色青綠，光澤比唐代明亮。一部分釉色為淺綠色，保持唐代晚期祕色瓷的湖水綠的特色。有一部分釉色泛黃或發暗。

第四，裝飾有很大進步，從靈巧的小盒到規格較大的器物上，都很流行用線刻手法刻出小花、水草、蓮荷、鸚鵡、對蝶、小鳥、雲龍、飛鳳、遠山近水、雲霧山中、竹林七賢、嵇阮高士等畫面，也有用範印出花紋，如中國歷史博物館珍藏的九子盒，盒蓋上的九子圖就是範印出來的。錢元瓘墓出土一件青瓷罌，腹部以犀利的刀法刻出騰飛的巨龍，風起雲湧，雙龍追逐，奮力奪珠（圖九一）。吳漢月墓出土的四繫瓶，形體碩大，肩部繪寬肥蓮瓣，頸部和腹部繪褐色雲紋。上述錢元瓘墓出土的瓷罌上的龍紋貼金，雖然出土時大片金彩幾乎全部掉落，但仍然可以看到殘留的幾片金彩。蘇州錢元璙墓出土的越窯青瓷碗，口沿上還鑲嵌著金邊。北京遼貴族墓出土的越窯青瓷也有鑲金邊的作品。這就是文獻記載的「金釦瓷器」、「金銀飾陶器」、「金稜祕色瓷器」。越窯青瓷在五代仍然在強勁的發展，到宋朝中期才逐漸衰落下去。

二、長沙窯

五代時期繼續發展，生產的瓷器有蓮花瓶、洗、碗、盤、杯、碟、盂、罈、唾盂、盒、執壺、枕等。大部分胎體燒結極好，少數作品沒有燒結。釉色仍然以青釉為主，青瓷褐綠彩有所減少，醬色釉、青黃釉、淺青釉，生產很多。器物做得更適用，底部玉璧形結構，被玉環形結構所代替。瓶、罐、罈等琢器喜歡做成瓜稜形，碗、洗一類圓器也做成瓜稜、葵口、荷花瓣形。線型安排更加活潑。長沙窯到宋代逐漸衰落，受其影響發展起來的是衡陽窯。

三、廣東青瓷

唐代青瓷生產的瓷窯有梅州的水車窯、潮州北山窯、新會官沖窯、三水窯等在五代繼續生產。尤其潮州地區瓷土豐富，經濟文化教育進步很快，一條韓江直通海外。在海上陶瓷之路大發展的十世紀，潮州青瓷的生產得到推動，廣東各地青瓷很多。最突出的是一些青瓷生活用具，造型別致實用，具有很高水準。如南粵王墓出土的青瓷夾耳罐，造型精美，胎體厚實，釉層瑩潤，滿開片紋，但沒有剝釉現象。

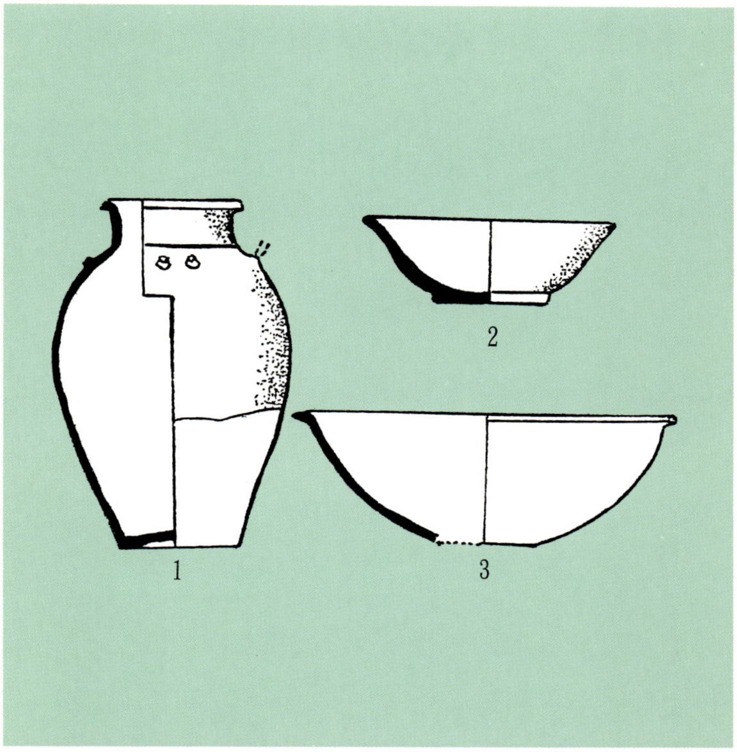

圖九〇　五代越窯青瓷器　1、四繫罐　2、青瓷碗　3、青瓷盆
（資料來源：浙江省博物館藏品）

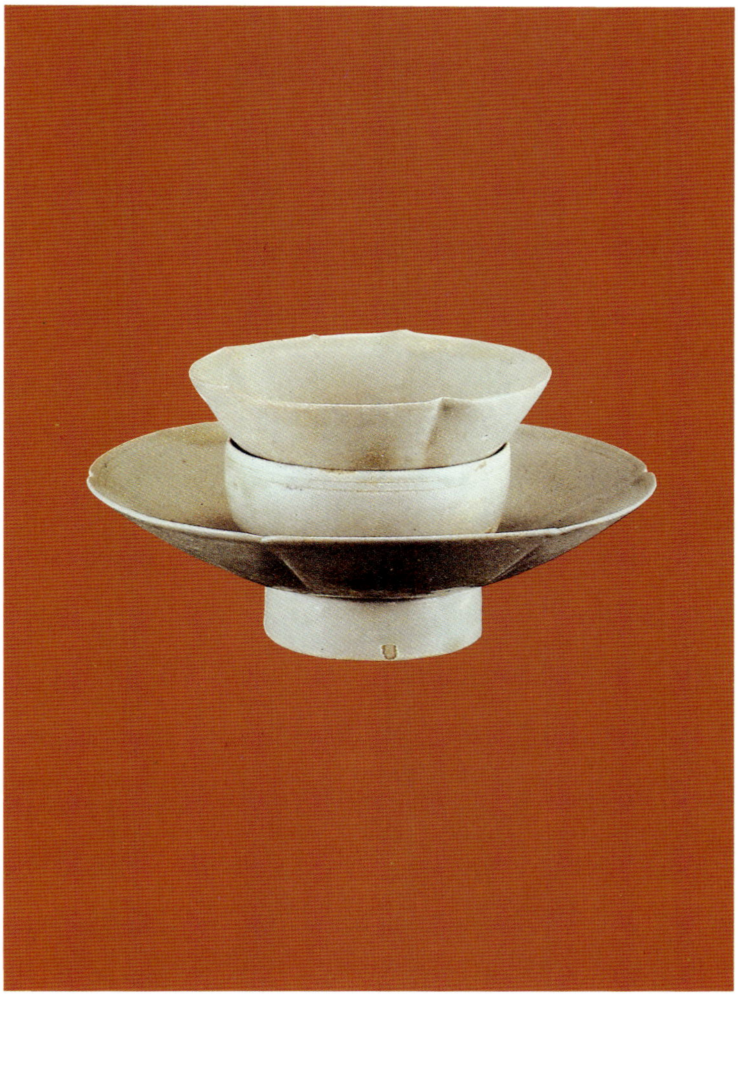

彩圖一七九　青瓷畫花盞托　五代　越窯　盞高八・一公分，口徑一六・五公分，杯高四公分，口徑一〇・四公分　一九八一年北京西郊韓佚墓出土　首都博物館藏

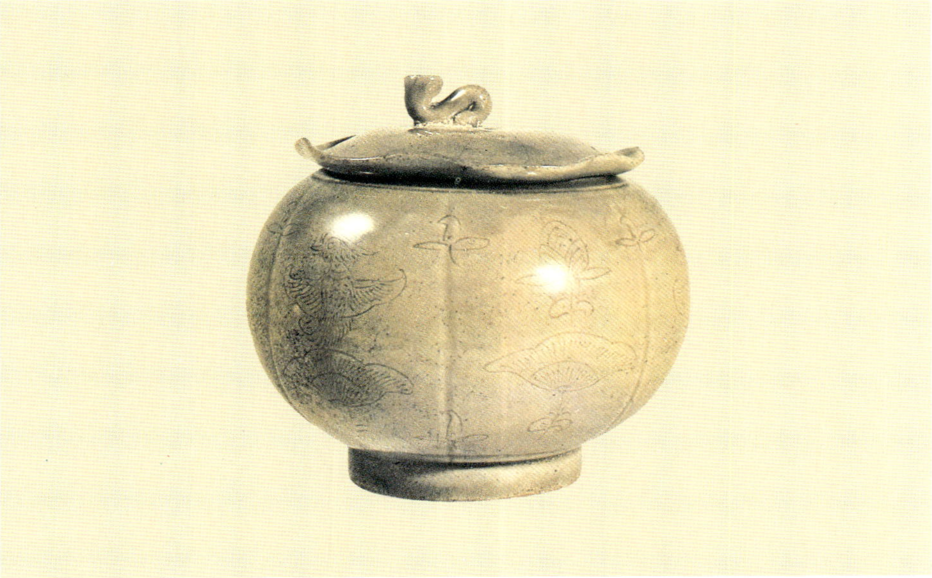

彩圖一八〇　青瓷瓜體形蓋罐　五代　越窯
一九七三年浙江省餘姚縣
上林湖五代梁龍德二年（九二二年）
墓出土　浙江省博物館藏

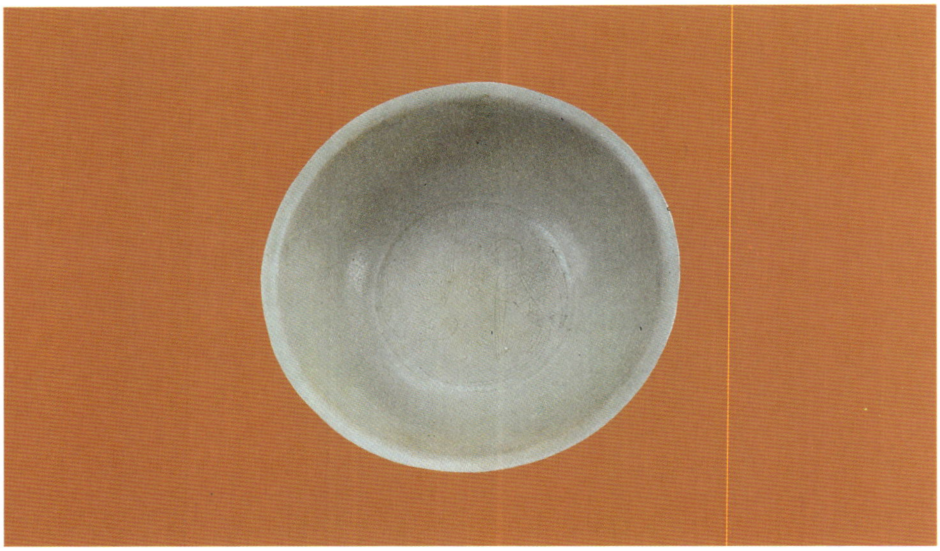

彩圖一八一　越窯青瓷刻花鸚鵡紋碗　五代
高八・四公分，口徑一八・六公分
一九八一年北京西郊韓佚墓出土
首都博物館藏

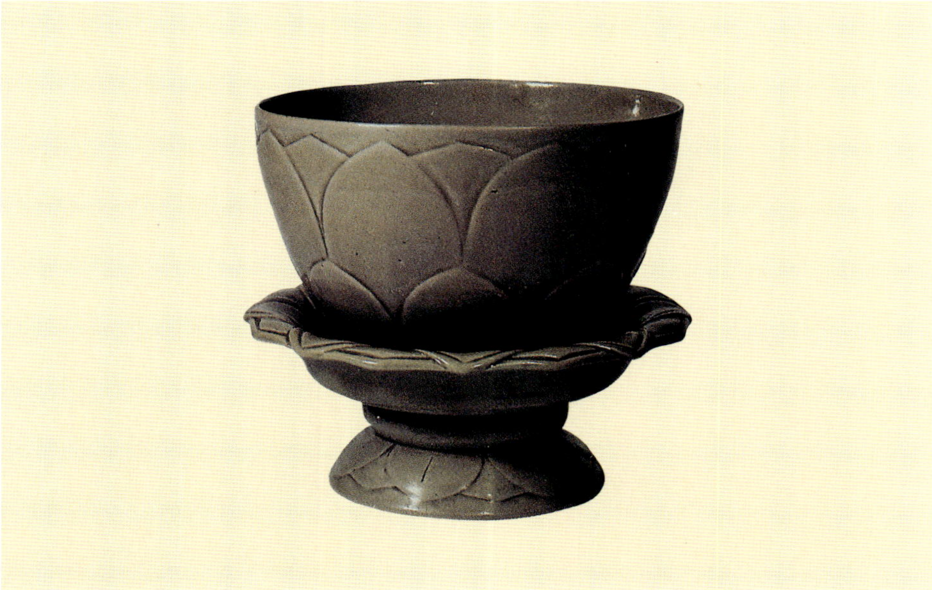

彩圖一八二　青瓷蓮瓣紋碗・托　五代　越窯
通高一三・一公分
江蘇省蘇州虎丘塔出土
蘇州市博物館藏

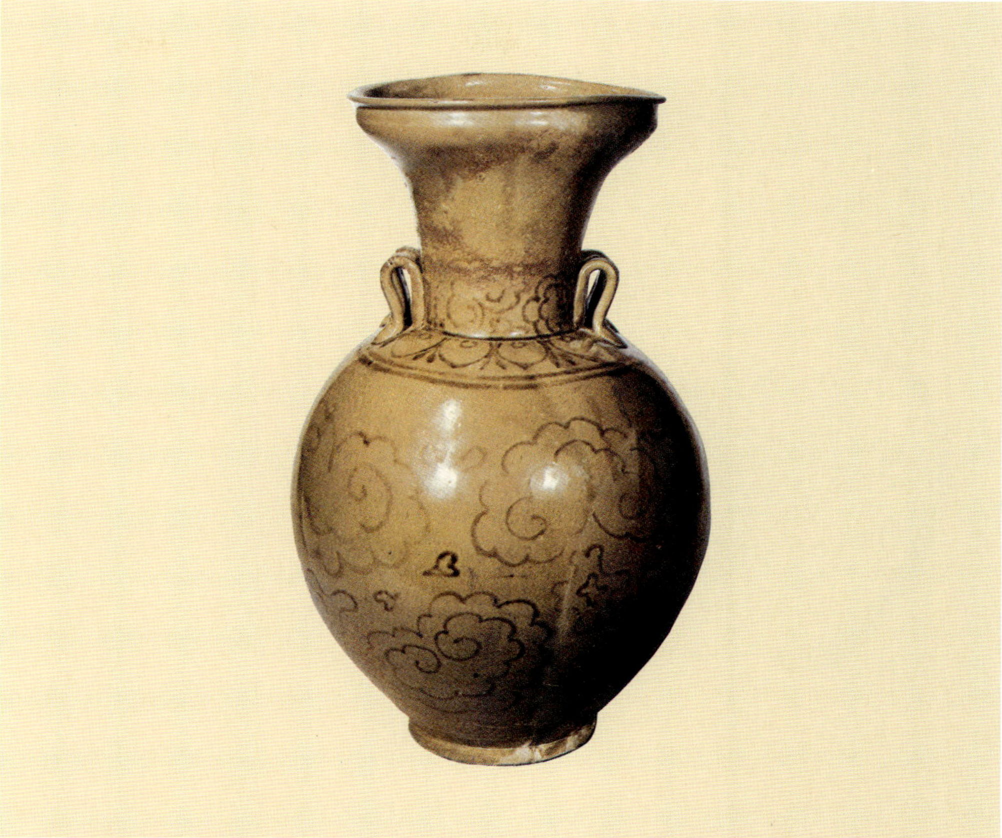

彩圖一八三　青瓷雲紋雙耳壺　五代　越窯　高五〇・七公分
浙江省臨安五代墓出土　浙江省博物館藏

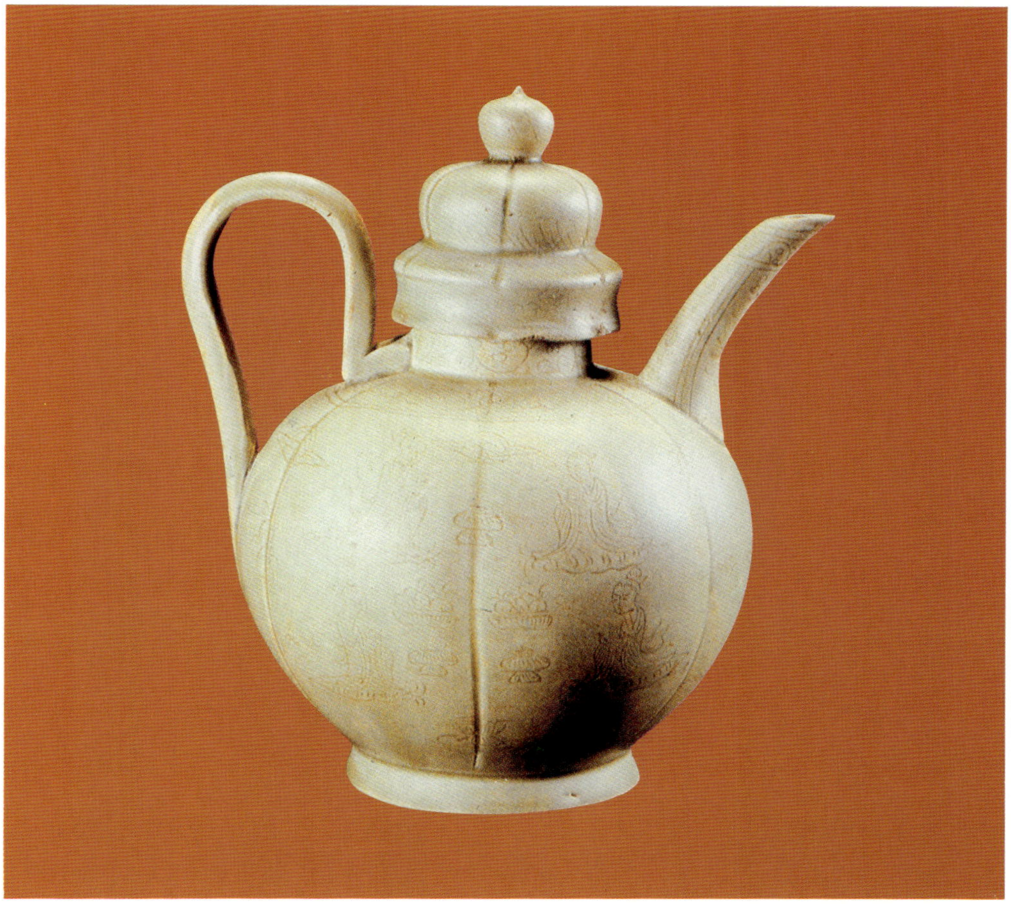

彩圖一八四　青瓷畫花宴樂人物執壺　五代　越窯　通高一八公分，口徑四・五公分
一九八一年北京西郊遼韓佚墓出土　首都博物館藏

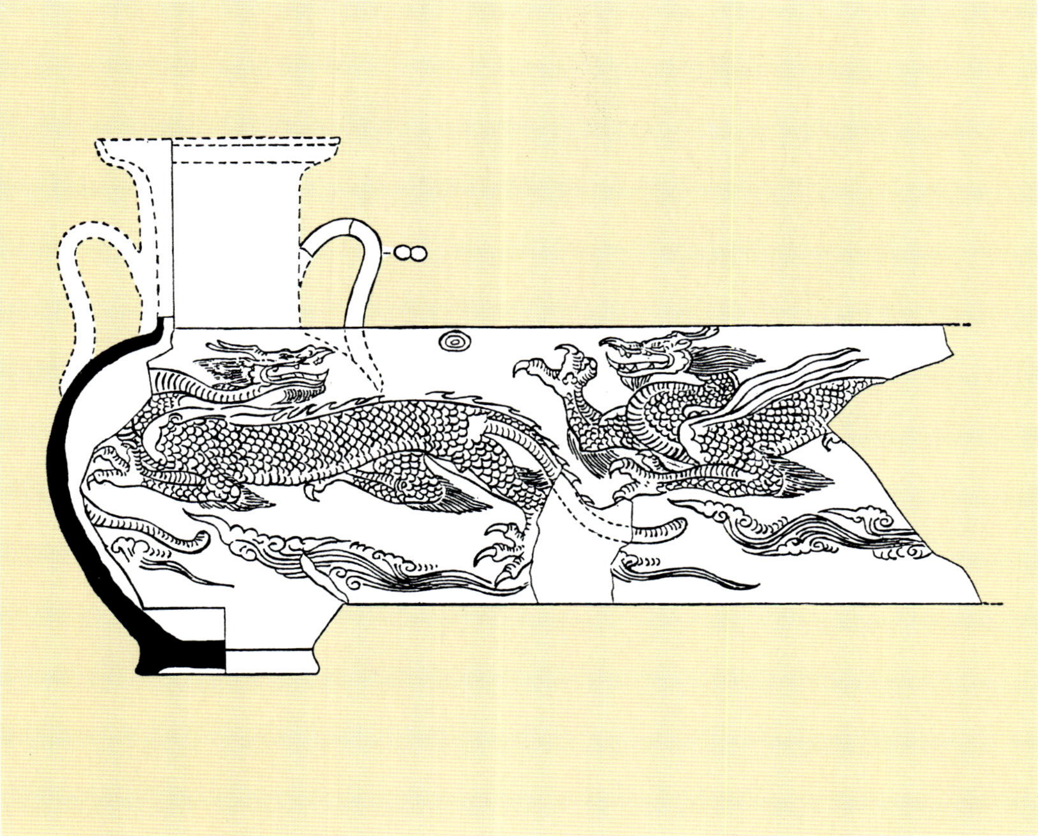

圖九一　五代越窯青瓷龍紋尊（資料來源：《考古》一九七五年三期）

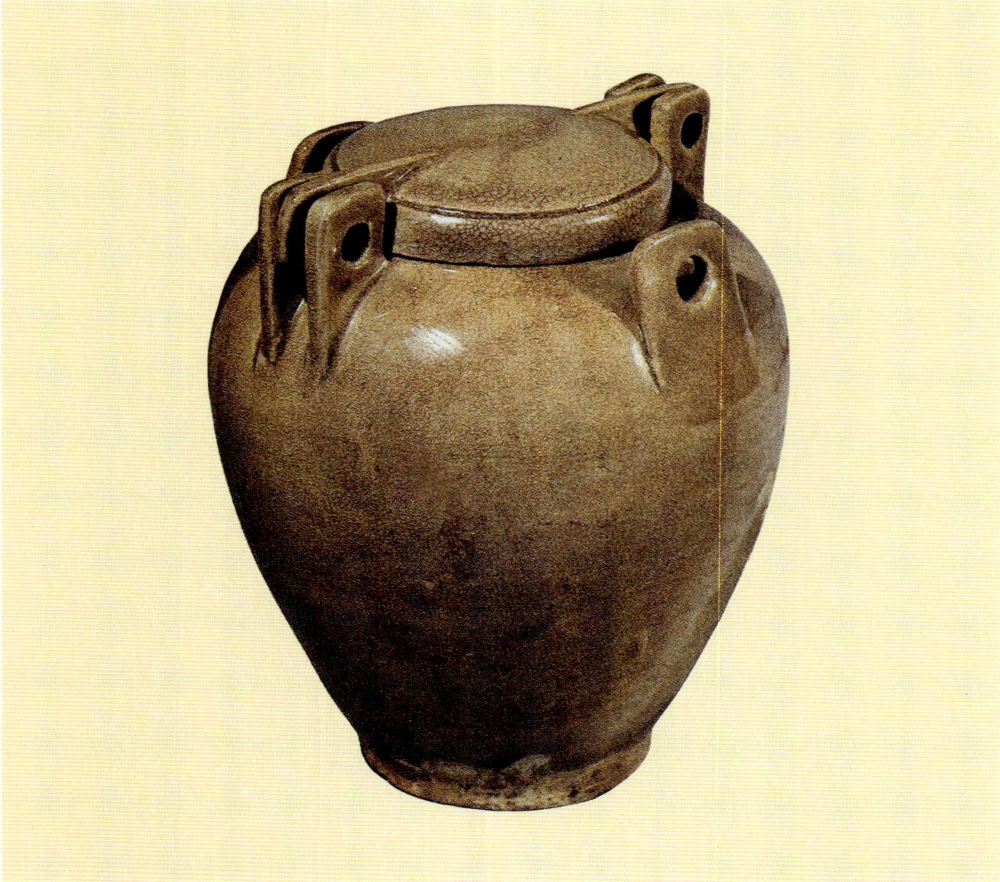

彩圖一八五　青瓷夾耳罐　廣東省梅縣水車窯產品　五代　高一八・一公分
廣東省番禺南漢墓出土

它的造型除有結實的方形豎耳之外，還有兩對夾耳，夾耳整齊相對，圓孔相通，高於罐口，正好壓在罐蓋上。如果在夾耳之間橫穿一拴，可以使蓋緊緊扣在罐口上，不會掉落，罐中的物品也不易倒出，適合室內使用，也適合船上使用（彩圖一八五）。

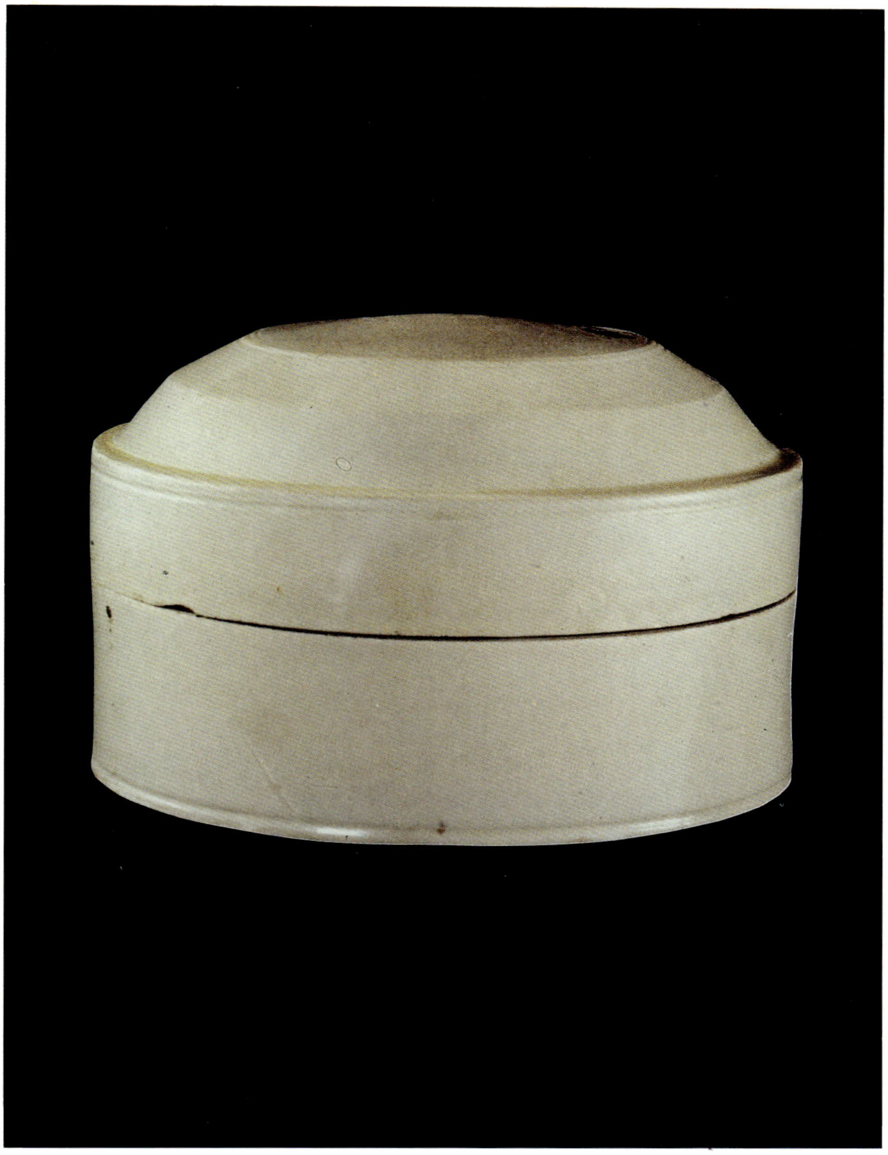

彩圖一八六　白瓷盒　五代　定窯　通高一〇公分，口徑一三·六公分　首都博物館藏

四、北方地區

五代時期戰爭破壞很嚴重，到後周時在郭威、柴世宗經營下，經濟逐漸有所恢復。五代時期以下瓷窯得到可喜的發展。

耀州窯，工藝提高，生產出精細的薄胎青瓷，為宋代耀州窯的發展奠定了基礎。

河北曲陽窯（即宋代的定窯）、磁州窯，五代時期生產有所提高，到北宋發展成為規模巨大的瓷窯，生產出具有很高藝術水準的瓷器（圖九二）。北方五代白瓷仍有很高水準（彩圖一八六、一八七）。

五代是一個戰爭很激烈的時代，許多很有成就的瓷窯衰落下去，但在五代後期不少地區也醞釀著新的瓷窯體系，利用當地原料，繼承優良的工藝傳統，適應當地的風土人情、文化習俗，生產出獨具風采的瓷器。中國大地成為百花爭艷的瓷器大花園。

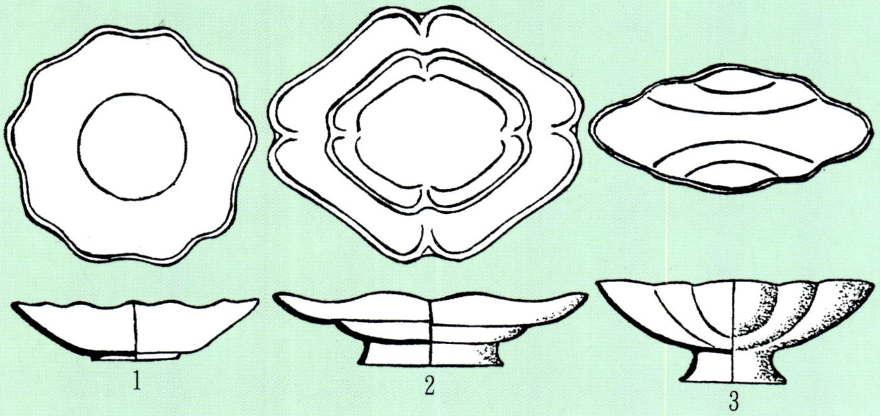

圖九二　五代刻「官」、「新官」銘款白瓷器　1、碟　2、盤　3、多曲口船形高足杯
（資料來源：浙江省博物館、杭州市文管會《浙江臨安晚唐錢寬墓出土天文圖及「官」字款白瓷》，《文物》一九七九年十二期）

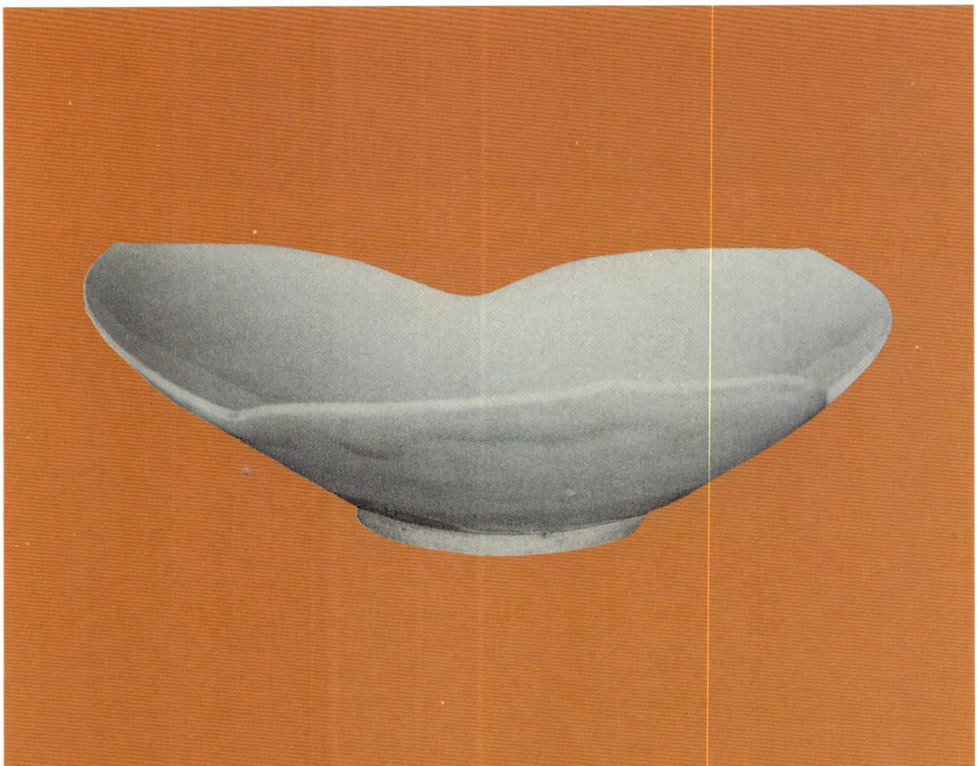

彩圖一八七　白瓷荷瓣形碗　五代　口徑一一·七公分
江蘇省連雲港王氏夫人墓出土
中國歷史博物館藏

註釋

①日本《世界陶磁全集》11隋唐篇1、2。

②陸羽《茶經》：「碗，越州上，鼎州次，婺州次，岳州次，壽州次，或以邢州處越州上，殊為不然。邢瓷類銀，越瓷類玉，邢不如越一也，邢瓷類雪，越瓷類冰，邢不如越二也，邢瓷白而茶色丹，越瓷青而茶色綠，邢不如越三也。晉杜毓《荈賦》所謂『器擇陶揀，出自東甌。』甌，越也。」

③朱伯謙：《越窯》，日本美乃美出版社和上海人民美術出版社出版。

④李知安：《浙江象山青瓷窯址調查》，《考古》一九七九年五期。

⑤楊文憲、周昆：《中國的「藍官」——唐代的藍彩和青花瓷》，《一九八五年中國古代陶瓷科學技術第二屆國際討論論文摘要》。

⑥陳堯成、張福康等：《唐代青花瓷用色料來源研究》一九九四年中國古陶瓷研究會南京年會論文。